Steuervollzug und formelle Insolvenz

Bochumer Schriften zum Steuerrecht

Herausgegeben von Roman Seer

Band 15

PETER LANG

Frankfurt am Main · Berlin · Bern · Bruxelles · New York · Oxford · Wien

Steuervollzug
und formelle Insolvenz

PETER LANG
Internationaler Verlag der Wissenschaften

Bibliografische Information der Deutschen Nationalbibliothek
Die Deutsche Nationalbibliothek verzeichnet diese Publikation in der Deutschen Nationalbibliografie; detaillierte bibliografische Daten sind im Internet über <http://www.d-nb.de> abrufbar.

Zugl.: Bochum, Univ., Diss., 2008

Abbildung auf dem Umschlag:
Siegel der Universität Bochum.
Abdruck mit freundlicher Genehmigung der
Universität Bochum.

D 294
ISSN 1613-939X
ISBN 978-3-631-59169-7

www.peterlang.de

Vorwort

Die vorliegende Arbeit wurde im Wintersemester 2008/2009 von der Juristischen Fakultät der Ruhr-Universität Bochum als Dissertation angenommen. Ich habe das Manuskript im Juni 2008 abgeschlossen und die Anmerkungen für die Veröffentlichung auf den Stand Oktober 2008 gebracht.

Mein herzlichster Dank gilt meinem akademischen Lehrer Herrn *Prof. Dr. Roman Seer*. Er hat mein Interesse am Steuerrecht bereits während des Studiums nachhaltig geweckt, mich im Anschluss an die Erste Juristische Staatsprüfung als wissenschaftlicher Mitarbeiter an seinem Lehrstuhl gefördert und mein Dissertationsvorhaben in jeder Phase unterstützt. Mit der Rückkehr als Akademischer Rat an seinen Lehrstuhl hat er mir zudem eine einmalige Perspektive für eine weitergehende wissenschaftliche Betätigung eröffnet.

Herrn *Prof. Dr. Peter A. Windel* danke ich für die kurzfristige Zweitbegutachtung.

Danken möchte ich ferner Herrn Rechtsanwalt *Dr. Jörg Bornheimer*, für die kritische Sichtung des Manuskriptes. Danken möchte ich des Weiteren Herrn *Prof. Dr. Klaus-Dieter Drüen* sowie den mir stets verbundenen Studienkollegen *Prof. Dr. Patrik Schmidt* und Rechtsanwalt *Markus Oex*, für ihre nicht weniger anregende Diskussions- und Gesprächsbereitschaft im Laufe der Jahre.

Ein besonderer Dank gebührt meiner Freundin Frau *Sarah Wolf*, die mir während des gesamten Dissertationsvorhabens unermüdlich moralischen und fachlichen Beistand leistete. Trotz der Belastung durch ihre eigene Dissertation hat sie mich auf jede erdenkliche Weise unterstützt und nachhaltig zum Gelingen dieser Arbeit beigetragen. Danken möchte ich schließlich auch meinen Eltern.

Marcel Krumm

Inhaltsverzeichnis

Einführung

„Das Insolvenzrecht ist ein Corpus einer Reihe von Regelungsmaterien, die das rechtstechnische Umfeld ausmachen, in dem eine insolvenzrechtliche Kodifikation funktioniert – oder ihre Funktionen verfehlt. Wenn man so will, umfasst das Insolvenzrecht das gesamte Recht [...] (STEFAN SMID[1]).

Die Berührungen und das Zusammenspiel des Insolvenzrechts mit anderen Rechtsmaterien sind mannigfaltiger Natur. Dies gilt auch für das Steuerrecht und insbesondere das steuerliche Verfahrensrecht. Wenngleich die Erfahrungen unter der Konkursordnung gelehrt haben, dass beide Regelungsmaterien nicht nur nebeneinander konkurrieren, sondern vielfach auch kollidieren, sucht man selbst nach der umfassenden Insolvenzrechtsreform vergeblich die Normierung eines (formellen) Insolvenzsteuerrechts als Summe der Rechtsregeln, die sich mit der Behandlung von Steuerforderungen in der Insolvenz befassen. Über einige Einzelfallregelungen kommen die Insolvenzordnung und die Steuergesetze nicht hinaus. Auch § 251 Abs. 2 S. 1 AO als die abstrakteste aller (Kollisions-) Regelungen bietet mit einem „Unberührtbleiben der Vorschriften der Insolvenzordnung“ wenig Hilfe. Es bleibt vielmehr bei der schon unter Geltung der Konkursordnung vorherrschenden Einsicht, dass die Aufarbeitung dieses Zusammenspiels Rechtswissenschaft und Rechtsprechung überlassen bleibt.

Das geflügelte Wort vom „Insolvenzsteuerrecht“ soll in dieser Untersuchung allerdings nur unter einem Teilaspekt beleuchtet werden. Es geht nicht vorrangig um Detailfragen im Schnittbereich von Steuer- und Insolvenzrecht. Einzelfalllösungen werden sich selten finden. Der Untersuchungsgegenstand gewinnt seinen Reiz vielmehr aus den verfassungsrechtlichen Bezügen beider Rechtsmaterien.

In einem *ersten Teil* wird das Verhältnis zwischen dem Besteuerungsverfahren und dem Insolvenzverfahren dargestellt. Die Anwendung beider Regelungsmaterien auf denselben Sachverhalt führt vielfach zum Konflikt. Wir werden sehen, dass das auf hoheitliche und insbesondere effektive Durchsetzungsmacht gerichtete Steuerverfahrensrecht im Konflikt mit Teilen des Insolvenzrechts zurücktreten muss. Der Steuergläubiger erfährt eine Disziplinierung der ihm zugewiesenen Kompetenzen, die ihm ansonsten fremd ist. Auch in materieller Hinsicht bindet ihn der Gesetzgeber nach dem Grundsatz der gleichmäßigen und gemeinschaftlichen Befriedigung in die insolvenzrechtliche Verlustgemein-

1 *Smid*, Insolvenzrecht, § 1 Rn. 28.

schaft ein. Er muss unter verschiedensten Vorzeichen gegen seinen Willen (teilweise) den Verlust der von ihm treuhänderisch für die Gemeinheit verwalteten Steuerforderung hinnehmen.

Im *zweiten Teil* widme ich mich den besonderen Fragenstellungen aus dem Recht des Insolvenzplans, die sich einstellen, wenn Ansprüche aus dem Steuerschuldverhältnis betroffen sind. Der Gesetzgeber folgt unter dem Topos der Gläubigerselbstverwaltung und der Anknüpfung an Marktmechanismen einem Konzept zur möglichst effektiven Bewältigung der Knappheitssituation, das allen Gläubigern eigenverantwortliche Investitionsentscheidungen abverlangt. Der disziplinierte Steuergläubiger wird mit einer Gestaltungsmacht konfrontiert, die dem einfach-rechtlichen Rechtsrahmen, der außerhalb der formellen Insolvenz sein Handeln bestimmt, nicht bekannt ist. Die Steuerverwaltung ist typischerweise streng konditional programmiert. Insoweit wirft die Überantwortung einer final formulierten Dispositionsermächtigung, die unter dem Gesichtspunkt einer Investitionsentscheidung zu nutzen ist, nicht minder interessante Probleme auf. Dies gilt erst recht in Anbetracht der rechtlichen Möglichkeit, dass die kollektiv zu treffende Investitionsentscheidung auch gegen den Willen des Steuergläubigers zustande kommen kann. Die Insolvenzordnung sieht eine Mehrheitsmacht vor, der auch der Steuergläubiger unterworfen wird. Der Anspruch aus dem Steuerschuldverhältnis gelangt damit unter bestimmten Voraussetzungen zur Disposition einer Mehrheit von Privatrechtssubjekten.

Die vorgenannten Aspekte werfen allesamt neben ihrer einfach-rechtlichen Dimension auch verfassungsrechtliche Fragen auf. Es bedarf unter verschiedenen Gesichtspunkten stets einer Rückkopplung sowohl mit den verfassungsrechtlichen Bezügen des Steuer- als auch des Insolvenzrechts. Der Identifizierung und Aufarbeitung der damit bereits angedeuteten Problemfelder dient die nachfolgende Untersuchung.

Erster Teil: Das Verhältnis zwischen Besteuerungs- und Insolvenzverfahren in seinen Grundprinzipien und verfassungsrechtlichen Bezügen

Eingangs des ersten Teils werden die für die Untersuchung notwendigen verfassungsrechtlichen Grundlagen sowohl des steuerlichen Verfahrensrechts als auch des Insolvenzrechts dargestellt (dazu A.). Hiernach widmet sich die Untersuchung der Einbindung des Steuergläubigers in ein System der gemeinsamen Verlusttragung (dazu B.) und der verfahrensrechtlichen Disziplinierung (dazu C.). Der erste Teil schließt sodann mit der Entschuldung des Steuerschuldners im Rahmen des Restschuldbefreiungsverfahrens und den mit diesem Problemfeld verbundenen verfassungsrechtlichen Fragestellungen (dazu D.).

A. Grundprinzipien und verfassungsrechtliche Grundlagen

Das Zusammenwirken von Steuerverfahrens- und Insolvenzrecht führt vielfach zu Kollisionen und verlangt nach ihrer Auflösung. Der Problemaufriss kann dabei freilich nicht auf das einfache Recht beschränkt bleiben. Die einfach-rechtlichen Lösungen lassen sich nur durch die Heranziehung der Grundprinzipien beider Regelungsmaterien entwicklen und erklären. Diese Grundprinzipien wiederum sind Ausdruck verfassungsrechtlicher Wertungen und Konkretisierungen. Daher werden mit der Darstellung der Grundprinzipien und verfassungsrechtlichen Bezüge die argumentativen Grundlagen für den weiteren Gang der Untersuchung vorangestellt, in deren Verlauf die bereits angedeuteten Prinzipienwidersprüche in Ansehung der jeweils betroffenen verfassungsrechtlichen Interessen im Wege *praktischer Konkordanz* aufgelöst werden müssen[2]. Hier gilt es bereits, die legitimen Ziele zu formulieren. Deren Grad der Legitimität prägt zum einen die Verhältnismäßigkeit der vielfach in der Gemengelage von Insolvenz- und Steuerrecht anzutreffenden freiheitsrechtlichen Beschränkungen. Zum anderen strukturieren sie als Differenzierungsziel und -kriterium die Prüfung des im Rahmen dieses Themenkomplexes nicht minder relevanten Gleichheitssatzes vor.

2 Vgl. *Hesse*, Verfassungsrecht, Rn. 72; *Lerche*, in: Isensee/Kirchhof, Handbuch des Staatsrechts, Bd. V, § 122 Rn. 5 f.

I. Die Verwirklichung der Abgabenforderung im Lichte des Verfassungsrechts

Das steuerliche Verfahrensrecht steht unter einem verfassungsrechtlichen Effektivitätsdruck. Zum einen muss es Verwirklichungs- und damit Gerechtigkeitsgarant der Belastungsentscheidung sein, wie sie im materiellen Steuerrecht vom Gesetzgeber formuliert worden ist. Zum anderen steht es im Zeichen der Staatsfinanzierung und damit der verlässlichen Haushaltsplanung (zu diesem Effektivitätsgebot und seiner Umsetzung unter 1]). Des Weiteren lässt sich aus den einschlägigen Verfassungsgütern überhaupt ein Bestandsgebot dergestalt formulieren, dass einmal entstandende Steueransprüche nicht nur effektiv, sondern überhaupt durchgesetzt werden müssen, und dass ein Dispens nur ausnahmsweise möglich ist (zu diesem Bestandsgebot unter 2]).

1) Das verfassungsrechtliche Effektivitätsgebot

a) Der effektive Steuerzugriff als Ausdruck der Steuergerechtigkeit und der Gesetzmäßigkeit

Die Wendung „alle Menschen sind vor dem Gesetz gleich“ (Art. 3 Abs. 1 GG) legt das BUNDESVERFASSUNGSGERICHT bereichsspezifisch aus und gelangt unter dem Schlagwort der „Gleichmäßigkeit der Besteuerung“ zu einem steuerspezifischen Gewährleistungsgehalt[3]. Der Gesetzgeber genieße bei der Auswahl des Steuergegenstandes und bei der Bestimmung des Steuersatzes einen weitreichenden Entscheidungsspielraum. Bei der Ausgestaltung dieses Ausgangstatbestandes habe er die einmal getroffene Belastungsentscheidung sodann aber folgerichtig im Sinne einer Belastungsgleichheit umzusetzen[4]. Dieses gleichheitsrechtliche Verständnis der Steuergerechtigkeit beschränkt sich dabei nicht auf die Gleichheit der normativen Steuerpflicht. Als weitere Komponente beinhaltet es ferner die Gleichheit ihrer Durchsetzung in der Steuererhebung. Der Gleichheitssatz verlangt die gleichmäßige Anwendung und den gleichmäßigen Vollzug der Steuergesetze. Die Steuerpflichtigen sind „durch ein Steuergesetz rechtlich und

3 Siehe aus der umfangreichen Rechtsprechung nur BVerfG v. 10.02.1987, 1 BvL 18/81, BVerfGE 74, 182 (199 ff.), v. 19.03.1991, 2 BvR 1493/89, BVerfGE 84, 239 (268); v. 09.03.2004, 2 BvL 17/02, BVerfGE 110, 94 (112 ff.) sowie *Winterhoff*, Steuerverfahrensrecht und tatsächliche Belastungsgleichheit, 134 f.

4 BVerfG v. 27.06.1991, 2 BvR 1493/89, BVerfGE 84, 239 (271).

tatsächlich gleich zu belasten"[5] (Rechts- und Vollzugsanwendungsgleichheit). Es geht um die Gleichheit im tatsächlichen Belastungserfolg.

Einfachgesetzlich findet diese Verfassungsvorgabe ihren Niederschlag in § 85 S. 1 AO, wonach „die Finanzbehörden [...] die Steuern nach Maßgabe der Gesetze gleichmäßig festzusetzen und zu erheben [haben]". Gesetzesanwendung ist dabei nicht lediglich in dem Sinne der Subsumtion eines Tatbestandes unter ein Gesetz zu verstehen. Vielmehr ist sie Gesetzesvollziehung, über die der vom Gesetz abstrakt vorgegebene Befehl auch in der konkreten Wirklichkeit ankommt. In diesem Kontext führt das BUNDESVERFASSUNGSGERICHT[6] aus:

> „Zusammen mit dem materiellen Recht steht das Verfahrensrecht im Dienst der gleichmäßigen Erfassung der wirtschaftlichen Leistungsfähigkeit des Steuerpflichtigen. Auch das Verfahrensrecht muss deshalb so ausgestaltet sein, dass es die gleichmäßige Umsetzung der durch eine materielle Steuernorm bestimmten Belastung in der regulären Besteuerungspraxis gewährleistet."[7]

Muss der Gesetzgeber dergestalt für einen möglichst alle Steuerpflichtigen in gleicher Weise erreichenden Vollzug sorgen, muss er in Anlehnung an die Wendung von ADOLF MERKL also den „Weg" ebnen, um das materielle Ziel zu erreichen[8], kann er dies nur über das Verfahrensrecht. Es stellt den Verwirklichungsmodus dar, über den die gesetzgeberische Belastungsentscheidung ihre tatsächliche Wirksamkeit entfaltet[9], und übernimmt damit eine verfassungsrechtlich fundierte *Gewährleistungsfunktion*[10]. Die effektive Durchsetzung des materiellen Rechts muss daher in der Ausgestaltung des Verwirklichungsmodus konsequent umgesetzt werden[11]. Das steuerliche Verfahrensrecht muss die Durchset-

---

5 BVerfG v. 27.06.1991, BvR 1493/89, BVerfGE 84, 239 (268); v. 09.03.2004, 2 BvL 17/02, BVerfGE 110, 94 (112); *Eckhoff*, Rechtsanwendungsgleichheit im Steuerrecht, passim; *Isensee*, Festschrift f. Flume Bd. II, 129 (132 ff.); *Papier*, DVBl. 1980, 787 (793); *Tipke*, Steuergerechtigkeit in Theorie und Praxis, 52; *Winterhoff*, Steuerverfahrensrecht und tatsächliche Belastungsgleichheit, 134.

6 BVerfG v. 09.03.2004, 2 BvL 17/02, BVerfGE 110, 94 (112).

7 Aus der Literatur statt vieler *Birk*, StuW 1989, 212 (213 f.); *Drüen*, Festschrift f. Kruse, 191 (204 f.); *Eckhoff*, Rechtsanwendungsgleichheit im Steuerrecht, passim; *Kruse*, Steuerrecht, 318 f.; *Tipke*, Steuerliche Betriebsprüfung und Rechtsstaat, 18; *Winterhoff*, Steuerverfahrensrecht und tatsächliche Belastungsgleichheit, 134 f.

8 Siehe *Merkl*, Allgemeines Verwaltungsrecht, 313.

9 Vgl. *Müller-Franken*, Maßvolles Verwalten, 36; *Thiel*, StuW 1986, 1 (2).

10 *Drüen*, Festschrift f. Kruse, 191 (205); *Wolff/Bachof/Stober*, Allgemeines Verwaltungsrecht, Bd. II, § 58 Rn. 12.

11 Für das Verwaltungsverfahrenrecht im Allgemeinen *Bachof*, DÖV 1982, 757 ff.; *Brohm*, Gesetzesvollzug, 103 f.; *Brüning*, Vorläufige Verwaltungsführung, 9; *Kopp*, Verfassungsrecht und Verwaltungsverfahrensrecht, 200; *Martens*, Verwaltungsverfah-

zung des Steueranspruchs sichern und die im materiellen Steuertatbestand angelegte Besteuerungsgleichheit tatsächlich herstellen[12]. Erst recht darf das normative Umfeld den Steuerzugriff nicht bewußt oder doch zumindest erkanntermaßen vereiteln.

Die Steuergerechtigkeit und ihr Teilelement eines effektiven Steuerzugriffs sind in diesem Sinne durch das einfache Recht auszugestalten. Bei der Ausformulierung dieses Regelungskomplexes sind Kollisionen mit anderen verfassungsrechtlich geschützten Interessen unvermeidbar. Der Gesetzgeber muss sie mit der Steuergerechtigkeit verfassungsrechtlich vertretbar in Einklang bringen. Die notwendige Abwägung zwischen den gegenläufigen Interessen kann und muss regelmäßig auch eine Beschränkung des effektiven Steuerzugriffs zur Folge haben. Solche Eingriffe in die Steuergerechtigkeit sind zulässig, soweit sie verfassungsrechtlich gerechtfertigt werden können. Die hieran zu stellenden Anforderungen werden für Art. 3 Abs. 1 GG in seiner bereichsspezifischen Anwendung angesichts des hohen Gemeinwohlwertes der Steuergerechtigkeit streng formuliert[13]. Durchbrechungen der Steuergerechtigkeit bedürfen der Rechtfertigung durch andere sachgerechte und hochwertige Prinzipen[14].

Eng mit der Steuergerechtigkeit verbunden ist das Rechtsstaatsprinzip, Art. 20 Abs. 3 GG. Der rechtsstaatliche Vorrang des Gesetzes kann dabei nicht auf ein Abweichungsverbot reduziert werden. Vielmehr ist er Ausdruck eines Anwendungsgebots[15]. Jedem Rechtssatz ist das Gebot seiner Durchsetzung immanent[16]. Er ist „nicht bloß Schranke, sondern zugleich auch Antrieb des Verwaltungshandelns"[17]. Dieser Grundsatz beherrscht das Verwaltungsrecht im Allgemeinen und das Steuerrecht im Besonderen nicht minder. Die Finanzbehörden sind nicht nur in Ansehung der grundrechtlichen Gerechtigkeitsdimension, sondern mit gleichem Nachdruck auch infolge des rechtsstaatlichen Anwendungsgebotes verpflichtet, die gesetzlich geschuldeten Steuern nach Maßgabe der Ge-

---

ren, Rn. 34 ff; *Maurer*, Allgemeines Verwaltungsrecht, § 19 Rn. 8; *Müller-Franken*, Maßvolles Verwalten, 19; *Wahl*, VVDStRL 41 (1983), 151 (153).

12 *Birk*, Steuerrecht I, § 15 Rn. 3; *Seer*, Verständigungen in Steuerverfahren, 227.

13 BVerfG v. 27.06.1991, BvR 1493/89, BVerfGE 84, 239 (268); v. 09.03.2004, 2 BvL 17/02, BVerfGE 110, 94 (112); *Lang*, StuW 2006, 22 (24); *Rodi*, NJW 1991, 2865 (2866); *Tipke*, Steuerrechtsordnung, Bd. I, 306 f.; 330 f.

14 *Lang*, in: Tipke/Lang, Steuerrecht, § 4 Rn. 79.

15 *Gusy*, JuS 1983, 191; *Ossenbühl*, in: Isensee/Kirchhof, Handbuch des Staatsrechts, Bd. III, § 62 Rn. 4 f.; *Seer*, Verständigungen in Steuerverfahren, 125; *Tipke*, Steuerrechtsordnung, Bd. I, 131.

16 BFH v. 16.06.2004, X R 34/03, BStBl. II 2005, 378 (379 f.); *Tipke*, in: Tipke/Kruse, AO, § 85 Tz. 6 (April 2006).

17 *Bühler*, Steuerrecht, Bd. I, 70 f.

setze festzusetzen, zu erheben und zu vollstrecken[18]. Für das Steuerrecht wird damit ein steuerrechtliches Legalitätsprinzip formuliert[19]. Die Legalität gewährleistet zugleich die Gleichheit im Belastungserfolg[20]. § 85 AO übernimmt diese verfassungsrechtliche Vorgabe und determiniert diese Handlungsmaxime der Verwaltung einfach-rechtlich. Entsprechend den vorgenannten Ausführungen zur Steuergerechtigkeit erschöpft sich die Bedeutung des Legalitätsprinzips nicht in der Geltung für die vollziehende Gewalt. Auch der Gesetzgeber wird hierdurch in die Verantwortung genommen und darauf verpflichtet, dass sich dieses Anwendungsgebot in der Ausgestaltung des steuerlichen Verfahrensrechts widerspiegelt[21].

b) Der effektive Steuerzugriff als existenzielle Voraussetzung des Steuerstaates

Der effektive Steuerzugriff im Sinne einer effektiven Verwirklichung des Steueranspruchs hat ferner eine existenzielle Bedeutung für die Funktionsfähigkeit des staatlichen Gemeinwesens. Bereits Mitte des 19. Jahrhunderts stellte LORENZ VON STEIN fest, dass „die Steuern alle anderen Einnahmen des Staates so sehr überragen, dass dieselben neben ihnen fast unbedeutend erscheinen.[22]". Diese Entwicklung setzte sich bis zur heutigen Finanzverfassung des Grundgesetzes fort. Bund und Länder sind ihrem Wesen nach Steuerstaaten[23]. Mit der einseitig und gegenleistungslos auferlegten Steuer wahrt der Staat so Distanz zu seinen Financiers und sichert sich eine ohne Zweckbindung verwendbare Einnahme[24]. Hierin „manifestiert sich die Souveränität des modernen Staates"[25].

---

18 *Birk*, StuW 1989, 212 (213); *Isensee*, Festschrift f. Flume II, 133; *Lang*, in: Tipke/Lang, Steuerrecht, § 4 Rn. 161; *Tipke*, Steuerrechtsordnung, Bd. I, 131 f.

19 BVerfG v. 27.06.1991, BvR 1493/89, BVerfGE 84, 239 (268); *Seer*, in: Tipke/Lang, Steuerrecht, § 21 Rn. 1; *Tipke*, Steuerrechtsordnung, Bd. I, 131; *Vogel*, in: Isensee/Kirchhof, Handbuch des Staatsrechts, Bd. IV, § 87 Rn. 72.

20 Vgl. BVerfG v. 27.06.1991, BvR 1493/89, BVerfGE 84, 239 (268).

21 *Birk*, StuW 1989, 212 (213); *Tipke*, Steuerrechtsordnung, Bd. I, 131.

22 *V.Stein*, Lehrbuch der Finanzwissenschaft, Abt. 1, 346 f.

23 BVerfG v. 08.06.1988, 2 BvL 9/85 und 3/86, BVerfGE 78, 249 (266 f.); *Badura*, Verwaltungsmonopol, 219 ff.; *Gröpl*, AöR 133 (2008), 1 (13 f.); *Isensee*, in: Festschrift f. Ipsen, 409; *Friauf*, DStJG 12 (1989), 3; *Henneke*, Finanzverfassung, Rn. 33 f.; *P.Kirchhof*, Besteuerungsgewalt und Grundgesetz, 3 ff.; *Rodi*, Rechtfertigung von Steuern, 28; *Tipke*, Steuerrechtsordnung, Bd. I, 1; *Vogel*, in: Isensee/Kirchhof, Handbuch des Staatsrechts, Bd. II, § 30 Rn. 51; 69.

24 *P.Kirchhof*, in: Isensee/Kirchhof, Handbuch des Staatsrechts, Bd. IV, § 88 Rn. 1.

25 *Isensee*, in: Festschrift f. Ipsen, 409.

Von finanzverfassungsrechtlicher Seite her wird die Steuer damit zum Regeltypus der öffentlichen Einnahmewirtschaft erhoben[26]. Der Staat deckt seinen Finanzbedarf in weiten Teilen durch Steuereinnahmen[27]. Spätestens mit der grundgesetzlichen Entscheidung für den Sozialstaat ist das klassische liberale Aufgabenverständnis überwunden. Seine Aufgaben beschränken sich nicht mehr auf die Gefahrenabwehr nach innen und nach außen sowie die Bereithaltung einer funktionsfähigen Rechtspflege. Vielmehr sind seine Gewährleistungen vermehrt auf positive Leistung gerichtet. Je mehr ein Staat nicht nur Rechtsgüter schützt, sondern in diesem Sinne auch bei der individuellen Lebensgestaltung fördert und hilft, desto mehr wächst sein Finanzbedarf. Erst die Steuern ermöglichen es dem Staat, „für ein gedeihliches Zusammenleben seiner Bürger zu sorgen, etwas für die innere und äußere Sicherheit zu tun, die nötige Infrastruktur zu schaffen oder zu verbessern, Bildung, Wissenschaft und Kultur zu fördern, den marktwirtschaftlichen Wettbewerb zu gewährleisten, Daseinsvorsorge zu betreiben, sich um den Umweltschutz zu bemühen, Rechtsschutz zu gewähren, überhaupt Aufgaben im Interesse der Allgemeinheit oder des Gemeinwohls zu erfüllen“[28]. Die Steuer ist damit zur unerlässlichen Voraussetzung für die Handlungsfähigkeit des modernen Leistungsstaates geworden[29]. Das aus Steuererträgen gespeiste Staatsbudget erfüllt mithin eine Gewährleistungsfunktion und ist Verfassungsgut sowie Gemeinwohlwert[30].

Die Besteuerung des Bürgers allein versetzt den Staat indes noch nicht in die Lage, die ihm obliegenden Aufgaben zu erfüllen. Die Handlungsfähigkeit des Staates hängt maßgeblich von der Verfügungsgewalt über die Finanzmittel und damit im Wesentlichen von der effektiven Verwirklichung des kraft Gesetzes entstandenen Steueranspruchs ab. PAUL KIRCHHOF formuliert anschaulich, dass „der Staat die rechtliche Bestimmungsmacht über Wirtschaftsgüter gewinnen [muss]. Erst nach diesem Nehmen wird ein Teilen möglich“[31]. Dabei beschränkt sich die Bedeutung nicht nur auf das tatsächliche Vereinnahmen der geschuldeten Steuer überhaupt. Handlungsfähigkeit bedeutet ein „stetiges“ und „planbares“ Steuer-

---

26 *Mellinghof*, Stbg 2005, 1; *P.Kirchhof*, in: Isensee/Kirchhof, Handbuch des Staatsrechts, Bd. IV, § 88 Rn. 45 ff; *Isensee*, in: Festschrift f. Ipsen, 409 ff.

27 Die Staatsfinanzierungsquote durch Steuern betrug beispielsweise im Jahr 2005 rund 75 % (vgl. mit Nachweisen *Gröpl*, AöR 133 [2008], 1 [4]).

28 *Tipke*, Steuerrechtsordnung, Bd. I, 4; *Mellinghoff*, Stbg 2005, 1.

29 Siehe nur *Birk*, Steuerrecht I, § 1 Rn. 1; *Forsthoff*, VVDStRL 12 (1954), 8 (31 f.); *Gröpl*, AöR 133 (2008), 1 (4 f.); *Henneke*, Finanzverfassung, Rn. 340; *P.Kirchhof*, JZ 1982, 506; *Papier*, DVBl. 1980, 787; *Rodi*, Rechtfertigung von Steuern, 29; *Seer*, in: Tipke/Lang, Steuerrecht, § 21 Rn. 2.

30 *Drüen*, Festschrift f. Kruse, 191 (195); *derselbe*, FR 1999, 289 (291).

31 *P.Kirchhof*, JZ 1982, 506.

aufkommen[32]. Es ist daher im Besonderen auch die geordnete Haushaltsplanung, der als Existenzbedingung des modernen Staates Verfassungsrang zukommt[33].

Ausgehend von diesem verfassungsrechtlich vorgegegeben Stellenwert des „stetigen Steueraufkommens“ sieht sich der Gesetzgeber mithin auch aus diesem Gesichtssichtpunkt zur Gewährleistung eines effektiven Steuervollzuges verpflichtet. Dieser finanzverfassungsrechtliche Gewährleistungsaspekt ist freilich nicht durch den strengen Pflichtencharakter gekennzeichnet, den die Gleichmäßigkeit der Besteuerung als Ausfluss eines grundrechtlichen Vollzugsanspruchs prägt. Es handelt sich vornehmlich um eine verfassungsrechtliche Obliegenheit. Seine rechtliche Relevanz ist darum auch im Folgenden primär auf der Rechtfertigungsebene zu finden. Das hierin zum Ausdruck kommende fiskalische Interesse erlangt vornehmlich als legitimes öffentliches Interesses herausragende Bedeutung[34] und wird als gewichtiger Belang in die Abwägung zur Auflösung von verfassungsrechtlichen Prinzipienwidersprüchen eingestellt.

c) Die Hoheitlichkeit des Steuerverwaltungsverfahrensrechts als Ausdruck des verfassungsrechtlichen Effektivitätsgebots

Sowohl das steuerrechtliche Legalitätsprinzip als auch die Gleichmäßigkeit der Besteuerung enthalten ein verfassungsrechtliches Postulat zu einem möglichst effektiven Steuerzugriff. Der Schutz einer geordneten Haushalts- und Finanzplanung enthält eine auf das nämliche Ziel gerichtete Obliegenheit. Im Folgenden wird von einem *verfassungsrechtlichen Effektivitätsgebot* gesprochen.

Der Gesetzgeber hat die Erfüllung dieses Effektivitätsgebot durch ein mit rechtlicher Überlegenheit zugunsten des Steuergläubigers ausgestaltetes Steuerverwaltungsverfahren sichergestellt. Der Bürger tritt mit Geburt in ein (Dauer-) Steuerrechtsverhältnis ein[35]. Der Steuergläubiger steht dem Bürger innerhalb des Steuerrechtsverhältnisses in weiten Teilen als Träger öffentlicher Gewalt mit

32 *Heckmann*, Der Sofortvollzug staatlicher Geldforderungen, 60; *Kloepfer*, JZ 1983, 742 (749) m. w. Nachw.

33 *Kisker*, in: Isensee/Kirchhof, Handbuch des Staatsrechts, Bd. IV, § 89, Rn. 13 ff. Vgl. auch BVerfG v. 25.09.1992, 2 BvL 5/91 u.a., BVerfGE 87, 153 (178 f.); v. 22.06.1995, 2 BvL 37/91, BVerfGE 93, 121 (148).

34 Zum fiskalischen Interesses als öffentliches Interesse noch *Häberle*, Öffentliches Interesse als juristisches Problem, 512 ff.

35 *Drüen*, in: Tipke/Kruse, AO, Vor §§ 33-77 Tz. 1 (Juli 2008); *Lang*, in Tipke/Lang, Steuerrecht, § 1 Rn. 1.

rechtlicher Überlegenheit und damit *hoheitlich*[36] gegenüber[37]. Diesem Rechtsverhältnis fehlen alle Attribute einer materiellen Gleichordnung[38]. Der Steuergläubiger beherrscht in diesem Rechtsverhältnis einseitig die Letztentscheidung des konkreten Verwaltungsverfahrens. Dieser Charakter tritt dort deutlich hervor, wo die Hoheitlichkeit ihren Ausdruck in der für die Steuerverwaltung typischen Handlungsform des Verwaltungsaktes findet (vgl. nur § 155 AO). Die Steuerverwaltung kann einseitig bestimmen, „was im Einzelfall rechtens sein soll“[39]. Der Verwaltungsakt konstituiert eine Rechtsfolge nicht weil sich die Beteiligten binden wollen, sondern kraft seines hoheitlichen Geltungsanspruchs[40], die der Bürger mit seinem Existentwerden grundsätzlich erst einmal befolgen muss. Die drohende Bestandskraft bringt diesen ihn Zugzwang. Will er dies vermeiden, muss er Rechtsschutz in Anspruch nehmen. Zugleich stellt der Verwaltungsakt einen Titel dar, den die Behörde im Wege des Verwaltungszwangs selbst vollstrecken kann. Mit seiner fehlerunabhängigen Rechtswirksamkeit, der den Steuerpflichtigen zur Vermeidung der Bestandskraft treffenden Anfechtungslast und des grundsätzlichen Ausschlusses des Suspensiveffekts von Einspruch und Klage markiert der Verwaltungsakt mithin den Unterschied zur Anspruchsverwirklichung privater Gläubiger. Als Handlungsform, die nur Hoheitsträgern zur Verwendung zugewiesen ist, begründet er ein „Sonderrecht[41]“, das Ausdruck der Umsetzung des Effektivitätsgebotes ist.

Kooperative Handlungsformen mögen den Steuerpflichtigen weniger belasten als hoheitliche und die Verhältnismäßigkeit mag ihren Vorzug legitimieren[42]. Dennoch durchzieht diese rechtliche Überlegenheit praktisch das gesamte Steuerverwaltungsverfahren – teils als Regelhandlungsform, teils zumindest mit Reservefunktion. Schon im Rahmen des Ermittlungsverfahrens, welches der Feststellung von Ansprüchen aus dem Steuerschuldverhältnis dient, ist die Finanzbe-

---

36 Zur „rechtlichen Überlegenheit des Staates“ als Ausdruck der „Hoheitlichkeit“ siehe *Hill*, DVBl 1989, 321 (323); *Wolff/Bachhof/Stober*, Allgemeines Verwaltungsrecht, Bd. I, § 2 Rn. 26.

37 *Birk*, Steuerrecht I, § 10 Rn. 4; *Eckhoff*, Rechtsanwendungsgleichheit im Steuerrecht, 336; *Felix*, Festschrift f. Spitaler, 135 (146); *Waldhoff*, DStJG 27 (2004), 129 (138). Vgl. auch GrS BFH v. 13.2.1968, GrS 5/67, BStBl. II 1968, 365 (367 f.): „Das Steuerrecht ist in hohem Maße durch einseitige Ansprüche der Obrigkeit gekennzeichnet, gleichwohl erzeugt es kein reines Untertanenverhältnis, sondern ein Steuerrechtsverhältnis.“ Im Sinne von Gleichordnung noch *Hensel*, VVDStRL 3 (1927), 63 (78 ff.).

38 *Felix*, Festschrift f. Spitaler, 135 (146).

39 *O.Mayer*. Verwaltungsrecht, 92 f.

40 *Kopp/Raumsauer*, VwVfG, § 35 Rn. 4.

41 *Hill*, DVBl. 1989, 321 (322).

42 Vgl. *Eckhoff*, StuW 1996, 107 (111).

hörde ermächtigt, den Sachverhalt zu ermitteln und einen entgegenstehenden Willen des Steuerpflichtigen sowie subsidiär den Willen eines Dritten zu überwinden (vgl. §§ 90 ff. AO). Im Nachgang zur Sachaufklärung trifft die Finanzbehörde sodann einseitig und mit Verbindlichkeit ihre Entscheidung über die steuerlichen Folgen. Sie stellt im Festsetzungsverfahren den Anspruch aus dem Steuerschuldverhältnis durch Steuerverwaltungsakt, insbesondere die Steuerschuld durch einen Steuerbescheid (§ 155 AO), fest. Der Steuerbescheid schafft zwar keine Steuerschuld, stellt sie aber mit Verbindlichkeit fest. Der Verwaltungsakt begründet eine formelle Zahlungsverpflichtung[43], an der seine mögliche Rechtswidrigkeit nichts zu ändern vermag. Die rechtliche Überlegenheit spiegelt sich auch dort wieder, wo der Steuergläubiger auf eine Steuerfestsetzung durch Verwaltungsakt verzichtet und sich statt dessen einer Steueranmeldepflicht bedient. Die Steueranmeldung steht in ihren Wirkungen einer Steuerfestsetzung unter Vorbehalt der Nachprüfung gleich (§ 168 S. 1 AO). Sie wird damit zwar nicht zum Verwaltungsakt[44]. § 168 S. 1 AO fingiert die Steueranmeldung aber quasi „als ein vom Steuerpflichtigen gegen sich selbst erlassenen Steuerbescheid"[45]. Hierauf verlässt sich der Gesetzgeber freilich nicht und hält seine rechtliche Überlegenheit für den Fall der Nichtabgabe in Reserve (vgl. § 167 Abs. 2 S. 1 a.E. AO).

Der Festsetzung schließt sich die Verwirklichung des titulierten Anspruchs aus dem Steuerschuldverhältnis im Erhebungsverfahren an, § 218 Abs. 1 AO. Leistet der Steuerpflichtige, bilden die Verwaltungsakte den Rechtsgrund für die Leistung. Wird die titulierte Geldforderung im Erhebungsverfahren nicht entrichtet, erfolgt ihre Eintreibung im Vollstreckungsverfahren. Die Verwaltungsvollstreckung – verstanden als die Anwendung staatlichen Zwangs zur Durchsetzung staatlicher Ansprüche durch Verwaltungsbehörden[46] – ist die konsequente Fortsetzung der Selbsttitulierung als Selbstexekution. Sie erfolgt in einem verwaltungseigenen Verfahren[47] und wird von hoheitlich handelnden staatlichen Organen auf der Grundlage der Vorschriften der Abgabenordnung durchgeführt. Die Vollstreckung liegt vollverantwortlich in den Händen des vollstreckenden Steuergläubigers. Die Vollstreckungsbehörde ist nicht darauf verwiesen, die Hil-

43 BFH v. 17.01.1989, VIII R 370/83, BStBl. II 1989, 563 (566); *Kruse*, in: Tipke/Kruse, AO, § 38 Tz. 23 (Okt. 2003); *Rüsken*, in: Klein, AO, § 155 Rn. 6.

44 BFH v. 28.02.1996, XI R 42/94, BStBl. II 1996, 660 (661); *Cöster*, in Pahlke/König, AO, § 168 Rn. 6; *Kruse*, in: Tipke/Kruse, AO, § 249 Tz. 10 (Okt. 2003).

45 *Seer*, Besteuerungsverfahren: Rechtsvergleich USA-Deutschland, Rn. 48.

46 *Kruse*, in: Tipke/Kruse, AO, § 249 Tz. 4 (Okt. 2003); ähnlich *App/Wettlaufer*, Verwaltungsvollstreckungsrecht, § 1 Rn. 1; *Wolff/Bachof/Stober*, Allgemeines Verwaltungsrecht, Bd. II, § 64 Rn. 1.

47 *Wolff/Bachof/Stober*, Allgemeines Verwaltungsrecht Bd. II, § 64 Rn. 1.

fe der ordentlichen Gerichte in Anspruch nehmen zu müssen. Die Verwaltungsvollstreckung kennt die Mitwirkung von (Zivil-) Gerichten in diesem Regeltypus der Anspruchsdurchsetzung nicht. Innerhalb der Finanzbehörden (Finanzamt, Hauptzollamt) werden Vollstreckungsstellen gebildet, denen ähnlich den Vollstreckungsgerichten im Sinne von § 764 ZPO die Vollstreckung zugewiesen ist, die sich von diesen aber wesentlich dadurch unterscheiden, dass sie zugleich Organ des Steuergläubigers sind[48]. Der Steuergläubiger hat damit eine Doppelstellung inne[49]. Er tritt gegenüber dem Steuerpflichtigen zugleich in der Rolle des Gläubigers und des Vollstreckers auf[50]. Die „Finanzgewalt" im Sprachgebrauch ENNO BECKERS[51] reicht mithin soweit, dass es an der für das achte Buch der Zivilprozessordnung üblichen Trennung zwischen Vollzugsorgan und neutralem Entscheidungsorgan fehlt. Die öffentlich-rechtlichen Bindungen des Steuergläubigers sind hierei voll ausgeprägt. Namentlich die zugunsten des Vollstreckungsschuldners grundrechtlich vermittelte Verhältnismäßigkeit zieht der Vollstreckungstätigkeit des Steuergläubigers Grenzen[52].

Nur ausnahmsweise ist abweichend vom Regeltypus der vollverantwortlichen Selbstexekution eine Funktionsverlagerung auf die ordentliche Gerichtsbarkeit vorgesehen. Die Abweichung von der reinen Selbstexekution folgt dabei teils aus Gründen der Praktikabilität[53], wie dies namentlich im Rahmen der Vollstreckung in das unbewegliche Vermögen der Fall ist (vgl. § 322 Abs. 1 S. 1 AO). Teils folgt die Abweichung aber auch zwingend in Ansehung des verfassungsrechtlich verankerten Richtervorbehalts. Dies betrifft diejenigen Vollstreckungsakte, die auf eine Freiheitsentziehung gerichtet sind (vgl. §§ 284 Abs. 8, 334 AO). Das Amtsgericht wird diesbezüglich im Wege der Amtshilfe tätig[54].

Die hoheitliche Ausprägung des Besteuerungsverfahrens erlangt im Verhältnis zum Steuerbürger verfassungsrechtlich zweierlei Relevanz:

Erstens, steht im Mittelpunkt der Aspekt der verfassungsrechtlichen Rechtfertigung der hiermit einhergehenden Eingriffe in die Grundrechte des Steuerpflichtigen. Waren nach früherem Staatsverständnis staatliche Hoheitsrechte gegenüber dem „Untertan" selbstverständlich, ist unter dem Grundgesetz die Annahme eines abstrakten Über- und Unterordnungsverhältnisses zwischen Staat

48 *Kruse*, Steuerrecht, 355.

49 *Rosenberg/Gaul/Schilken*, Zwangsvollstreckungsrecht, 39; *Sauer*, Vollstreckung im Steuerrecht, 20; *Mattern*, DStZ 1959, 353.

50 *Gaul*, JZ 1979, 496; *Lemke*, Verwaltungsvollstreckungsrecht, 48.

51 *Becker*, StuW 1924, 753 (755 ff.).

52 *Birk*, Steuerrecht I, § 16 Rn. 18; *Seer*, in: Tipke/Lang, Steuerrecht, § 21 Rn. 374.

53 *Lemke*, Verwaltungsvollstreckungsrecht, 48.

54 RFH v. 28.09.1928, V D 1/28, RFHE 24, 148 f.; *Brockmeyer*, in: Klein, AO, § 284 Rn. 15; *Kruse*, in: Tipke/Kruse, AO, § 284 Tz. 33 (Aug. 2006).

und Bürger nicht haltbar. Die mit der hoheitlichen Ausgestaltung des Steuerrechtsverhältnisses einhergehenden Eingriffe des Staates in die grundrechtlich geschützten Lebensbereiche des Bürgers aktivieren vielmehr die Grundrechte in ihrer Funktion als Abwehrrechte. Diese wiederum werden freilich nur unter Vorbehalt gewährt. Die grundrechtsbeschränkende Eingriffsermächtigung ihrerseits muss sich jedoch wiederum materiell an der Verfassung messen lassen. Die damit einhergehende Abwägung zwischen dem grundrechtlich geschützten Interesse des Steuerpflichtigen einerseits und dem öffentlichen Interesse an einem effektiven Steuerzugriff im beschriebenen Sinne andererseits vermag angesichts der Unerlässlichkeit – und damit aus Sicht des Gemeinwesens Hochwertigkeit des letzteren – den Eingriff regelmäßig rechtfertigen. Muss die Finanzbehörde daher zur gesetz- und gleichmäßigen Steuerermittlung, -festsetzung, -erhebung und -vollstreckung tätig werden, rechtfertigt sich in den Grenzen der Verhältnismäßigkeit die abstrakte Gewährung und die konkrete Inanspruchnahme hoheitlicher Befugnisse bereits allein aus der Wahrnehmung dieser Hoheitsaufgabe[55].

Zweitens, im Nachgang zu den steuerverfassungsrechtlichen Ausführungen zum Gleichheitsgebot und Legalitätsprinzip wird deutlich, dass sich das Verhältnis von hoheitlichem Steuerrechtsverhältnis und effektiven Steuerzugriffs nicht in der verfassungsrechtlichen Rechtfertigung des ersten durch das letztere erschöpfen kann. Wir haben gesehen, dass dem steuerlichen Verfahrensrecht die Gewährleistung des gleichmäßigen Steuervollzugs zugewiesen ist. Die mit dem hoheitlichen Charakter des Steuerrechtsverhältnisses einhergehende – sei es tatsächliche genutzte oder nur in Reserve vorhandene – rechtliche Überlegenheit ist zwingende Konsequenz aus dem Postulat eines effektiven Steuerzugriffs[56]. Eine nichthoheitliche Wahrnehmung dieser staatlichen Aufgabe kann den verfassungsrechtlich begründeten Effektivitätsvorgaben nicht genügen. Wenngleich nicht bestritten werden soll, dass im Steuerrechtsverhältnis auch konsensuale Elemente für die gesetz- und gleichmäßige Besteuerung förderlich sein können, ist die Verwirklichung des materiellen Steuerrechts ohne das hoheitliche Moment in den entscheidenden Phasen des steuerlichen Verwaltungsverfahrens nicht denkbar. Die Verwaltung ist auf einen breiten Kanon der Bewirkungsmöglichkeiten angewiesen, wozu auch der Einsatz hoheitlicher Mittel und einseitiger Entscheidun-

---

55 Vgl. *Seer*, in: Tipke/Lang, Steuerrecht, § 21 Rn. 8: „Die Realisierung der Steuerpflicht ist conditio sine qua non für ein funktionierendes Staatswesen". Zur Rechtfertigung hoheitlicher Gewalt aus der staatlichen Aufgabenwahrnehmung heraus im Allgemeinen *Baring*, DVBl. 1965, 180 (183); *Czybulka*, Legitimation der öffentlichen Verwaltung, 41 ff; *Giacometti*, Allgemeine Lehren, 59; *Schmidt-Aßmann*, DVBl. 1989, 533 (539); *Wolff/Bachof/Stober*, Allgemeines Verwaltungsrecht, Bd. I, § 2 Rn. 26; *v.Unruh*, in Festschrift f. Wolff, 109 ff.

56 Vgl. *E.Becker*, StuW 1924, 753 (755 ff.); *Waldhoff*, DStJG 27 (2004), 129 (143).

gen gehört[57]. Dies ist offenkundig bezüglich des im Rahmen dieser Untersuchung relevanten Festsetzungs-, Erhebungs- und Vollstreckungsverfahrens. Eine Finanzbehörde, die rechtlich nicht in der Lage ist, dem Steueranspruch durch einseitiges Handeln eine durchsetzbare Verbindlichkeit zu verleihen, die Steueransprüche einklagen sowie durch Dritte vollstrecken lassen muss, kann eine effektive Umsetzung des materiellen Steuerrechts nicht gewährleisten. Die Abgabenordnung gibt der Steuerverwaltung darum die Rechtsform des Verwaltungsaktes an die Hand, verweist sie nicht auf einen „durchsetzungsminderwertigen" Vertrag[58], gewährt ihr mittels der §§ 164, 165 AO und des Ausschlusses des Suspensiveffekts (§ 361 AO) einen „Barvorschuss"[59] und erlaubt die Selbstexekution in wesentlicher Unabhängigkeit von Organen der zivilrechtlichen Rechtspflege[60]. Ist die hoheitliche Ausgestaltung des Steuerrechtsverhältnisses folglich die einfach-rechtliche Konkretisierung des aus Steuergerechtigkeit und steuerlichen Legalitätsprinzips hergeleiteten Effektivitätsgebotes, steht sie nicht frei zur Disposition des Gesetzgebers. Diese Verfassungsgrundsätze beinhalten zwar keine konkreten Vorgaben für die Formulierung eines steuerlichen Verfahrensrechtes. Jede Effektitätseinbuße, die dem Verfahrensrecht zurechenbar ist, unterliegt aber insoweit der verfassungsrechtlichen Rechtfertigung, als diese Verfassungsgüter dem Gesetzgeber die Sorge für ein im Gesetz niedergelegtes Mindestniveau an Effektität auferlegen. Dieses wiederum ist angesichts der Bedeutung der vorgenannten Gemeinwohlgüter hoch anzusetzen.

2) Der Ausnahmecharakter des rechtlichen Verlustes der Abgabenforderung als Ausfluss des Verfassungsrechts

Die Gleichheit im Belastungserfolg äußert sich nicht nur auf der Vollzugsebene dergestalt, dass ein bestehender und durchsetzbarer Steueranspruch *tatsächlich* verwirklicht werden muss. Sie konkretisiert sich „erst recht" auf der *rechtlichen* Ebene in einem *Bestandsgebot*. Jeder rechtliche Verlust – sei es in Gestalt eines Erlöschens oder auch nur in Gestalt einer fehlenden Erzwingbarkeit – bedeutet eine Ausnahme von der gemeinschaftlichen Lastentragung und führt zu einer Ungleichmäßigkeit der Besteuerung. Es macht mit Blick auf den Belastungserfolg

57 *Schmidt-Aßmann*, Verwaltungsrecht als Ordnungsidee, 15; *Isensee*, Festschrift f. Ipsen, 409 (425 f.).

58 Vgl. *Bullinger*, Gedenkschrift f. Peters, 667 (681); *Seer*, Verständigungen in Steuerverfahren, 145.

59 *Heckmann*, Der Sofortvollzug staatlicher Geldforderungen, 51.

60 Zur Kritik an der fehlenden Trennung zwischen Vollzugsorgan und neutralem Entscheidungsorgan *Gaul*, JZ 1979, 496 (502 f.); *Jauernig/Berger*, Insolvenzrecht, § 1 Rn. 5.

keinen Unterschied, ob von vornherein einem Steuerpflichtigen eine Steuerbefreiung gewährt wird, oder ob im Falle allgemeiner Steuerpflicht im Nachgang zur Verwirklichung des Steuertatbestandes eine wie auch immer rechtlich ausgestaltete Entlastung herbeigeführt wird. Steuergerechtigkeit bedeutet Allgemeinheit der Besteuerung[61]. Diese ist nicht gewährleistet, wenn sich im Nachhinein die Tatbestandsverwirklichung nicht (mehr) in einer Steuerforderung äußert.

Ein aus dem Gleichheitssatz abgeleitetes Bestandsgebot richtet sich gleichsam dem Effektivitätsgebot sowohl an den Gesetzgeber als auch an die die Steuergesetze vollziehende Finanzbehörde. Der Gesetzgeber muss mit jedem Erlöschenstatbestand bzw. jeder Ermächtigung, die Maßnahmen dieser Wirkung legitimiert, den verfassungsrechtlich vertretbaren Ausgleich mit Art. 3 Abs. 1 GG suchen. Es bedarf folglich eines sachlichen Grundes für den rechtlichen Verlust der Abgabenforderung und der Verhältnismäßigkeit muss genügt sein. Dieses steuerrechtliche Bestandsgebot findet seinen Ausdruck zum einen materiell in der verfassungsrechtlichen Rechtfertigungsbedürftigkeit einer jeden Verschonungsentscheidung. Zum anderen beinhaltet es insoweit auch eine formelle Anforderung, als die Nichtbesteuerung nur ein Parlamentsgesetz anordnen kann[62].

II. Die insolvenzrechtliche Haftungsordnung als konkretisiertes Verfassungsrecht

Die Insolvenzordnung steht unter dem Eindruck verschiedener Zielsetzungen. Sie soll im Interesse der Gläubigergesamtheit eine geordnete, friedenswahrende und zugleich effektive Haftungsabwicklung eines insuffizienten Vermögens gewährleisten (dazu unter 1] a]). Die insolvenzrechtliche Haftungsordnung folgt insoweit vornehmlich sachlichen Zwängen, wenn sie ihrer eigenen Funktion nicht beraubt werden will, ermöglicht andererseits aber auch eine gewisse sog. Gläubigerselbstverwaltung (dazu unter 1] b]). Schließlich bereitet das Insolvenzrecht dem redlichen Schuldner unter bestimmten Voraussetzungen auch den Weg zu einem wirtschaftlichen Neuanfang unter Befreiung von seinen Verbindlichkeiten (dazu unter 1] c]). Dem mehrpoligen Charakter eines Gesamtvollstreckungsver-

61 *Lang*, in: Tipke/Lang, Steuerrecht, § 4 Rn. 78.

62 BVerwG v. 05.06.1959, VII C 83/57, BVerwGE 8, 329 (330); BFH v. 16.06.2004, X R 34/03, BStBl. II 2005, 378 (379 f.); *Grzeszick*, in: Maunz/Dürig, GG, Art. 20 Abs. 4 Rn. 42 (März 2006); *Isensee*, Festschrift f. Flume II, 129 (131), *Mussgnug*, Der Dispens von gesetzlichen Vorschriften, 130 ff.; *Ossenbühl*, in: Isensee/Kirchhof, Handbuch des Staatsrechts, Bd. III, § 62 Rn. 5; *Papier*, Die finanzrechtlichen Gesetzesvorbehalte und das grundgesetzliche Demokratieprinzip, 167; *Vogel*, Festschrift f. Döllerer, 677 (685); *Walz*, Steuergerechtigkeit und Rechtsanwendung, 137 f.

fahrens entsprechend erlangt das Verfassungsrecht hier unter mehreren Blickwinkeln Bedeutung. Das Verfassungsrecht schützt die kollidierenden Interessen der verschiedenen Verfahrensbeteiligten. Diese verfassungsrechtlich geschützten Belange sind zum einen geeignet, die Einschränkung anderer verfassungsrechtlicher Belange zu rechtfertigen. Zum anderen begründen sie Pflichten des Staates unter dem Gesichtspunkt der Schutzgewähr. Schon für sich betrachtet ist das Insolvenzrecht daher von einem Ausgleichs- und Konkordanzstreben beherrscht, das diesen verfassungsrechtlichen Problemfeldern gerecht werden muss (dazu unter 2]).

1) Die Haftungsverwirklichung nach der Insolvenzordnung

a) Die Kollektivierung und Disziplinierung der Insolvenzgläubiger

Begehrt ein Gläubiger von seinem solventen Schuldner Erfüllung und kommt letzterer dem nicht nach, bedarf es der zwangsweisen Durchsetzung des Anspruchs. Ist die Selbsthilfe indes ausgeschlossen und die Gewaltausübung beim Staat monopolisiert, muss der Staat in Umsetzung der grundrechtlichen Gewährleistung auf effektive Rechtsdurchsetzung[63] Einrichtungen bereit halten, welche nötigenfalls mit Zwang die Durchsetzung des subjektiven Rechts besorgen[64]. In Konkretisierung dieser Maßgabe sieht die Zivilprozessordnung vor, dass der Gläubiger einen titulierten Anspruch im Wege der Einzelzwangsvollstreckung von Staatsorgangen durchsetzen lassen kann. Diese ist geprägt vom Grundsatz *prior tempore portiur iure*: Der Gläubiger, der zuerst auf einen bestimmten Vermögensgegenstand des Schuldners zugreift, erlangt vorrangig Befriedigung[65]. Verfügt der Schuldner über mehr Vermögensgegenstände als Schulden, gereicht dieses Prinzip keinem Gläubiger ernsthaft zum Nachteil.

Gleichsam dem Einzelzwangsvollstreckungsrecht ist das Insolvenzrecht Bestandteil des in der Justizgewährleistungspflicht wurzelnden Rechtsschutz-

63 Vgl. BVerfG v. 19.10.1982, 1 BvL 34 u. 55/80, BVerfGE 61, 126 (136). Eingehend *Gaul*, ZZP 112 (1999), 135 (142 ff.); *Rosenberg/Gaul/Schilken*, Zwangsvollstreckungsrecht, 73. Wenngleich seine Herleitung noch nicht abschließend geklärt ist (Art. 19 Abs. 4, Art. 20, 101 Abs. 1 S. 2, 103 Abs. 1 GG oder Art. 6 EMRK i.V. dem Rechtsstaatsprinzip) besteht über Existenz und Inhalt eines solchen Justizgewährleistungsanspruchs Einigkeit. Eingehend zur verfassungsrechtlichen Herleitung *Detterbeck*, AcP 192 (1992), 325 (328 ff.).

64 *Baur/Stürner*, Insolvenzrecht, Rn. 6.2; *Lüke*, in: Münchener Kommentar, ZPO, Einl. Rn. 300; *Smid*, in: derselbe, InsO, § 1 Rn. 55.

65 Ausführlich zum Prioritätsprinzip statt vieler nur *Rosenberg/Gaul/Schilken*, Zwangsvollstreckungsrecht, 66 ff.; *Wacke*, JA 1980, 94 ff.

systems[66]. Es regelt lediglich eine besondere Situation. Ist der Schuldner nicht mehr in der Lage, alle gegen ihn gerichteten Ansprüche zu befriedigen (*Insolvenz*), kommt es zu Befriedigungskonkurrenzen zwischen den Gläubigern. Das Unvermögen zur vollständigen Gläubigerbefriedigung befreit den Schuldner nicht von seinen Zahlungsverpflichtungen[67]. Vielmehr gilt der allgemeine Rechtsgrundsatz einer unbeschränkten Vermögenshaftung[68]. Die Unzulänglichkeit des schuldnerischen Vermögens löst bei den Gläubigen darum regelmäßig die berechtigte Sorge aus, zu kurz zukommen. Sie „laufen zusammen" und die kollidierenden Zugriffe einzelner Gläubiger stiften naturgemäß Unruhe. Ein vom Prioritätsprinzip geprägtes Einzelzwangsvollstreckungsrecht vermag die Gläubiger in dieser Situation nicht zu beruhigen. Es führt aus Sicht der meisten Gläubiger zu willkürlichen Entscheidungen und löst regelmäßig die Befürchtung aus, leer auszugehen. Das Prioritätsprinzip verliert in dieser Situation seine innere Rechtfertigung[69]. Die Gläubiger sehen sich veranlasst, zu retten, was zu retten ist. Die Unruhe droht, sich zu einem – für den Gemeinschuldner ebenso wie die Mehrheit der Gläubiger – nachteiligen, von Egoismus geprägten und im Extremfall mit der Tendenz zur Selbsthilfe ausgetragenen Verteilungskampf zu steigern[70]. THOMAS H. JACKSON bringt dies auf den Punkt:

> „Because creditors have conflicting rights, there is a tendency in their debt collection efforts to make a bad situation worse"[71].

Im Grunde geht es um die Bewältigung des aus der Spieltheorie bekannten "*prisoner's dilema*"[72]. Die Gläubiger sind nicht in der Lage, auf freiwilliger Basis zu einer für alle Beteiligten sinnvollen Kollektiventscheidung zu gelangen.

---

66 *Becker*, in: Nerlich/Römermann, InsO, § 1 Rn. 3 (April 2002); *Wenzel*, in: Kübler/Prütting, InsO, § 286 Rn. 61 ff. (Nov. 2001).

67 RG v. 09.01.1923, VII 403/22, RGZ 106, 177 (181).

68 Siehe nur *Medicus*, AcP 188 (1988), 489 (501).

69 *Stürner*, in: Münchener Kommentar, InsO, Einl. Rn. 77. Ähnlich *Häsemeyer*, Insolvenzrecht, Rn. 2.23; *Lüke*, in: Münchener Kommentar, ZPO, Einl. 317.

70 Vgl. *Hanisch*, ZZP 90 (1977), 1 (2 f.); *Häsemeyer*, Insolvenzrecht, Rn. 2.01 ff.; *Jackson*, Logic and Limits of Bankruptcy Law, 10; *Kilger*, KTS 1975, 142 (156 f.); *Smid*, Insolvenzrecht, § 1 Rn. 18 f.

71 *Jackson*, Logic and Limits of Bankruptcy Law, 10.

72 *Jackson*, Logic and Limits of Bankruptcy Law, 10 Fn. 9 mit Verweis auf *Rapoport/Chammah*, Prisoner's Dilemma (1965): "A prisoners dilema rest on three essential premises. One, that the paricipants are unable to get together and make a collective decision. Two, that the participants are selfish and not altruistic. Three, that the results reached by individual action is worse than a cooperative solution". Ebenso *Balz*, ZIP 1988, 1438 (1439); *Eidenmüller*, Unternehmenssanierung zwischen Markt und Gesetz, 19 ff.; *R.H.Schmidt*, AG 1981, 35 (37 ff.).

Jeder Gläubiger versucht, sich einen maximalen Anteil am Vermögen ohne eigenes Nachgeben zu sichern. Dies führt einerseits zu einer unvollkommenen bis ineffektiven Nutzung des noch vorhandenen Schuldnervermögens und verursacht andererseits regelmäßig Transaktionskosten bei den Gläubigern[73].

Auf dieses Kollektivhandlungsproblem reagiert ein Gesamtvollstreckungsrecht. Es gibt für die Beziehungen der Beteiligten eine klare Ordnung vor und macht die Situation der Insolvenz berechenbar. Mit Eröffnung des Insolvenzverfahrens wird das Schuldnervermögen beschlagnahmt und als Insolvenzmasse der Verwaltungs- und Verfügungsbefugnis eines amtlich zu bestellenden Insolvenzverwalters unterworfen (§ 80 Abs. 1 InsO). Der Schuldner bleibt zwar weiterhin Rechtsträger der ihm gehörenden Vermögenswerte. Es entsteht mit der sog. Insolvenzmasse aber ein Sondervermögen[74], das den Insolvenzgläubigern als „fixiertes, abgegrenztes Vermögen haftungsrechtlich zugewiesen wird“[75]. Parallel zu diesem Insolvenzbeschlag zu Gunsten der Gesamtgläubigerschaft wird zugleich der individuelle Zugriff auf das Schuldnervermögen ausgeschlossen. Im Interesse einer erhöhten Verteilungsgerechtigkeit wird die Masse zudem dadurch angereichert, dass bereits erfolgte Zugriffe unter bestimmten Voraussetzungen rückgängig gemacht werden[76].

Durch derartige Regelungsmechanismen soll ein durch suboptimale Individualentscheidungen verursachter Gesamtschaden von den Gläubigern abgewendet und das noch vorhandene Vermögen vielmehr einer effektiven Nutzung zugeführt werden[77]. Die ökonomische Sinnhaftigkeit einer „collective action“ wurde bereits vielfach nachgewiesen[78]. Sie verhindet die ineffektive Zerschlagung und vermeidet Transaktionskosten. Gerade bei Unternehmensinsolvenzen wird durch die Kollektivierung und Disziplinierung sichergestellt, dass der technisch-organisatorische Verbund des Schuldnervermögens erhalten bleibt. Denn nur eine „ge-

---

73 *Balz*, Kölner Schrift InsO, 3 (6) Rn. 9 ff.; *Drukarczyk*, Unternehmen und Insolvenz, 56; eingehend *Eidenmüller*, Effizienz als Rechtsprinzip, 97 ff.

74 BGH v. 21.01.1993, IX ZR 275/91, BGHZ 121, 179; *Häsemeyer*, Insolvenzrecht, Rn. 9.03; *Lwowski*, in: Münchener Kommentar, InsO, § 35 Rn. 22; *Uhlenbruck*, in: derselbe, InsO, § 35 Rn. 1.

75 *Henckel*, Festschrift f. Weber, 237 (252).

76 *Prütting*, in: Kübler/Prütting, InsO, Einl. Rn. 74 (Aug. 1998).

77 *Balz*, ZIP 1988, 1438 (1439); *derselbe*, Kölner Schrift InsO, 3 (8) Rn. 17 ff.; *Dorndorf*, Festschrift f. Merz, 31 (34); *Drukarczyk*, Unternehmen und Insolvenz, 56 ff.; *Jackson*, Logic and Limits of Bankruptcy Law, 7 ff.; *R.H. Schmidt*, AG 1981, 35 (37 ff.).

78 Siehe nur die Untersuchung von *Jackson*, Logic and Limits of Bankruptcy Law. Kritisch z.B. *Förster*, Festschrift f. Kirchhof, 85 (95 ff.), der dem Insolvenzverfahren gerade wegen der Verteitelung der individuellen Rechtsverwirklichung die Ineffizienz zuspricht.

steuerte Rechtsausübung auf der Schuldner- und Gläubigerseite garantiert eine überindividuelle, situationsgerechte Nutzenverwaltung“ [79]. Ferner wird den Gläubigern im Sinne einer *Befriedungsfunktion* des Insolvenzrechts[80] Vorhersehbarkeit und Gewissheit über diese möglichst optimale Erfassung und Verwertung des Schuldnervermögens verschafft[81].

Der Staat schaltet das Prioritätsprinzip und damit den *bellum omnium contra omnes* aus. Er ersetzt es durch das Prinzip der gleichmäßigen und gemeinschaftlichen Befriedigung aller Gläubiger („*par conditio creditorum*“), und zwar unabhängig davon, wann die Forderungen entstanden oder ob sie tituliert sind. Wenngleich unter der par conditio creditorum durchaus unterschiedliches Verstanden werden kann[82] und ihr verschiedene Gesetzgeber im Detail differierende Konkretisierungen zugedacht haben, ist sie als beherrschendes Prinzip des Insolvenzrechts seit jeher anerkannt[83]. In § 1 InsO und anderen insolvenzrechtlichen Normen hat sie ihren positiv-rechtlichen Niederschlag gefunden[84]. Ist die gemeinschaftliche Befriedigung immer nur eine anteilige Befriedigung, darf dieser Grundsatz allerdings nicht im Sinne einer strikten gleichen Befriedigung aller Beteiligten verstanden werden. „Par conditio creditorum bedeutet [...] gemeinschaftliche Befriedigung, die Gleiches gleich, aber Ungleiches ungleich behandelt“[85]. Daher läuft die Gleichbehandlung regelmäßig nur auf eine „gesetzlich geordnete Gruppengerechtigkeit“ hinaus[86].

---

79 *Berges*, Festschrift für Weber, 57 (60 ff.).

80 *Baur/Stürner*, Insolvenzrecht, Rn. 1.2; *Häsemeyer*, Insolvenzrecht, Rn. 2.01 ff. (“Gesamtvollstreckung im Dienste des sozialen Friedens”); *Schmerbach*, in: Frankfurter Kommentar, InsO, Vor § 1 Rn. 21; *Smid*, in: derselbe, InsO, § 1 Rn. 34.

81 *Dorndorf*, Festschrift f. Merz, 31 (34); *Smid*, Insolvenzrecht, § 1 Rn. 18, 21; *Baird*, Elements of Bankruptcy Law, 14.

82 Vgl. *K.Schmidt*, Gutachten f. d. 54. DJT, D 51.

83 BGH v. 29.01.1964, Ib ZR 197/62, BGHZ 41, 98 (101): „[Der] Grundsatz der gleichmäßigen Befriedigung [ist] das Kernstück des Konkurses als einer Gesamtvollstreckung [...]“. *Franz Bydlinski* weißt die par conditio creditorum als Rechtsprinzip neben 130 weiteren Prinzipien des Privatrechts nach (*Bydlinski*, System und Prinzipien des Privatrechts, 299 ff.). Siehe aus der Literatur im Übrigen nur *Henckel*, in: Jaeger/Henckel/Gerhard, InsO, § 1 Rn. 6; *Prütting*, in: Kübler/Prütting, InsO, Einl. Rn. 74; *Uhlenbruck*, in: derselbe, InsO, § 1 Rn. 2. *Hanisch*, ZZP 90 (1977), 1 (4 f.): Die *par conditio creditorum* beherrscht als „zeitloses“ Prinzip jeher jede Form der Insolvenzbereinigung „aufgrund jahrhunderter langer Erfahrung bei gleich bleibender menschlicher Begehrlichkeit“.

84 Siehe zur Herleitung aus dem positiven Recht statt vieler nur *Prütting*, in: Kölner Schrift InsO, 221 (239) Rn. 56.

85 *Baur/Stürner*, Insolvenzrecht, Rn. 5.36; eingehend dazu auch *Häsemeyer*, KTS 1982, 507 ff.

86 *K.Schmidt*, Gutachten f. d. 54. DJT, D 51.

Eine in diesem Sinne gleichmäßige und gemeinschaftliche Haftungsverwirklichung setzt der ihr immanenten Logik nach voraus, dass alle Gläubiger am Insolvenzverfahren teilnehmen (Universalität) und jedem Gläubiger die Befriedigung außerhalb des Insolvenzverfahrens verwehrt ist (Exklusivität). Dies ist Grundvoraussetzung für eine möglichst effektive, gerechte und gleichmäßige Haftungsverwirklichung[87]. Beides verwirklicht die Insolvenzordnung weitestgehend, indem sie die Rechtsausübung und -durchsetzung *kollektiviert* und die Beteiligten *diszipliniert*[88]. Insolvenzgläubiger und Inhaber von bestimmten Absonderungsrechten werden in das Insolvenzverfahren einbezogen und ohne Ausnahme seinen Wirkungen unterworfen. Ihnen ist eine Befriedigung außerhalb des Insolvenzverfahrens versagt (vgl. § 87 InsO). Sie können nach Eröffnung des Insolvenzverfahrens weder ein Urteil gegen den Schuldner erstreiten (vgl. § 240 ZPO) noch einen bereits erlangten Titel vollstrecken (§ 89 f. InsO). Für diese Gläubiger gilt zur Anspruchsverwirklichung exklusiv das Insolvenzverfahren. Außerhalb des Insolvenzverfahrens befriedigen sich ausschließlich aussonderungsberechtigte und bestimmte absonderungsberechtigte Gläubiger sowie Massegläubiger.

b) Gläubigerautonomie statt Regulierung: Der „Wettbewerb um die effektivste Haftungsverwirklichung“

Die Befriedigung der Gläubiger erfolgt durch die Verwertung des Schuldnervermögens. In Regelinsolvenzverfahren bildet vielfach die Summe der einzelnen Vermögensgegenstände einen betrieblichen Organismus und verkörpert das schuldnerische Unternehmen.

Das Konkursverfahren alter Prägung war primär auf die Liquidation des schuldnerischen Unternehmens ausgerichtet. Restrukturierung und Sanierung blieben seltene Ausnahmefälle. Im Mittelpunkt der Reformdiskussion stand daher ERNST JAEGERS[89] berühmt gewordener Ausspruch: „Der Konkurs ist ein Wertvernichter schlimmster Art und obendrein das teuerste Schuldentilgungsverfahren“[90]. Diesem Zustand ist der Insolvenzrechtsgesetzgeber entgegentreten. Mit

---

87 Vgl. *Baur/Stürner*, Insolvenzrecht, Rn. 5.40; früh auch schon *Endemann*, ZZP 12 (1888), 24 (93).

88 *Jackson*, Logic and Limits of Bankruptcy Law, 12 f.: „ […] imposing a colletive and compulsory proceeding on [creditors]“. Gleichsam *Balz*, in: Kölner Schrift InsO, 1 (3) Rn. 17; *Eidenmüller*, Unternehmenssanierung zwischen Markt und Gesetz, 19 ff.; *Paulus*, DStR 2002, 1865 (1867); *Uhlenbruck*, in: derselbe, InsO, § 1 Rn. 2. Zu dieser Erkenntnis unter Geltung des gemeinen Konkursrechts bereits *Endemann*, ZZP 12 (1888), 24 (88).

89 *Jaeger*, Konkursrecht, 216.

90 Zur Reformdiskussion *K.Schmidt*, Gutachten f. d. 54. DJT, D 12.

der Ablösung der Konkursordnung durch die Insolvenzordnung wollte er den nach seiner Ansicht „wohl folgenschwersten Mangel des [alten] Rechts", nämlich die Verweigerung „eines funktionsfähigen rechtlichen Rahmens für die Sanierung Not leidender Unternehmen"[91] und die „dem alten Recht eigene Tendenz zur Zerschlagung"[92], beseitigen.

Ausweislich des § 1 S. 1 InsO ist prägendes Ziel des Insolvenzverfahrens aber nach wie vor die Haftungsverwirklichung im Interesse der Gläubiger. Trotz aller Anleihen beim US-amerikanischen Reorganisationsverfahren, welches stark Schuldnerschutz orientiert ist und einen Zwangsvergleich im Interesse des Schuldners ermöglicht, um ihm einen unbelasteten Wiedereintritt ins Wirtschaftsleben zu ermöglichen (*fresh start*)[93], hat der deutsche Gesetzgeber einer derartigen Ausrichtung des Insolvenzverfahrens eine Absage erteilt[94]. Die Insolvenzordnung sieht lediglich ein Restschuldbefreiungsverfahren im Anschluss an ein auf die Befriedigung der Gläubiger aus dem vorhandenen und – zeitlich begrenzt – dem künftigen Vermögen gerichtetes Insolvenzverfahren vor. Wenngleich damit der primäre Verfahrenszweck des Insolvenzverfahrens durchaus noch dem des Konkursverfahrens entspricht, hat der Gesetzgeber mit der Insolvenzordnung dennoch einen fundamentalen Wechsel vollzogen. Haftungsverwirklichung nach der deutschen Insolvenzordnung bedeutet nach wie vor „bestmögliche Haftungsverwirklichung"[95] im Sinne einer Maximierung der Haftungsmasse, um die Befriedigungschancen für die Gesamtheit der Gläubiger zu optimieren[96]. Auf welche Weise die Haftungsmasse maximiert wird, wird aber nunmehr in deutlich größeren Umfang der eigenen Konzeption der Gläubigergesamtheit bzw. einer Gläubigermehrheit überlassen. Die Eröffnung des Insolvenzverfahrens soll nach der gesetzgeberischen Motivation ferner keine „Zerschlagungsautomatik" mehr auslösen, wie sie dem Konkursrecht attestiert wurde. Vielmehr kann die Befriedigung der Gläubiger neben der *klassischen* „Verwertung und Verteilung des Schuldnervermögens" auch durch die Erhaltung

91 Bundesregierung, BT-Drucks. XII/2443, 73.

92 Bundesregierung, BT-Drucks. XII/2443, 73. Zu dem geflügelten Wort von der „Zerschlagungsautomatik" siehe bereits schon *Balz*, ZIP 1988, 273 (276); *Engelhard*, ZIP 1986, 1287 ff.

93 Dazu *Baird*, The Elements of Bankruptcy, 30 ff.

94 Vgl. *Funke*, BFuP 1995, 26 (27 f.); *Kießner*, in: Braun, InsO, § 1 Rn. 3; *Smid*, in: derselbe, InsO, § 1 Rn. 10.

95 BGH v. 13.03.2003, IX ZR 64/02, BGHZ 154, 190 (197): „bestmögliche Haftungsverwirklichung" (mit) als Hauptzweck des Insolvenzverfahrens.

96 *Baur/Stürner*, Insolvenzrecht, Rn. 5.67; *Eidenmüller*, Unternehmenssanierung zwischen Markt und Gesetz, 18; *Funke*, BFuP 1995, 26 (27); *Henckel*, Festschrift f. Merz, 197 (202); *Schmerbach*, in: Frankfurter Kommentar, InsO, Vor § 1 Rn. 27; *Uhlenbruck*, Festschrift f. Kirchhof, 479 (480).

des schuldnerischen Unternehmens bewirkt werden. Die jedem Gesamtvollstreckungsrecht innewohnende Funktion der Schadensbegrenzung wird den Bedürfnissen des Einzelfalls entsprechend erweitert. Gerade bei hochkapitalisierten Technostrukturen wächst mit der schieren Masse, Komplexität und Bedeutung des Unternehmens das Schadenspotential einer konkursmäßigen Liquidation[97]. Liquidation und Sanierung sind fortan gleichwertig nebeneinander stehende *Mittel der Haftungsverwirklichung*[98], die der jeweiligen Situation entsprechend gewählt werden müssen[99]. Um den Gläubigern diese Entscheidungsoption zu erhalten, ist der (vorläufige) Insolvenzverwalter grundsätzlich verpflichtet, den Betrieb fortzuführen (vgl. §§ 22 Abs. 1 S. 2 Nr. 2, 158 InsO).

Die Wahl der Haftungsverwirklichung ist regelmäßig die Schicksalsfrage der Insolvenzabwicklung[100]. Unter Geltung der Insolvenzordnung wird sie weitestgehend denjenigen zugewiesen, die von ihr betroffen sind[101]. Das im Rahmen der Insolvenzrechtsreform vielfach gefallene Stichwort lautet folglich „Gläubigerautonomie“[102], dessen schwere Fassbarkeit zugleich seine umfassende Bedeutung in der Wechselbeziehung zwischen dem individuellen Gläubiger und dem Gläubigerkollektiv deutlich macht. Sie meint zum einen die Autonomie des einzelnen Gläubigers. Zum anderen umschreibt sie die Autonomie der Gemeinschaft der Insolvenzgläubiger in Ansehung der inneren Autonomie zur Organisation des Kollektivs als auch der äußeren Autonomie der effektiven Einflussnahme im und auf

---

97 *Hanisch*, Rechtszuständigkeit der Konkursmasse, 264; *F. Weber*, Festschrift 100 Jahre KO, 351.

98 *Bork*, ZZP 109 (1996), 473 (475); *Eidenmüller*, in: Münchener Kommentar, InsO, Vor §§ 217-269 Rn. 9; *Henckel*, in: Jaeger/Henckel/Gerhardt, InsO, § 1 Rn. 2; *Pape/ Uhlenbruck*, Insolvenzrecht, Rn. 96 ff.; *Paulus*, DStR 2002, 1865 (1869); *Prütting*, Kölner Schrift, InsO, 221 (240), Rn. 60; *Warrikoff*, KTS 1997, 527.

99 Siehe nur *Flessner*, Sanierung und Reorganisation, 172 ff. m.w.Nachw.

100 *Henckel*, Festschrift f. Merz, 197 (207).

101 Die Zuweisung dieser Verantwortung war in der Vergangenheit nich so ausgeprägt wie unter der Insolvenzordnung. Das Konkursrecht vor 1877 war weitestgehend von einer obrigkeitstaatlichen Konkursabwicklung geprägt, die eine Gläubigerselbstverwaltung nicht zuließ (vgl. *Pasquay*, ZHR 65 [1909], 409 [413 ff.]). Mit der Konkursordnung folgte sodann erstmals ein „System staatlicher überwachter Gläubigerselbstverwaltung (*Hegmanns*, Der Gläubigerausschuss, 5 ff.; *Pape*, ZIP 1990, 1252 [1253]).

102 Bundesregierung BT-Drucks. XII/2443, 194; Rechtsausschuss BT-Drucks. XII/7302, 181. Synonym werden auch die „Privatautonomie“ (Bundesregierung BT-Drucks. XII/2443, 76, 78, 83, 194), die „Beteiligtenautonomie“ (a.a.O, XII/2443, 99) oder die „Gläubigerselbstverwaltung“ (a.a.O, BT-Drucks. XII/2443, 99) verwendet.

das Insolvenzverfahren[103]. Namentlich in Gestalt des Insolvenzplans hat der Gesetzgeber einen rechtlichen Rahmen geschaffen, „der den Beteiligten die Möglichkeit gibt, Insolvenzen auf der Grundlage der Gläubigerautonomie flexibel und wirtschaftlich effektiv abzuwickeln[104]". Er hatte dabei eine Haftungsverwirklichung vor Augen, die von einer grundsätzlichen Erhaltung des schuldnerischen Unternehmens ausgeht, wenn sich die Gläubiger hiervon größere Vorteile versprechen als von der Zerschlagung, weil sie beispielsweise auf eine Realisierung des einem lebenden Unternehmen zukommenden Fortführungswertes im Rahmen einer Geschäftsveräußerung im Ganzen und auf die Aufrechterhaltung bereits vorhandener Geschäftsbeziehungen hoffen. Gegebenfalls steht sogar die Sanierung des Rechtsträgers selbst und damit letztlich die Befriedigung (erst) aus den künftigen Erträgen im Vordergrund.

Der Gesetzgeber wollte anstelle der eher auf passive Beteiligung angelegten Stellung unter der Konkursordnung Rahmenbedingungen für eine aktiv gestaltende Mitwirkung der Gläubiger schaffen. Obgleich dieses Konzept nicht ohne Kritik blieb[105], vertraut er darauf, dass marktwirtschaftlich rationale Verwertungsentscheidungen, wie sie unter Wettbewerbsbedingungen durch freie Verhandlungen zustande kommen, am ehesten ein Höchstmaß an Wohlfahrt herbeiführen und somit auch im gesamtwirtschaftlichen Interesse liegen[106]. Eine betriebswirtschaftlich sinnvolle und volkswirtschaftlich erwünschte Unternehmensfortführung hat – so zumindest das Verständnis des Gesetzgebers – nunmehr die notwendigen juristischen Rahmenbedingungen erhalten[107]. Ausdruck dieses Paradigmenwechsels sind Schlagworte wie „Marktkonformität der Insolvenzabwicklung" und „Wettbewerb um die beste Verwertungsart". Entsprechend häufig ist in der Gesetzesbegründung vielerorts von der bereits erwähnten Gläubigerautonomie die Rede. Andere sprechen von der „Stunde gestaltender Gläubigermacht"[108] (ROLF STÜRNER).

In Umsetzung dieser „Philosophie" haben die Insolvenzgläubiger über die Organe der Gläubigerversammlung und gegebenenfalls des Gläubigerausschusses erheblichen Einfluss auf das Verfahren. Dies betrifft die Person des Insolvenzverwalters (§ 57 InsO), die Fortführung des insolventen Unternehmens (§ 157 InsO), die Verwertung (§ 159 InsO) und überhaupt alle besonders bedeut-

103 Eingehend zu Begriff und Gegenstand der Gläubigerautonomie *Hänel*, Gläubigerautonomie und das Insolvenzplanverfahren, 65 ff.

104 Rechtsausschuss, BT-Drucks. XII/7302, 181.

105 Vgl. z.B. *Gerhardt*, Festgabe Zivilrechtslehrer, 121 (127); *Henckel*, KTS 1989, 477 (482 ff.).

106 Bundesregierung BT-Drucks. XII/2443, 76.

107 Vgl. *Uhlenbruck*, in: derselbe, InsO, § 1 Rn. 4.

108 *Baur/Stürner*, Insolvenzrecht, Rn. 3.28.

samen Rechtshandlungen des Verwalters (§§ 160 ff. InsO). Die Abwicklung im Einzelnen liegt freilich in der Hand des Insolvenzverwalters und auch die Grundregeln des sog. Regelverfahrens sind nicht disponibel. Als „Kernstück der Reform“ gewährt der Insolvenzplan den Beteiligten allerdings eine zusätzliche Option. Er erlaubt ihnen eine vom Regelinsolvenzverfahren abweichende Haftungsverwirklichung (vgl. § 217 InsO). Das ansonsten zwingende Insolvenzrecht wird in entscheidenden Teilen der Dispositionsfreiheit der Betroffenen geöffnet. Es gibt insbesondere keinen „Typenzwang“ für die Verwertungsarten, ihre Ausgestaltung und Durchführung[109]. Die spezifische Attraktivität des Insolvenzplanverfahrens liegt damit zum einen in seiner Anpassungsfähigkeit. Zum anderen ist er dadurch gekenntzeichnet, dass er die Handlungsfähigkeit der Gläubiger durch eine weitere Forcierung des Mehrheitsprinzips fördert[110].

2) Die Insolvenzordnung im Zeichen der Entschuldung natürlicher Personen

Das Insolvenzverfahren steht – darüber dürfen die bisherigen Ausführungen nicht hinweg täuschen – seit dem 01.01.1999 auch im Zeichen der Entschuldung natürlicher Personen. Herrschte unter der Konkursordnung und während der Reformdiskussion die Vorstellung vor, die Liquidation des Schuldnervermögens sei im Interesse der bestmöglichen Gläubigerbefriedigung alleiniges Ziel eines Gesamtvollstreckungsverfahrens, setzte sich der Gesetzgeber mit der von ihm präferierten „Chance eines Neuanfangs“[111] im Anschluss an ein auf Haftungsverwirklichung gerichtetes Verwertungsverfahren durch[112]. Dem Insolvenzverfahren wurde neben seiner klassischen Funktion eine sekundäre Wirkung zugewiesen. Dem redlichen Schuldner wird nunmehr Gelegenheit gegeben, sich von seinen restlichen Verbindlichkeiten zu befreien (§ 1 S. 2 InsO). Wenngleich dogmatisch noch nicht geklärt ist, ob die in § 1 S. 2 InsO angesprochene Möglichkeit der Restschuldbefreiung tatsächlich ein neben der Gläubigerbefriedigung selbständiges Verfahrensziel ist[113], kommt hierin doch ein beachtenswerter *Paradigmenwechsel*[114] zum Ausdruck.

Für die Erreichung dieses Zieles kann sich an ein Insolvenzverfahren ein Restschuldbefreiungsverfahren nach den §§ 286 ff. InsO anschließen. Es voll-

---

109 *Obermüller/Hess*, Insolvenzrecht, Rn. 38.

110 *Paulus*, ZGR 2005, 309 (315). Siehe eingehend noch in Kap. 2 B.

111 *Engelhard*, ZIP 1986, 1287 (1291).

112 Siehe im Einzelnen noch unter Kap. 1 D.

113 Hierfür spricht, dass jedenfalls mit Einführung der §§ 4a ff. InsO nunmehr auch der völlig mittellose Schuldner, der nicht einmal die Verfahrenskosten aufbringen kann, ein Insolvenzverfahren durchlaufen kann.

114 *Smid*, Insolvenzrecht, § 1 Rn. 36.

zieht sich in zwei Stufen. Voraussetzung ist grundsätzlich die Durchführung eines Insolvenzverfahrens, in dem – soweit vorhanden – das pfändbare Vermögen des Schuldners verwertet wird. Dies kann sowohl ein sog. Regelinsolvenzverfahren als auch ein vereinfachtes Verbraucherinsolvenzverfahren sein. Sofern der Schuldner bei Stellung des Insolvenzantrages die Erteilung der Restschuldbefreiung beantragt, entscheidet das Gericht im Anschluss an die Durchführung des Insolvenzverfahrens, ob es dem Schulder die Restschuldbefreiung ankündigt oder ob Versagungsgründe vorliegen (vgl. § 291 InsO). Hat das Gericht die Restschuldbefreiung angekündigt, hat der Schuldner in einer zweiten Stufe, dem eigentlichen Schuldbefreiungsverfahren, eine sog. Wohlverhaltensperiode zu durchlaufen, die sechs Jahre andauert, wobei die Dauer des Insolvenzverfahrens angerechnet wird. Zugleich setzt das Gericht einen Treuhänder ein. Dieser verteilt über den vorgenannten Zeitraum die ihm zufließenden Gelder an die Gläubiger. In dieser Wohlverhaltensphase hat der Schuldner vom Gesetzgeber formulierten Obliegenheiten nachzukommen. Ein Verstoß kann zur (vorzeitigen) Versagung der Restschuldbefreiung führen. Kommt der Schuldner diesen Obliegenheiten nach, erteilt das Gericht nach Ablauf der Wohlverhaltensphase die Restschuldbefreiung. Schließlich kann in Regelinsolvenzverfahren die Entschuldung auch im Rahmen eines Insolvenzplanverfahrens erfolgen.

3) Die gleichmäßige und gemeinschaftliche Haftungsverwirklichung im Lichte des Verfassungsrechts

Die verfassungsrechtlichen Bezüge des Gesamtvollstreckungsrechts sind vielfältig. Es muss in einer Situation, die qua Definition nicht mehr zur Befriedigung der Interessen aller involvierten Personen ausreicht, naturgemäß die teils erheblich gegenläufigen Interessen ausgleichen und beschränken. Hiermit sind materielle Gewährleistungen, aber auch verfahrensrechtliche Garantien angesprochen[115], die der Konkretisierung des bereits aufgezeigten mehrpoligen Rechtsverhältnisses Vorgaben machen und Grenzen setzen.

Begrenzt man diese Bezüge auf die für den Gegenstand dieser Untersuchung maßgeblichen Punkte, bilden diejenigen Gläubiger, die Grundrechtsfähigkeit für sich in Anspruch nehmen können, einen der relevanten verfassungsrechtlichen Pole. Privatrechtliche Forderungen sind Eigentumsrechte, die den Schutz des Art. 14 Abs. 1 GG genießen[116]. Dieser wiederum erstreckt sich insbesondere auf

115 Vgl. statt vieler *Stürner*, in Münchener Kommentar, InsO, Einl. Rn. 77 ff. sowie eingehend *Lepa*, Verfassungsrecht und Insolvenzrecht, passim.

116 BVerfG v. 08.06.1977, 2 BvR 499/74 u. 1042/75, BVerfGE 45, 142 (179); v. 07.12.2004, 1 BvR 1804/03, NJW 2005, 879 (880); v. 18.01.2006, 2 BvR 2194/99, BVerfGE 115, 97 ff.

das Befriedigungsrecht des Forderungsinhabers[117]. Dieses Recht kann jedoch in der Mangelsituation, die prägend für die materielle Insolvenz ist, nicht mehr nominal Befriedigung erfahren, ohne die anderen Forderungsrechte rechtlich und tatsächlich zurückzusetzen. Auch der Gesetzgeber der Insolvenzordnung hat daher eine grundsätzlich gleichmäßige Verlusttragung angeordnet und das Forderungsrecht des einzelnen Insolvenzgläubigers in materieller Hinsicht entwertet und verweigert zugleich die dem Gläubiger ansonsten zugestandene individuelle Rechtsdurchsetzung mittels staatlicher Organe. Die Insolvenzordnung befindet zur Bewältigung der Knappheitssituation und der Erreichung der übrigen Zielsetzungen naturgemäß über die Einschränkung der Geltendmachung von Rechten, den faktischen sowie den rechtlichen Verlust (eines Teils) einer Forderung sowie über die Veränderung dieses Forderungsrechts. Es bestimmt mithin – wie das gesamte Vollstreckungsrecht im Übrigen auch – im Sinne von Art. 14 Abs. 1 S. 2 GG Inhalt und Schranken dieses Eigentumsrechts[118]. Eine Inhalts- und Schrankenbestimmung genügt den verfassungsrechtlichen Vorgaben nur, wenn sie einen vertretbaren Ausgleich mit den widerstreitenden, aber ebenso legitimen Interessen von Verfassungsrang darstellt. Das von Art. 14 Abs. 1 GG erfasste Forderungsrecht darf der Gesetzgeber durch die Regelungen der Insolvenzordnung daher nur beschränken, soweit und solange überwiegende Gründe dies zwingend erfordern[119]. Nicht minder, aber im Verhältnis zur Eigentumsgarantie doch nur nachrangig, betroffen ist in enger Verzahnung hierzu die Berufsfreiheit des Art. 12 Abs. 1 GG. Obliegt dem Gesetzgeber zudem die Formulierung eines Verteilungssystems, tritt neben die freiheitsrechtliche schließlich noch eine gleichheitsrechtliche Komponente hinzu. Der Gleichheitssatz selbst gibt zwar kein Verteilungsprinzip vor[120]. Denn Art. 3 Abs. 1 GG kann dem Gesetzgeber insoweit seine Gestaltungsfreiheit in Ansehung des Gewaltenteilungsprinzips nicht nehmen. Das einmal gewählte Verteilungsprinzip ist jedoch an dem Gleichheitssatz zu messen. Er bestimmt damit lediglich die Grenze für den gesetzgeberischen Gestaltungsspielraum, ohne diesen zu einer bestimmten Entscheidung verpflichten zu können. Der Gleichheitssatz ergänzt ferner die freiheitsrechtlichen Gewährleistungen und muss im Rahmen der verfassungsrechtlichen Recht-

---

117 BGH v. 25.03.1999, IX ZR 223/97, BGHZ 141, 173 (177); v. 25.08.2004, IXa ZB 271/03, BGHZ 160, 197 (200).

118 BVerfG v. 26.04.1995, 1 BvL 19/94 u. 1 BvR 1454/94, BVerfGE 92, 262 (271); *Seuffert*, ZIP 1986, 1157 (1158).

119 BGH v 19.01.2006, XI ZR 232/04, NJW 2006, 1286.

120 Vgl. aber. *Stürner*, in: Münchener Kommentar, InsO, Einl. Rn. 62, 77., der dem Prioritätsprinzip die gleichmäßige und gemeinschaftliche Befriedigung als verfassungsrechtliches Gebot gegenüber stellt. Ähnlich *Bydlinski*, System und Prinzipien des Privatrechts, 301; *Schulz*, Treuepflichten unter Insolvenzgläubigern, Rn. 39.

fertigung von Eingriffen in Art. 14, 12 GG gewürdigt werden. Strahlen gleichheitsrechtliche Aspekte in diesem Sinne auf die freiheitsrechtliche Verhältnismäßigkeitsprüfung aus, steigen die Anforderungen an das Rechtfertigungsniveau.

An den vorstehenden Verfassungsbezügen ist bereits deutlich geworden, dass sich ein klassisches Gesamtvollstreckungsverfahren nicht in bipolaren Beziehungen erschöpft. Vielmehr muss der Gesetzgeber in einem mehrpoligen Rechtsverhältnis eine Vielzahl von Grund- und sonstigen Verfassungsrechtsbelangen in einen vertretbaren Ausgleich bringen. Dabei kommt es letztlich immer zu einer unvermeidbaren Wechselwirkung zwischen der Effektivität des Gesamtvollstreckungsverfahrens einerseits und der Rechtfertigung der Grundrechtsbeeinträchtigung der privaten Gläubiger anderseits.

Wenngleich es sich bei der Kollektivierung der Insolvenzgläubiger nicht um eine derartige Verrechtlichung handelt, dass mit der Insolvenz eine Gesellschaft im weitesten Sinne begründet wird, verdienen auch im Zusammenhang mit der insolvenzrechtlichen Kollektivierung die Ausführungen des BUNDESVERFASSUNGSGERICHTS zu den Zwangsmitgliedschaften in öffentlich-rechtlichen Körperschaften Beachtung. Hiernach gewährt Art. 2 Abs. 1 GG das Recht, von der Mitgliedschaft in nicht erforderlichen Zwangsverbänden verschont zu bleiben[121]. Damit sind auch die verfassungsrechtlichen Anforderungen und insbesondere die Bedeutung des Art. 14 Abs. 1 GG für die Ausgestaltung des Insolvenzrechts vorgegeben. Die Kollektivierung bzw. die mit ihr einhergehenden Belastungen aufgrund der damit verbundenen Disziplinierung stellen eine unverhältnismäßige und damit verfassungsrechtlich nicht mehr tragbare Belastung für den einzelnen Gläubiger dar, wenn die Kollektivierung nicht erforderlich ist, um das mit der Kollektivierung erstrebte Ziel, hier die Lösung des mit der Insolvenz einhergehenden Kollektivhandlungsproblems und seiner Folgewirkungen, zu bewältigen. Verfehlt sie ihre Ziele nur zum Teil, wird sie zumindest verstärkt rechtfertigungsbedürftig. Dies ist im Wesentlichen eine Frage der Effektivität. Sollte der Gesetzgeber mithin das Gesamtvollstreckungsverfahren in einer Weise ausgestalten, dass die Ziele des Verfahrens regelmäßig nicht erreicht werden können, kann dies auf die verfassungsrechtliche Rechtfertigung der Disziplinierung und Kollektivierung als solches durchschlagen. Da die Insolvenzgläubiger die Kollektivierung und Disziplinierung einschließlich der damit einhergehenden Verlusttragung verfassungsrechtlich mithin nur in der Erwartung hinnehmen müssen, dass damit eine Effizienzsteigerung verbunden ist, kann die Ungleichbehandlung

121 BVerfG v. 29.07.1959, 1 BvR 394/58, BVerfGE 10, 89 (102 ff.); v. 18.12.1974, 1 BvR 430/65 u. 259/66, BVerfGE 38, 281 (297 f.); BVerwG v. 13.12.1979, VII C 58/78, BVerwGE 59, 231 (233 ff.); v. 17.12.1998, 1 C 7/98, BVerwGE 108, 169 (171 f.).

auf der Ebene der Exklusivität des Insolvenzverfahrens durchaus die Geeignetheit, aber insbesondere die Erforderlichkeit des Gesamtsystems in Frage stellen. Ihrer eigenen verfassungsrechtlichen Legitimation wegen muss die Haftungsverwirklichung durch Kollektivierung wirklich geeignet und erforderlich sein, um das Kollektivhandlungsproblem zu lösen und die damit einhergehenden Gefahren abzuwehren.

In diesem grundrechtlichen *Abwehr*aspekt kann sich die Problematik angesichts der Mehrpoligkeit des Insolvenzverfahrens nicht erschöpfen. Die Grundrechte der tangierten Gläubiger werden in einer unvermeidbaren Wechselbeziehung hierzu des Weiteren unter ihrem Schutzgewährgehalt aktiviert. Hiernach begründen sie eine Verpflichtung des Staates, in geeigneter Weise zum Schutz des betroffenen, dem Grundrecht zugrunde liegenden Grundwertes tätig zu werden. Dies gilt auch für die Eigentumsgarantie des Art. 14 Abs. 1 GG[122]. Ob dies unmittelbar aus ihrer Funktion als individuelles Abwehrrecht folgt[123] oder mit der vorherrschenden Auffassung (erst) Ausfluss der objektiven, wertgebundenen Ordnung ist[124], mag dahinstehen. Diese Schutzpflicht konkretisiert sich zur Gewährleistung der Unversehrtheit eigener Rechtsgüter im Verhältnis der Bürger untereinander[125]. Diese Aussage darf nicht auf straf- und polizeirechtliche Abwehr reduziert werden[126]. Vielmehr verlangt die Schutzgewährpflicht ferner, dass der Gesetzgeber die geordnete Abwicklung im Wirtschaftsverkehr nicht überlebensfähiger Wirtschaftssubjekte regeln muss. Wie er diese Abwicklung im Einzelfall ausgestaltet, bleibt freilich seinem Gestaltungsspielraum überlassen. Die Schutzpflicht hat nur finalen Charakter[127]. Der Gesetzgeber trägt jedoch die maßgebliche Verantwortung für die Effektivität der von ihm gewählten Schutzgewähr. Die Erfüllung der Schutzgewährpflicht wird mithin am Untermaßverbot gemessen[128]. Dem derart verpflichteten Gesetzgeber ist es daher bezogen auf die die Insolvenz kennzeichnende Situation im Sinne einer Mindestgarantie versagt, den Marktaustritt sich selbst zu überlassen. Wenngleich das Risiko, mit einer Forderung auszufallen, der eigenen Teilnahme am Marktgeschehen immanent ist und damit zu den eigenverantwortlich übernommenen Risiken gehört, für welche

---

122 BVerfG v. 15.02.2006, 1 BvR 1317/96, NJW 2006, 1783 (1784).

123 *V.Münch*, in: v.Münch/Kunig, GG, Vor. Art. 1-19 Rn. 22; *Scherzberg*, DVBl 1989, 1128; ähnlich *Isensee*, in: Isensee/Kirchhof, Handbuch des Staatsrechts, Bd. V, § 111 Rn. 80 f.

124 So BVerfG v. 26.07.2005, 1 BvR 782/94, BVerfGE 114, 1 (56); *Bethge*, Der Staat 25 (1985), 351; *Kopp*, NJW 1994, 1753 f.

125 *Isensee*, in: Isensee/Kirchhof, Handbuch des Staatsrechts, Bd. V, § 111 Rn. 84.

126 Dazu *Bleckmann*, Grundrechte, § 11 Rn. 204 ff.

127 *Alexy*, Theorie der Grundrechte, 420 f.

128 *Isensee*, in: Isensee/Kirchhof, Handbuch des Staatsrechts, Bd. V, § 111 Rn. 165; *Canaris*, AcP 184 (1984), 201 (228).

der Staat als solches selbstverständlich nicht einzustehen hat, beinhaltet Art. 14 Abs. 1 GG aber zumindest eine Schutzgewährfunktion dergestalt, dass Eigentumsrechte nicht willkürlich entwertet werden und dass sie durch eine der unkontrollierten Krisensituation eigenen Ineffektivität eine Schmälerung erleiden. Der Gesetzgeber hat die Eigentumsrechte der kollidierenden Gläubiger folglich situationsgerecht zu ordnen.

Eine so verstandene eigentumsrechtliche Schutzgewährpflicht ist schließlich untrennbar verbunden mit den Gewährleistungen des Justizgewähranspruchs. Dieser beinhaltet zwar bezogen auf das Vollstreckungsrecht primär nur die staatliche Pflicht, überhaupt die zwangsweise Verwirklichung einer Forderung vorzusehen. Dabei mag dem Gesetzgeber auch unter diesem verfassungsrechtlichen Blickwinkel ein erheblicher Gestaltungsspielraum zu Teil werden. Dieser stößt aber ebenfalls an die bereits formulierte Mindestanforderung in Gestalt von Untermaß- und damit letztlich Effektivitätsanforderungen. Effektive Rechtsverwirklichung ist in der Krise nicht mehr gewährleistet, wenn in der für die Insolvenz typischen Knappheitssituation Zustände einer faktischen Selbsthilfe einzutreten drohen. Auch insoweit lässt sich daher auf ein verfassungsrechtliches Untermaß für eine Ordnungspflicht des Staates in der Insolvenz eines Wirtschaftssubjektes hinargumentieren.

Die eingangs formulierte Ordnungsaufgabe des Insolvenzrechts basiert des Weiteren mit nämlicher Gewichtigkeit auf dem grundgesetzlichen Rechts- und Sozialstaatsprinzip des Art. 20 Abs. 3 GG. Die Gefahr der Knappheitssituation besteht nicht nur in dem ineffektiven Umgang mit dem noch vorhandenen Vermögen des Schuldners und der Vernichtung von zugunsten des Kollektivs bewahrbaren Werten. Vielmehr greift der Staat auch deshalb ein, um einen Zustand gesteigerten sozialen Unfriedens unter Kontrolle zu halten. Es geht – auf den Extremfall formuliert – um die Vermeidung einer Eskalation des bellum omnium contra omnes nicht nur auf vermögensrechtlicher, sondern auch auf gesellschaftlicher, sozialer sowie auch strafrechtlicher und damit letztlich auf ordnungs- und sicherheitspolitischer Ebene. Daher ist es verfassungsrechtlich nicht minder geboten, sozialen Unfrieden zu vermeiden. Die Herstellung eines friedlichen sozialen Zusammenlebens ist ein Gut von Verfassungsrang, dessen Schutz die Mindestqualität eines sozialen Rechtsstaates bestimmt. In einem sozialen Rechtsstaat gelangt das – seinerseits zumindest von Art. 2 Abs. 1 GG geschützte – freie Spiel der Kräfte nämlich dort an seine Grenzen, wo der Druck der Notsituation benachteiligendes, gar sittenwidriges Verhalten typischerweise heraufbeschwört, wo Informationsasymmetrien mit einem erheblichen Verlust eines Rechts bestraft werden und wo unter Umständen eine sozial schutzbedürftige Gläubigergruppe wie die Arbeitnehmer aber auch kleine Handwerker und Lieferanten derart schutzlos gestellt werden, dass die Gesellschaft in martkwirtschaftliche Prozesse das Vertrauen verliert.

Ferner wird unter dem Topos der grundgesetzlich verbürgten Rechtsstaatlichkeit auch die Rechtssicherheit als deren Ausfluss zu nennen sein[129]. Insoweit darf der (verfassungsrechtliche) Wert der Berechenbarkeit, d.h. Dispositionssicherheit in Bezug auf die Knappheitssituation nicht unterschätzt werden. Trotz ineffektiver Elemente weiß der Rechtsverkehr um die stets eintretenen Folgen der Insolvenz und kann sein Verhalten anpassen. Gerade dinglich gesicherten Gläubigern wird ein Höchstmaß an Rechtssicherheit gewährt, wenn sie sich dingliche Sicherheiten in dem sicheren Wissen bestellen lassen können, dass ihr Zugriff auf diese Rechte nicht durch einen unkoordinierten Wettlauf aller Gläubiger faktisch vereitelt wird. Dies wiederum gewährleistet einen stabilen Kreditmarkt.

Schließlich lässt sich eine staatlich geordnete Gesamtbereinigung auch aus Sicht des Schuldners als verfassungsrechtliches Postulat absichern. Auch ihm gegenüber ist der Gesetzgeber aus dessen grundrechtlicher Abwehrberechtigung verpflichtet, Eingriffe in seine Rechte möglichst verhältnismäßig auszugestalten. Hinzu tritt eine Schutzgewährpflicht, die sich darin äußert, dass seine Vermögenswerte nicht unnötig vernichtet werden. Er „leidet" nicht minder unter einer unkoordinierten, vom Prioritätsprinzip geprägten Zerschlagung seines (unternehmerischen) Vermögens. Umso effektiver die Vermögenswerte ausgenutzt werden, umso umfangreicher wird er von seinen Verbindlichkeiten befreit.

Wir können daher für den weiteren Fortgang dieser Untersuchung festhalten, dass sich die Insolvenzsituation nicht nur durch grundrechtliche Abwehraspekte und die klassische Dreieckskonstellation zwischen schutzbedürftigen Grundrechtsträgern, dem Staat und der erkannten Gefahrenquelle auszeichnet. Vielmehr kumuliert in der einem Gesamtvollstreckungsverfahren eigenen Mehrpoligkeit das Geflecht und der Widerstreit von Interessen, die jeweils für sich eine besondere verfassungsrechtliche Gewährleistung in Anspruch nehmen können. Es existieren insbesondere Abhängigkeiten und Wechselwirkungen zwischen den einzelnen Verfassungsgrundsätzen und –gewährleistungen. In dieser Gemengelage tritt sodann noch der Steuergläubiger auf. Dieser kann von den eingangs beschriebenen grundrechtlichen und grundrechtsgleichen Positionen keine für sich in Anspruch nehmen. Seine – im Einzelnen noch darzustellende – Einbindung in die Gläubigergemeinschaft muss jedoch den bereichsspezifischen Verfassungsgrundsätzen genügen, die bereits unter I. dargestellt worden sind.

---

129 *Bydlinksi*, System und Prinzipien des Privatrechts, 300.

B. Der Anspruch aus dem Steuerschuldverhältnis und das Prinzip der gleichmäßigen und gemeinschaftlichen Verlusttragung

Wird das Insolvenzverfahren über das Vermögen einer natürlichen Person oder einer insolvenzfähigen Gesellschaft eröffnet, erfasst die insolvenzrechtliche Kollektivierung auch den Steuergläubiger. Er wird Mitglied der Gläubigergemeinschaft und tritt in Rechtsbeziehungen zu den anderen Verfahrensbeteiligten (dazu I.). Fortan stehen die Ansprüche aus dem Steuerschuldverhältnis unter dem Eindruck der par conditio creditorum. In materieller Hinsicht hat dies die Einbindung des Steuergläubigers in die gemeinsame und gleichmäßige Verlusttragung zur Folge. Er hat kein Fiskalprivileg vergleichbar dem § 61 KO mehr inne und ist auf die Zuteilung einer Insolvenzdividende im Rang eines einfachen Insolvenzgläubigers beschränkt (dazu II. 1]). Dies ruft ein Spannungsfeld zu den bereichsspezifischen Postulaten des Steuerrechts hervor (Effektivitäts- und Bestandsgebot), die im jeweiligen Kontext unter Beachtung der Insolvenzzwecke verfassungsrechtlich gewürdigt werden (dazu II. 2]).

I. Der Steuergläubiger als Beteiligter im Insolvenzverfahren über das Vermögen des Steuerschuldners

Die Kollektivierung der Gläubiger liegt in der Natur eines Gesamtvollstreckungsverfahrens. Die Insolvenzordnung geht gleichsam diesen Weg und steht damit ungebrochen in der Tradition der Konkursordnung. Die vermögensmäßige Gesamtbereinigung ist nach deutschem Verständnis eine „Kollektivveranstaltung“[130], die auch den Steuergläubiger erfasst. Schon die Entstehungsgeschichte gibt diese Denkrichtung vor, wenn es in den Motiven heißt, dass es auf den Rechtsgrund einer Verbindlichkeit nicht ankommen soll[131]. Die darin zum Ausdruck kommende Universalität hat ihren normativen Niederschlag in § 38 InsO gefunden. Diese Norm kennt neben dem Kriterium des „Begründetseins bei Verfahrenseröffnung“ keine weitere Differenzierung in Bezug auf die Rechtsnatur der Forderung (privatrechtlich oder öffentlich-rechtlich) oder auf die Eigenart des Gläubigers (Privatrechtssubjekt oder Hoheitsträger). Aus Sicht einer Gesamtbereinigung ist die öffentlich-rechtliche Natur einer Forderung bei konsequenter Umsetzung der eingangs beschriebenen Insolvenzzwecke schließlich auch kein ungeschriebener Differenzierungsgrund, der sich aus der Natur der Sache ergeben könnte. Eine Gesamtbereinigung setzt denknotwendig voraus, dass

130 *Dorndorf*, Festschrift f. Merz, 31 (33).
131 Motive zur Konkursordnung, 25

ihre Wirkungen alle vermögenswerten Gläubigerrechte erfassen. Ungeachtet der Frage, ob und inwieweit der Steuergläubiger zur gemeinsamen Verlusttragung verpflichtet sein soll, ist offensichtlich, dass ohne eine auch den Steuergläubiger erfassende Universalität das Insolvenzverfahren keine begründete Aussicht auf eine effektive Haftungsverwirklichung vermitteln könnte. Die auf das Kollektivhandlungsproblem im Interesse einer möglichst effektiven Haftungsverwirklichung zum Nutzen aller Beteiligten reagierende Exklusivität ist in ihrem eigenen Anspruch von dieser Universalität abhängig. Die ausnahmslose Universalität ist dergestalt als selbstverständlich in einem Gesamtvollstreckungsverfahren vorausgesetzt, dass eine Dispensierung des Steuergläubigers von diesem Verfahren einer expliziten Ausnahmeregelung bedurft hätte. Dieses Ergebnis hat in seiner Grundaussage Tradition. Bereits der REICHSFINANZHOF hat den Steuergläubiger unter der Geltung des § 14 KO mit dem Hinweis auf den Schutz der par conditio creditorum auf das Konkursverfahren verwiesen. Nichts anderes gilt nunmehr im Kontext des § 87 InsO. Der Steuergläubiger kann als Insolvenzgläubiger seine Forderungen nur nach den Vorschriften über das Insolvenzverfahren verfolgen.

Die Kollektivierung bringt freilich keine rechtlich verselbständigte Gläubigergemeinschaft hervor. Einen *corpus creditorum* vergleichbar einer juristischen Person kennt die Insolvenzordnung in der Tradition der Konkursordnug nicht[132]. Es kommt jedoch zu einer *Gemeinschaftsgebundenheit* der Rechtsdurchsetzung. Mitwirkungsrechte stehen den Insolvenzgläubigern überwiegend nur gemeinschaftlich zu. Sie werden in einer organisierten Verbundenheit[133] ausgeübt. Breits die Motive zur Konkursordnung zogen hierfür die *communio incidens* heran: Danach „treten die Gläubiger kraft Gesetzes in eine Gemeinschaft, in eine zufällige, denn ... (es) entsteht ... – durch die Existenz der anderen Forderungen, das Zahlungsunvermögen des Schuldners und die Kollision aller Gläubiger – unter ihnen die rechtliche Gemeinschaft“[134]. Der BUNDESGERICHTSHOF formulierte später hieran anknüpfend:

> „Die Gemeinschaft hat zum Grund und Gegenstand: das Befriedigungsrecht eines jeden Gläubigers auf das gesammte, unzureichende Vermögen des Gemeinschuldners, zum Zweck und Inhalt: die gemeinschaftliche Befriedigung Aller aus diesem Vermögen[135].“

132 *Baur/Stürner*, Insolvenzrecht, Rn. 11.27. Vgl zu solchen Überlegungen Motive zur Konkursordnung, 17 f.
133 *Häsemeyer*, Insolvenzrecht, Rn. 6.09b: *Paulus*, DZWir 1999, 53 (59).
134 Motive zur Konkursordnung, 18.
135 BGH v. 12.12.1991, IX ZR 178/91, BGHZ 116, 319 (324).

Die Beschreibungen variieren und reichen von der „Zwangsgemeinschaft“[136], der „Haftungsgemeinschaft“[137], der „Schicksal- und Verlustgemeinschaft“[138], der „(schlichten) Interessengemeinschaft“[139] über ein „gesellschaftsähnliches Verhältnis“ mit weitgehenden Kooperationspflichten[140] bis hin zu einer „vorweggenommenen Vereinbarung der Gläubiger im gemeinsamen Interesse“[141]. Andere sprechen von einem „materiellen Verhältnis, das über eine bloß verfahrensmäßige, zufällige Weggenossenschaft zeitgleicher Vollstreckung deutlich hinausreicht“[142]. Gemein ist den verschiedenen Formulierungen und Erklärungsansätzen stets der Gemeinschaftsgedanke. So hat sich die „Gläubiger*gemeinschaft*“ als Ausdruck einer rechtlichen Sonderverbindung unter den Gläubigern etabliert. Sie ist jedenfalls unbestreitbar eine organisierte Gläubigerschaft, die erheblich verrechtlichte Binnenbeziehungen vorsieht.

Kann sich der Steuergläubiger der Universalität des Insolvenzverfahrens nicht entziehen, teilt er grundsätzlich das „insolvenzrechtliche Schicksal“ aller übrigen Gläubiger. Er ist *ipso iure* mit Eröffnung des Insolvenzverfahrens über das Vermögen, gegen das sich die vermögensrechtlichen Ansprüche aus dem Steuerschuldverhältnis richten, *Mitglied dieser Gemeinschaft*. Die Zugehörigkeit des Steuergläubigers ist nicht von der tatsächlichen Teilnahme am Insolvenzverfahren abhängig. Sie hat ihren Grund – gleich jedem anderen Gläubiger – darin, dass die Gläubiger exklusiv, aber auch nur kollektiv in Selbstverwaltung für die Dauer des Verfahrens auf die Insolvenzmasse zugreifen dürfen[143]. Diese Gemeinschaft verwaltet sich der Grundkonzeption nach durch Willensbildung in Kollektivorganen durch Mehrheitsbeschlüsse selbst. Sie bietet dem Steuergläubiger somit einerseits die Möglichkeit der Einflussnahme und verlangt andererseits unter Umständen die Übernahme von Verantwortung. Ferner setzt sie ihn angesichts des Mehrheitsprinzips und der universellen Bindung der Beschlüsse gegebenfalls einer Fremdbestimmung aus. Mit einer derartigen Kollektivierung geht sodann die Folgefrage einher, welche verfahrens- bzw. verteilungsrechtliche Stellung der Steuergläubiger innerhalb eines Insolvenzverfahrenes einnimmt. Bevor aber die verfahrensrechtlichen Aspekte in den Vordergrund der Untersuchung gerückt

136 *Häsemeyer*, Insolvenzrecht, Rn. 6.09a; *Kilger*, Festschrift f. Merz, 253; *Paulus*, DStR 2002, 1865 (1867); *Uhlenbruck*, in: derselbe, InsO, § 74 Rn. 5.

137 *Eckardt*, in: Kölner Schrift InsO, 743 (744 f.) Rn. 2.

138 *Keller*, Insolvenzrecht, Rn. 4.

139 BVerwG v. 13.10.1961, IV C 405/58, BVerwGE 13, 120 (122); vgl. auch *Schulz*, Treuepflichten unter Insolvenzgläubigern, insbes. Rn. 166.

140 *Eidenmüller*, Unternehmenssanierung zwischen Markt und Gesetz, 583 f., 855.

141 *R.H.Schmidt*, AG, 1981, 35 (37 ff.).

142 *Berges*, KTS 1961, 162.

143 Eingehend *Oelrichs*, Gläubigermitwirkung, 18 ff. m. Nachw. auch zur Gegenauffassung.

werden, soll an dieser Stelle die Beantwortung der Frage vorangestellt werden, inwieweit der Steuergläubiger zur gemeinschaftlichen Verlusttragung verpflichtet ist und in den Grenzen des Verfassungsrechts überhaupt verpflichtet werden kann.

II. Die materielle Einbindung des Steuergläubigers in die Gläubigergleichbehandlung

Die einfachrechtliche Ausgestaltung eines Gesamtvollstreckungsverfahrens verlangt eine legislative Entscheidung über die Verteilung des schuldnerischen Vermögens. Der Insolvenzgesetzgeber hat den Steuergläubiger im Rang den ungesicherten Insolvenzgläubigern zugeordnet. Ihm steht kein umfassendes Vorrecht (mehr) zu, das ihm eine Befriedigung aus der Insolvenzmasse vor anderen Gläubigern sichert (dazu 1] u. 2]). Er hat jedoch vielfach die rechtliche Möglichkeit geschaffen, das einer Steuerforderung inne wohnende Insolvenzrisiko durch den Zugriff auf dritte Personen bzw. dritte Vermögensmassen zu verringern (dazu 3]).

1) Der Anspruch aus dem Steuerschuldverhältnis als Insolvenzforderung

Tragendes Prinzip deutscher Gesamtvollstreckungsverfahren ist die Haftungsverwirklichung par conditio creditorum[144]. Sie beherrscht als „zeitloses" Prinzip seit jeher jede Form der Insolvenzbereinigung „aufgrund jahrhunderter langer Erfahrung bei gleich bleibender menschlicher Begehrlichkeit"[145] und prägt de lege lata auch das Insolvenzverfahren. Sofern ein Steueranspruch im Sinne von § 38 InsO vor Eröffnung des Insolvenzverfahrens begründet und somit den Insolvenzforderungen zugeordnet worden ist, muss er sich rangmäßig in die Differenzierung der §§ 38, 39 InsO einfügen.

Dieser Rechtszustand gilt seit dem 01.01.1999. Die Konkursordnung gewährte dem Steuergläubiger noch ein Recht auf vorrangige Befriedigung innerhalb der Gruppe der „einfachen" Insolvenzgläubiger. Gemäß § 61 Abs. 1 Nr. 2 KO waren die „Forderungen der Reichskasse, der Staatskassen und der Gemeinden sowie der Amts-, Kreis- und Provinzialverbände wegen öffentlicher Abgaben [...]" bevorrechtigt. Innerhalb der Rangordnung des § 61 KO gingen den öffentlichen Abgaben nur bestimmte Ansprüche der Arbeitnehmer

144 Vgl. BGH v. 29.01.1964, Ib ZR 197/62, BGHZ 41, 98 (101); *Henckel*, in: Jaeger/Henckel/Gerhard, InsO, § 1 Rn. 6; *Prütting*, in: Kübler/Prütting, InsO, Einl. Rn. 74 (Aug. 1998); *Uhlenbruck*, in: derselbe, InsO, § 1 Rn. 2.

145 *Hanisch*, ZZP 90 (1977), 1 (4 f.).

und Handelsvertreter sowie der Sozialversicherungsträger und der Bundesanstalt für Arbeit vor (vgl. § 61 Abs. 1 Nr. 1 KO). Dieses Fiskalvorrecht pflegte dabei eine gewisse Tradition. Schon vor 1877 prägten Fiskalprivilegien die verschiedenen Exekutionsrechte[146]. Ebenso alt ist freilich auch die gegen sie formulierte Kritik: Man erlebe „das Schauspiel, dass der Staat eine von ihm selbst aus wohlerwogenen Gründen geschaffene Einrichtung aus fiskalischen Erwägungen entwertet“ (FRITZ BAUR und ROLF STÜRNER)[147] und auf Kosten der anderen Gläubiger „mit dem Raube davon ziehe[148]“ (ENNO BECKER). Für seine Abschaffung wurde in über hundert Jahren gestritten[149], aber nicht weniger auch für seine Beibehaltung[150]. Schon die Begründung des Entwurfs zur Konkursordnung wies darauf hin, dass „jede noch so gute Vorrechtsordnung ein Übel ist“, dessen „Beseitigung [...] ein Ziel sein muss, welches die Gesetzgebung nicht aus den Augen verlieren darf“[151]. Der Insolvenzrechtsreformgesetzgeber hat dieses Ziel nicht aus den Augen verloren und die Vorrechtsordnung des § 61 KO schließlich nicht mehr in die Insolvenzordnung übernommen. Während seine Abschaffung daher in der insolvenzrechtlichen Literatur als einer der tragenden Schritte hin zu einem funktionsfähigen Gesamtbereinigungsverfahren gewertet wird[152], fordert der BUNDESRECHNUNGSHOF allerdings zur Vermeidung von Steuerausfällen in der Insolvenz seine Wiedereinführung[153].

Soweit die Ansprüche aus dem Steuerschuldverhältnis als Insolvenzforderung zu qualifizieren sind, steht dem Steuergläubiger im gleichen Range wie allen anderen einfachen Insolvenzgläubigern „nur“ ein gleichmäßiger Anspruch an der Haftungsmasse zu. Wann ein Anspruch aus dem Steuerschuldverhältnis im Sinne von § 38 InsO begründet ist, richtet sich nach der insolvenzrechtlichen Vermögenszuordnung. Das Insolvenzrecht bestimmt die Zuordnungskriterien, die darüber befinden, ob und in welchem Umfang die Insolvenzmasse einem Anspruch aus dem Steuerschuldverhältnis haftet, wann also die „gesicherte haftungsrechtli-

146 Grundlegend die historische Darstellung bei *Dann*, Das Konkursvorrecht der öffentlichen Abgaben, 5 ff.

147 *Baur/Stürner*, Insolvenzrecht, Rn. 11.21.

148 *E.Becker*, StuW 1939, 1052.

149 Siehe nur *App*, BB 1984, 668 f.; *Bredow/Christiansen*, KTS 1959, 21 (23); *Dann*, Das Konkursvorrecht der öffentlichen Abgaben, 49 ff.; *Häsemeyer*, KTS 1982, 507 (569) jeweils m. w. Nachw.

150 *Kruse*, Steuerrecht, 376; *Orlopp*, DStZ 1979, 219 ff.

151 Motive zur Konkursordnung, 253.

152 Siehe statt vieler nur *Kreft*, DStR 2005, 1192 ff.; *Pape/Uhlenbruck*, ZIP 2005, 417 ff.; *Smid*, Insolvenzrecht, § 1 Rn. 31.

153 Bundesrechnungshof, Steuerausfälle bei der Umsatzsteuer durch Steuerbetrug und Steuervermeidung, 54. Vgl. auch *Tetzlaff*, VR 2001, 217 (223).

che Anwartschaft am Vermögen des Schuldners“ entstanden ist[154]. Nach gemeinhin vertretener Auslegung ist dabei unmaßgeblich, zu welchem Zeitpunkt der Anspruch gemäß § 38 AO entsteht. Vielmehr soll entscheidend sein, wann „die zivilrechtlichen Grundlagen für die Entstehung des materiell-rechtlichen Steueranspruch gelegt worden sind“[155]. Vielfach ist auch von der Existenz des „Schuldrechtsorganismus, aus dem der Anspruch fließt“ die Rede[156]. Dies wiederum lässt sich nur unter Rückgriff auf den materiellen Steuertatbestand beurteilen[157]. Der steuerliche Tatbestand ist das „abstrakte Spiegelbild“ des konkreten Lebenssachverhalts, der nach der Entscheidung des Gesetzgebers besteuert werden soll. Er beschreibt den nach seiner Grundentscheidung relevanten Ausschnitt der sozialen Wirklichkeit, den wirtschaftlichen Vorgang oder die wirtschaftliche Lage, die besteuert werden sollen[158]. Haftungsrechtliche Begründung und steuerrechtlicher Tatbestand stehen mithin *komplementär* zu einander. Für das Begründetsein müssen stets all jene Bestandteile des Lebenssachverhalts verwirklicht sein, die der Gesetzgeber der Besteuerung unterworfen sehen will. Ausgenommen sind damit also nur verfahrenstechnische Tatbestandsmerkmale[159]. Praktisch gestaltet sich die Abgrenzung zwischen Masseverbindlichkeiten, Forderungen gegen das insolvenzfreie Vermögen sowie den Insolvenzforderungen nicht selten schwierig. Sie hat zwangsläufig eine umfangreiche Kasuistik hervorgerufen.

Innerhalb der vor Eröffnung des Insolvenzverfahrens begründeten Forderungen ist nach der Wertung des Gesetzgebers nochmals eine Differenzierung vorzunehmen. Bestimmte Insolvenzforderungen sollen nur nachrangig Befriedigung erfahren, § 39 InsO. Dazu gehören neben den seit Eröffnung des Insolvenzverfahrens laufenden Zinsen auf Insolvenzforderungen (§ 39 Abs. 1 Nr. 1 InsO) insbesondere Geldstrafen und –bußen sowie Zwangsgelder (§ 39 Abs. 1 Nr. 3 InsO). Von den Ansprüchen aus dem Steuerschuldverhältnis sind somit die nach Eröffnung des Insolvenzverfahrens entstehenden Zinsen (§§ 233 ff. AO) sowie Zwangsgelder (§ 329 AO) erfasst. Die Regelung betrifft hingegen nicht die Säumnis- und Verspätungszuschläge[160].

---

154 *Eckardt*, in: Kölner Schrift InsO, 743 (747) Rn. 7.

155 BFH v. 17.12.1998, VII R 47/98, BStBl. II 1999, 423 (424). Ähnlich BFH v. 05.10.2004, VII R 69/03, BStBl. II 2005, 190 (195); *Beermann*, in: Hübschmann/Hepp/Spitaler, AO, § 251 Rn. 249 (Sept. 2000) m. w. Nachw.

156 BFH v. 21.09.1993, VII R 68/92, BFH/NV 1994, 521 (522).

157 BFH v. 21.09.1993, VII R 119/91, BStBl. II 1994, 83 (84) m. w. Nachw.; *Loose*, in: Tipke/Kruse, AO, § 251 Tz. 54 f. (Okt. 2006).

158 Vgl. *P.Kirchhof*, NJW 1987, 3221; *Kruse*, Steuerrecht, 112.

159 Z.B. der Ablauf des Veranlagungszeitraums oder das Erstellern einer Rechnung (i.E. wohl auch BFH v. 05.10.2004, VII R 69/03, BStBl. II 2005, 190 [195]).

160 BFH v. 19.01.2005, VII B 286/04, BFH/NV 2005, 1001 f.; *Frotscher*, Besteuerung bei Insolvenz, 58 f. m. w. Nachw.

2) Die Vorzugsbefriedigung des Steuergläubigers aufgrund des Rechts zur abgesonderten Befriedigung

Gehört ein Vermögensgegenstand formal zum schuldnerischen Vermögen, hat aber ein Dritter ein Recht auf Verwertung und Befriedigung aus diesem Gegenstand inne, hat ein derartiges (Sicherungs-) Recht im Insolvenzverfahren grundsätzlich Bestand. Unter Durchbrechung des Gleichbehandlungsgebotes wird diesem Gläubiger eine Vorzugsbefriedigung gewährt[161]. Ob und inwieweit einem Gläubiger ein solches Absonderungsrecht zusteht, bestimmt sich nach den §§ 49 ff. InsO.

Ohne sein eigenes Zutun wird dem Steuergläubiger das Recht zur abgesonderten Befriedigung nur in wenigen Fällen zugestanden. Soweit Steuern als öffentliche Last auf einem Grundbesitz ruhen, gewährt dies dem Steuergläubiger das Recht auf abgesonderte Befriedigung[162]. Dies betrifft namentlich nicht nur die Grundsteuer (§ 12 GrStG), sondern auch Grundstücksbeiträge nach dem BauGB sowie die landesrechtlichen Kommunalabgaben. Ferner besteht für Verbrauchsteuern und Zölle nach § 76 AO i.V.m. § 51 Nr. 4 InsO ein Absonderungsrecht an den verbrauchsteuer- und zollpflichtigen Waren.

Außerhalb dieser Tatbestände steht es dem Steuergläubiger frei, durch Vereinbarung mit dem Schuldner (Sicherungsabtretung und Sicherungsübereignung) oder im Wege der Zwangsvollstreckung Rechtspositionen zu erlangen (Pfändungspfandrecht und Sicherungshypothek), die ihm im Insolvenzverfahren das Recht zur abgesonderten Befriedigung gewähren.

3) Die Verlustminimierung und -kompensation durch die Verlagerung der Steuerschuldnerschaft, die Anordnung der Quellenbesteuerung und die Haftung Dritter

Unter den Vorzeichen einer Knappheitssituation verwundert es nicht, dass der Gesetzgebers außerhalb der insolvenzrechtlichen Verteiligungsprinzipien Tatbestände formuliert, die es ihm ermöglichen, zwar nicht unmittelbar zu Lasten der Gläubigergesamtheit, aber zu Lasten einzelner Gläubiger und/oder dritter Personen sich wegen seiner Forderung zumindest teilweise schadlos zu halten. Zu nennen sind insoweit insbesondere die §§ 48 ff. EStG und §§ 13b ff. UStG im Besonderen sowie das steuerliche Haftungssystem der §§ 69 ff. AO im Allgemeinen. In den rechtspolitischen Blickpunkt rücken dabei vornehmlich die jün-

161 *Häsemeyer*, Insolvenzrecht, Rn. 11.02; *Ganter*, in: Münchener Kommentar, InsO, Vor §§ 49 ff. Rn 3.

162 FG Berlin v. 21.07.1961, X A 9/61, EFG 1962, 275.

geren Tatbestände der §§ 13b Abs. 1 Nr. 4, Abs. 2, 13c f. UStG sowie die §§ 48 ff. EStG. Teile des Schrifttums erblicken hierin die „Wiederauferstehung von Fisklaprivilegien durch die Hintertür“[163]. Diese Normen zeigen jedenfalls anschaulich, welche Ansatzpunkte dem Gesetzgeber zur Verfügung stehen, um den eigenen Forderungsausfall zu minimieren bzw. zu kompensieren:

Erstens, der Steuergesetzgeber kann erhebungstechnisch reagieren. Hierzu kann er beispielsweise an die Person des Steuerschuldners anknüpfen und als typischerweise unzuverlässig oder insolvenzanfällig bekannte Personengruppen dergestalt aus dem Steuererhebungsverfahren ausklammern, dass gegenüber diesen Personen keine Ansprüche aus dem Steuerschuldverhältnis mehr entstehen. In diesem Sinne kehrt namentlich § 13b Abs. 2 UStG – abweichend von der Regel des § 13a UStG – die Umsatzsteuerschuldnerschaft um. Schuldner der Umsatzsteuer ist in den in § 13b Abs. 1 UStG genannten Fällen nunmehr der Leistungsempfänger, was praktisch in Insolvenzverfahren namentlich die Fälle der Werklieferungen und ähnlichen Leistungen gegenüber anderen Werkunternehmern betrifft[164]. Der Steuergesetzgeber kann die Steuerschuldnerschaft aber auch unberührt lassen. Stattdessen kann er im Sinne einer Quellenerhebung eine andere Person in die Steuererhebung einschalten. Während dieses Instrument in Gestalt des Lohnsteuerabzuges bereits eine lange Tradition pflegt, tritt diesbezüglich im Zusammenhang mit Insolvenzverfahren insbesondere die wesentlich jüngere Bauabzugssteuer (§§ 48 ff. EStG) in den Mittelpunkt. Erbringt der Steuerpflichtige eine sog. Bauleistung gegenüber einem anderen Unternehmer, ist der Leistungsempfänger unter bestimmten Voraussetzungen verpflichtet, vom Werklohn einen Steuerabzug in Höhe von 15 % vorzunehmen und an den Steuergläubiger abzuführen (§ 48 Abs. 1 S. 1 EStG). Die Abführung erfolgt auf Rechnung des leistenden (später insolventen) Unternehmers. Nach der Rechtsprechung des BUNDESFINANZHOFS soll die Bauabzugsteuer allerdings kein insolvenzsicheres Vorwegbefriedigungsrecht gewähren[165].

Der Gesetzgeber reagiert, *zweitens*, vielfach mit dem Instrument der Haftung, indem er einen Dritten für fremde Steuerschulden heranzieht. Hierzu dient insbesondere das steuerliche Haftungsrecht der §§ 69 ff. AO. Von großer Relevanz ist die Haftung der gesetzlichen Vertreter von Kapitalgesellschaften (§ 69 AO i.V.m. § 34 AO), über welche sich die Steuergläubiger insbesondere für rückständige Lohn- und Umsatzsteuern versuchen schadlos zu halten. Zu nennen ist zudem im Falle der Betriebsaufspaltung die Haftungserstreckung auf die überlas-

---

163 *Kroth*, NZI 2004, 345 ff.; vgl. auch *Maus*, Steuern im Insolvenzverfahren, Rn. 6; *Pape/Uhlenbruck*, ZIP 2005, 417.

164 Vgl. § 13 Abs. 1 Nr. 4, Abs. 2 S. 2 UStG (angefügt durch Gesetz v. 29.12.2003, BGBl. I 2003, 3076).

165 BFH v. 13.11.2002, I B 147/02, BStBl. II 2003, 716 (718).

senen Betriebsmittel (§ 74 AO). Ferner hat der Gesetzgeber mit § 13c UStG[166] für den Insolvenzfall eine weitere Haftungsnorm geschaffen. Bei (Global-) zessionen der Geld- oder Warenkreditnehmer zugunsten ihrer Kreditgeber werden die Forderungen mit ihrem Bruttobetrag abgetreten mit der Folge, dass der Sicherungsnehmer im Verwertungsfall auch die Umsatzsteuer mit vereinnahmt. Bleibt der (insolvente) Sicherungsgeber gegenüber dem Steuergläubiger diesen Umsatzsteuerbetrag schuldig, haftet der Zessionar für die in der Forderung enthaltene Umsatzsteuer (§ 13c Abs. 1 S. 1 UStG). Ein Haftungstatbestand wie § 13c UStG bewirkt letztlich, dass eine bereits eingetretene Ausnahme von der gleichmäßigen und gemeinschaftlichen Befriedigung (vgl. § 51 Nr. 1 InsO) in ihrer privilegierenden Wirkung verschoben werden kann. Der Haftungstatbestand führt zur Teilhabe des Steuergläubigers an einem fremden Sicherungsrecht. Es handelt sich daher nicht um eine Regelung zu Lasten der Insolvenzmasse, sondern zu Lasten einzelner Gläubiger. Deren Recht auf abgesonderte Befriedigung wird in Höhe der Umsatzsteuer geschmälert.

III. Die verfassungsrechtliche Würdigung insolvenzrechtlicher Verteilungsgrundsätze in Ansehung steuerlicher Forderungen

Die verfassungsrechtliche Würdigung der Einbindung des Steuergläubigers in die gleichmäßige Verlusttragung kann von zwei Seiten aufgezogen werden. Zum einen kann die Frage in den Vordergrund gestellt werden, ob und inwieweit der Steuergläubiger aus verfassungsrechtlicher Sicht im Rahmen der Zuweisung der Insolvenzdividende eine Besserstellung gegenüber anderen Insolvenzgläubigern erfahren darf (dazu unter 1]). Zum anderen steht die Problematik im Raum, ob und inwieweit steuerliche Forderungen mit einem Nachrang versehen werden dürfen (dazu unter 2]).

1) Materielle Fiskalprivilegien im Lichte des Verfassungsrechts

Die Abgabenforderungen sind Ausdruck eines Gemeinwohlinteresses. Formuliert der Gesetzgeber ein Verteilungsprinzip, das die knappe Masse zu Lasten einiger oder aller Gläubiger dem Fiskus zuweist oder ihn vor einer gleichberechtigten Verlusttragung in sonstiger Weise bewahrt, kollidiert dieser Gemeinwohlbelang zwangsläufig mit den verfassungsrechtlichen Gütern, die von den übrigen Gläubigern in Anspruch genommen werden können. Der Gesetzgeber ist folglich nicht frei in der Ausgestaltung der materiellen Verteilungsprinzipien. Er muss einen

---

166 Eingefügt durch Gesetz v. 15.12.2003 (BGBl. I 2003, 2645).

verfassungsrechtlich vertretbaren Ausgleich finden. Dies gilt für die Vereinbarkeit sowohl mit der Eigentumsgarantie (dazu unter a]) als auch mit dem Gleichheitssatz (dazu unter b]). Überdies sind der Gestaltungsfreiheit des Gesetzgebers auch insoweit Grenzen gesetzt, als er durch materielle Privilegien die Sinnhaftigkeit des Gesamtvollstreckungsrechts insgesamt in Frage zu stellen droht (dazu c]).

a) Die Eigentumsfreiheit der Insolvenzgläubiger und die fiskalischen Privilegien

Wir haben eingangs den verfassungsrechtlichen Rahmen aus Sicht der übrigen Insolvenzgläubiger abgesteckt. Privatrechtliche Forderungen sind Eigentumsrechte, die den Schutz des Art. 14 Abs. 1 GG genießen. Der eigene Rechtsverlust infolge der formellen Insolvenz wird dadurch ausgeglichen, dass auch die anderen Forderungsinhaber diesen erleiden müssen. Jede Priviligierung des Steuergläubigers, die darauf hinausläuft, ihn im Rahmen der gemeinsamen Verlusttragung besser zu stellen – äußerstes Beispiel war das Konkursvorrecht alter Prägung – muss sich daher an den Vorgaben des Art. 14 GG messen lassen. Ein wie auch immer geartetes Fiskalprivileg hat mithin sowohl der Privatnützigkeit als auch der Sozialpflichtigkeit des Eigentums Rechnung zu tragen. Der Gesetzgeber muss also die Interessen der Beteiligten in einen gerechten Ausgleich und ein ausgewogenes Verhältnis bringen[167].

Damit stellt sich im ersten Schritt die Frage nach dem legitimen Zweck, der mit einem Fiskalprivileg gleich welcher Ausprägung verfolgt wird. So systemwidrig ein Fiskalprivileg im Anschluss an die bisherigen Ausführungen auch sein mag, kann es doch für sich beachtliche fiskalische Argumente in Anspruch nehmen. Unter dem Stichwort des „Effektivitätsgebotes“ wurden die den grundrechtlichen Belangen gegenläufigen öffentlichen Interessen bereits dargestellt. Ein in der jüngeren Diskussion weniger präsentes, aber bei Erlass der Konkursordnung als tragendes Argument angeführtes Anliegen sprach dem Staat schon allein mit dem Hinweis auf seine besondere Gewährleistungsfunktion eine Vorzugsstellung zu: „Vorbedingung jeder Sicherheit des Eigentums und des Verkehrs [ist] der Schutz, den der Staat gewährt, und dass deshalb die Hilfsquellen, derer der Staat zur Gewährung solchen Schutzes bedarf, vorzugsweise sichergestellt werden müssen“, heißt es in den Motiven zur Konkursordnung[168]. Dabei geht es weniger um die Aufrechterhaltung der Staatsfinanzierung. Diese wird selten durch insolvenzbedingte Steuerausfälle ernstlich gefährdert werden, wenn

167 BVerfG v. 12.06.1979, 1 BvL 19/78, BVerfGE 52, 1 (29), *Papier*, in: Maunz/Dürig/Herzog/Scholz, GG, Art. 14 Rn. 310 ff. (Juni 2002).

168 Motive zur Konkursordnung, 254; instruktiv ferner BVerwG v. 11.07.1990, 5 C 41/87, NJW 1990, 3162.

man von den – durchaus nicht zu unterschätzenden – Gewerbesteuerausfällen für bestimmte Gemeinden absieht. Das Argument zielt vielmehr auf eine besondere Wertigkeit als Ausdruck einer besonderen – wenn auch nicht individualisierbaren – Gegenleistung. Wenngleich dieser Gesichtspunkt durchaus das öffentliche Interesse an einem Konkursvorrecht mit zu prägen und insbesondere auch mit zu rechtfertigen vermag, geriet er seit Mitte des 20. Jahrhunderts zunehmend in den Hintergrund. Stellvertretend für die jüngere Argumentationslinie, die gerade unter dem Entwicklungseindruck ausufernder (publizitätsloser) Sicherheiten steht, heißt es bei HEINRICH WILHELM KRUSE:

> „Während private Gläubiger sich vor Vertragsschluss über die Bonität ihrer künftigen Schuldner informieren, Sicherheiten vereinbaren und bei Zahlungsverzug ihre Leistungen einstellen können, hat der Steuergläubiger derartige Möglichkeiten nicht. Hinzu kommt die zeitliche Verzögerung, mit der Steueransprüche geltend gemacht werden müssen, weil durch die Abschnittsbesteuerung Steueransprüche oft erst lange Zeit nach ihrer Entstehung fällig werden. Auch dieser gegenüber privaten Gläubigern bestehende Nachteil wird durch das Konkursvorrecht ausgeglichen“[169].

Anders als bei Schaffung der Konkursordnung geht es mithin weniger um die Hochwertigkeit der Steuerforderung als um den Ausgleich einer vermeindlichen Benachteiligung gegenüber privaten Gläubigern. Wenngleich überzeugend von den Vorrechtskritikern darauf hingewiesen wird, dass der Steuergläubiger gegenüber den meisten einfachen Insolvenzgläubigern überhaupt keine nachteilige Position erfährt[170], ist damit freilich die Brücke zur Gleichmäßigkeit der Besteuerung geschlagen. Denn es entspricht durchaus dem unter anderem von Art. 3 Abs. 1 GG vermittelten Vollzugsauftrag, der es auch beinhaltet, einer (strukturellen) Benachteiligung der Steuerforderung angesichts der Entwicklungen des Sicherheitenrechts entgegenzuwirken. Insoweit repräsentiert das Fiskalprivileg die berechtigten Interessen der Gesamtheit der Steuerpflichtigen. Die gleichheitsrechtliche Gerechtigkeitswirkung eines Konkursvorrechts äußert sich ferner darin, dass die formelle Insolvenz kein zwingendes Argument ist, um den Insolvenzschuldner weiter aus seiner Verantwortung für die Finanzierung des Gemeinwesens zu entlassen, als dies wegen der Knappheitssituation nötig ist.

Im Ausgangspunkt muss festgehalten werden, dass die Veränderung und insbesondere die Verlagerung des der Steuer bereits allein wegen ihrer begriffsnotwendigen Gegenleistungslosigkeit innewohnenden Insolvenzausfallrisikos dem gesetzgeberischen Eingriff nicht entzogen ist. Soweit jede Veränderung dieses Risikos denknotwendig im Sinne einer Kehrseite zugleich Auswirkungen auf die

169 *Kruse*, Steuerrecht, 376; ebenso *Orlopp*, DStZ 1979, 219.
170 Vgl. auch den ersten Bericht der Insolvenzrechtskommission, 344 ff.

Befriedigungschancen der übrigen Insolvenzgläubiger hat, ist die Frage nach der Fiskalpriviligierung damit eine Frage nach der verfassungsrechtlichen Vertretbarkeit der notwendigen Abwägung mit diesen Belangen. Wenngleich diese Abwägung zwischen dem widerstreitenden fiskalischen Interesse und dem nicht minder verfassungsrechtlich gewährleisteten Forderungseigentum der übrigen Insolvenzgläubiger nur in Abhängigkeit von der Ausgestaltung und Eigenart einer konkret zu beurteilenden Privilegierung vorgenommen werden kann, lässt sich gleichwohl allgemein behaupten, dass die vorgenannten Gesichtspunkte mit Blick auf den gesetzgeberischen Beurteilungsspielraum die Inhalts- und Schrankenbestimmung des Forderungseigentums als verfassungsmäßig erscheinen lassen. So war insbesondere das Konkursvorrecht des § 61 Nr. 2 KO verfassungsgemäß[171]. Zwar wurden an der wirtschaftlichen Sinnhaftigkeit dieses Fiskalprivileges Zweifel geäußert[172]. Mit einer Abwägung zu Lasten der übrigen Insolvenzgläubiger war die dem Gesetzgeber zugestande Einschätzungsprärogative jedoch ebenso wenig unvertretbar überschritten wie sein Gestaltungsermessen im Übrigen. Schon die positiven Auswirkungen auf die Steuergerechtigkeit vermögen dem Gesetzgeber einen weiten Spielraum für Fiskalprivilegien zu gewähren. Betrachtet man dabei die jeweils denkbaren negativen Auswirkungen, steht einer möglichen Schädigung der Gesamtheit der Steuerzahler die Schädigung der Sondergruppe der Insolvenzgläubiger gegenüber. Eine von beiden Gruppen muss einen gegenüber der anderen Gruppe höheren Nachteil erleiden. Wenn sich der Gesetzgeber in Ansehung dieser Interessenlage daher dafür entscheidet, dass die Gruppe, die regelmäßig auf eigenes Risiko mit dem Steuerschuldner eine Sonderverbindung eingegangen ist, im Insolvenzverfahren einen Nachteil gegenüber der Gesamtheit der Steuerpflichtigen erleiden soll, ist diese Abwägung nicht zu beanstanden. Gerade auch die Rechtsprechung des BUNDESVERFASSUNGSGERICHTS[173], die regelmäßig das staatliche Fiskalinteresse unter dem Topos der „Erfordernisse verlässlicher Finanz- und Haushaltsplanung“ in der Abwägung mit der Gewährung verfassungsrechtlichen Rechtsschutzes gegenüber dem Steuerpflichtigen betont und damit einen „budgetären Dispositionsschutz des Staates“[174] etabliert hat, lässt – insbesondere kumulativ mit dem Aspekt der Steuerge-

171 Gl. A. BFH v. 15.02.2005, IX R 16/04, BFH/NV 2005, 1008 (1009); *Orlopp*, DStZ 1979, 219 (223 ff.). An der Verfassungsmäßigkeit zweifelt hingegen *Berges*, KTS 1957, 57.

172 Eingehend aus wirtschaftswissenschaftlicher Sicht *Dann*, Das Konkursvorrecht der öffentlichen Abgaben, passim.

173 Vgl. nur BVerfG v. 25.09.1992, 2 BvL 5/91 u.a., BVerfGE 87, 153 (178 f.); v. 22.06.1995, 2 BvL 37/91, BVerfGE 93, 121 (148).

174 *Drüen*, FR 1999, 289 (291).

rechtigkeit – ein Scheitern eines wie auch immer gearteten Fiskalprivilegs nicht erwarten.

b) Die materiellen Fiskalprivilegien als Ausdruck einer gleichheitsrechtlich relevanten Systemungerechtigkeit

Neben der freiheitsrechtlichen Dimension wirft ferner der Gleichheitssatz seinen Schatten auf ein materielles Fiskalprivileg. Gruppenbezogen formuliert das BUNDESVERFASSUNGSGERICHT, dass Art. 3 Abs. 1 GG dann verletzt sei, „wenn eine Gruppe von Normadressaten anders behandelt wird, obwohl zwischen beiden Gruppen keine Unterschiede von solcher Art und solchem Gewicht bestehen, dass die die ungleiche Behandlung rechtfertigen können"[175]. Befinden sich Normadressaten naturgemäß niemals in exakt gleichen Situationen[176], ist nur die Ungleichbehandlung von „wesentlich Gleichem"[177] rechtfertigungsbedürfig.

Dem Gleichheitssatz selbst kann freilich keine Vorgabe für die Auswahl eines Differenzierungskriteriums entnommen werden[178]. Die Gruppenbildung ist vielmehr eine Wertungsfrage[179]. Obgleich die Steuerforderung und das Steuerschuldverhältnis als öffentlich-rechtlich zu qualifizieren sind, unterscheidet dies den Steuergläubiger wertungsmäßig nicht von den Gläubigern des Privatrechts. Auf der Grundlage der bisherigen Ausführungen, die gezeigt haben, dass dieser Umstand für die Einbeziehung der öffentlich-rechtlichen Gläubiger in die Kollektivierung und Disziplinierung keine Relevanz besitzt, kann dies folglich nicht als genus proximum herangezogen werden. Jedenfalls ist nicht ersichtlich, dass eine unwesentliche Gleichheit vorliegt, die bereits auf der Ebene des Gleichheitsverstoßes zu erörtern wäre. Darum besteht nach meinem Dafürhalten kein Zweifel daran, dass der Steuergläubiger und die übrigen ungesicherten Insolvenzgläubiger für die gleichheitsrechtliche Würdigung als „wesentlich" gleich zu erachten sind und damit jede Bevorzugung des Steuergläubigers auch gleichheitsrechtlich nach einer verfassungsrechtliche Rechtfertigung verlangt.

Der Rechtfertigungsmaßstab, an welchem das BUNDESVERFASSUNGSGERICHT die Ungleichbehandlung verfassungsrechtlich misst, reicht je nach Einzelfall vom bloßen Willkürverbot bis hin zu einer strengen Bindung an Verhältnismäßig-

175 BVerfG v. 07.10.1980, 1 BvL 50/79, BVerfGE 55, 72 (88); v. 26.01.1993, 1 BvL 38/92 u.a., BVerfGE 88, 87 (96 f.).

176 *Bleckmann*, Grundrechte, § 24 Rn. 11.

177 BVerfG v. 09.08.1978, 2 BvR 831/76, BVerfGE 49, 148 (165).

178 *Hesse*, AöR 109 (1984), 174 (177); *Schoch*, DVBl 1988, 863 (873).

179 *Gubelt*, in: v.Münch/Kunig, GG, Art. 3 Rn. 17; *Heun*, in: Dreier, GG, Art. 3 Rn. 22; *Rüfner*, in: Bonner Kommentar, GG, Art. 3 Rn. 13 f. (Okt. 1992); *Schoch*, DVBl 1988, 863 (873 f.).

keitserfordernisse[180]. Aus der Bandbreite dieser Rechtfertigungsmaßstäbe muss sich ein Fiskalprivileg an einem verschärften Maßstab rechtfertigen lassen. So hat die gleichzeitige Betroffenheit des Art. 14 GG unter dem anerkannten Gesichtspunkt der „Freiheitsbeeinträchtigung durch Ungleichbehandlung"[181] die Maßstabsverschärfung zur Folge. Schon dieser freiheitsrechtliche Bezug nimmt der Ungleichbehandlung den Charakter einer solchen geringeren Intensität. Dies wird im Besonderen in einer Zwangsgemeinschaft vergleichbar der Gruppe der (ungesicherten) Insolvenzgläubiger aktuell. Das der eigene Rechtsverlust nur dadurch „erträglich" wird, dass auch die anderen Forderungsinhaber einen solchen erleiden müssen, bringt den vorstehen Aspekt nämlich mit der Frage nach der *Systemgerechtigkeit* eines Fiskalprivilegs zusammen. Über diesen Gedanken bindet Art. 3 Abs. 1 GG den Gesetzgeber im Sinne eines „Verbots des Selbstwiderspruchs"[182] an die von ihm selbst geschaffenen Strukturen[183]. Die Logik seines Werkes stellt das Prüfungsraster dar, das umso engmaschiger wird, desto mehr die angegriffene Regelung als Ausnahme von der eigenen Regelungslogik scheint[184]. Beruht die Logik des geltenden Insolvenzrechts auf dem Grundgedanken der par conditio creditorum, also auf einer Gläubigergleichbehandlung, muss jeder Abweichung von der wechselseitigen Haftung der Insolvenzforderungen als Systembruch gesehen werden. Damit vermag auch das Postulat nach Systemgerechtigkeit die Rechtfertigungsanforderungen zu verschärfen. Die Argumente für die Durchbrechung des einmal gewählten Prinzips müssen von umso größerem Gewicht sein, je stärker von dem Ordnungsmuster abgewichen wird[185].

Diesen strengen Anforderungen kann indes genügt werden. Wir haben bereits festgestellt, dass nicht darauf abgestellt werden darf, ob der Gesetzgeber die jeweils gerechteste Regelung getroffen hat. Das Ergebnis muss *vertretbar* sein. Die Argumentationslinie ist insoweit mit der zu Art. 14 GG nahezu identisch. Der gewichtige sachliche Grund ist wiederum das gleichsam mit Verfassungsrang versehene Effektivitätsgebot. Sowohl die als hochwertiges Verfassungsgut eingestufte geordnete Haushaltswirtschaft als auch die Gleichmäßigkeit der Besteuerung vermögen eine solche Systemungerechtigkeit zu legitimieren. Gerade in Bezug auf die Verwirklichung der Steuergerechtigkeit bzw. auf den bestmöglichen

---

180 Siehe nur BVerfG v. 26.01.1993, 1 BvL 38/92 u.a., BVerfGE 88, 87 (96).

181 BVerfG v. 25.06.1974, 1 BvL 11/73; BVerfGE 37, 342 (354); v. 26.01.1993, 1 BvL 38/92 u.a., BVerfGE 88, 87 (96); *Bryde/Kleindieck*, JURA 1999, 36 (43).

182 *Bleckmann*, Grundrechte, Rn. 74.

183 BVerfG v. 04.12.2002, BvR 400/98 u.a., BVerfGE 107, 27 (45); *Degenhart*, Systemgerechtigkeit und Selbstbindung des Gesetzgebers als Verfassungspostulat, 49 ff., 79 ff.; *Hesse*, Verfassungsrecht, Rn. 439; *Schoch*, DVBl. 1988, 863 (878 f.).

184 *Bryde/Kleindieck*, JURA 1999, 36 (41).

185 BVerfG v. 10.11.1981, 1 BvL 18/77 u.a., BVerfGE 59, 36 (49).

Versuch ihrer Verwirklichung in der insolvenzrechtlichen Knappheitssituation, stehen sich zwei verfassungsrechtliche Gleichheitsforderungen gleichwertig gegenüber. Art. 3 Abs. 1 GG verlangt sowohl insolvenzrechtliche Systemkonsequenz als auch steuerrechtliche Belastungskonsequenz. In der Knappheitssituation kann der Gesetzgeber aber nur eines der beiden Gleichheitspostulate erfüllen. Erfüllt er in Gestalt eines Vorrechts die Vorgaben der steuerlichen Belastungsgleichheit, kann m.E. eine verfassungsrechtliche Unvertretbarkeit dieser gesetzgeberischen Entscheidung aus den bereits im Zusammenhang mit der gleichsam widerstreitenden Eigentumsgarantie genannten Gründen nicht nachgewiesen werden.

c) Die Verfassungsmäßigkeit der gesamten insolvenzrechtlichen Haftungsverwirklichung im Lichte eines Fiskalprivilegs

Die vorstehenden Ausführungen haben das Fiskalprivileg als solches verfassungsrechtlich gewürdigt. Eine andere Frage ist freilich, ob die mit dem Übergang zur Gesamtvollstreckung einhergehende Kollektivierung und Disziplinierung im Lichte des Art. 14 GG *insgesamt* noch zu rechtfertigen ist, wenn mit einem Fiskalprivileg die Ineffektivität des gesamten insolvenzrechtlichen Haftungssystems geradezu bewusst in Kauf genommen wird. Wir haben bereits festgestellt, dass im Zusammenhang mit der insolvenzrechtlichen Kollektivierung die Freiheitsrechte jedem Insolvenzgläubiger das Recht zugestehen, von der Mitgliedschaft in nicht erforderlichen Zwangsverbänden verschont zu bleiben[186]. Die Kollektivierung bzw. die mit ihr einhergehenden Belastungen aufgrund der damit verbundenen Disziplinierung stellen mithin einen unverhältnismäßigen Eingriff in die Grundrechte der einzelnen Gläubiger dar, sollte die Kollektivierung nicht geeignet oder erforderlich sein, um das Kollektivhandlungsproblem zu lösen und die befürchtete ineffektive Verwertung sowie den sozialen Unfrieden abzuwehren. Verfehlt sie diese Ziele nur zum Teil, wird sie zumindest verstärkt rechtfertigungsbedürftig. Ihrer eigenen verfassungsrechtlichen Legitimation wegen muss die kollektive Haftungsverwirklichung durch Kollektivierung daher auch von ihrer Konzeption effektiv ausgestaltet sein.

Jedes Privileg zugunsten des Steuergläubigers leistet denknotwendig einer diesem verfassungsrechtlichen Erfordernis zuwiderlaufenden Ineffektivität der Gesamtbereinigung Vorschub. Schafft der Gesetzgeber eine strukturell derart gegenläufige Norm, die eine effektive Haftungsverwirklichung in vielen Fällen vereitelt, gewinnt JOACHIM KILGERS Ausspruch vom „Konkurs des Kon-

---

186 Siehe bereits eingehend unter Kap. 1 A. II. 2).

kurs"[187] wieder seine Berechtigung. Implementiert der Gesetzgeber mithin eine Norm, die strukturell gegenläufig zur Effizienz des Gesamtvollstreckungsverfahrens den Steuergläubiger derart von der gemeinschaftlichen Verlusttragung ausnimmt, dass die Ziele des Verfahrens regelmäßig nicht erreicht werden können, kann dies auf die verfassungsrechtliche Rechtfertigung der Disziplinierung und Kollektivierung als solches durchschlagen. Denn vor dem Hintergrund, dass jeder Insolvenzgläubiger die Kollektivierung und Disziplinierung einschließlich des anteiligen Verlustes seiner Forderung regelmäßig verfassungsrechtlich auch in der Erwartung hinnehmen muss, dass damit eine Effizienzsteigerung verbunden ist, kann die Ungleichbehandlung auf der Ebene der Verteilung – ungeachtet der verfassungsrechtlichen Würdigung der ungleichen Verteiligung als solches – durchaus die Geeignetheit, aber insbesondere die Erforderlichkeit des Gesamtsystems in Frage stellen. Umso mehr daher der Steuergläubiger oder andere Gläubiger im Rahmen der Gesamtbereinigung privilegiert werden, umso höher ist der verfassungsrechtliche Rechtfertigungsdruck auf die gesamte Insolvenzordnung als Inhalts- und Schrankenbestimmung der Forderungsrechte der grundrechtsberechtigten Gläubiger.

Gleichwohl wird die Insolvenzordnung diesem Rechtfertigungsdruck widerstehen können. Schon innerhalb der Gesamtbereinigung darf im Ansatzpunkt nicht übersehen werden, dass sich die Kollektivierung und Disziplinierung auch aus der auf die Herstellung des sozialen Friedens konkretisierenden Ordnungsaufgabe des Insolvenzrechts heraus rechtfertigen. Die Gefahr der Knappheitssituation besteht eben nicht nur in dem ineffektiven Umgang mit dem noch vorhandenen Vermögen des Schuldners und der Vernichtung von zugunsten des Kollektivs bewahrbaren Werten. Vielmehr greift der Staat unter anderem auch deshalb ein, um einen Zustand gesteigerten sozialen Unfriedens unter Kontrolle zu halten. Der Gesetzgeber begegnet den negativen Wirkungen des bellum omnium contra omnes auf gesellschaftlicher, sozialer sowie auch strafrechtlicher Ebene. Zudem darf der verfassungsrechtliche Wert der Berechenbarkeit, d.h. der Dispositionssicherheit in Bezug auf die Knappheitssituation nicht unterschätzt werden. Trotz ineffektiver Elemente weiß der Rechtsverkehr um die stets eintretenen Folgen der Insolvenz und kann sein Verhalten anpassen. Gerade gesicherten Gläubigern wird ein Höchstmaß an Rechtssicherheit gewährt, wenn sie sich dingliche Sicherheiten in dem sicheren Wissen bestellen lassen können, dass ihr Zugriff auf diese Rechte nicht durch einen unkoordinierten Wettlauf aller Gläubiger faktisch vereitelt wird. Schon diese Aspekte nehmen in nicht unerheblichem Maße den Rechtfertigungsdruck von der Kollektivierung und Disziplinierung der Gläubiger.

---

187 *Kilger*, KTS 1975, 142 ff.

Den Ausschlag für die verfassungsrechtliche Unbedenklichkeit – trotz der stets zu betonenden Bedeutung der Effektivität – vermögen schließlich die gegenläufigen Verfassungsgüter in Gestalt der Steuergerechtigkeit und der geordenten Haushaltsführung selbst zu leisten. Angesichts der Hochwertigkeit aller zur Abwägung gestellten Verfassungsgüter verbleibt ein nicht unerheblicher Raum für eine solche Abwägung. Deren verfassungsrechtliche Nachprüfbarkeit ist dabei keine Frage von systematischer oder rechtspolitischer Konsequenz. Der verfassungsrechtliche Druck, der von der Steuergerechtigkeit ausgeht, darf dabei im Zusammenhang mit der Gesamtkonzeption der Insolvenzordnung nicht unterschätzt werden. Die Befürworter eines Fiskalprivileges weisen nicht zu Unrecht daraufhin, dass Fälle der Massearmut nicht selten darauf zurückzuführen sind, dass andere Gläubiger über die „Flucht vor der Haftungsverwirklichung par conditio creditorum in die Aus- und Absonderungsrechte" jegliche Entstehung von Haftungsvermögen verhindern[188]. Mit der Anerkennung dieser Sicherungsrechte in der Insolvenz, insbesondere auch jenen publizitätsloser Natur, hat der Gesetzgeber letztlich eine Verteilungsentscheidung zu Lasten der ungesicherten Gläubiger getroffen. Diese Verteilungsentscheidung bleibt aber nicht ohne Rückkopplung auf die genannten Verfassungsrechtsgüter der Steuergerechtigkeit und der geordneten Haushaltsführung. Je schwieriger es wird unter gleichen Bedingungen die Ansprüche aus dem Steuerschuldverhältnis zu realisieren, umso dringender wird die Sicherstellung des verfassungsrechtlichen Effektivitätspostulats. In diesem Gesamtkontext wird die Hochwertigkeit der kollidierenden Verfassungsrechtsgüter, zu deren Gunsten die Ineffektivität aus Sicht der übrigen Gläubiger in Kauf genommen wird, eine Verfassungswidrigkeit des Gesamtvollstreckungsverfahrens im Ganzen verhindern können.

2) Die verfassungsrechtlichen Grenzen der insolvenzbedingten Verlustverteilung in Ansehung steuerlicher Forderungen

Der Steuergläubiger ist mit seinen Hautpforderungen Insolvenzgläubiger gemäß § 38 InsO und damit hinsichtlich einer Insolvenzdividende nach dem allgemeinen Verlustzuweisungsschlüssel bezugsberechtigt. Trotz der Gegenleistungslosigkeit der Steuer vermag insbesondere die in § 39 Abs. 1 Nr. 4 InsO („Forderungen auf eine unentgeltliche Leistung des Schuldners") zum Ausdruck kommende gesetzgeberische Wertung de lege lata kein anderes Ergebnis rechtfertigen[189]. Die Frage ist freilich, inwieweit dem Gesetzgeber diesbezüglich überhaupt ein Gestaltungsspielraum zusteht. Denn alle Ansprüche aus dem Steuerschuldverhältnis oh-

---

188 *Tetzlaff*, VR 2001, 217 (223).

189 Vgl. *Häsemeyer*, Insolvenzrecht, Rn. 23.40.

ne jegliche Differenzierung mittels eines Nachranges – vergleichbar der Wirkung von § 39 InsO – im Insolvenzverfahren von einer Teilhabe an einer anteiligen Insolvenzdividende auszuschließen, bedeutet nichts anderes als einen allein an die Eröffnung des Insolvenzverfahrens anknüpfenden Erlassautomatismus. Einzige materielle Voraussetzung für einen solchen Verzicht wären danach die Insolvenzgründe. In formeller Hinsicht würde lediglich noch der Eröffnungsbeschluss hinzutreten.

Das Erlöschen von Steueransprüchen bzw. deren faktische Nichtdurchsetzung bedarf im Lichte der Steuergerechtigkeit eines wichtigen Grundes, der geeignet ist, sich in Anbetracht seiner Legitimität und Gewichtigkeit in einer vertretbaren Abwägung gegenüber der Steuergerechtigkeit und dem aus ihr fließenden verfassungsrechtlichen Bestandsgebot durchzusetzen. Jede Verschonungsentscheidung steht unter dem Druck einer verfassungsrechtlichen Rechtfertigung. Aber welcher legitime Zweck sollte einen solchen Automatismus anknüpfend an die Insolvenz rechtfertigen? Die materielle Insolvenz als Ausdruck einer Knappheitssituation, die zum Schutz von Eigentum, Freiheit und sozialem Frieden ein Handeln des Gesetzgebers erforderlich macht und die gemeinsame Verlusttragung rechtfertigt, ist hierfür nicht geeignet. Der einzige nennenswerte Reflex eines steuerlichen Nachranges liegt darin, dass die Insolvenzdividende der übrigen Insolvenzgläubiger gesteigert wird. Angesichts dieser Wirkung offenbart sich insgesamt, dass sich aus der Logik eines Gesamtvollstreckungsverfahrens heraus kein Bedürfnis für eine materielle Besserstellung der übrigen Insolvenzgläubiger begründen lässt. Zwar mögen diese naturgemäß ein Interesse daran haben, dass ihre Insolvenzdividende eine Erhöhung erfährt. Dieses Interesse ist aber verfassungsrechtlich nicht geschützt. Art. 14 Abs. 1 GG vermittelt keine Pflicht, einer infolge der Realisierung des Insolvenzrisikos eingetretenen Entwertung der Forderung zu Lasten anderer Gläubiger oder der Gemeinschaft der Steuerpflichtigen aktiv entgegenzuwirken. Es ginge mithin nicht um die verfassungsrechtlich verbürgte Abwehr eines „Nehmens“ als vielmehr um das Verlangen nach einem zusätzlichen „Geben“.

Des Weiteren ist auch das Verschonungsinteresse des Schuldners aus verfassungsrechtlicher Sicht nicht geeignet, als Gemeinwohlbelang die Abwägung zu dominieren. Ohne weitere materielle Voraussetzungen ist dieses Interesses nach wie vor von derart allgemeiner Natur, dass es sich nicht von dem Verschonungsinteresse aller Steuerpflichtigen unterscheidet. Zahlungsunfähigkeit und Überschuldung sind insoweit keine tauglichen Differenzierungskriterien, die zu einem Wertungsunterschied zwingen, geschweige ihn überhaupt erklären könnten.

Schließlich bleibt es ohne Einfluss auf eine solche Abwägung, dass die Steuer begriffsnotwendig ohne konkrete Gegenleistung geschuldet wird. Sie konkretisiert nämlich den Anteil, den jeder Steuerpflichtige als Ausfluss einer staatsbürgerlichen Pflicht am Gemeinwesen tragen muss, und erfährt damit eine spezifisch verfassungsrechtliche Wertigkeit. Diese schließt es aus, einem Anspruch aus dem Steuerschuldverhältnis im Rahmen einer Abwägung seine Gegenleistungslosigkeit entgegenzuhalten. In einer solchen Abwägung kommt ihr daher zumindest die gleiche Wertigkeit zu, wie jeder anderen einfachen Insolvenzforderung auch.

Aber selbst wenn ein hierauf gerichtetes Interesse des Schuldners bzw. der anderen Insolvenzgläubiger grundrechtlichen Schutz genießen würde, wäre er nicht mit einer solchen Gewichtigkeit versehen, die im Widerstreit mit Art. 3 Abs. 1 GG eine vertretbare Abwägung zu Lasten der Steuergerechtigkeit rechtfertigen könnte. Zwar genießt der Gesetzgeber bei der Abwägung kollidierender Verfassungsprinzipien grundsätzlich dergestalt einen Gestaltungsspielraum, dass er vielfach nur einer Vertretbarkeitskontrolle unterliegt. Mit der bereichsspezifischen Anwendung des Gleichheitssatzes im Steuerrecht gehen allerdings strenge Anforderungen an die Rechtfertigung einher[190]. Es findet keine bloße Willkürprüfung statt. Gegen die Verwirklichung der Gleichmäßigkeit der Besteuerung muss vielmehr ein gleichsam hochwertiger sachlicher Grund angeführt werden, dem in einer verfassungsrechtlich vertretbaren Abwägung der Vorrang eingeräumt wurde[191]. Gemessen an diesen strengen Grundsätzen ist das schlichte Privilegierungsinteresse der übrigen Gläubiger bzw. womöglich auch des Schuldners in seiner Gewichtigkeit mit der Steuergerechtigkeit nicht vergleichbar.

Des Weiteren muss im Sinne einer Folgenbetrachtung gesehen werden, dass ein solcher Automatismus eine „Einladung" zur Selbstsanierung mittels der formellen Insolvenz begründen würde. Das Insolvenzverfahren würde infolge eines wie auch immer gearteten Nachranges steuerlicher Forderungen die materielle Steuergerechtigkeit damit regelrecht konterkarieren. Nicht selten sehen sich gerade kleinere bis mittlere Unternehmer in klassischen Bargeldgewerben veranlasst, infolge von erheblichen Mehrergebnissen anlässlich von Außen- und Steuerfahndungsprüfungen einen Insolvenzantrag zu stellen. Deckt das Vermögen im Übrigen die sonstigen Verbindlichkeiten, wäre die formelle Insolvenz im Falle hoher Steuerschulden damit praktisch kein Verfahren mehr, dass auf eine gleichmäßige Befriedigung der Gläubiger gerichtet wäre. Es wäre vielmehr ein Verfahren, das zuvorderst die Befreiung eines Wirtschaftssubjektes von seinen Steuerschulden unter gleichzeitiger Befriedigung der übrigen Gläubiger und da-

---

190 BVerfG v. 27.06.1991, BvR 1493/89, BVerfGE 84, 239 (268); v. 09.03.2004, 2 BvL 17/02, BVerfGE 110, 94 (113); *Lang*, StuW 2006, 22 (24); *Rodi*, NJW 1991, 2865 (2866); *Tipke*, Steuerrechtsordnung, Bd. I, 330 f.

191 Vgl. BVerfG v. 26.01.1993, 1 BvL 38/92 u.a., BVerfGE 88, 87 (96); *Gubelt*, in: v.Münch/Kunig, GG, Art. 3 Rn. 15; *Osterloh*, in: Sachs, GG, Art. 3 Rn. 18 ff.

mit den Fortbestand des Unternehmens garantieren würde. Steuerverkürzung und Steuerhinterziehung würden damit zumindest auf vermögensrechtlicher Ebene ungeahndet bleiben. Es würde gar ein Anreiz geschaffen, sich den steuerlichen Pflichten zu entziehen, könnte man doch – strafrechtliche Aspekte vernachlässigt – unsanktioniert einen Steuererlass erlangen. Dies muss ferner vor dem Hintergrund gewürdigt werden, dass die Verschonungsentscheidung in einer kaum noch kontrollierbaren Weise in die Hand des Schuldners gelegt würde, kann er doch bereits im Zustande drohender Zahlungsunfähigkeit die Eröffnung eines Insolvenzverfahrens erreichen. Würde nach alledem der Steuerforderung daher per se eine solche Minderwertigkeit anhaften, fehlt es nicht nur am rechtfertigenden Gemeinwohlbelang für eine solche Maßnahme. Vielmehr hätte der Gesetzgeber sogar ein strukturelles Steuervollzugsdefizit zu verantworten. Eine solche Norm wäre schon deswegen verfassungswidrig.

Ist damit ein allgemeiner Nachrang in verfassungsrechtlich vertretbarer Weise nicht umsetzbar, hindert die Steuergerechtigkeit den Gesetzgeber jedoch nicht, für einzelne Ansprüche aus dem Steuerschuldverhältnis eine nachrangige Befriedigung anzuordnen. Soweit § 39 Abs. 1 Nr. 1 InsO namentlich die seit Eröffnung des Insolvenzverfahrens laufenden Zinsen und Säumniszuschläge im Range nach den übrigen Insolvenzforderungen berichtigt sehen will, beruht dies auf der vertretbaren Wertung, dass der eigentliche Verlustgegenstand vorrangig die Hauptforderung ist. Diese markiert den Lebenssachverhalt, für den der Gläubiger Befriedigung verlangt. In der Abwägung mit diesem Belang kommt die Steuergerechtigkeit jedoch nur erheblich vermindert zum Tragen. Die Durchsetzung von Zinsansprüchen und Säumniszuschlägen ist nicht Ausdruck einer steuerlichen Belastungsgleichheit. Zu berücksichtigen ist schließlich, dass der Nachrang abstrakt alle Gläubiger betrifft. Die ebenfalls zu nennenden (steuerlichen) Zwangsgelder wiederum erfahren nach der Wertung des Gesetzgebers einen Nachrang (vgl. § 39 Abs. 1 Nr. 1 InsO), weil sie aufgrund ihres poenalen Charakters nur den Schuldner persönlich und nicht die Insolvenzgläubiger durch Verminderung ihrer Quote belasten sollen[192]. Zur Gewichtung gilt das vorstehend Gesagte. Angesichts der Nachvollziehbarkeit der gesetzgeberischen Wertung besteht damit auch diesbezüglich kein Anlass, an der Verfassungsmäßigkeit der Nachrangigkeit zu zweifeln.

---

192 *Henckel*, in: Jaeger/Henckel/Gerhardt, InsO, § 39 Rn. 12 m. w. Nachw.

C. Von der Kollektivierung zur Disziplinierung des Steuergläubigers

Die Umsetzung der materiellen Verteilungsentscheidung bedarf rechtlicher Rahmenbedingungen in Gestalt eines Verfahrensrechts. Insoweit steht die Insolvenzordnung in der Traditon vergangener Gesamtvollstreckungsverfahren und beinhaltet Elemente eines Erkenntnis- und insbesondere im Hauptaugenmerk eines Verwertungs- und Verteilungsverfahrens. Angesichts seines Anspruchs auf exklusive kollektive Gesamtbereinigung müssen alternative Gerichts- oder Verwaltungsverfahren hiermit zwangsläufig in Konkurrenz geraten (dazu I. und II.). Wird dieser Widerstreit systematisch zugunsten des Insolvenzverfahrens und damit durch eine Disziplinierung des Steuergläubigers gelöst, muss sich der Steuervollzug diesen geänderten Rahmenbedingungen anpassen (dazu III.). Diese geänderten Rahmenbedingungen geben zugleich Anlass, der Frage nach der Vereinbarkeit einer solchen Disziplinierung mit dem Verfassungs- und Europarecht nachzugehen (dazu IV. und V.).

I. Das Dogma vom Vorrang des Insolvenzrechts

Sowohl das steuerliche Verfahrensrecht als auch das Gesamtvollstreckungsrecht sind seit langer Zeit auf Reichs- bzw. Bundesebene kodifiziert und haben im Laufe der Jahre grundlegende Reformen erfahren. Obwohl die positive Beantwortung der Frage, ob auch der Staat zur Verwirklichung seiner Steuer*insolvenzforderungen* am Gesamtvollstreckungsverfahren teilnehmen muss, Auswirkungen der insolvenzrechtlichen Kollektivierung und Disziplinierung auf das Steuerschuld- und Steuerverfahrensrecht herausfordert, ist das Verhältnis zwischen steuerlichem Verfahrens- und Insolvenzrecht gesetzlich nur unvollkommen geregelt. Die Abgabenordnung 1977 hat in ihrem 6. Teil unter dem Obertitel „Vollstreckung" lediglich die Einzelzwangsvollstreckung normiert. Den einzigen verallgemeinerungsfähigen Bezug zum Gesamtvollstreckungsrecht stellt § 251 Abs. 2 S. 1 AO her. Hiernach „bleiben die Regelungen der Insolvenzordnung unberührt". Darüber hinaus existieren vereinzelte Regelungen sowohl im Insolvenz- als auch im allgemeinen und besonderen Steuerrecht[193].

193 Vgl. ohne Anspruch auf Vollständigkeit: §§ 75 Abs. 2 AO (keine Haftung des Betriebsübernehmers bei Erwerb aus der Insolvenzmasse), § 171 Abs. 13 AO (Hemmung der Festsetzungsfrist bis mindestens 3 Monate nach Beendigung des Insolvenzverfahrens), § 282 AO (Vorrang eines Pfandrechts gegenüber solchen, die im Insolvenzverfahren diesem Pfandrecht nicht gleichgestellt sind), § 16 GewStDV (Gewerbeertrag bei Abwicklung in der Insolvenz), §§ 170, 171 InsO (Abführung

§ 251 Abs. 2 S. 1 AO ist in der Reichsabgabenordnung ohne Vorbild. Darum eröffnete 1926 der GROßE SENAT DES REICHSFINANZHOFS[194] die Diskussion über das Verhältnis beider Rechtsgebiete ohne Anknüpfung an eine geschriebene Kollisionsregel wie folgt:

„Die Reichsabgabenordnung enthält keinerlei Vorschriften über den Einfluss der Konkurseröffnung auf die Geltendmachung vorher entstandener Steuerschulden des Gemeinschuldners. Es ist deshalb davon auszugehen, dass die für deren Verfolgung im Konkursverfahren grundsätzlich an der durch die Konkursordnung getroffenen Sonderregelung nichts hat ändern wollen. Nach § 3 KO gehört auch der Steuergläubiger, dem zur Zeit der Konkurseröffnung ein Anspruch gegen den Gemeinschuldner zusteht, zu den Konkursgläubigern, zu deren gemeinschaftlicher Befriedigung das ganze zur Zeit der Konkurseröffnung dem Gemeinschuldner gehörende und der Zwangsvollstreckung unterliegende Vermögen, die Konkursmasse, bestimmt ist. Wenn auch dem Steuergläubiger in § 61 KO in gewissem Umfang ein Anspruch auf bevorzugte Befriedigung aus der Konkursmasse eingeräumt ist, so kann er doch, wie jeder andere Konkursgläubiger, diesen Anspruch nach § 12 KO nur nach Maßgabe der Vorschriften über das Konkursverfahren (§§ 138 ff., 170 KO) verfolgen.[195]“

Im Anschluss an diese Entscheidung reduzierte ARNOLD LIEBISCH[196] die Aussage auf den schlagwortartigen Grundsatz

„Konkursrecht geht vor Steuerrecht“.

Wenngleich dieser Grundsatz wegen der mit Schlagworten regelmäßig einhergehenden Simplifizierung Kritik erfuhr[197], hat er sich in dieser einprägsamen Kürze etabliert. Ungeachtet dieser begrifflichen Kritik besteht in der Sache im Wesentlichen Einigkeit. Das Konkursrecht soll nur dann Vorrang vor dem Steuerrecht haben, sofern es um die „Verfolgung“[198] bzw. „Geltendmachung“[199] von Steueransprüchen nach Eröffnung des Konkursverfahrens geht. Der Vorranggrundsatz betrifft folglich nur die auch als „Konkurssteuerrecht im besonde-

der Umsatzsteuer an die Masse nach Verwertung eines beweglichen Absonderungsgegenstandes durch Gläubiger).

194 GrS RFH v. 25.10.1926, GrS 1/26, RFHE 19, 355 ff.

195 GrS RFH v. 25.10.1926, GrS 1/26, RFHE 19, 355 (356).

196 *Liebisch*, VJSchrStuFR 1929, 212 (213). Der Bundesfinanzhof hat das Schlagwort vielfach übernommen, siehe nur BFH v. 28.04.2004, VIII R 14/02, BStBl. II 2005, 246 (247).

197 So habe dieser Grundsatz bei der praktischen Anwendung „mehr Verwirrung gestiftet als Klarheit gebracht, *Frotscher*, Besteuerung bei Insolvenz, 18.

198 RFH v. 23.03.1927, IV A 46/26, RFHE 21, 9 (11).

199 BFH v. 14.02.1978, VIII R 28/73, BStBl. II 1978, 356 ff.

ren, engeren, technischen Sinne“[200] beschriebene Gemengelage zwischen beiden Regelungskomplexen. Eine darüber hinaus gehende Vorrangthese wollte die Rechtsprechung niemals begründen. Die Eigenständigkeit des Steuerrechts wurde stets denknotwendig in der Vorrangformel mitgedacht, da ein Vorrang begrifflich bereits die Kollision voraussetzt und seinen eigenen Geltungsanspruch auf diese Konstellation beschränkt.

Mit der Abgabenordnung 1977 beabsichtigte der Gesetzgeber den so verstandenen „Vorrang des Konkursrechts“ im Gesetz zu verankern[201] und formulierte in § 251 Abs. 2 S. 1 Alt. 2 AO das „Unberührtbleiben der Vorschriften der Konkursordnung und Vergleichsordnung“. Der Gesetzgeber entschied sich für die Kontinuität und gegen den Traditionsbruch. Demgemäß übertrug der BUNDESFINANZHOF seine „Vorrangrechtsprechung“ auf die Abgabenordnung. Aus § 251 Abs. 2 S. 1 AO folge auch weiterhin ein Vorrang des Konkursrechts vor den steuerlichen Vorschriften hinsichtlich des gesamten steuerlichen Festsetzungs- und Erhebungsverfahren[202]. Die Geltendmachung von Ansprüchen aus dem Steuerschuldverhältnis richte sich auch nach wie vor allein nach Konkursrecht[203]. Das EGInsOÄndG vom 18.12.1998[204] beschränkte sich schließlich auf die redaktionelle Anpassung an die am 1.1.1999 in Kraft getretene Insolvenzordnung, ohne Einfluss auf die Rechtsprechung nehmen zu wollen. Der BUNDESFINANZHOF hat seine Rechtsprechung zwischenzeitlich terminologisch angepasst. Das Dogma vom Vorrang des Insolvenzrechts hat seine vorläufig endgültige Konkretisierung in Rechtsprechung und Literatur in der Grundthese gefunden, dass

> „das Steuerrecht bestimmt, auf Grund welchen Sachverhalts und in welcher Höhe ein Steueranspruch entsteht, während das Insolvenzrecht regelt, in welcher Form und in welchem Umfang dieser Anspruch im Insolvenzverfahren geltend gemacht werden kann“[205].

---

200 *Berges*, KTS 1961, 162.

201 So die Begründung der Bundesregierung, BT-Drucks. VI/1982, S. 175: Vgl. auch den Bericht des Arbeitskreises für die Reform der Reichsabgabenordnung, 362: „Der Grundsatz Konkursrecht vor Steuerrecht wird nunmehr ausdrücklich in das Gesetz übernommen“. Die Vorschrift entspricht § 251 AO.

202 BFH v. 17.12.1998, VII R 47/98, BStBl. II 1999, 423 (424).

203 BFH. v. 18.05.1988, X R 27/80, BStBl. II 1988, 716 (718).

204 BGBl. I 1998, 3836 (3840).

205 Statt vieler nur BFH v. 14.02.1978, VIII R 28/73, BStBl. II 1978, 356; *Beermann*, in: Hübschmann/Hepp/Spitaler, AO, § 251 Rn. 35, 36 (Sept. 2000); *Häsemeyer*, Insolvenzrecht, Rn. 1.10; *Knobbe-Keuk*, Festschrift 100 Jahre KO, 219; *Loose*, in: Tipke/Kruse, AO, § 251 Tz. 6 (Okt 2006) jeweils m. w. Nachw.

II. *Das Besteuerungsverfahren im Lichte der insolvenzrechtlichen Spezialität*

1) *Die systematische Beschränkung des § 251 Abs. 2 S. 1 AO auf vollstreckungsrechtliche Normwidersprüche*

Haftung ist in unserem Rechtskreis Vermögenshaftung[206]. Ihre Verwirklichung setzt daher ausschließlich am Vermögen als Haftungssubstrat an[207]. Reicht dieses nicht aus, reagiert das Insolvenzrecht. Es ist „das verfahrensrechtliche Instrument zur Haftungsverwirklichung unter Knappheitsbedingungen" (HORST EIDENMÜLLER[208]). Das steuerliche Verfahrensrecht als „Verwirklichungsmodus" für die kraft Gesetzes entstehenden Ansprüche aus dem Steuerschuldverhältnis enthält in den §§ 249 ff. AO seinerseits Regelungen über die Verwaltungsvollstreckung und damit über klassisches Einzelzwangsvollstreckungsrecht. Gesamtvollstreckungs- und steuerlichem Einzelzwangsvollstreckungsverfahren ist folglich gemein, dass sie der Gläubigerbefriedigung durch Zugriff auf das unbeschränkt haftende Schuldnervermögen dienen. Form und Organisation des Haftungsvollzugs sind indes ebenso verschieden wie die Grundsätze der Haftungsverwirklichung. Ist die Solvenz aber keine Bedingung des staatlichen Vollstreckungszugriffs nach den §§ 249 ff. AO, kommt es methodisch zwangsläufig zur Gesetzeskonkurrenz[209].

An der Qualität dieser Gesetzeskonkurrenz besteht kein Zweifel. Der Steuergläubiger tritt ungeachtet formeller oder materieller Insolvenz zur Verwirklichung seines in § 85 AO einfachgesetzlich normierten Auftrages mit dem stets geltenden Maximalverwirklichungsprogramm an. Das Insolvenzrecht hingegen muss mit Eintritt der formellen Insolvenz die Insolvenzmasse im Interesse der Gläubigergesamtheit vor deratigen individuellen Zugriff bewahren, will es die gemeinschaftliche und gleichmäßige Haftungsverwirklichung gewährleisten. Sofern das steuerliche Verfahrensrecht der Verwirklichung des „vermögensrechtlichen" Anspruchs aus dem Steuerschuldverhältnis dient, gerät es damit in den gleichen Konflikt zum Insolvenzrecht wie die gleichsam vom Egoismus geprägte Rechtsdurchsetzung Privater. Die Ordnungsfunktion des Insolvenzrechts und die Effektivität des Steuerzugriffs sind im Ausgangspunkt gleichermaßen relativie-

---

206 Ältere Exekutionsrechte waren u.a. Zwangsvollstreckung gegen die Person. Der Schuldner hatte mit Freiheit, Leib und Leben einzustehen, vgl. *Uhlenbruck*, Festschrift 100 Jahre KO, 3 [6 f.]).

207 *Eckardt*, in: Kölner Schrift InsO, 743 (744) Rn. 1; *Larenz/Wolf*, Allgemeiner Teil des BGB, § 21 Rn. 28 ff.; *Windel*, JURA 1999, 1 (5).

208 *Eidenmüller*, Unternehmenssanierung zwischen Markt und Gesetz, 23.

209 Vgl. *Enneccerus/Nipperdey*, Allgemeiner Teil des BGB, 350; *Larenz*, Methodenlehre der Rechtswissenschaft, 266 ff.; *Zippelius*, Juristische Methodenlehre, 37.

rungsfeindlich. Beide wiederum repräsentieren dabei isoliert betrachtet nur verfassungsrechtliche Anforderungen bzw. Bedürfnisse. Das Insolvenzrecht als Gesamtvollstreckungsrecht konkretisiert und effektiviert den verfassungsrechtlich gewährleisteten Rechtsschutz und verwirklicht die Mindestschutzgewährpflicht gegenüber den betroffenen Eigentumsrechten. Der effektive und damit regelmäßig zwingend hoheitliche Steuerzugriff seinerseits lässt sich auf die Gleichmäßigkeit der Besteuerung sowie das staatliche Finanzierungsinteresse als anerkannten Gemeinwohlbelang mit Verfassungsrang zurückführen. Beide Regelungsbereiche treten angesichts der ihnen obliegenden Verwirklichung von Verfassungsrechtspositionen konsequenter Weise mit einem starken Verwirklichungsanspruch auf. LUDWIG HÄSEMEYER hat in anderem Zusammenhang für das Insolvenzrecht von „Rigidität" gesprochen[210]. Dieser Begriff beschreibt auch hier anschaulich den im Kern kompromisslosen Maximalanspruch beider Regelungsbereiche. Die Rechtsfolgen insolvenzrechtlicher und steuerrechtlicher Normen sind miteinander unverträglich. Ein bestimmtes Verhalten erscheint im Ergebnis zugleich geboten und verboten. Rechtsmethodisch stellen sich die Normenkonkurrenzen mithin als klassische *Normwidersprüche*[211] dar.

Ausgangspunkt für die Auflösung solcher Normwidersprüche ist zuvorderst die Kollisionsregel des § 251 Abs. 2 S. 1 AO. „Unberührt bleiben" bedeutet indes nur, dass die Vorschriften der Insolvenzordnung anwendbar bleiben. Klargestellt ist damit zumindest, dass die steuerrechtlichen Normen nicht die insolvenzrechtlichen Vorschriften einschränken oder sogar verdrängen. Ob und inwieweit mit dieser Formulierung aber ein Vorrang des Insolvenzrechts mit der zwangsläufigen Verdrängung steuerrechtlicher Normen bestimmt werden soll, lässt sich dem allerdings nicht ohne weiteres entnehmen. Bedeutung und Reichweite des „Unberührt bleiben" werden erst mit einem Bezugspunkt und einer Gegenaussage erkennbar. Erst der konkrete Bezugspunkt im Steuerrecht in Verbindung mit einer ihm widerstreitenden insolvenzrechtlichen Norm kann daher darüber Aufschluss geben, ob der Vorrang einer insolvenzrechtlichen Norm die Verdrängung einer steuerrechtlichen Norm zur Folge hat.

Die Kollisionsregel findet sich im Sechsten Teil der Abgabenordnung („Vollstreckung") und im zweiten Absatz einer Norm, die in ihrem ersten Absatz die Vollstreckung von Verwaltungsakten regelt. Der Gesetzgeber scheint die systematische Stellung primär begriffsorientiert dergestalt ausgewählt zu haben, dass dem Gesamtvollstreckungsrecht begrifflich das Einzelvollstreckungsrecht gegen-

---

210 *Häsemeyer*, Festschrift f. Uhlenbruck, 97 (98 ff.).

211 Dazu *Bydlinski*, Juristische Methodenlehre und Rechtsbegriff², 463; *Engisch*, Einführung in das juristische Denken, 209 ff; *Röhl*, Allgemeine Rechtslehre, § 74 (583); *Zippelius*, Juristische Methodenlehre, 37 ff.

über steht. Dass dies zu kurz gedacht ist, zeigt sich insbesondere an der Kollisionsanfälligkeit von steuerlichem Festsetzungsverfahren und insolvenzrechtlichen Anmelde-, Feststellungs- und Prüfungsverfahren. Angesichts dieser systematischen Stellung scheint daher nicht jeder Normwiderspruch von § 251 Abs. 2 S. 1 InsO erfasst zu werden, sondern vielmehr nur solche zwischen dem Insolvenzrecht und dem steuerlichen Einzelvollstreckungsrecht.

Im Widerspruch dazu scheint die Entstehungsgeschichte des § 251 Abs. 2 S. 1 AO zu stehen. Schon in der Rechtsprechung des REICHSFINANZHOFS, an welche diese Norm anknüpfen soll, war die Notwendigkeit eines Vorrangs auch gegenüber dem steuerlichen Festsetzungs- und Erhebungsverfahren erkannt worden. Dennoch vermag dies eine über das Einzelvollstreckungsrecht der AO hinausgehende Anwendung des § 251 Abs. 2 S. 1 AO nicht zu rechtfertigen. Wenngleich sich Systematik und Telos im Kanon der Auslegungsmethoden grundsätzlich gleichberechtigt gegenüber stehen und sich den Argumenten aus dem äußeren System hier auch diskussionswürdige Gegengründe aus dem inneren System gegenüberstellen lassen, befinden sich gerade bei der Formulierung eines „Unberührt bleiben" Wortsinnauslegung und der Standort der auszulegenden Norm (äußeres System) in einer engen Verzahnung. Denn dem Wortsinn kommt kaum eigene Bedeutung zu, da er einen Normwiderspruch voraussetzt, aber selbst keine sachliche Eingrenzung für die Suche nach sich widersprechenden Normen enthält. Diese Eingrenzung leistet im Besonderen die Systematik. Erst aus der Stellung der Norm kann gefolgert werden, für welche Regelungskomplexe eine Kollisionsnorm mit dem Wortsinn „bleiben unberührt" Geltung beansprucht. Die Frage mag hier allerdings letztlich dahin stehen, da im Folgenden zu zeigen sein wird, dass § 251 Abs. 2 S. 1 AO lediglich eine bereits nach allgemeinen Auslegungsregeln zu gewinnende Spezialität normiert (dazu unter 2.]). Festzuhalten bleibt daher bis hierher zumindest das Folgende: Widerspricht eine Norm des steuerlichen Einzelvollstreckungsrechts unmittelbar oder mittelbar einer insolvenzrechtlichen Norm, verdrängt letztere die steuerrechtliche Anordnung (*vollstreckungsrechtlicher Normwiderspruch*)[212].

212 Vgl. auch BFH v. 17.12.1998, VII R 47/98, BStBl. II 1999, 423 (424): „Auch wenn § 251 AO von der systematischen Stellung und vom übrigen Wortlaut her zu den Vorschriften der AO über die Vollstreckung von Verwaltungsakten gehört, gilt der Vorrang des Konkursrechts vor den steuerlichen Vorschriften während des Konkursverfahrens für das gesamte steuerrechtliche Festsetzungs- und Erhebungsverfahren.". Für eine Begrenzung der Regelungswirkung des § 251 Abs. 2 AO wegen seiner systematischen Stellung auf den Sechsten Teil der AO explizit hingegen OVG LSA v. 11.3.2003, 1 L 268/02, NVwZ-RR 2004, 135 (136), das allerdings dem Irrtum unterliegt, dass deshalb eine Beitragsfestsetzung auch nach Verfahrenseröffnung ergehen dürfe.

Die sachliche Reichweite des vollstreckungsrechtlichen Normwiderspruchs bestimmt sich vornehmlich durch das Vollstreckungsverbot des § 89 InsO. Ordnet § 249 Abs. 1 AO an, dass Verwaltungsakte zu vollstrecken *sind*, bestimmt aber § 89 InsO ein Vollstreckungs*verbot*, kann § 251 Abs. 2 S. 1 AO demnach ohne weiteres entnommen werden, dass die Durchsetzung eines Anspruchs aus dem Steuerschuldverhältnis mit den Mitteln des allgemeinen Verwaltungszwangs durch den Steuergläubiger nicht mehr zulässig ist. Gehört zur Zwangsvollstreckung ferner der Arrest, ist auch dieser erfasst[213]. § 249 Abs. 1 AO muss zurücktreten. Insoweit wirkt der insolvenzrechtliche Vorrang *ex nunc* mit Verfahrenseröffnung. Nichts anderes gilt für das zeitlich begrenzte Vollstreckungsverbot des § 90 InsO in Bezug auf steuerliche Masseverbindlichkeiten. Ein Verstoß gegen diese Vollstreckungsverbote hat die Rechtswidrigkeit der jeweiligen Vollstreckungsmaßnahme zur Folge und der Steuergläubiger muss das Erlangte an die Insolvenzmasse herausgeben. Zwar mag die Verwirklichung des Steuertatbestandes einen materiellen und ein dies konkretisierender Verwaltungsakt einen formellen Rechtsgrund für das Behaltendürfen der erlangten Befriedigung oder Sicherung darstellen. Jedoch ist bei Verstößen gegen §§ 89, 90 InsO die Deckung mit der materiell-rechtlichen bzw. formellen Rechtslage unbeachtlich. Stattdessen markiert das Vollstreckungsverbot eines der wesentlichen Elemente der Gläubigerdisziplinierung. Vor dem Vollstreckungszugriff besteht der Widerspruch zwischen dem steuerlichen Vollstreckungsgebot und dem insolvenzrechtlichen Verbot. Mit der Zuwiderhandlung wandelt sich das Vollstreckungsverbot in ein Gebot der Folgenbeseitigung. Der unter Mißachtung von § 89 InsO vollstreckende Gläubiger ist insolvenzrechtlich verpflichtet, das Erlangte herauszugeben.

Ergänzend bewirkt die sog. Rückschlagsperre (§ 88 InsO), dass gewisse Sicherungen, die durch Zwangsvollstreckung erlangt wurden, rückwirkend unwirksam werden. Während nach erfolgreicher Anfechtung nur ein schuldrechtlicher Anspruch auf Rückgewähr besteht, verliert der Gläubiger nach § 88 InsO eine bereits erlangte Sicherheit kraft Gesetzes. Von der Rückschlagsperre erfasste Sicherungen sind nicht lediglich anfechtbar, sondern absolut unwirksam[214]. Das Steuerrecht hingegen geht – zumindest unausgesprochen – von einem Behaltendürfen des zur Befriedigung Erlangten aus. Denn entspricht das Erlangte dem kraft Gesetzes geschuldeten oder zumindest durch Verwaltungsakt festgesetzten Betrag, erfolgte die Befriedung mit Rechtsgrund und somit – in zivilrechtlichen Kategorien – kondiktionsfest. Ist lediglich eine Sicherung erlangt worden, geht

213 *Smid*, in: derselbe, InsO, § 89 Rn. 1; *Steder*, ZIP 1996, 1072 (1076).

214 BGH v. 19.01.2006, IX ZR 232/04, NJW 2006, 1286 f.; *Lüke*, in: Kübler/Prütting, InsO, § 88 Rn. 19 (Aug. 2001); *Landfermann*, in: Kölner Schrift InsO, 159 (171) Rn. 39.

das steuerliche Vollstreckungsrecht von einem Bestand des Sicherungsrechts aus. Zu diesem rechtlichen Behaltendürfen des in der Vergangenheit Erlangten besteht der vollstreckungsrechtliche Normwiderspruch zu der Rechtsfolge der Rückschlagsperre. Löst mithin § 251 Abs. 2 S. 1 AO die vollstreckungsrechtliche Normkonkurrenz zwischen Steuerrecht („Behaltendürfen") und Insolvenzrecht („Herausgebenmüssen") zum Nachteil der steuerrechtlichen Rechtsfolgenanordnung auf, unterliegt der Steuergläubiger wie die übrigen Gläubiger auch der Rückschlagsperre[215]. Der insolvenzrechtliche Vorrang im Falle eines vollstreckungsrechtlichen Normwiderspruchs hat neben der zukunftsbezogenen demnach auch eine durch die Rückschlagsperre definierte vergangenheitsbezogene Komponente. Hinsichtlich der Rückabwicklung gelten die Ausführungen zu § 89 InsO.

2) Die Verwirklichung der insolvenzrechtlichen Exklusivität außerhalb vollstreckungsrechtlicher Normwidersprüche

a) Die Auflösung der Normwidersprüche im Wege der Spezialität

Die zuvor beschriebene Exklusivität beschränkt sich nicht auf die Vollstreckung. § 87 InsO formuliert sie umfassender. „Insolvenzgläubiger können ihre Forderungen nur nach den Vorschriften über das Insolvenzverfahren *verfolgen*". Anspruchsverfolgung meint schon vom Wortsinn her mehr als bloße Anspruchsdurchsetzung in Form des Zugriffs auf das Schuldnervermögen mit Mitteln des Vollstreckungsrechts. § 87 InsO kündigt daher bereits das weitreichende insolvenzrechtliche Verständnis von kollektiver Haftungsverwirklichung an. Soll auf der Passivseite eine Gesamtbereinigung stattfinden, müssen auch solche Gläubigerrechte Berücksichtigung finden, die noch kein Erkenntnisverfahren durchlaufen haben. Die Insolvenzordnung reagiert hierauf mit einem Anmeldungs-, Prüfungs- und Feststellungsverfahren (§§ 174 ff. InsO), das es Gläubigern ohne vorinsolvenzlichen Titel erlaubt, eine verbindliche Entscheidung über ihre Forderung und ihre Befriedigung aus der Insolvenzmasse herbeizuführen. Das Verfahren stellt dabei vornehmlich auf Einvernehmen ab. Das steuerliche Verfahrensrecht hingegen sieht bei isolierter Betrachtung einen anderen Modus für die rechtsverbindliche Entscheidung über den vermögensrechtlichen Anspruch des Steuergläubigers und seine Titulierung vor. Die Steuern *sind* durch Steuerbe-

---

215 Allg. Meinung, siehe nur BGH v. 21.03.2000, IX ZR 138/99, ZIP 2000, 898; v. 22.01.2004, IX ZR 39/03, BGHZ 157, 350 sowie BFH v. 12.05.2005, VII R 7/03, BStBl. II 2005, 543.

scheid einseitig festzusetzen, § 155 AO (kein Ermessen[216]). Dieser Verwaltungsakt schließt ein spezielles verwaltungsrechtliches Erkenntnisverfahren ab[217]. Gleichsam der Eintragung in die Insolvenztabelle ist der Verwaltungsakt „Rechtserkenntnisakt“[218]. Damit wird deutlich, dass nicht nur die mit der rechtlichen Überlegenheit des Steuergläubigers einhergehende Befugnis zur Selbstexekution, sondern auch die dem verfahrenstechnisch vorgelagerte hoheitliche Feststellung der Steuerforderung in Konflikt mit der Exklusivität des insolvenzrechtlichen Verwirklichungsmodus gerät. Auch insoweit besteht eine Gesetzeskonkurrenz[219]. Entsprechend den Ausführungen zum Normwiderspruch zwischen Gesamt- und Einzelvollstreckungsverfahren ist diese Konkurrenz unverträglicher Natur. Ein bestimmtes Verhalten erscheint im Ergebnis zugleich geboten und verboten. Es kommt zwangsläufig zu *Normwidersprüchen*[220]. Vermag § 251 Abs. 2 S. 1 AO diese Widersprüche nach hier bevorzugter Auslegung nicht aufzulösen, ist dies nach allgemeinen Grundsätzen der Auslegung und Rechtsfortbildung zu leisten.

Steht die Verwirklichung der Steuerinsolvenzforderung in Rede, überschneiden sich der steuerverwaltungsrechtliche und der insolvenzrechtliche Verwirklichungsmodus zum Teil. Das Steuerverwaltungsrecht ist insoweit spezieller als es nur Ansprüche aus dem Steuerschuldverhältnis regelt. Auf der anderen Seite bestimmt es deren Verwirklichung allerdings stets ohne Rücksicht auf die Unzulänglichkeit des schuldnerischen Vermögens. Insoweit setzt die Insolvenzordnung einen besonderen Umstand voraus, welcher das steuerliche Verfahrensrecht insoweit wieder allgemeiner erscheinen lässt. Beide Regelungskomplexe stimmen darin über ein, dass sie die Verwirklichung eines vermögensrechtlichen Anspruchs gegenüber einem Rechtssubjekt und insbesondere dessen damit verbundene Vermögenshaftung regeln. Sind Ansprüche aus dem Steuerschuldverhältnis betroffen, die vor Eröffnung des Insolvenzverfahrens im Sinne von § 38 InsO begründet waren, kommt es also zu einer Überschneidung der Anwendungsbereiche

---

216 BFH v. 17.05.1985, VI R 137/82, BStBl. II 1985, 660. Sie zu den Ausnahmen *Tipke*, in: Tipke/Kruse, AO, § 155 Tz. 5 f. (März 2004).

217 *Kracht*, Feststellender Verwaltungsakt und konkretisierende Verfügung, 79; *Pietzner*, VerwArch 84 (1993), 261; *Renck*, NJW 1964, 848 (849).

218 *Maurer*, Allgemeines Verwaltungsrecht, § 9 Rn. 42

219 Vgl. *Enneccerus/Nipperdey*, Allgemeiner Teil des BGB, 350; *Larenz*, Methodenlehre der Rechtswissenschaft, 266 ff.; *Zippelius*, Juristische Methodenlehre, 37. Dabei können sich insbesondere nicht nur einzelne Rechtssätze in ihrem Anwendungsbereich überschneiden, sondern auch ganze Regelungskomplexe (*Enneccerus/Nipperdey*, a.a.O.).

220 Dazu *Bydlinski*, Juristische Methodenlehre und Rechtsbegriff, 463; *Engisch*, Einführung in das juristische Denken, 209 ff.; *Röhl*, Allgemeine Rechtslehre, § 74 (583); *Zippelius*, Juristische Methodenlehre, 37 ff.

beider Regelungskomplexe und damit zu der bereits identifzierten Gesetzeskonkurrenz. Wie bereits aufgezeigt wurde, weichen die Verwirklichungsmodi erheblich von einander ab. Die Insolvenzordnung sieht ein Anmelde-, Prüfungs- und Feststellungsverfahren und eine Verteilung der Haftungsmasse an die Gläubiger durch einen Dritten nach den Grundsätzen der par conditio creditorum vor, während das steuerliche Verfahrensrecht ein durch rechtliche Übermacht gekennzeichnetes Festsetzungs- und Erhebungsverfahren vorsieht. Denkbar sind aber auch Fälle kumulativer Gesetzeskonkurrenz. Wir haben bereits gesehen, dass die Grenzlinie zur Unverträglichkeit eng mit dem Anspruch des Insolvenzrechts auf Exklusivität verbunden ist. Wo dieser Anspruch nicht besteht, ist die Konkurrenz nicht unverträglich. Dies betrifft namentlich das gesamte steuerliche Ermittlungsverfahren und die dem Steuergläubiger dort zur Verfügung gestellten Befugnisse (Mitwirkung, Außenprüfung, etc).

Im Wege des methodischen Grundsatzes der Spezialität lässt sich eine unverträgliche Gesetzeskonkurrenz dann auflösen, wenn ein Regelungskomplex Fälle in besonderer Weise regelt, die an sich auch unter den anderen Regelungskomplex fallen und sich aus dem Telos der spezielleren Regelung ableiten lässt, dass damit eine gesetzgeberische Negativentscheidung dergestalt verbunden ist, dass nur die spezielle und nicht auch die allgemeinere Regelung gelten soll[221]. Dies ist insbesondere dann der Fall, wenn der allgemeine Regelungskomplex die Grundwertungen des spezielleren Regelungskomplexes stören würde und anderenfalls die Verwirklichung der Besonderheit der spezielleren Regelung illusorisch werden würde[222]. Dann genießt der speziellere Regelungskomplex Vorrang vor dem allgemeinen Regelungskomplex (*lex specialis derogat legi generali*). In diesem Sinne haben wir bereits gesehen, dass das steuerliche Verfahrensrecht in Bezug auf die Anspruchsdurchsetzung das allgemeinere Recht ist. Denn aus Sicht der Insolvenzordnung existiert mit der Solvenz des Schuldners ein Normalzustand, der sich im Falle seiner Insolvenz zu einem *Ausnahmezustand* entwickelt. Die Lösung des mit diesem Ausnahmezustand einhergehenden Kollektivhandlungsproblems erfordert von den allgemeinen Regeln abweichende besondere Bestimmungen. Das diesen Zustand ordnende Recht ist aus Sicht der Insolvenzordnung demzufolge ein *Ausnahmerecht*[223]. Der insolvenzrechtliche Regelungskomplex

---

221 *Bydlinski*, Juristische Methodenlehre und Rechtsbegriff, 465; *Enneccerus-Nipperdey*, Allgemeiner Teil des BGB, 351; *Larenz*, Methodenlehre der Rechtswissenschaft, 267 ff.

222 *Larenz*, Methodenlehre der Rechtswissenschaft, 269.

223 *Kilger*, Festschrift f. Merz, 253 (279). Auch GrS RFH v. 25.10.1926, GrS 1/26, RFHE 19, 355 (356) sprach von „der durch die Konkursordnung getroffenen *Sonderregelung*".

ist demnach gegenüber dem steuerlichen Verfahrensrecht spezieller, soweit Normwidersprüche vorhanden sind.

Damit verleibt die entscheidende Frage nach der gesetzgeberischen Negativentscheidung zu Lasten der konkurrierenden steuerrechtlichen Normen. Der GROßE SENAT DES REICHSFINANZHOFS unterstellt in dem bereits zitierten Urteil eine solche ohne weiteres:

> „Die Reichsabgabenordnung enthält keinerlei Vorschriften über den Einfluss der Konkurseröffnung auf die Geltendmachung vorher entstandener Steuerschulden des Gemeinschuldners. Es ist deshalb davon auszugehen, dass die für deren Verfolgung im Konkursverfahren grundsätzlich an der durch die Konkursordnung getroffenen Sonderregelung nichts hat ändern wollen[224]".

Diese Aussage verdient uneingeschränkt Zustimmung. Denn wird der Ausnahmezustand der Insolvenz einer besonderen gesetzlichen Regelung zugeführt, die dem Kollektivhandlungsproblem und den übrigen Bedürfnissen dieser Situation gerecht werden soll, kann schon deshalb nicht unbesehen auf die allgemeinen Regeln zurückgegriffen werden. Die Regelung der Insolvenz im Besonderen lässt erkennen, dass nach der Erwartung des Gesetzgebers die allgemeinen Regeln der Ausnahmesituation gerade nicht gerecht werden. Dies bestätigt sich ferner im Detail. Die Bedeutung der Disziplinierung der Gläubigergesamtheit für die Funktionsfähigkeit der gemeinschaftlichen und gleichmäßigen Haftungsverwirklichung wurde bereits dargestellt. Die damit einhergehende Monopolisierung von Erkenntnis- und Entscheidungsprozessen liegt in der Natur der insolvenzrechtlichen Haftungsabwicklung. Sie hat ihre Normierung in der Insolvenzordnung gefunden und zwar grundsätzlich als Totalabwicklung der Aktiv- und Passivseite. Wurde die Einbeziehung des Steuergläubigers in die insolvenzrechtliche Haftungsordnung dem Grunde nach bereits bejaht, würde die Annahme eines gesetzgeberischen Willens dahingehend, dass der Steuergläubiger von der Disziplinierung nicht erfasst und damit die *Exklusivität der Art und Weise* der insolvenzrechtlichen Haftungsverwirklichung durchbrochen wird, ihm eine Wertungsinkonsequenz konstatieren. Sowohl Universalität als auch Exklusivität sind gleichsam unverzichtbar und bedingen sich stets gegenseitig. Gerade dies bringt § 87 InsO unzweideutig zum Ausdruck. Hat der Gesetzgeber eine solche Grundsatzentscheidung getroffen, muss davon ausgegangen werden, dass er diese konsequent umgesetzt sehen will. Ein Teilstück dieser konsequenten Umsetzung ist der bereits dargestellte § 251 Abs. 2 S. 1 AO, der letztlich positiv-rechtlich den Vorrang vor den §§ 249 ff. AO als Folge gerade dieser allgemeinen Spezialität anordnet. Die konsequente Verwirklichung insolvenzrechtlicher Sachgesetz-

---

224 GrS RFH v. 25.10.1926, GrS 1/26, RFHE 19, 355 (356).

lichkeiten und die partielle Umsetzung dessen in § 251 Abs. 2 S. 1 AO erlauben mithin den Rückschluss auf eine gesetzgeberische Negativentscheidung dahingehend, dass im Konfliktfalle konkurrierendes Steuerrecht nicht gelten soll. Insolvenzrechtliche Regelungen gehen demnach im Kollisionsfall steuerrechtlichen Regelungen vor. Methodisch bedeutet dies letztlich eine teleologische Reduktion einiger steuerrechtlicher Vorschriften während der formellen Insolvenz zugunsten der gemeinschaftlichen und gleichmäßigen Haftungsverwirklichung, wie sie in der Insolvenzordnung ihre konkrete Ausprägung gefunden hat.

Die Problematik verlagert sich daher von der Grundsatzfrage in die jeweiligen Einzelfälle, in denen stets die Verträglichkeit beider Regelungskomplexe im Detail geprüft werden muss. Der Grundsatz der Spezialität verlangt in jedem Einzelfall die Prüfung, ob die Rechtsfolgen der spezielleren Norm für deren Anwendungsbereich die der allgemeinen Norm nur ergänzen, sie modifizieren oder aber vollends an ihre Stelle treten sollen[225].

b) Die Normwidersprüche auf der Ebene des steuerlichen Erhebungsverfahrens

Die vorstehend beschriebene Auflösung der Normwidersprüche wird zuvorderst deutlich im Rahmen der Aufrechnung, welche der Gesetzgeber mit § 226 Abs. 1 AO systematisch dem Erhebungsverfahren und damit nicht dem Anwendungsbereich des § 251 Abs. 2 AO zuordnet. Sie ist Erfüllungssurrogat hinsichtlich der Hauptforderung und gibt dem Steuergläubiger die Möglichkeit, seine Gegenforderung im Wege der „Selbsthilfe" durchzusetzen[226]. Letzteres kennzeichnet ihre *Sicherungs- und Vollstreckungsfunktion*[227]. Wirkt die Aufrechnung indes wie eine Zwangsvollstreckung, deutet sich auf der Prinzipienebene der Konflikt mit der insolvenzrechtlichen Disziplinierung an. Dennoch geht die Insolvenzordnung nicht soweit, jegliche Selbstbefriedigung im Wege der Aufrechnung für unzulässig zu erklären, vgl. § 94 InsO. Die §§ 95 f. InsO enthalten lediglich Einschränkungen der Aufrechenbarkeit. Hiernach ist die Aufrechnung *insbesondere* dann unzulässig und damit unwirksam, wenn ein Insolvenzgläubiger erst nach der Eröffnung des Insolvenzverfahrens etwas zur Masse schuldig geworden ist, § 96 Abs. 1 Nr. 1 InsO. Angesichts der Vollstreckungswirkung der Aufrechnung drängen sich schon auf den ersten Blick sowohl der unverträgliche Normwiderspruch als auch die gesetzgeberische Negativentscheidung zu Lasten der steuerrechtlichen Norm auf. Die §§ 226 AO, 387 ff. BGB und

225 *Larenz*, Methodenlehre der Rechtswissenschaft, 269.

226 Vgl. BGH v. 13.6.1995, IX ZR 137/94, BGHZ 130, 76 (80); *Kruse*, Steuerrecht, 190 f.

227 *Bötticher*, Festschrift f. Schima, 95 (96 f.).

§ 96 Abs. 1 Nr. 1 InsO erfassen tatbestandlich denselben Sachverhalt. Ihre Rechtsfolgen sind indes unverträglich. Der eine ordnet das Verbot dessen an, was der andere erlaubt. Auf eine gesetzgeberische Negativentscheidung zu Lasten der uneingeschränkten Aufrechnung des Steuergläubigers kann geschlossen werden, da der Steuergläubiger ansonsten auf Kosten der Gläubigergleichbehandlung für seine Insolvenzsteuerforderung außerhalb des Insolvenzverfahrens Befriedigung erlangen könnte. Ein entgegenstehender Wille ist jedenfalls nicht zu erkennen. Daher wird die Geltung der Aufrechnungseinschränkungen auch für den Steuergläubiger allgemein anerkannt[228]. Methodisch handelt es sich um eine teleologische Reduktion der § 226 AO, §§ 387 ff. BGB. Nichts anderes gilt für § 95 InsO und die übrigen Fallgruppen des § 96 Abs. 1 InsO, soweit sie eine Einschränkung der Aufrechenbarkeit erhalten.

c) Die Normwidersprüche auf der Ebene des steuerlichen Festsetzungs- und Feststellungsverfahrens

Ebenfalls anschaulich und zugleich stellvertretend für andere steuerverwaltungsrechtliche Erkenntnisverfahren lässt sich die Anwendung eines insolvenzrechtlichen Vorranges kraft der insolvenzrechtlichen Normen zukommenden Spezialität am Beispiel der bereits vielfach erwähnten Gesetzeskonkurrenz zwischen den §§ 174 ff. InsO und dem steuerlichen Festsetzungsverfahren darstellen. Die Ausgangsfrage lässt sich vereinfacht und vorerst wie folgt formulieren: Darf der Steuergläubiger eine Insolvenzsteuerforderung nach Verfahrenseröffnung noch durch Steuerbescheid festsetzen? In dieser Frage bezieht aus der Literatur wohl allein ERICH BLEY[229] zu einem sehr frühen Zeitpunkt der Diskussion dahingehend Stellung, dass lediglich die Einzelzwangsvollstreckung aber nicht die Steuerfestsetzung untersagt sei. Aus § 12 KO (nunmehr § 87 InsO) könne „nicht schlüssig gefolgert werden, dass […] das Finanzamt bei Veranlagungssteuern verhindert wäre, der Anmeldung einen förmlichen Bescheid beizufügen und damit die Forderung für ihre fernere konkursmäßige Behandlung zu einer titulierten zu machen." Seines Erachtens könne ein Festsetzungsbescheid rechtmäßigerweise ergehen. Allein die Rechtsbehelfsfristen würden nicht in Gang gesetzt und § 14 KO (nunmehr § 89 InsO) verbiete die zwangsweise Durchsetzung des nachinsolvenzlich erlassenen Festsetzungsbescheides[230].

228 BFH v. 05.10.2004, VII R 69/03, BStBl. II 2005, 195 ff.; FG Berlin v. 26.08.2003, 5 K 5055/02, EFG 1758 (1759).
229 *Bley*, StuW 1928, 1095 (1107 ff.).
230 *Bley*, StuW 1928, 1095 (1108).

Diese Auslegung des § 12 KO vermochte sich allerdings in den nachfolgenden 80 Jahren nicht durchzusetzen. Die nahezu einhellige Auffassung beantwortet die Frage mit dem Verweis auf die „Unterbrechung des steuerlichen Festsetzungsverfahren nach § 240 ZPO analog“[231] und § 87 InsO vielmehr dahingehend, dass ein Steuerbescheid nicht mehr erlassen werden dürfe. Dies gelte selbst dann, wenn er kein Leistungsgebot sondern lediglich eine Steuerfestsetzung beinhalte[232]. War vor Verfahrenseröffnung noch kein Bescheid erlassen worden, behilft sich die Praxis für die Tabellenanmeldung mit einem sog. „informatorischen Steuerbescheid“. Dieser enthält alle Bestandteile eines Steuerbescheides, tritt aber nicht mit dem Anspruch auf, ein Verwaltungsakt zu sein. Er gibt somit lediglich Auskunft über die Berechnung der angemeldeten Steuerschuld[233].

In Ansehung des Spezialitätsgrundsatzes überzeugt diese Auffassung. Es wurde bereits herausgearbeitet, dass das Anmelde-, Prüfungs- und Feststellungsverfahren (§§ 174 ff. InsO) nicht in bloßer kumulativer Gesetzeskonkurrenz zum Steuerfestsetzungsverfahren steht, sondern mit diesem kollidiert. Die verwaltungsrechtlichen Festsetzungsverfahren sind Erkenntnisverfahren, die durch den Verwaltungsakt als Rechtserkenntnisakt abgeschlossen werden[234]. Die §§ 174 ff. InsO ihrerseits sehen ein „spezielleres“ Verfahren zur verbindlichen Entscheidung über die Insolvenzsteuerforderung zwecks ihrer Berücksichtung im Insolvenzverfahren vor. Auch die Unverträglichkeit ist nicht zu verkennen. Die typische Eigenschaft des Steuerbescheides als verbindlicher Rechtserkenntnisakt stört – gleichsam einem zivilrechtlichen Urteil, welches nach Verfahrenseröffnung auch nicht mehr verkündet werden darf[235] – das Anmelde-, Prüfungs- und Feststellungsverfahren nach §§ 174 ff. InsO. Die Unzulässigkeit folgt bis zum Abschluss des Anmelde-, Prüfungs- und Feststellungsverfahrens allein aus der

---

231 Explizit BFH v. 24.08.2004, VIII R 14/02, BStBl. II 2005, 246 (247).

232 GrS RFH v. 25.10.1926, GrS 1/26, RFHE 19, 355 (357); v. 04.05.2004, VII R 45/03, BStBl II. 2004, 815 (816); *Beermann*, in: Hübschmann/Hepp/Spitaler, AO, § 251 Rn. 405 (Sept. 2000); *Ott*, in: Münchener Kommentar, InsO, § 80 Rn. 133 jeweils m. umf. Nachw. Ebenso BVerwG v. 12.06.2003, 3 C 21/02, NJW 2003, 3576 (3577) und OVG NW v. 12.04.1996, 22 B 12/96, NWVBl. 1997, 24 (25) für nach Verfahrenseröffnung erlassene Leistungsbescheide, sofern § 251 Abs. 2 S. 1 AO über das jeweils einschlägige VwVG zur entsprechenden Anwendung gelangte. A.A. wohl nur OVG LSA v. 11.03.2003, 1 L 268/02, NVwZ-RR 2003, 135 f.

233 *Loose*, StuW 1999, 20 (25).

234 Vgl. *Kracht*, Feststellender Verwaltungsakt und konkretisierende Verfügung, 79; *Maurer*, Allgemeines Verwaltungsrecht, § 9 Rn. 42; *Pietzner*, VerwArch 84 (1993), 261; *Renck*, NJW 1964, 848 (849).

235 Siehe nur BGH v. 21.6.1995, VIII ZR 224/94, NJW 1995, 2563; *Hartmann*, in: Baumbach/Lauterbach/Albers/Hart-mann, ZPO, § 249 Rn. 11 f.

Handlungsform des Verwaltungsaktes. Die Modifikation liegt deshalb gerade darin, diese Handlungsform durch die Tabelleneintragung zu ersetzen – dies jedenfalls im Konsensfall. Dem insolvenzrechtlichen Vorrang entsprechend muss daher die Rechtsfolgenanordnung des § 155 AO zurücktreten. Grundsätzlich würde eine Forderungsfeststellung nach den §§ 174 ff. InsO daher die *teleologische Reduktion des § 155 AO* dergestalt erfordern, dass die Handlungsform des Verwaltungsaktes während der formellen Insolvenz bis zum Abschluss des Prüfungstermins unzulässig ist, wenn er der Verwirklichung einer Steuerinsolvenzforderung gilt. Da § 155 Abs. 1 S. 1 AO aber bereits eine entsprechende Öffnungsformulierung enthält, wonach die zwingende Steuerfestsetzung entfällt, wenn „etwas anderes vorgeschrieben ist", bedarf es an dieser Stelle keiner Korrektur durch Rechtsfortbildung. Insoweit lässt sich der spezielleren insolvenzrechtlichen Regelung angesichts ihres Vorranganspruchs im Widerspruchsfalle entnehmen, dass die steuerrechtliche Anordnung nicht gelten soll. Wenn auch unausgesprochen lässt sich daher schon im Wege der systematischen Auslegung dem Insolvenzrecht „etwas anderes" im Sinne des Einschubs entnehmen. Einer teleologischen Reduktion bedarf es daher (ausnahmsweise) nicht, um zu begründen, dass ein Festsetzungsbescheid nach Eröffnung des Insolvenzverfahrens nicht mehr zulässig ist. Für andere Festsetzungsgebote bedarf es hingegen der teleologischen Reduktion. Dies gilt insbesondere für Haftungsbescheide.

Die in § 87 InsO zum Ausdruck kommende Exklusivität bleibt nicht ohne Einfluss auf andere Verwaltungsakte, die verfahrenstechnisch dem Steuerbescheid vorgelagert sind. Dies betrifft namentlich die sog. Grundlagenbescheide. In diesen Fällen weicht das steuerliche Verfahrensrecht vornehmlich aus Gründen der Praktikabilität von dem Grundsatz ab, die Steuer auf der Grundlage eines einheitlichen Besteuerungsverfahrens in einer einzigen Entscheidung festzusetzen[236]. Vielmehr wird der Erkenntnisprozess aufgespalten, indem unselbständige Teilentscheidungen aus dem konzentrierten Verfahren ausgliedert und als verselbständigte Entscheidungen für den weiteren Verfahrensgang verbindlich gemacht werden[237] (vgl. §§ 179 ff. AO). Während die Besteuerungsgrundlagen als Teil der Begründung eines Steuerbescheides somit regelmäßig nicht zum verfügenden Teil des Verwaltungsaktes gehören und daher nur äußerst eingeschränkt an seiner Bindungswirkung teilhaben[238], werden Besteuerungsgrundlagen nunmehr durch ihre gesonderte und ggf. auch einheitliche Feststellung selbst zum

236 *Seer*, Verständigungen in Steuerverfahren, 148 f.; *derselbe*, in: Tipke/Lang, Steuerrecht, § 21 Rn. 117.

237 Vgl. nur *Schick*, StuW 1992, 197 (199).

238 *Krumm*, DStR 2005, 631 f.; *Martens*, StuW 1993, 335 (341); *Söhn*, in: Hübschmann/Hepp/Spitaler, AO, § 179 Rn. 6 (Nov. 2004).

verfügenden Teil eines Verwaltungsaktes[239]. Ein solcher Grundlagenbescheid entfaltet sodann Bindungswirkung für den Folgebescheid (vgl. § 182 Abs. 1 AO).

Ist Gegenstand der Regelung solcher Grundlagenbescheide nach den vorstehenden Ausführungen naturgemäß weder eine Steuerfestsetzung noch ein Leistungsgebot, fügen sich diese Verwaltungsakte nicht ohne weiteres in das System des § 87 InsO i.V.m. §§ 174 ff. InsO ein. Sie lassen daher die Unverträglichkeit mit dem Anmelde-, Prüfungs- und Feststellungsverfahren, wie sie für Festsetzungsbescheide offenkundig ist, nicht auf den ersten Blick erkennen. Gleichwohl offenbart sich diesbezüglich ebenfalls ein Normwiderspruch zu § 87 InsO. Mit Erlass eines Grundlagenbescheides entscheidet die Finanzbehörde mit Bindungswirkung für die steuerliche Insolvenzforderung, dass ein bestimmter Sachverhalt verwirklicht worden ist. Denn diese Bindungswirkung bleibt selbst dann erhalten, wenn im Nachgang zur gesonderten Feststellung kein Steuerbescheid mehr ergeht, sondern eine Anmeldung zur Insolvenztabelle erfolgt[240]. Dies hat zur Folge, dass im Falle der Bestandskraft eines nach Insolvenzeröffnung erlassenen Grundlagenbescheides im Rahmen des insolvenzrechtlichen Feststellungsverfahrens widersprechende Insolvenzgläubiger nicht (mehr) geltend machen könnten, die festgestellten Besteuerungsgrundlagen seien zu Unrecht festgestellt worden. Diese Besteuerungsgrundlagen wären damit einer Rechtmäßigkeitskontrolle durch die Insolvenzgläubiger vollständig entzogen. Im Ergebnis könnte ein Bestreiten der angemeldeten Steuerforderung damit nur noch auf Umstände gestützt werden, die nicht Gegenstand der Feststellung sind. Zu Recht sieht der BUNDESFINANZHOF in der mit dieser Bindungswirkung einhergehenden „Präjudizialität" eine Gefahr für das im Insolvenzverfahren exklusiv geltende Feststellungsverfahren nach den §§ 174 ff. InsO und insbesondere für die Widerspruchsrechte des Insolvenzverwalters und der Insolvenzgläubiger[241]: „Die Unterbrechung des Besteuerungsverfahrens dient auch dem Zweck, die Konkursmasse vor einer bestandskräftigen Feststellung dieser Grundlagen im steuerrechtlichen Feststellungsverfahren zu schützen. Denn ein zwischen Konkurseröffnung und Prüfungstermin bestandskräftig gewordener Feststellungsbescheid ist von den in diesem Termin widersprechenden Gläubigern oder dem Konkursverwalter hinzunehmen". Es mag insoweit nicht der Praxis entsprechen, dass Insolvenzgläubiger von ihrem Widerspruchsrecht Gebrauch machen. Jedoch basiert auf diesem Widerspruchsrecht die Exklusivität der §§ 174 ff. InsO und damit letztlich die gesetzgeberische Konzeption der Bewältigung des mit der Insolvenz einhergehenden allseitigen Haftungsrechtsverhältnisses. Dies wiederum ist für die

---

239 *Kruse*, Steuerrecht, 271 f.

240 OVG NW v. 23.01.1997, 22 A 4686/94, KKZ 1999, 166.

241 BFH v. 24.08.2004, VIII R 14/02, BStBl. II 2005, 246 (248).

Bestimmung der Reichweite des § 87 InsO allein maßgeblich. Beinhalten die jeweiligen steuerlichen Feststellungsermächtigungen nicht nur eine Befugnis sondern auch die Pflicht, ein Feststellungsverfahren von Amts wegen einzuleiten und durchzuführen, soweit die Voraussetzungen für eine gesonderte Feststellung vorliegen[242], kollidiert diese Anordnung folglich dergestalt mit den §§ 174 ff. InsO, dass die steuerliche Anordnung teleologisch reduziert werden muss. Steuerliche Grundlagenbescheide sind mithin nach Eröffnung des Insolvenzverfahrens grundsätzlich nicht zulässig, soweit die festzustellenden Besteuerungsgrundlagen Auswirkungen auf eine Insolvenzforderung haben können. Im Ergebnis läuft dies auf einen Vorrang der §§ 87, 174 ff. InsO hinaus, wonach alle Verwaltungsakte unzulässig sind, denen rechtlich die Eignung zukommt, Bindungswirkung für die anzumeldende Insolvenzforderung zu erzeugen.

3) Die Feststellungsermächtigung gemäß § 251 Abs. 3 AO

Die Tabelleneintragung ist Voraussetzung für den Bezug der Insolvenzdividende und stellt denknotwendig den Rechtsgrund für ihr Behaltendürfen dar. Sie beinhaltet die verbindliche Entscheidung über die mit der Anmeldung einer Insolvenzforderung zum Ausdruck gebrachte Berechtigung an der Insolvenzmasse. Für Insolvenzverwalter und Insolvenzgläubiger steht mit dem Tabelleneintrag mit dem Verbindlichkeitsgrad der Rechtskraft fest, mit welchem Betrag und mit welchem Rang die Forderung bei der Verteilung zu berücksichtigen ist. Schließlich vermittelt § 201 Abs. 2 InsO unter weiteren Voraussetzungen noch eine *Titulierungsfunktion.*

Herrscht über die Berechtigung der angemeldeten Steuerforderung Konsens, findet das speziellere Erkenntnisverfahren der Insolvenzordnung seinen Abschluss durch die Eintragung der Steuerforderung in die Insolvenztabelle. Das Nichtbestreiten wirkt als stillschweigendes Anerkenntnis[243]. Einer einseitigen und hoheitlichen Festsetzungsmacht bedarf es in dieser Situation nicht. Bestreitet hingegen der Insolvenzverwalter oder ein Insolvenzgläubiger die angemeldete Forderung, so ist es an der Behörde, die Feststellung Ihrer Forderung zu betreiben (vgl. § 179 Abs. 1 InsO). Ergänzend hierzu ordnet § 185 InsO an: „Ist für die Feststellung einer Forderung der Rechtsweg zu den ordentlichen Gerichten nicht gegeben, so ist die Feststellung [...] von der zuständigen Verwaltungsbehörde vorzunehmen.“ Will die Finanzbehörde den Klageweg meiden und stattdessen in

---

242 BFH v. 18.07.2001, I R 62/00, BStBl. II 2002, 334 (335 f.); v 01.07.2003, VIII R 61/02, BFH/NV 2004, 27 f. Nur ausnahmsweise liegt das Feststellungsverfahren im finanzbehördlichen Ermessen, vgl. dazu die Beispiele bei *Söhn*, in Hübschmann/Hepp/Spitaler, AO, § 179 Rn. 25 (Nov. 2004).

243 RG v. 01.07.1903, V 78/03, RGZ 55, 157 (160).

eigener Macht einseitig die Feststellung ihrer Forderung zur Insolvenztabelle betreiben, bedarf Sie hierfür angesichts des belastenden Charakters einer solchen Feststellung gegenüber dem jeweils Widersprechenden einer gesetzlichen Ermächtigungsgrundlage[244].

Das BUNDESVERWALTUNGSGERICHT sah unter Geltung der Konkursordnung bereits in § 146 Abs. 5 KO die hiernach erforderliche Ermächtigung zur einseitigen Feststellung der Insolvenzforderung in der Handlungsform des Verwaltungsaktes[245]. Dies vermag allerdings weder für § 146 Abs. 5 KO noch für den heute geltenden § 185 InsO zu überzeugen. Vielmehr enthält § 185 InsO in Abgrenzung zu § 180 InsO allein eine klarstellende Zuständigkeitsentscheidung zugunsten des jeweiligen Fachverfahrens anstelle eines Verfahrens vor den ordentlichen Gerichten. Sie beinhaltet keine Aussage zur jeweiligen Handlungsform des Behördenhandelns im Rahmen der §§ 174 ff. InsO. Auch hier gilt der allgemeine Grundsatz, dass allein die Zuständigkeitsregelung keine Ermächtigung für eine bestimmte Handlungsform beinhaltet. § 185 InsO ebnet vielmehr „nur" den Weg in das jeweils einschlägige Verwaltungsverfahrensrecht. Erst dort findet sich die den grundrechtlichen Gesetzesvorbehalt ausfüllende gesetzgeberische Entscheidung, ob und inwieweit die Behörde berechtigt ist, die von ihr angemeldete und von den Widerspruchsberechtigten bestrittene Forderung einseitig mit dem Inhalt eines Feststellungsurteils durch Verwaltungsakt festzustellen[246]. Eine solche an § 185 InsO anknüpfende Ermächtigung für einen Forderungsfeststellungsbescheid enthält das Steuerverfahrensrecht mit § 251 Abs. 3 AO: „Macht die Finanzbehörde im Insolvenzverfahren einen Anspruch aus dem Steuerschuldverhältnis als Insolvenzforderung geltend, so stellt sie erforderlichenfalls die Insolvenzforderung durch schriftlichen Verwaltungsakt fest". Würde bereits § 185 InsO die Ermächtigungsgrundlage für einen Forderungsfeststellungsbescheid in sich tragen, bedürfte es einer Ermächtigung wie § 251 Abs. 3 AO nicht. Überdies würde sich auch nicht erklären lassen, warum § 185 InsO hinsichtlich

244 So jedenfalls die heute h.M., vgl. BVerwG v. 29.11.1985, 8 C 105/83, BVerwGE 72, 265; *Drescher*, DVBl. 1986, 727 (729); *Ehlers*, in: Erichsen, Allgemeines Verwaltungsrecht, § 15 Rn. 4; *Hill*, DVBl 1989, 321 (323). A.A. noch BVerwG v. 28.09.1967, II C 37/67, BVerwGE 28, 1 (9); v. 06.05.1964, VIII C 394/63, BVerwGE 18, 283 (285 f.).

245 BVerwG v. 22.08.1985, 5 C 18/82, BVerwGE 72, 82 ff.; bestätigt von BVerwG v. 27.05.1997, 3 B 151/96, BVerwG StRK KO § 146 R. 23. Zustimmend OVG Münster v. 13.05.1996, 4 A 2970/94, NWVBl 1997, 24 f., *Häsemeyer*, Insolvenzrecht, Rn. 22.37; *Schumacher*, in: Münchener Kommentar, InsO, § 185 Rn. 4; *Vehslage*, NVwZ 2003, 776 (778).

246 So auch VGH Kassel v. 02.09.1985, 11 UE 154/84, NJW 1987, 971 f.; *Bornheimer/Krumm*, KTS 2008, 143 (155 ff.); *Brockmeyer*, in: Klein, AO, § 251 Rz. 34; im Grunde auch OVG Lüneburg v. 25.06.1986, 9 A 1/84, OVGE 39, 441 (442 f.).

der dort im Übrigen auch angesprochenen gerichtlichen Verfahren nur eine Zuständigkeitsbestimmung, aber – insoweit systemwidrig – hinsichtlich der im gleichen Satz genannten Verwaltungsbehörde eine materiell-rechtliche Ermächtigungsnorm sein soll. Eine derartige Vermischung von formellem und materiellem Recht scheint angesichts der amtlichen Überschrift „Besondere Zuständigkeiten" offensichtlich auch nicht gewollt. Kommt es mithin zum Widerspruch, gilt der Grundsatz, dass der öffentlich-rechtliche Gläubiger über eine Klage die Feststellung seiner Forderung zur Tabelle betreiben muss. Die besondere Feststellungsermächtigung des § 251 Abs. 3 InsO stellt in diesem Kontext die hoheitliche Überlegenheit des Steuergläubigers als Ausnahme von diesem Grundsatz jedoch wieder her.

§ 251 Abs. 3 AO trägt dabei nicht nur dem Vorbehalt des Gesetzes Rechnung, sondern auch den Besonderheiten des mehrpoligen Rechtsverhältnisses zwischen den Insolvenzgläubigern und dem Insolvenzverwalter. Denn nach zutreffender, wenn auch umstrittener, Auffassung ist Gegenstand der Feststellung zur Insolvenztabelle nicht die Forderung gegen den Insolvenzschuldner, sondern vielmehr das Haftungsrecht des Gläubigers an der Insolvenzmasse[247]. Die Ermächtigungsgrundlage muss dieser Vorgabe gerecht werden und namentlich zu drei Feststellungen ermächtigen: *Erstens*, der Feststellung der Forderung dem Grunde und dem Betrag nach, *zweitens*, der Feststellung, dass die Insolvenzmasse hierfür haftet, und *drittens*, der Feststellung, in welchem Rang die Insolvenzmasse hierfür haftet. Die Ermächtigung muss hinsichtlich ihrer Legitimationswirkung des Weiteren auf den Erlass gegenüber jedem Bestreitenden gerichtet sein. Aus diesen insolvenzspezifischen Gründen wird deutlich, warum die Feststellung einer Forderung zur Insolvenztabelle im Anschluss an einen Widerspruch nicht auf die Ermächtigungsgrundlagen gestützt werden kann, die außerhalb der formellen Insolvenz den Leistungsbescheid legitimieren. Diese Normen – im Steuerverfahrensrecht insbesondere die §§ 155, 179 ff., 191 AO – sind schon nicht für alle der vorgenannten Feststellungen konzipiert, sondern beschränken ihre Legitimationswirkung auf die Forderung als solche. Eng damit verbunden können diese Ermächtigungsgrundlagen auch hinsichtlich des möglichen Adressatenkreises der Mehrpoligkeit des insolvenzrechtlichen Haftungsverhältnisses zwischen den Insolvenzgläubigern nicht gerecht werden. Diese Normen erschöpfen sich in einer Ermächtigung für das regelmäßig bipolare Steuer-

247 *Bornheimer/Krumm*, KTS 2008, 143 (157); *Eckhardt*, in: Kölner Schrift InsO, 743 Rn. 1 f.; *Henckel*, in: Jaeger/Henckel/Gerhardt, InsO, § 43 Rn. 5; *Roth*, in: Stein/Jonas, ZPO, § 240 Rn. 31; *Schumacher*, in: Münchener Kommentar, InsO, § 178 Rn. 15; *Spellenberg*, Zum Gegenstand des Konkursfeststellungsverfahrens, 81 ff., a.A. RG v. 01.07.1903, V 78/93, RGZ 55, 157 (160); siehe zum Streitstand im Übrigen insbesondere *Schumacher*, a.a.O.

rechtsverhältnis. Widerspricht einer der Insolvenzgläubiger, offenbart sich daher die Untauglichkeit dieser Normen. Erst § 251 Abs. 3 AO legitimiert den Erlass von Verwaltungsakten gegenüber diesen aus Sicht des Steuerrechtsverhältnisses dritten Personen.

III. Die Anpassung des Steuervollzugsauftrages an die formelle Insolvenz

1) Der Verlust der Verfahrensherrschaft

Das Zwangsvollstreckungsrecht der Zivilprozessordnung ist Teil der ordentlichen streitigen Gerichtsbarkeit und der Rechtspflege in Abgrenzung zur Verwaltungstätigkeit des Staates. Für das Gesamtvollstreckungsverfahren gilt nichts anderes. Wenngleich nicht abschließend geklärt ist, ob das Insolvenzverfahren trotz einiger für die freiwillige Gerichtsbarkeit typischer (rechtsfürsorgender) Elemente letztlich der streitigen Gerichtsbarkeit zuzuordnen ist[248], handelt es sich doch eindeutig um ein *gerichtliches* Verfahren, das seinem Wesen nach eine besondere Art der Vollstreckung ist, nämlich eine Gesamt- bzw. Totalvollstreckung[249].

Wie passt aber die Gesamtvollstreckung nach der Insolvenzordnung in das System der zwangsweisen Durchsetzung von Ansprüchen aus dem Steuerschuldverhältnis? Mit der Regelvollstreckung in Gestalt der reinen Selbstexekution hat sie nichts gemein. Aber auch ein Amtshilfeverständnis scheidet aus. Es wird zwar zunehmend anerkannt, dass allein die Einschaltung eines Gerichts in die letzte Stufe des Steuervollzuges dem gesamten Verfahren nicht den Charakter eines Verwaltungsvollstreckungsverfahrens nimmt, solange der Steuergläubiger wegen der bei ihm verbleibenden Verantwortung noch die Stellung eines Vollstreckungsorgans inne hat[250]. Dieses Verantwortungsband, das für die Amtshilfe

248 In diesem jedenfalls die wohl h.M. unter der Insolvenzordnung, vgl. *Gerhardt*, in: Jaeger/Henckel/Gerhardt, InsO, § 2 Rn. 13; *Keller*, Insolvenzrecht, Rn. 10; *Obermüller/Hess*, Insolvenzrecht, Rn. 41; *Prütting*, in: Kübler/Prütting, InsO, § 4 Rn. 1 (Nov. 2001); *Uhlenbruck*, in: derselbe, InsO, § 4 Rn. 1. Vgl. zu Eingehend zur Diskussion unter anderem *K.Schmidt*, KTS 1988, 1 ff.

249 *Bork*, Insolvenzrecht, Rn. 1; *Habscheid*, KTS 1999, 59 (61 f.); *Gerhardt*, in: Jaeger/Henckel/Gerhardt, InsO, § 2 Rn. 11; *Jauernig/Berger*, Insolvenzrecht, § 38 Rn. 3; *Uhlenbruck*, in: derselbe, InsO, § 4 Rn. 1.

250 *Arndt*, Der Verwaltungakt als Grundlage der Verwaltungsvollstreckung, 66 f.; gleichsam *Traulsen*, Die Rechtsbehelfe im Verwaltungsvollstreckungsverfahren, 51; *Mattern*, DStZ 1954, 87. Nach der Gegenauffassung hört die Verwaltungsbehörde auf Vollstreckungsorgan zu sein, sobald die ordentlichen Gerichte auf ihren Antrag hin Tätigkeiten entfalten, in diesem Sinne *App/Wettlaufer*, Verwaltungsvollstreckungsrecht[4], § 1 Rn. 4; *Sönksen*, MDR 1960, 890 (891). Ähnlich auch *Pohle*, JZ 1954, 383, *Kruse*, in: Tipke/Kruse, AO, § 322 Rn. 31 (Aug. 2006).

nach § 114 Abs. 2 S. 1 AO kennzeichnend ist, wird allerdings mit der Eröffnung des Insolvenzverfahrens durchtrennt. Die Verfahrensherrschaft der Verwaltungsbehörde als Fixpunkt eines verwaltungseigenen Verfahrens wird vielmehr preisgegeben. Der Steuergläubiger entscheidet und gestaltet nicht mehr in seiner Funktion als Vollstreckungsorgan. Er übt im Gesamtvollstreckungsverfahren nicht den unmittelbaren Zugriff auf das Vermögen des Schuldners aus. Dies liegt allein in der Hand des Insolvenzverwalters. Dieser wickelt die Insolvenz grundsätzlich in eigener Verantwortung ab. Dabei hat er die Interessen aller Beteiligten wahrzunehmen. Er ist insoweit „mehrseitig fremdbestimmt“[251]. Die Aufsicht über ihn führt das Insolvenzgericht. Die Insolvenzgläubiger können auf seine Verwaltungsführung lediglich mittels ihrer Kollektivorgane, Gläubigerversammlung und Gläubigerausschuss, Einfluss nehmen. Diese partielle – wenngleich nicht individualisierbare, sondern kollektiv gebundene – Rechtsmacht der Insolvenzgläubiger macht den Insolvenzverwalter untechnisch gesprochen zum Vollstreckungsgehilfen des Steuergläubigers. Aber dieser Einfluss über die Kollektivorgane wird gerade durch die Gläubigerstellung vermittelt und nicht in der Eigenschaft als Vollstreckungsorgan. Dem Selbstverwaltungskonzept der Insolvenzordnung folgend ist diese Machtposition daher nur ein mehrheitsabhängiger Einfluss. Er macht die Verwaltungsbehörde nicht einmal teilweise oder anteilig zur Herrin über das Vollstreckungsverfahren.

Auch die Entscheidung über die Beendigung des einmal eröffneten Insolvenzverfahrens und damit letztlich die Beseitigung der mit der Exklusivität gegenüber dem Einzelverwaltungsvollstreckungsverfahren einhergehenden Sperrwirkung sind nicht der Entscheidungsmacht des Steuergläubigers, sondern ausschließlich der des Insolvenzgerichts zugewiesen. Durch das Insolvenzantragsrecht anderer Gläubiger kann die Exklusivität des Insolvenzverfahrens letztlich sogar gänzlich gegen den Willen des Steuergläubigers herbeigeführt werden. Ihm wird ein gerichtliches Vollstreckungsverfahren aufgezwungen und damit zwangsläufig der Verlust seiner Verfahrensherrschaft herbeigeführt. Den anderen Gläubigern wird mithin eine Rechtsmacht zugewiesen, die steuerrechtliche Vollstreckung nach den §§ 249 ff. AO zu sperren. Die Ausübung dieser Rechtsmacht ist dabei streng an die materielle Insolvenz gebunden, wie sie durch die Eröffnungsgründe der Zahlungsunfähigkeit (§ 17 InsO) und der Überschuldung (§ 19 InsO) ihre Definition erfährt. Die so definierte Knappheitssituation ist damit Grundvoraussetzung für die Disziplinierung der Gläubiger. Zudem forciert der Insolvenzgesetzgeber die frühzeitige Insolvenzantragstellung. Zum einen normiert er als Ausgleich für die gewährte Haftungsbeschränkung Insolvenzantragspflichten der Leitungsorgane von juristischen Personen und gleichgestellten

251 *Baur/Stürner*, Insolvenzrecht, Rn. 10.1; *Leibner*, KTS 2005, 75 (78).

Personengesellschaften (vgl. § 15a InsO) und schafft für die das Restschuldbefreiungsverfahren anstrebene natürliche Personen mit Blick auf eine mögliche Obliegenheitsverletzung einen gewissen Antragsdruck (vgl. § 290 Abs. 1 Nr. 4 InsO). Zum anderen lässt er für Eigenanträge die drohende Zahlungsunfähigkeit ausreichen (§ 18 InsO).

Macht die Verfahrensherrschaft das entscheidende Charakteristikum der *Verwaltungs*vollstreckung aus, kann die Haftungsverwirklichung über das Insolvenzverfahren nur als „gewöhnliche" gerichtliche Vollstreckung gesehen werden, in der der Steuergläubiger seine Doppelrolle einbüßt und „nur" noch in seiner Funktion als hoheitlicher Gläubiger des Anspruchs aus dem Steuerschuldverhältnis auftritt. Der Zugriff auf das Schuldnervermögen und die Befriedigung des Steuergläubigers im Rahmen der Gesamtvollstreckung ist darum keine Verwaltungsvollstreckung mehr. Das Insolvenzverfahren ist ein gegenüber dem Verwaltungsvollstreckungsrecht *eigenständiges* gerichtliches Verfahren. Lediglich dort, wo die Verwertungsbefugnis des Steuergläubigers nicht auf den Insolvenzverwalter übergeht, verbleibt es bei einem von der Finanzbehörde in eigener Verantwortung (weiter) zu führenden Verwaltungsverfahren[252].

2) Der Steuervollzug im Lichte materieller und formeller Insolvenz

Die Verfahrenseröffnung markiert den Punkt, in welchem sich die Verwirklichung der Ansprüche aus dem Steuerschuldverhältnis nur noch nach den Regeln über die Insolvenzordnung richtet. Die Auseinandersetzung der Finanzbehörde mit den Wirkungen des Insolvenzverfahrens setzt allerdings bereits früher ein. Ihr kommt als Gläubigerin das Insolvenzantragsrecht zu, auf dessen ermessensfehlerfreie Ausübung sie verpflichtet ist. Sie muss insoweit nicht nur die Belange des Schuldners in die Entscheidung einstellen, sondern zugleich auch die Überlegung, ob die Durchführung eines Gesamtvollstreckungsverfahrens zur weiteren Durchsetzung der Ansprüche aus dem Steuerschuldverhältnis förderlich ist (dazu a]). Kommt es zur Eröffnung des Insolvenzverfahrens, muss die Finanzbehörde zuvorderst die Entscheidung treffen, ob Sie grundsätzlich am Insolvenzverfahren teilnehmen will (dazu b]). Nimmt sie am Insolvenzverfahren durch Anmeldung der Steuerinsolvenzforderungen teil, wird ihr Handeln auch in der formellen Insolvenz maßgeblich vom Steuervollzugsauftrag geprägt. Trotz der Überantwortung der wesentlichen Entscheidungen und Handlungen auf den Insolvenzverwalter verbleibt eine Verantwortung für die Realisierung der Ansprüche in Gestalt der Insolvenzdividende (dazu c]). Von besonderer Relevanz werden in

252 Dies dürfte praktisch nur diejenigen Konstellationen betreffen, in denen Pfändungspfandrechte an Rechten oder gepfändete bewegliche Sachen, die sich bereits im Besitz des Vollziehungsbeamten befinden, in Rede stehen.

diesen Konstellationen unabhängig von dem Insolvenzverfahren einzuleitende Verwaltungsverfahren, die auf die Inanspruchnahme Dritter zu richten sind (dazu d]). Sowohl das Agieren im Insolvenzverfahren als auch die Inanspruchnahme Dritter sind dabei maßgeblich von einer maximalen Ausnutzung der jeweiligen Kompetenzen durch Steuergläubiger und Insolvenzverwalter zu prägen.

a) Die Insolvenzantragstellung als pflichtgemäße Ermessensentscheidung

Der Steuergläubiger *kann* gleich jedem anderen Gläubiger einen Antrag auf Eröffnung des Insolvenzverfahrens über das Vermögen des Steuerschuldners stellen. Die Entscheidung, ob die Steuerforderung mittels Selbstexekution oder im Wege der Gesamtvollstreckung mit der zwangsläufigen Unterwerfung unter das Regime der Insolvenzordnung beigetrieben werden soll, steht im Ermessen des Steuergläubigers[253]. Sie ist orientiert am Zweck der Ermächtigung und innerhalb der gesetzlichen Grenzen des Ermessens auszuüben (§ 5 AO). Die Rechtsprechung hat in den letzten Jahrzehnten unzählige Ermessensfehler im Zusammenhang mit der Stellung des Insolvenzantrages herausgearbeitet[254]. Insbesondere die Nichtbeachtung der insolvenzrechtlichen Zulässigkeitsvoraussetzungen sollen den Insolvenzantrag ermessensfehlerhaft machen[255]. Nichts anderes gilt für Insolvenzanträge, die im Zustand bekannter Ungewissheit über die einzelnen Voraussetzungen gestellt werden („Insolvenzantrag ins Blaue hinein").

Diskussionswürdig ist hingegen die Bestimmung der Ermessensgrenzen, wenn die Voraussetzungen für einen zulässigen und begründeten Insolvenzantrag vorliegen. Unter der Konkursordnung hatte sich mit Hinweis auf die Bindung des Steuergläubigers an den Grundsatz der Verhältnismäßigkeit ein *allgemeines Gebot der besonderen Zurückhaltung* bei der Antragsstellung etabliert[256]. Von einem „Nachrang der Gesamtvollstreckung" war gar die Rede[257]. Auch nach der Insolvenzrechtsform werden entsprechend zurückhaltende Erwartungen formuliert[258]. Dies kann freilich nicht überzeugen. Die öffentlich-rechtlichen Bindun-

---

253 BFH v. 23.07.1985, VII B 29/85, BFH/NV 1986, 41; *Frotscher*, Besteuerung bei Insolvenz, 243.

254 Eingehend *Trossen*, DStZ 2001, 877 (878 ff.).

255 FG Saarland v. 21.01.2004, 1 K 67/03, EFG 2004, 759 (760).

256 BFH v. 11.12.1996, VII B 94/90, BFH/NV 1991, 787; Im Anschluss an *Uhlenbruck*, BB 1972, 1266 (1267) urteilte der Bundesfinanzhof, dass „ein Konkursantrag als für den Schuldner einschneidenste Maßnahme erst dann gestellt werden [darf], wenn weniger belastende Maßnahmen der Einzelzwangsvollstreckung ausgeschöpft sind oder keine Aussicht auf Erfolg versprechen". Ähnlich schon Hess. FG v. 22.01.1982, VI B 139/81, EFG 1982 419 (420).

257 *Uhlenbruck*, BB 1972, 1266 (1268).

258 *Frotscher*, Besteuerung bei Insolvenz, 243 f.

gen des Steuergläubigers verpflichten ihn zwar dazu, seine Entscheidung immer nur in Abwägung mit den grundrechtlichen Belangen des Steuerschuldners zu treffen. Darin liegt unbestreitbar das Einfallstor für den Grundsatz der Verhältnismäßigkeit[259]. Gleichwohl kann ein Nachrang der Gesamtvollstreckung zumindest unter der Insolvenzordnung ebenso wenig aus dem Grundsatz der Verhältnismäßigkeit hergeleitet werden wie überhaupt eine besondere Zurückhaltungspflicht des Steuergläubigers. Im Ausgangspunkt steht dabei die erkennbare gesetzgeberische Motivation, die Eröffnung von Insolvenzverfahren zeitlich nach vorne zu verlagern. Dem lag die Erkenntnis zugrunde, dass eine Zurückhaltung bei der Antragstellung regelmäßig der späteren Insolvenzabwicklung schadet[260]. Ferner ist zu bedenken, dass die Verfahrenseröffnung zwar unzweifelhaft eine weitaus stärkere Belastung als die Einzelzwangsvollstreckung mit sich bringt, dem Schuldner jedoch nichts widerfährt, was ihm nicht selbst obliegt bzw. wozu seine Organe sogar verpflichtet sind (s.o.). Des Weiteren muss in die Beurteilung eingestellt werden, dass nicht mehr der Zerschlagungsautomatismus zu befürchten steht, wie er noch der Konkursordnung eigen war. Vielmehr ist die Insolvenzordnung hinsichtlich der Verfahrensziele flexibel. Einen sog. „Makel des Konkurses“ als gesellschaftliches Stigma kann ebenfalls nicht mehr die Bedeutung beigemessen werden, wie es womöglich unter der Konkursordnung und insbesondere in der Zeit ihres Inkrafttretens noch der Fall gewesen ist. Die Sichtweise hat sich im Laufe der Jahre und spätestens auch mit Inkrafttreten der Insolvenzordnung geändert. Auf der rechtlichen Ebene hat hierzu insbesondere der Gesetzgeber beigetragen, in dem er die Nebenfolgen der formellen Insolvenz für die zukünftige Betätigung der betroffenen Person – wie beispielsweise Berufsverbote, etc – erheblich zurückgefahren hat[261]. Schließlich ist darauf hinzuweisen, dass der Gesetzgeber mit den geschriebenen Voraussetzungen für die formelle Insolvenz, insbesondere mit den Insolvenzgründen und dem „rechtlichen Interesse“ des Gläubigers, für den typischen Fall der materiellen Insolvenz abschließend entschieden hat, dass die Insolvenzantragstellung nicht unverhältnismäßig ist. Er hat die Abwägung zwischen dem typischen Gläubigerinteresse an dem Übergang zur Gesamtvollstreckung und dem typischen Schuldnerinteresse an seiner Vermeidung durch die Formulierung der genannten Voraussetzungen abschließend antizipiert. Diese gesetzgeberische Wertung ist nicht zu beanstanden. Nur in atypischen Sachverhaltskonstellationen vermag die Verhältnismäßig-

259 Siehe zur Verhältnismäßigkeit als objektive Schranke des Ermessens nur *Maurer*, Allgemeines Verwaltungsrecht, § 7 Rn. 23; *Sachs*, in: Stelkens/Bonk/Sachs, VwVfG, § 40 Rn. 83.

260 Bundesregierung BT-Drucks. XII/2443, 84.

261 Siehe dazu eingehend *Uhlenbruck*, Festschrift f. Gerhardt, 979 ff.

keit der Stellung eines zulässigen und begründeten Insolvenzantrags im Einzelfall Grenzen zu ziehen.

Sind die schutzwürdigen Interessen des Schuldners damit bereits typischerweise berücksichtigt und mit den Interessen der Gläubiger grundsätzlich abschließend abgewogen, wird die pflichtgemäße Ermessensentscheidung maßgeblich von Effektivitätsüberlegungen determiniert. In diesem Kontext ist das Gesamtvollstreckungsverfahren als Alternative zu den §§ 249 ff. AO zu sehen. Ob die Eröffnung eines Insolvenzverfahrens zum Steuervollzug beiträgt, ist stets eine Prognoseentscheidung im Einzelfall. Der Steuergläubiger muss abwägen. Er kann im Wege der Einzelzwangsvollstreckung vorgehen und muss hoffen, dass erlangte Deckungen mit oder nach Verfahrenseröffnung in Ansehung der verschärften Insolvenzanfechtung nicht wieder verloren gehen. Dieses Risiko wird indes dadurch belohnt, dass er sich gegebenenfalls nicht mit einer Quote begnügen muss, sondern vielmehr die Früchte seiner Vollstreckung in voller Höhe vereinnahmen darf. In einem Insolvenzverfahren hingegen muss er sich die Erlöse aus der Verwertung der Insolvenzmasse mit anderen Gläubigern teilen. Freilich hat der Insolvenzverwalter die rechtlichen Möglichkeiten, um die Insolvenzmasse anzureichern. Stets zu bedenken ist ferner mit Blick auf den Abgabenanspruch, dass dieser in einem Insolvenzverfahren immer der Gefahr einer Fremddisposition ausgesetzt ist. Insbesondere kann gegen den Willen des Steuergläubigers ein Insolvenzplan zustande kommen[262]. Gleichsam muss bedacht werden, dass dem Insolvenzverfahren über das Vermögen natürlicher Personen regelmäßig ein Restschuldbefreiungsverfahren nachfolgen kann, das die Ansprüche aus dem Steuerschuldverhältnis sogar insgesamt zu unvollkommenen Verbindlichkeiten werden lässt. Des Weiteren muss in die Abwägung auch die Frage nach haftenden Dritten – insbesondere den Organen juristischer Personen – einbezogen werden. Entscheidungsmaxime ist allein die Effektivität der Anspruchsdurchsetzung, wobei kein Verfahren für sich in Anspruch nehmen kann, regelmäßig das effektivere zu sein. Die Beurteilung, welches Verfahren aussichtsreicher und effektiver ist, muss als Prognoseentscheidung dem Beurteilungsspielraum der Verwaltung im Einzelfall überlassen bleiben. Sowenig wie ein Nachrang der Gesamtvollstreckung existiert, gibt es einen Vorrang der Gesamtvollstreckung, der die Ermessensentscheidung determinieren könnte[263].

---

262 Dazu noch Kap. 2 B.

263 Darum ist die Auffassung, dass nach mehreren erfolglosen Einzelvollstreckungsversuchen das Ermessen in der Weise reduziert sein soll, dass anstelle einer Niederschlagung Konkursantrag zu stellen sei (so *R.Braun*, Steuerrechtliche Aspekte der Konkurseröffnung, 9 ff, ihm folgend *Kraemer,* Stbg 1994, 323), eher skeptisch zu betrachten (zu Recht kritisch *Loose*, in: Tipke/Kruse, AO, § 251 Tz. 21 [Okt. 2006];

Zu diesen Effektivitätsaspekten gehört des Weiteren das Ziel, den Steuerschuldner aus dem wirtschaftlichen Verkehr zu entfernen. Dieses Ziel ist von dem Vollzugsauftrag gedeckt. Der Steuergläubiger muss als Treuhänder der Gesamtheit der Steuerpflichtigen darauf bedacht sein, dass nicht stetig Steuerschulden angehäuft werden, ohne dass Aussicht auf ihre Befriedigung besteht. Hiernach ist es unter Beachtung dieser Aufgabe nur konsequent, dass der Insolvenzantrag mit dem vorrangigen Ziel gestellt werden darf, ein nicht mehr überlebensfähiges Wirtschaftssubjekt vom Markt zu entfernen, um zukünftige Steuerausfälle möglichst gering zu halten[264]. Hierin liegt keine unzulässige Instrumentalisierung des Insolvenzrechts. Denn ein von solchen Erwägungen getragener Antrag kann sich durchaus im Rahmen des Insolvenzzwecks der Haftungsverwirklichung halten. Kann der Steuergläubiger nämlich anders als viele Privatgläubiger keinen Einfluss auf die Entstehung und Ausgestaltung des Schuldverhältnisses nehmen, bedeutet Haftungsverwirklichung aus seiner Sicht nicht nur die Realisierung bestehender Insolvenzforderungen, sondern gleichsam auch der Schutz vor der Entstehung von Ansprüchen aus dem Steuerschuldverhältnis, die aller Voraussicht nach keine Befriedigung erfahren werden. Der Insolvenzantrag steht darum der Mitteilung von Steuerrückständen an die Gewerbeaufsichtsbehörden mit dem Ziel einer Gewerbeuntersagung wegen Unzuverlässigkeit[265] (§ 35 GewO) nicht nach[266]. Angesichts des gewandelten Verständnisses des Insolvenzrechts ist vielmehr sogar die Frage berechtigt, ob nicht das Insolvenzverfahren das gegenüber einer Gewerbeuntersagung schonendere Mittel ist. Ein mit diesem Ziel gestellter Insolvenzantrag sollte allerdings nicht hinter den zur Gewerbeuntersagung entwickelten Kriterien zurückbleiben. Im Übrigen gewährleistet das vom Insolvenzgericht als Zulässigkeitsvoraussetzung zu prüfende „rechtliche Interesse“ ausreichenden Schutz vor insoweit unberechtigten Insolvenzanträgen.

Neumann, in Beermann, AO, § 251 Rn. 17 [Nov. 2007]; *Uhlenbruck*, BB 1972, 1266 [1277]).

264 Ebenso *Kalmes*, BB 1989, 819. A.A. wohl BFH v. 12.12.2003, VII B 265/01, BFH/NV 2004, 464; FG Münster v. 14.04.1987, III 1166/87, EFG 1987, 516; *Frotscher*, Besteuerung bei Insolvenz, 244; *Loose*, in: Tipke/Kruse, AO, § 251 Tz. 19 (Okt. 2006).

265 Zur gewerberechtlichen Unzuverlässigkeit wegen ausstehender Steuerforderungen BVerwG v. 02.02.1982, 1 C 146/80, BVerwGE 65, 1 ff.

266 Mit Eröffnung des Insolvenzverfahrens finden allerdings die Vorschriften, welche die Untersagung eines Gewerbes oder die Aufhebung einer Erlaubnis wegen Unzuverlässigkeit des Steuerschuldners in Ansehung seiner ungeordneten Vermögensverhältnisse ermöglichen, keine Anwendung mehr (§ 12 GewO).

b) Die Entscheidung über die Teilnahme am Insolvenzverfahren

Eröffnet das Insolvenzgericht das Insolvenzverfahren, muss der Steuergläubiger auf der nächsten Stufe entscheiden, ob er hieran teilnimmt.

Wie im gesamten zivilen Prozess- und Vollstreckungsrecht[267] gilt für die Berücksichtigung des Insolvenzgläubigerrechts im Insolvenzverfahren die Dispositionsmaxime[268]. Es wird nicht von Amts wegen berücksichtigt, sondern nur, wenn und soweit der Insolvenzgläubiger sein Recht durch Geltendmachung im Anmelde-, Prüfungs- und Feststellungsverfahren nach den §§ 174 ff. InsO in Anspruch nimmt. Verzichtet der Gläubiger auf eine Forderungsanmeldung, so ist er zwar von der Verfahrensteilnahme ausgeschlossen, unterliegt aber den allgemeinen verfahrensrechtlichen Wirkungen[269]. Vorteile sind wegen der Exklusivität der Verwirklichung von Forderungen im Insolvenzverfahren (§§ 87, 89 InsO) nicht denkbar. Im Gegenteil drohen sogar Nachteile. Der Neuerwerb fällt ebenfalls in die Insolvenzmasse (§ 35 InsO) und verhindert die Bildung neuen Vermögens, in das nach Aufhebung des Verfahrens vollstreckt werden könnte. Zudem tritt gemäß § 301 Abs. 1 InsO die Restschuldbefreiung gegenüber sämtlichen Insolvenzgläubigern ein, und dies unabhängig davon, ob sie ihre Forderungen angemeldet haben oder nicht. Der Verzicht auf die Verfahrensteilnahme führt also mit großer Wahrscheinlichkeit zum Forderungsverlust[270]. Wenn es heißt, dass „Insolvenzgläubiger zwar nicht die Pflicht aber die Last haben, sich am Insolvenzverfahren zu beteiligen"[271], kann dies folglich für den Steuergläubiger in dieser Allgemeinheit nicht gelten. Die für private Gläubiger selbstverständliche Disposition über das Insolvenzgläubigerrecht kann der Steuergläubiger nicht für sich in Anspruch nehmen. Vielmehr verlangen die Grundsätze von Gesetzmäßigkeit und Gleichmäßigkeit der Besteuerung von Verfassungs wegen die Erhebung und Beitreibung der geschuldeten Steuer. Der Steuergläubiger muss die Steuerschuld festsetzen und er muss die Vollstreckung betreiben. Steht ihm während des Insolvenzverfahrens allein der Weg über das Anmelde-, Prüfungs- und Feststellungsverfahren zur Verfügung, muss er diesen Weg zur Verwirklichung seiner Insolvenzforderung beschreiten. Es besteht grundsätzlich ein Teilnahmegebot.

---

267 *Lüke*, in: Münchener Kommentar, ZPO, Einl. Rn. 359.

268 *Eckardt*, in: Kölner Schrift InsO, 743 (749) Rn. 11; *Nowak*, in: Münchener Kommentar, InsO, § 174 Rn. 1; *Pape*, in: Kübler/Prütting, InsO, § 174 Rn. 7 (Aug. 1998).

269 *Uhlenbruck*, in: derselbe, InsO, § 174 Rn. 11.

270 *Pape*, in: Kübler/Prütting, InsO, § 174 Rn. 8 (Aug. 1998); *Uhlenbruck*, in: derselbe, InsO, § 174 Rn. 11.

271 *Dorndorf*, Festschrift f. Merz, 31 (33).

Diese Teilnahmepflicht stößt erst dann an ihre Grenzen, wenn die Geltendmachung des Insolvenzgläubigerrechts zu keinem wirtschaftlichen Vorteil führt. In Anlehnung an die §§ 157 Abs. 2, 261 AO kann der Fiskus daher grundsätzlich auf die Teilnahme am Insolvenzverfahren verzichten, wenn feststeht, dass die Einziehung keinen Erfolg haben wird, oder wenn die Kosten der Einziehung außer Verhältnis zu dem Betrag stehen. Gerade im Insolvenzverfahren muss aber berücksichtigt werden, dass im Gegensatz zum herkömmlichen Vollstreckungsverfahren der Insolvenzverwalter die Haftungsmasse zu ermitteln, zusammenzuhalten und anzureichern hat. Die Insolvenzordnung gibt ihm neben seiner umfassenden Verwaltungs- und Verfügungsbefugnis dafür ein Instrumentarium an die Hand, dass neben der konzentrierten Möglichkeit, Vermögensabflüsse der Vergangenheit nach den §§ 129 ff. rückgängig zu machen, ferner weitreichende und nicht durch strafrechtliche Selbstbelastungsüberlegungen begrenzte Mitwirkungspflichten des Insolvenzschuldners bzw. seiner Organe vorsieht (vgl. §§ 97 ff. InsO). Der höhere Durchsetzungs- und Aufklärungsgehalt eines Insolvenzverfahrens fördert regelmäßig die Rechtsverfolgungseffizienz[272]. Vielfach zeigt sich erst im Verfahren, welchen Erfolg eine Verfahrensteilnahme haben könnte. Dem ist ausreichend dadurch Rechnung zu tragen, dass die Prognose über die Nachteiligkeit der Verfahrensteilnahme regelmäßig nicht vor der Auswertung des Insolvenzgutachtens oder dem ersten Berichtstermin (vgl. § 156 InsO) zu treffen ist, sofern die Einschätzung der Haftungsmasse nicht ex-ante bereits zuverlässig erfolgen kann.

c) Die Verwaltung der Ansprüche aus dem Steuerschuldverhältnis im Zeichen der kooperativen Maximierung der Insolvenzdividende

aa) Der modifizierte Steuervollzug durch Kollektivorgane und private Dritte

Das Gesamtvollstreckungsverfahren dient gleichsam dem Einzelvollstreckungsverfahren der zwangsweisen Befriedigung des im steuerverwaltungsrechtlichen oder insolvenzrechtlichen Erkenntnisverfahren verbindlich festgestellten Anspruchs aus dem Steuerschuldverhältnis. Es markiert – ungeachtet der Tatsache, dass nicht mehr alle Verfahrensstadien von der Verfahrensherrschaft der Finanzbehörde geprägt sind – die letzte Stufe der effektiven Umsetzung des verfassungsrechtlichen Vollzugsauftrages, wie ihn § 85 AO einfachrechtlich formuliert und Gesetz- sowie Gleichmäßigkeit der Besteuerung verfassungsrechtlich vorgeben. Der Insolvenzrechtsgesetzgeber hat lediglich den Ausgleich zwischem dem Effektivitätsgebot einerseits und den Insolvenzzwecken andererseits einfach-

---

272 *Förster*, Festschrift f. Kirchhof, 85 (97).

rechtlich konkretisiert: Die hoheitliche Vollzugsmacht als Ausdruck des steuerverfassungsrechtlichen Effektivitätsgebotes wird diszipliniert. Überdies muss eine steuergerechte Befriedigung zum Nominalbetrag hinter der grundsätzlichen Entscheidung für die gemeinschaftliche und anteilige Befriedigung aller Gläubiger zurückstehen.

Weiter reicht die insolvenzspezifische Einschränkung des Vollzugsauftrages nicht. Ist die Entscheidung über das „Ob“ der Teilnahme positiv zu beantworten, muss sich der Steuergläubiger daher nach wie vor als „Treuhänder für die Solidargemeinschaft der Steuerzahler“[273] in der Ausgestaltung seiner Verfahrensteilnahme ausnahmslos von dem Vollzugsauftrag leiten lassen. Die dem Vollzugsauftrag innewohnende Gewährleistungspflicht verlangt, dass er die ihm im Insolvenzverfahren gewährten Möglichkeiten ausschöpft. Wenngleich eine vollständige Befriedigung in der Knappheitssituation regelmäßig ausscheidet, wird der Steuergläubiger daher mitnichten aus seiner Vollzugsverantwortung entlassen. Es besteht lediglich Anlass dafür, den Vollzugsauftrag für den Ausnahmezustand der Insolvenz situationsgerecht zu formulieren. Der Maximalanspruch ist in seiner Fixierung auf eine volle Anspruchsverwirklichung zum Nominalbetrag auf die *optimale* Haftungsverwirklichung herunterzuschrauben. Nunmehr ist nicht mehr das Maximum, sondern lediglich ein Optimum für den Steuervollzug prägend. Ausgehend von einem dergestalt auf eine optimale Ausnutzung vorhandener Vollzugspotentiale konkretisierten Vollzugsauftrag ist das finanzbehörliche Handeln den geänderten Rahmenbedingungen anzupassen. Soweit der Steuergläubiger nicht im Wege der Aufrechnung aus der Haftungsmasse Befriedigung erlangen kann, muss er daher innerhalb des Insolvenzverfahrens auf eine Maximierung seiner Insolvenzdividende hinwirken.

Dabei ist die Situation im Vergleich zum „Normalzustand“ grundlegend verschieden. Das Insolvenzverfahren ist kein Steuerverwaltungsverfahren. Es handelt sich um einen Steuervollzug ohne Verfahrensherrschaft. Die Insolvenzordnung verteilt die Entscheidungskompetenzen auf das Insolvenzgericht, einen Insolvenzverwalter und die Gläubigerkollektivorgane. Dem Insolvenzverwalter wird die Feststellung, Sicherung, Verwertung und Verteilung des schuldnerischen Vermögens zur selbständigen und eigenverantwortlichen Wahrnehmung überantwortet. Vor diesem Hintergrund wird im Folgenden der Frage nachzugehen sein, ob die Konzeption der Insolvenzordnung geeignet ist, den Verlust der Verfahrensherrschaft zu kompensieren, und welche Bedeutung der Rechte- und Pflichtenbeziehung zwischen dem Insolvenzverwalter und dem Steuergläubiger im Lichte des Steuervollzugsauftrages zukommt (dazu bb]). Unter dem nämli-

273 *Seer*, StuW 2003, 40 (42); *Tipke*, Festschrift Bundesfinanzakademie, 95 ff.; ähnlich schon RG v. 06.11.1923, III 344/23, RGZ 108, 253 (257).

chen Blickwinkel ist sodann der Umstand zu würdigen, dass mit der Gläubigereigenschaft überdies die Möglichkeit einhergeht, über die Willensbildungsorgane der Gäubigerschaft Einfluss auf den Gang des Insolvenzverfahrens zu nehmen (dazu cc]).

bb) Die Haftungsverwirklichung „über" den Insolvenzverwalter

(1) Die Funktionsteilung zwischen Insolvenzgericht und Insolvenzverwalter

Die Konzeption der Insolvenzordnung vertraut auf eine Funktionsteilung zwischen dem Insolvenzgericht auf der einen Seite und dem Insolvenzverwalter als einem in seinem Tätigkeitsbereich eigenverantwortlich und selbständig agierenden Privatrechtssubjekt auf der anderen Seite[274]. Nach vorherrschendem Verständnis nimmt der Insolvenzverwalter hierbei ein privates Amt wahr[275]. Die dem Insolvenzverwalter im Rahmen seines Amtes zugewiesenen Aufgaben sind vielfältig und für den Verfahrensgang von entscheidender Bedeutung. Im Berichtstermin hat der Verwalter nach § 156 InsO über die wirtschaftliche Lage des Schuldners zu berichten und darzulegen, ob Aussichten für einen Unternehmenserhalt bestehen, welche Möglichkeiten für einen Insolvenzplan in Betracht kommen und welche Befriedigungschancen die Gläubiger jeweils haben. Er bereitet hierdurch die verfahrensrelevanten Entscheidungen der Gläubiger vor. Zugleich erhält er den Insolvenzgläubigern ihre Entscheidungsoptionen durch Sicherungsmaßnahmen und verhindert insbesondere durch eine Fortführung des schuldnerischen Unternehmers vollendete und unumkehrbare Tatsachen. Der Insolvenzverwalter ermittelt, sichert und verwertet in eigener Verantwortung die seinem Verwertungsrecht unterliegenden Gegenstände. Er realisiert vermögensrechtliche und insbesondere auch insolvenzspezifische Ansprüche gegen Dritte (§§ 129 ff. InsO; § 64 S. 1 GmbHG) und ordnet über die §§ 103 ff. InsO die schwebenden Rechtsbeziehungen des Insolvenzschuldners. Schließlich hat der Gesetzgeber mit der Insolvenzrechtsreform die vormals dem Gericht obliegende Aufgabe der Tabellenführung und der Aufstellung der Verzeichnisse auf den Insolvenzverwalter übertragen (§§ 151 ff., 174 f. InsO).

Um ihn in die Lage zu versetzen, im Rahmen der vorgenannten Funktionsverteilung die ihm obliegenden Sicherungs-, Verwertungs- und Verteilungsaufgaben effektiv erfüllen zu können, führt die Eröffnung des Insolvenzverfahren zur Trennung von Rechtsinhaberschaft einerseits und Verwaltungs- und Verfü-

---

274 *Preuss*, Zivilrechtspflege durch externe Funktionsträger, 57

275 In diesem Sinne die herrschende Amtstheorie, RG v. 30.03.1892, V 255/91, RGZ 29, 29 (36 f.); BGH v. 24.06.1957, VII ZR 310/56, BGHZ 24, 393 (396).

gungsbefugnis andererseits. Letztere geht mit Eröffnung des Insolvenzverfahrens auf den Insolvenzverwalter über, § 80 InsO. Ergänzt insbesondere durch die §§ 81, 82, 87, 89 InsO werden nicht nur die Zugriffe der Einzelgläubiger auf das massebefangene Vermögen ausgeschlossen, sondern auch die Einwirkungsmöglichkeiten des Schuldners. Als Inhaber eines privaten Amtes verfügt der Insolvenzverwalter allerdings nicht über eine hoheitliche Amtsmacht. Seine Amtsausübung vollzieht sich ausschließlich unter Wahrnehmung seiner Verwaltungs- und Verfügungsbefugnis in privatrechtlichen Formen. Für den Fall, dass diese im Vergleich zu Hoheitsrechten durchsetzungsschwächere Rechtsmacht nicht ausreicht, um das Verfahrenziel zu erreichen, hält das Gesetz die Durchsetzungsmacht des Insolvenzgerichts und der allgemeinen Vollstreckungsorgane in Reserve. Im Zusammenhang mit der Aufklärung des Sachverhaltes und der Ermittlung der Insolvenzmasse kommt dabei der Möglichkeit des Insolvenzgerichts, die Mitwirkung des Schuldners bzw. seiner Organe zu erzwingen (§ 97 InsO i.V.m. § 98 InsO), Dritte zur zeugenschaftlichen Vernehmung zu laden (§ 4 InsO i.V.m. §§ 373 ff. ZPO) oder die Vorlage von Urkunden zu verlangen (§ 4 InsO i.V.m. § 142 ZPO), erhebliche Bedeutung zu. Beide Optionen wirken bereits von Ihrem Drohpotential her aufklärungsfördernd. Relevant ist ebenfalls die Anordnung einer Postsperre (§ 99 InsO). Zu nennen ist schließlich die zwangsweise Durchsetzung gerichtlicher Anordnungen. Dies betrifft neben den vorgenannten Anordnungen namentlich die Vollstreckung der in dem Eröffnungsbeschluss ruhenden Befugnisse.

(2) Die Kompensation der Beschränkung der Selbstexekution durch Auswahl, Aufsicht und Haftung

Nimmt der Gesetzgeber der ansonsten selbstexekutierenden Finanzbehörde Initiativ- und Rechtsdurchsetzungsmacht aus der Hand und überträgt er die Anspruchsverwirklichung in dem vorstehend beschriebenen Sinne auf einen selbständig und eigenverantwortlich agierenden Dritten, der losgelöst von öffentlichrechtlichen Bindungen als Privatrechtssubjekt handelt, verlangt dies nach einem Rechtsrahmen, der die ordnungsgemäße Aufgabenerfüllung gewährleistet. Diese Gewährleistung erfasst dabei nicht nur die Sicherstellung der effektiven und fachgerechten Ausführung, sondern auch die Bereithaltung von Sanktionsmechanismen im Falle von Fehlleistungen[276]. Aus Sicht der grundrechtsberechtigten Insolvenzgläubiger folgt dies aus Art. 14 Abs. 1 GG sowie dem Justizgewähr-

276 *Preuss*, Zivilrechtspflege durch externe Funktionsträger, 82 ff.

leistungsanspruch[277]. Der Staat ist gegenüber diesen Grundrechtssubjekten in Bezug auf die Knappheitssituation verpflichtet, einen Verwirklichungsmodus für ihre Forderungsrechte bereitzustellen, darf sich jedoch hierbei nicht vollständig selbst aus der Verantwortung entlassen. Bezogen auf die hier im Fokus stehenden Ansprüche aus dem Steuerschuldverhältnis ist der verfassungsrechtliche Hintergrund freilich ein anderer. Der Steuergläubiger kann nicht Inhaber derartiger subjektiver Rechte sein. Vielmehr ist die Verantwortung für und über den externen Funktionsträger allein eine Frage des verfassungsrechtlich dem Steuerbürger geschuldeten Steuervollzuges. Die Anforderungen an die Umsetzung dieser Gewährleistungspflicht sind jedoch ungeachtet ihrer verfassungsrechtlichen Herkunft identisch. Letztlich liegt es in der Natur der Universalität, dass die verfassungsrechtlichen Bezüge insoweit kumulieren.

Die zur Erfüllung dieser Pflicht in das Verfahrensrecht implementierbaren Gewährleistungsinstrumente sind dabei klassischerweise ein auf Eignung ausgerichtetes Auswahlverfahren, die Kontrolle des Dritten und schließlich seine persönliche Haftung für schädigende Fehlleistungen. Dieser Instrumente bedient sich auch die Insolvenzordnung:

Es ist heute unbestritten, dass der Erfolg eines Insolvenzverfahrens sowohl für die Gläubiger als auch für den Schuldner maßgeblich von der Person des Insolvenzverwalters, der Art und Weise seiner Verfahrensabwicklung sowie seiner Verwaltung und Verfügung über das schuldnerische Vermögen abhängig ist[278]. Zum Insolvenzverwalter ist daher eine für den jeweiligen Einzelfall geeignete, insbesondere geschäftskundige und von den Gläubigern und dem Schuldner unabhängige natürliche Person zu bestellen (§ 56 InsO). Der Gesetzgeber formuliert dabei als Ausfluss der beim Gericht verbliebenen Verantwortung die Mindestanforderungen, die es bei seiner Auswahlentscheidung leiten sollen. Eine schematische Auswahl ohne Eignungsfeststellung ist der Insolvenzordnung fremd[279]. Wenngleich in der Praxis Streit über die weitere Konkretisierung dieser Mindestanforderungen herrscht und auch die Formulierung und Handhabung der Kriterien von Gericht zu Gericht variieren, kann ein gewisser Konsens festgestellt werden. Die persönliche Eignung ist vornehmlich eine Frage der fachlichen Qualifikation auf dem Gebiet des Insolvenzrechts einschließlich der tangierten Rechtsgebiete (Arbeist-, Gesellschafts- und Steuerrecht) in Verbindung mit einer entsprechenden Abwicklungserfahrung. Der potentielle Verwalter muss darüber

---

277 Vgl. BVerfG v. 28.07.1992, 1 BvR 859/92, NJW 1993, 513 f.; *Baur/Stürner*, Insolvenzrecht, Rn. 10.1; *Graeber*, in: Münchener Kommentar, InsO, § 58 Rn. 1; *Henkel*, Festschrift f. Merz, 197 (204 f.); *Leibner*, KTS 2005, 75 (78); *Preuss*, Zivilrechtspflege durch externe Funktionsträger, 82 ff.

278 Statt vieler *Graeber*, in: Münchener Kommentar, InsO, § 56 Rn. 1.

279 *Uhlenbruck*, KTS 1998, 1 (9); vgl. Rechtsausschuss BT-Drucks XII/7302, 161.

hinaus von seiner übrigen Belastung her tatsächlich in der Lage sein, dem Verfahren die geforderte höchstpersönliche Aufmerksamkeit zu widmen. Hinzu kommen die Zuverlässigkeit, Integrität und die tatsächliche ständige Erreichbarkeit des Insolvenzverwalters. Des Weiteren bedarf es sowohl eines qualifizierten Verwaltungsunterbaus, der organisatorisch in der Lage ist, die verfahrenstechnische Abwicklung zu begleiten[280], als auch einer ausreichenden sachlichen Ausstattung.

Der nach diesen Kriterien ausgewählte Insolvenzverwalter unterliegt der Aufsicht durch das Insolvenzgericht (§ 58 Abs. 1 S. 1 InsO). Das Gericht kann jederzeit einzelne Auskünfte oder einen Bericht über den Sachstand und die Geschäftsführung verlangen (§ 58 Abs. 1 S. 2 InsO). Es kann dem Insolvenzverwalter ferner Weisungen erteilen und bestimmte Maßnahmen untersagen. Jedoch liegt es in der Eigenart einer Funktionsteilung, die zur Bewältigung vornehmlich wirtschaftlicher Prozesse auf die Eigenverantwortlichkeit eines Dritten vertraut, dass dieser Dritte grundsätzlich nur einer Rechtsmäßigkeitskontrolle unterliegt[281]. Eine Überprüfung der Verwalterhandlungen auf ihre Zweckmäßigkeit kommt nur ausnahmsweise in Betracht und zwar dann, wenn ein unzweckmäßiges zugleich ein pflichtwidriges Handeln darstellt[282]. Außerhalb der allgemeinen Aufsicht weist das Gesetz dem Gericht aber verschiedentlich auch explizit die Pflicht zu, Entscheidungen nach einer eigenen prognostischen Abwägung zu treffen (vgl. § 158 Abs. 2 InsO). Ungeachtet dieser jedem einzelnen Insolvenzverfahren immanenten Aufsicht stellt sich bei Insolvenzverwaltern, die regelmäßig bestellt werden wollen, komplementär hierzu eine „verfahrensübergreifende Aufsicht" ein. Ist die Amtsführung des Insolvenzverwalters zu beanstanden, ist die Nichtberücksichtigung bei künftigen Maßnahmen eine faktische Kontrollmaßnahme[283], die in ihren Wirkungen das wohl effizienteste Instrument der Verwalterkontrolle darstellt. Ist ein Gläubigerausschuss bestellt, tritt neben die gerichtliche Überwachung des Weiteren eine Überwachungspflicht durch dieses Gremium (vgl. § 69 InsO). Wenn auch nicht aus einer Pflicht heraus, sondern im eigenen wohlverstanden Interesse tritt schließlich noch die Überwachung durch die Gläubigerversammlung hinzu. Ihr ist namentlich die Zuständigkeit zugewiesen, den Insolvenzverwalter gegebenenfalls ab- und einen anderen Verwalter neuzuwählen (§ 57 InsO).

---

280 Vgl. zu den diskutierten Kriterien im Einzelnen *Gerhardt*, in: Jaeger/Henckel/Gerhardt, InsO, § 56 Rn. 37 ff.; 57 ff.; *Graeber*, in: Münchener Kommentar, InsO, § 56 Rn. 55 ff.

281 H.M., vgl. nur RG v. 30.05.1892, VI 336/91, RGZ 29, 80 (83); *Graeber*, in: Münchener Kommentar, InsO, § 58 Rn. 39 f. m. w. Nachw.

282 *Graeber*, in: Münchener Kommentar, InsO, § 58 Rn. 39 f.

283 *Preuss*, Zivilrechtspflege durch externe Funktionsträger, 326, 456 ff.

Schließlich greift der Gesetzgeber des Weiteren auf ein haftungsrechtliches Kompensationselement zurück. Verletzt der Insolvenzverwalter seine insolvenzspezifischen Pflichten, haftet er gemäß § 60 InsO. Soweit Pflichten verletzt werden, die gegenüber einzelnen Insolvenzgläubigern bestehen, können diese über § 60 InsO ihren Individualschaden liquidieren. Schädigt der Verwalter hingegen sämtliche Insolvenzgläubiger, tritt ein sog. Gesamtschaden ein. Dieser kann nicht von den Geschädigten geltend gemacht werden. Vielmehr ist für die Einziehung des Gesamtschadens ein neuer Verwalter zu bestellen (§ 92 InsO). Diese Haftung motiviert typischerweise zum pflichtgemäßen Handeln und gewährleistet die Kompensation von schuldhaften Fehlleistungen des Insolvenzverwalters.

Wir können festhalten: Der Steuerbürger als Treugeber muss zwar die Disziplinierung des Steuergläubigers hinnehmen. Den Ausgleich sucht der Gesetzgeber über ein gerichtliches Verfahren, in dessen Mittelpunkt die Amtsführung durch einen privaten Dritten steht. Das Vertrauen in die Ordnungsmäßigkeit seiner Amtsführung und damit letztlich auch in die (verfassungsrechtlich) rechtfertigende Sinnhaftigkeit der eigenen Rechtsbeschränkung stellt der Gesetzgeber über Auswahl, Aufsicht und Haftung des externen Funktionsträgers sicher.

(3) Die insolvenz- und steuerrechtliche Pflichtigkeit des Insolvenzverwalters

Die Konzeption der Insolvenzordnung vertraut auf eine Funktionsteilung zwischen Insolvenzgericht und Insolvenzverwalter, wobei letzterem die für die Haftungsverwirklichung maßgeblichen Handlungen und Entscheidungen überantwortet sind. Während die Vollzugskompetenzen des Steuergläubigers nahezu umfassend eingeschränkt sind, hat der Gesetzgeber dafür Sorge getragen, dass der Insolvenzverwalter als eine private Amtsperson das schuldnerische Vermögen verwertet und im Nachgang hierzu die Ansprüche aus dem Steuerschuldverhältnis (anteilig) befriedigt. Der Steuergläubiger bedient sich mithin auf der Ausführungsebene wie jeder andere Gläubiger des Insolvenzverwalters als ausführendes und im Außenverhältnis exklusiv tätiges Organ. Die Finanzbehörde kann auf den Insolvenzverwalter jedoch nur vermittelt über das ihrer Körperschaft zustehende Forderungsrecht Einfluss nehmen. Diese Einflussnahme erfolgt mittelbar über die Gläubigerorgane.

Als Träger eines privaten Amtes fungiert der Insolvenzverwalter nicht als Vertreter oder Organ der Gläubigergemeinschaft sondern als Amtswalter fremdnützig und pflichtengebunden im Hinblick auf die Haftungsverwirklichung[284]. Er

284 Vgl. *Häsemeyer*, Insolvenzrecht, Rn. 15.06.

ist „mehrseitig fremdbestimmt"[285]. Trotz dieser Unabhängigkeit und Fremdbestimmtheit des Insolvenzverwalters einerseits und seiner Lenkung nicht durch einen einzelnen Gläubiger sondern durch das Gläubigerkollektiv andererseits, nimmt er zumindest in einem ideellen, anhand des Verhältnisses der Steuerforderung zur Passivmasse als solches quantifizierbaren, Teil unter anderem die Aufgabe des Steuervollzuges wahr. Er sichert, verwaltet und verwertet auch im Interesse des Steuergläubigers das Haftungssubstrat. Er ist ihm – wie jedem anderen Gläubiger auch – *insolvenzrechtlich* zu einer ordnungsgemäßen Verwaltung im Allgemeinen und einer ordnungsgemäßen Handhabung der Ansprüche aus dem Steuerschuldverhältnis im Besonderen verpflichtet. Nach der Verwertung der zur Insolvenzmasse gehörenden Vermögenswerte weist er dem Steuergläubiger einen Anteil an dem erzielten Erlös als Insolvenzdividende zu. Die Gesamtheit dieser Rechte und Pflichten verdichtet sich dabei zu einem *gesetzlichen Schuldverhältnis* zwischen dem Insolvenzverwalter einerseits und dem Steuergläubiger andererseits[286]. Die insolvenzspezifischen Pflichten des Insolvenzverwalters gegenüber dem Steuergläubiger sind der unmittelbare Ausgleich für die eigene rechtliche Beschränktheit des Steuergläubigers.

In die Betrachtung muss des Weiteren einbezogen werden, welche Rechte- und Pflichtenbeziehung zwischen Insolvenzverwalter und Steuergläubiger parallel auf der steuerrechtlichen Ebene mit Eröffnung des Insolvenzverfahrens einhergeht. Mit dem Übergang der Verwaltungs- und Verfügungsbefugnis begründet § 34 Abs. 3 AO zwischen dem Insolvenzverwalter und der Finanzbehörde ein *eigenes* Steuerrechtsverhältnis[287]. Er hat hiernach alle Verpflichtungen des Insolvenzschuldners zu erfüllen, die durch die Steuergesetze begründet werden[288], sofern sie „dem Gemeinschuldner oblägen, wenn über sein Vermögen nicht das Konkursverfahren eröffnet worden wäre"[289]. Da Insolvenzforderungen außerhalb der Masseverteilungen keine individuelle Befriedigung mehr erfahren dürfen und somit steuerliche Abführungspflichten im Wesentlichen suspendiert sind, treten

285 *Baur/Stürner*, Insolvenzrecht, Rn. 10.1; *Henckel*, Festschrift f. Merz, 197 (205); *Leibner*, KTS 2005, 75 (78).

286 Vgl. BGH v. 03.06.1958; VIII ZR 326/56, LM KO § 82 Nr. 1; v. 21.03.1961, VI ZR 149/60, KTS 1961, 94 (95); siehe auch v. 17.01.1985, IX ZR 59/84, BGHZ 93, 278 (283 f.); *Baur*, Gedächtnisschrift f. Bruns, 241 (248), *Baur/Stürner*, Insolvenzrecht, Rn. 10.1; *Bork*, Insolvenzrecht, Rn. 60; *Weber*, Festschrift f. Lent, 301 (312). Kritisch zur Annahme eines gesetzlichen Schuldverhältnisses *Häsemeyer*, Insolvenzrecht, Rn. 6.36.

287 *Kruse/Loose*, in: Tipke/Kruse, AO, § 34 Tz. 1 (April 2006); *Mösbauer*, DB 1995, 1679; *Rüsken*, in: Klein, AO, § 34 Rn. 1.

288 BFH v. 12.11.1992, IV B 83/91, BStBl. II 1993, 265 m. w. Nachw.

289 BFH v. 15.06.1961, VII 126/59, HFR 1961, 277; v. 23.08.1994, VII R 143/92, BStBl. II 1995, 194 (195).

vornehmlich die steuerlichen Mitwirkungs, Aufzeichnungs- und Erklärungspflichten in den Vordergrund. Der Insolvenzverwalter hat daher insbesondere die steuerlichen Erklärungspflichten zu erfüllen (§ 149 Abs. 1 AO i.V.m. den Einzelsteuergesetzen). Unerheblich ist, ob sie sich auf vorinsolvenzliche Zeiträume oder solche nach Verfahrenseröffnung beziehen. Die Erklärungspflicht besteht auch für vergangene Veranlagungszeiträume, wenn die Steuererklärungen noch ausstehen[290]. Ferner bestehen Berichtigungspflichten, wenn der Insolvenzverwalter vor seiner Bestellung vom Schuldner abgegebene Steuererklärungen als unrichtig erkennt (§ 153 Abs. 1 S. 2 AO)[291]. Zu seinen Pflichten gehören des Weiteren die steuerlichen Buchführungs- und Aufzeichnungspflichten im Allgemeinen und die Erstellung von Bestandsvergleichen oder Überschussrechnungen zu Zwecken der steuerlichen Gewinnermittlung im Besonderen. Dies folgt für den Insolvenzverwalter steuerrechtlich aus §§ 140 f. AO[292]. Der Insolvenzverwalter ist des Weiteren verpflichtet, bei der Ermittlung des Sachverhalts mitzuwirken, § 90 AO. Ihn treffen insgesamt die Mitwirkungspflichten der §§ 90 ff. AO, namentlich die Pflicht auf Verlangen der Finanzbehörde Auskünfte zu erteilen (§ 93 AO) und Urkunden vorzulegen (§ 97 AO). Schließlich ist er in Bezug auf die Duldung von Prüfungsmaßnahmen pflichtbelastet[293].

Die steuerrechtlichen Mitwirkungspflichten des Insolvenzverwalters sind Ausdruck eines effektiven Steuervollzuges. Die Verwirklichung der Ansprüche aus dem Steuerschuldverhältnis setzt die Aufklärung des Sachverhaltes voraus. Diese Pflicht ist zwar der Finanzbehörde zugewiesen (vgl. § 88 InsO). Da die der Besteuerung zugrunde zu legenden Lebenssachverhalte jedoch überwiegend in der Sphäre des Steuerpflichtigen verwirklicht werden, kann sie ihrer Aufklärungspflicht aber vielfach nur genügen, wenn sie sich des Steuerpflichtigen und des Insolvenzverwalters als Beweismittel bedient[294]. Die Auferlegung der deshalb notwendigen Mitwirklungslast beruht auf der von der Hochwertigkeit der Steuergerechtigkeit geprägten Abwägung mit dem grundrechtlich verbürgten

---

290 BFH v. 23.08.1994, VII R 143/92, BStBl. II 1995, 194 (195 f.); v. 19.11.2007, VII B 104/07, BFH/NV 2008, 334.

291 BFH v. 30.11.2004, VII R 78/03, DStRE 2005, 603 (604); *Welzel*, DStZ 1999, 559.

292 BFH v. 08.06.1972, IV R 129/86, BStBl. II 1972, 784; v. 12.11.1992, IV B 83/91, BStBl. II 1993, 265 sowie auch BGH v. 29.05.1979, VI ZR 104/78, BGHZ 94, 316 (318 f.). Soweit § 155 Abs. 1 InsO die Pflicht zur steuerrechtlichen Rechnungslegung insolvenzrechtlich anordnet, wird der Norm überwiegend nur deklaratorische Bedeutung beigemessen (vgl. nur *Füchsl/Weishäupl*, in: Münchener Kommentar, InsO, § 155 Rn. 2 m. w. Nachw.).

293 *App*, StBp 1999, 63 f.; *Waza/Uhländer/Schmittmann*, Insolvenzen und Steuern, Rn. 357.

294 Vgl. *Seer*, in: Tipke/Kruse, AO, § 90 Tz. 11 (Aril 2008).

Abwehrinteressen des Belasteten[295]. Soweit der Insolvenzverwalter in Ermangelung von Unterlagen und Auskünften des Schuldners nicht in der Lage ist, die steuerlichen Pflichten zu erfüllen, und er diesen Zustand auch nicht durch die Verletzung der Pflicht zur Inbesitznahme der Geschäftsunterlagen (vgl. § 148 Abs. 1 InsO) vorwerfbar herbeigeführt hat, wird ihn dieses Unvermögen daher regelmäßig entlasten. Insoweit ist es weitaus effektiver und verhältnismäßiger, wenn die Finanzbehörde ihr Auskunftsinteresse unmittelbar beim Schuldner durchsetzt. Ferner stehen die Legitimation und Intensität der Mitwirkungspflichten des Insolvenzverwalters immer in einer engen Wechselbeziehung zur tatsächlichen Realisierbarkeit einer Steuerforderung[296]. Das verfassungsrechtliche Bedürfnis nach einer umfassenden Pflichterfüllung endet daher zudem auch dort, wo der rechtliche und tatsächliche Bestand des Anspruchs aus dem Steuerschuldverhältnis überhaupt nicht mehr übereinstimmen. Die Forderung nach steuerrechtlicher Pflichterfüllung ist unverhältnismäßig, wo eine Steuerforderung mangels Masse keinen schutzwürdigen Wert mehr genießt und damit zugleich das öffentliche Interesse an einer ordnungsgemäßen Abwicklung des Besteuerungsverfahrens entfällt[297]. Allerdings kann nicht allein die Steuerinsolvenzforderung die Wertigkeit des Vollzugs- und damit des Pflichterfüllungsinteresses prägen. Vielmehr ist der Insolvenzverwalter auch in Ansehung von etwaigen Ansprüchen des Steuergläubigers gegen Dritte – insbesondere unter dem Gesichtspunkt der Haftung – Beweismittel zur Sachverhaltsermittlung. Kommt aber selbst unter Beachtung dieses Aspektes eine Verwirklichung von Ansprüchen aus dem Steuerschuldverhältnis unter keinen Umständen mehr in Betracht, ist der Insolvenzverwalter regelmäßig aus der steuerrechtlichen Pflichtigkeit entlassen. Im Übrigen ist es immer eine Frage des Einzelfalls, wie die Finanzbehörde einer verhältnismäßigen Ausgestaltung der Mitwirkungspflichten des Insolvenzverwalters in Anbetracht des finanziellen und tatsächlichen Unvermögens zur Pflichterfüllung gerecht wird und auf die berechtigten Belange des Insolvenzverwalters die gebotene Rücksicht nimmt. Dabei muss grundsätzlich zwischen den

295 BVerfG v. 09.03.2004, BvL 17/02, BVerfGE 110, 94 (115 ff.); *Müller-Franken*, Maßvolles Verwalter, 299 f.; *Seer*, in: Tipke/Kruse, AO, § 90 Tz. 1 (April 2008) m. w. Nachw.

296 A.A. BFH v. 23.08.1994, VII R 143/92, BStBl. II 1995, 194 (196 f.), wonach das übergeordnete öffentlichen Interesse an einer ordnungsgemäßen Abwicklung des Besteuerungsverfahrens von dem fiskalischen Interesse der Finanzverwaltung als Konkursgläubiger zu trennen und der Konkursverwalter demnach grundsätzlich auch bei masselosen Verfahren zur Erfüllung der steuerlichen Erklärungspflichten verpflichtet sei; bestätigt durch BFH v. 08.08.1995, VII R 25/04, BFH/NV 1996, 16 f.

297 I.E. auch *Windel*, in: Jaeger/Henckel/Gerhardt, InsO, § 80 Rn. 141: „Schikane im Sinne von § 226 BGB"; *Maus*, in: Uhlenbruck, InsO[12], § 80 Rn. 47.

Erklärungspflichten und den vorgelagerten Aufzeichnungs- und Gewinnermittlungspflichten differenziert werden[298]. Arbeits- und kostenintesiv sind vornehmlich nur letztere. Das vorrangige Instrument zur Wahrung der Verhältnismäßigkeit dürfte diesbezüglich die – rückwirkend mögliche – Bewilligung von Erleichterungen in Ansehung der Buchführungs- und Aufzeichnungspflichten sein (vgl. § 148 AO). Der Insolvenzverwalter kann den aufwendigen Bestandsvergleich in einigen Fällen gegebenenfalls auch durch den Übergang zu einer Überschussrechnung (§ 4 Abs. 3 EStG) vermeiden[299]. Hierdurch dürfte das zumutbare Maß in vielen kleineren Unternehmensinsolvenzen herstellbar sein. Der Insolvenzverwalter, der keine Organisation vorhält, um selbst für kleinere Unternehmen vereinfachte Gewinnermittlungen durchzuführen, dürfte für das Verwalteramt nicht geeignet sein. Ist die Erfüllung der Aufzeichnungs- und Einkünfteermittlungspflichten aufgrund der Größe des Unternehmens oder der Komplexität der steuerrechtlichen Fragestellungen gleichwohl immer noch unverhältnismäßig arbeits- und kostenintensiv, kann die Finanzbehörde auf das Aufklärungsdefizit im Wege der Schätzung der Besteuerungsgrundlagen (§ 162 AO) reagieren. Die Mitwirkungspflichten des Insolvenzverwalters beschränken sich sodann auf die Ermittlung der Schätzungsgrundlagen. Es kommt im Ergebnis zu einer abgestuften Suspendierung der Mitwirkungspflichten[300].

(4) Die Bedeutung der Restverantwortung des Steuergläubigers für den Steuervollzug

Sowohl der insolvenz- als auch der steuerrechtliche Pflichtenkreis scheinen auf den ersten Blick lediglich eine Pflichtigkeit des Insolvenzverwalters in Bezug auf die Ansprüche aus dem Steuerschuldverhältnis zu formulieren. Angesichts der fortbestehenden (Letzt-) Verantwortung für den Steuervollzug kann sich das Zusammenwirken von Steuergläubiger und Insolvenzverwalter aber nicht in einer

---

298 In diesem Sinne auch BFH v. 23.08.1994, VII R 143/92, BStBl. II 1995, 194 (196 f.).

299 Siehe zur rückwirkenden Ausübung des Gewinnermittlungswahlrechtes *Drüen/Krumm*, FR 2004, 685 ff.

300 Soweit die Finanzbehörde unter Beachtung dieser Grundsätze im Einzelfall berechtigter- und damit rechtmäßigerweise an der Erfüllung steuerlicher Pflichten festhält, die auch unter Berüsichtigung der von einen Insolvenzverwalter zuerwartenden steuerlichen Vorkenntnisse die Einschaltung eines Buchhalters oder Steuerberaters erfordern, wird man dem Insolvenzverwalter sodann (ausnahmsweise) den Ersatz der Fremdkosten durch die Gerichtskasse im Wege des Auslagenersatzes (§§ 54 Nr. 2 , 63 InsO) nicht verweigern dürfen, siehe BGH v. 22.07.2004, IX ZB 161/03, BGHZ 160, 176 (179 ff.); vgl. auch *Wienberg/Voigt*, ZIP 1999, 1662 ff.; kritisch *Windel*, in: Jaeger/Henckel/Gerhardt, InsO, § 80 Rn. 141 m. w. Nachw.

solchen Einbahnstraßenverantwortung erschöpfen. Die Verlagerung der Anspruchsverwirklichung im Wesentlichen auf eine dritte Person muss vielmehr in einer von Kooperation geprägten Arbeitsteilung münden, in der individuelle Stärken geteilt und Schwächen ausgeglichen werden. Dies wiederum kann gegebenenfalls zu Mitwirkungs- und Unterstützungspflichten des Steuergläubigers führen. Nur dieses Verständnis der finanzbehördlichen Vollzugsverantwortung wird dem funktionalen Zusammenhang zwischen dem steuerlichen Verwaltungsverfahren einerseits und den Vollstreckungselementen des Insolvenzverfahrens andererseits gerecht. Das Insolvenzverfahren übernimmt die im Normalzustand dem Steuerverwaltungsverfahren gebührende Hilfsfunktion für die Verwirklichung der Belastungsentscheidung des materiellen Steuerrechts. Aus Sicht des steuerlichen Verfahrensrechts kann das Insolvenzverfahren bei materieller Betrachtung – formell handelt es sich um ein gerichtliches Verfahren – nicht anders behandelt werden als ein Sonderfall des Steuerverwaltungsvollzuges. So darf die Qualifizierung des Insolvenzverfahrens als gerichtliches Verfahren insbesondere nicht den Blick darauf versperren, dass die Finanzbehörde infolge ihrer Gläubigerstellung die Ansprüche aus dem Steuerschuldverhältnis immer noch im Sinne von § 1 AO „verwaltet". In Anlehnung an die Diskussion um das Zusammenspiel von Verwaltungsvollstreckung und ordentlichem Vollstreckungsgericht kann daher von einer „steuerlichen Anspruchsverwirklichung in insolvenzrechtlichen Formen" gesprochen werden.

Die Tatsache, dass eine Mitwirkungs- oder Unterstützungshandlung des Steuergläubigers immer auch anderen Gläubigern zugute kommt, kann dabei kein Hindernis markieren. Denn die Frage lässt sich noch eindeutiger umgekehrt – aus Sicht der mit dem Vollzugsauftrag einhergehenden Garantenstellung – formulieren: Darf es die Finanzbehörde unterlassen, ein hoheitliches Ermittlungsinstrument für die (partielle) Steuervollzugstätigkeit des Insolvenzverwalters nutzbar zu machen mit der Folge, dass die anteilige Befriedigung in Gestalt der Insolvenzdividende geringer ausfällt? Die Begünstigungswirkung aller Insolvenzgläubiger kann allenfalls Anlass sein, im Einzelfall Einschränkungen zu formulieren.

Ist der Steuergläubiger demnach angehalten, mit dem nach außen allein zur Verwertung des Haftungssubstrats befugten Insolvenzverwalter zusammenzuwirken, sofern dies Aussicht auf eine Steigerung oder Erhaltung der Insolvenzdividende verspricht, konzentriert sich dies angesichts der weitreichenden Verfügungsbefugnisse des Insolvenzverwalters vornehmlich auf die Teilhabe an amtlich gewonnenen oder gewinnbaren Informationen. Handelt es sich bei Auskunftsersuchen des Insolvenzverwalters regelmäßig um Anträge auf Einsicht in die steuerlichen Akten des Insolvenzschuldners, ist das Ermessen daher regelmäßig auf Null reduziert[301]. Eine Ermessensreduzierung wird nur dann nicht gelten, wenn keine Steuerinsolvenzforderung betroffen ist und sich somit die Frage nach einem kooperativen Steuervollzug mangels Vollzugsgegenstandes nicht stellt. Wenngleich das Verhältnis zwischen Insolvenzverwalter und Steuergläubiger zuweilen unter dem Eindruck einer Betriebsfortführung zu Lasten des Fiskus und der insolvenzrechtlichen Anfechtung finanzbehördlicher Vollstreckungsmaßnahmen äußerst belastet erscheint, kommt es in Umsetzung dieses Gedankes in der Praxis bereits vielfach zu einem kooperativen Miteinander, das sich für die Haftungsverwirklichung als fruchtbar erwiesen hat. Hierzu lassen sich folgende Beispiele anführen, die insbesondere vor dem Hintergrund verstanden werden müssen, dass es in der menschlichen Natur liegt, dass Insolvenzschuldner bzw. deren Gesellschafter und Geschäftsführer gelegentlich eine kooperative Mitwirkung vermissen lassen und der Offenbarung aller masserelevanten Informationen nicht nachkommen:

Bereits aus den Steuererklärungen eines Schuldners lässt sich ein Bild über seine Vermögensverhältnisse gewinnen. Hieraus ergeben sich insbesondere seine Einkunftsquellen. Ob diese Information fehlt, ist für das Finanzamt ohne weiteres erkennbar, wenn es das Insolvenzgutachten heranzieht. Insoweit ist es z.B. vorgekommen, dass das Finanzamt auf ein pfändbares Rentenbezugsrecht hingewiesen hat, welches der Schuldner bisher verschwiegen hatte.

Überdies sind die Mitteilungspflichten der Notare und anderer Stellen zu nennen. So wurden massezugehörige Grundstücke dem Insolvenzverwalter erst durch das Finanzamt zur Kenntnis gebracht, welches wegen einer Mitteilungspflicht der Notare in Grundstücksangelegenheiten (vgl. § 18 GrEStG) über die Eigentumsverhältnisse an Grundstücken insoweit über umfassende Kenntnisse verfügt. Zudem verhalten sich auch die Steuererklärungen des Schuldners über etwaige Einkünfte aus Vermietung und Verpachtung. Zwar fragt das Insolvenzgericht nach Eingang eines Insolvenzantrages stets den Bestand beim Grundbuchamt ab. Es kommt aber immer wieder vor, dass außerhalb des Landgerichtsbezirks geführte Grundstücke durchs Netz fallen. Daher sind die beim Finanzamt verfügbaren Informationen schon für die Bestandserfassung bedeutsam. Darüber hinaus lassen sich Grundstücksgeschäfte im Vorfeld der Insolvenzantragstellung und zwar insbesondere mit nahen Angehörigen ermitteln.

Bei Personen- und Kapitalgesellschaften enthält des Weiteren die sog. Vertragsakte beim Finanzamt wichtige Informationen, die erforderlich sein können,

---

301 A.A. Finanzgericht Baden-Württemberg, das einen Anspruch des Konkursverwalters auf Auskunftserteilung über vorkonkursliche Rechtsgeschäfte des Gemeinschuldners zwecks der Erweiterung der Konkursmasse mangels Rechtsgrundlage abgelehnt hat, FG Baden-Württemberg v. 25.10.1989, VII K 79/89, EFG 1990, 143.

die Gesellschafterstrukturen und die mit den Gesellschaftern getroffenen Vereinbarungen aufzuklären. Neben den Gesellschaftsverträgen – die freilich auch über das Handelsregister in Abschrift angefordert werden können – sollten sich in dieser sog. Vertragsakte im Idealfall insbesondere Verträge zwischen der Gesellschaft und den Gesellschaftern (Geschäftsführeranstellungs-, Miet- und Darlehensverträge) befinden. Wirken die Beteiligten bei der Aufklärung dieser internen Verhältnisse nicht mit, ist die Übermittlung entsprechender Abschriften durch die Finanzbehörde an den Insolvenzverwalter im Verhältnis zu der Möglichkeit, die Mitwirkungspflichten der gesetzlichen Vertreter zu erzwingen, die wesentlich effektivere Art der Sachverhaltsaufklärung. Dies gilt erst recht für die gemäß § 60 EStDV beim Finanzamt einzureichenden Jahresabschlüsse (Bilanz, Gewinn- und Verlustrechung und Anhang). Das elektronische Unternehmensregister leistet diesbezüglich ebenfalls einen Beitrag. Jedoch muss gesehen werden, dass nur Kapitalgesellschaften und gleichgestellte Personengesellschaften zur Offenlegung verpflichtet sind. Zudem gelten für kleine Gesellschaften Erleichterungen.

Zu nennen sind schließlich die im Rahmen von Außenprüfungen oder Vollstreckungsmaßnahmen gewonnenen Erkenntnisse. Die Prüfungsfeststellung, dass einem Arbeitsverhältnis mit nahen Angehörigen die Anerkennung zu versagen ist, weil keine Leistungen erbracht worden seien, begründet deutliche Anhaltspunkte für Ansprüche nach §§ 134, 143 InsO gegenüber dem Zahlungsempfänger und gegebenenfalls auch gegen den die Zahlung veranlassenden Geschäftsführer (§§ 43, 64 S. 1 u. S. 3 GmbHG). Von insolvenzrechtlicher Relevanz sind überdies Prüfungsfeststellungen über Auslandskonten und -depots sowie Domizilgesellschaften im Ausland. Gleichsam von Nutzen sind Anhaltspunkte auf Vermögenstransfers, die steuerrechtlich als verdeckte Gewinnausschüttungen zu qualifizieren sind. Gegebenfalls begründen die steuerlich gewonnenen Tatsachen Anhaltspunkte für Ansprüche aus § 31 GmbHG (analog). Gerade in diesem Zusammenhang darf das Fachwissen der Finanzverwaltung nicht unterschätzt werden. In einem konkreten Fall ist der Insolvenzverwalter erst durch eine Außenprüfung des Finanzamtes auf erheblich unangemessene Konzernverrechnungspreise zwischen der Insolvenzschuldnerin und der beherrschenden Muttergesellschaft und damit letztlich auf die Möglichkeit zivilrechtlicher Ansprüche aufmerksam geworden. In einem anderen Fall leistete das Finanzamt zur Ermittlung von anfechtbaren Grundstücksgeschäften dadurch wertvolle Hilfe, dass die finanzbehördliche Bewertungsstelle die übertragenen Grundstückswerte realitätsnah bewertete und damit einen substantiierten Sachvortrag des Insolvenzverwalters zur fehlenden Gleichwertigkeit von Leistung und Gegenleistung ermöglichte.

Die Mitwirkungsverantwortung des Steuergläubigers kann über die Weiterleitung bereits aktenkundiger Informationen hinaus ferner das Bedürfnis nach einer aktiven Informationsbeschaffung hervorrufen. Die Teilnahme am Insolvenzverfahren stellt letztlich nur eine besondere Art des Steuervollzuges dar. Als Ausfluss des Untersuchungsgrundsatzes besteht daher eine Ermittlungspflicht fort. Dies gilt jedenfalls dann, sofern hierfür Anlass besteht. Grundsätzlich darf die Finanzbehörde der Ermittlungstätigkeit des Insolvenzverwalters ein gewisses Vertrauen entgegenbringen. Relevant wird die fortbestehende Ermittlungspflicht daher vornehmlich dann, wenn Informationsdefizite des Insolvenzverwalters nur über die Beteiligung der Finanzbehörde ausgelichen werden können. Die Finanzbehörde darf daher die ihr im Verwaltungsvollstreckungsverfahren zugewiesenen Ermächtigungen nutzbar machen. Anwendbar sind über § 249 Abs. 2 S. 1 AO namentlich die §§ 85 bis 107 AO und die §§ 111 bis 117 AO. Die Eröffnung des Insolvenzverfahrens hindert hierauf gestützte Ermittlungen nicht.

Neben der Teilhabe an Informationen muss sich die Letztverantwortung des Steuergläubigers des Weiteren darin äußern, dass er unterstützend tätig wird. Dies gilt insbesondere dort, wo die Mehrung der Insolvenzmasse daran scheitert, dass der Insolvenzverwalter einen notwendigen Rechtsstreit nicht finanzieren kann. Gerade die Auseinandersetzungen mit Geschäftsführern und Gesellschaftern in Ansehung der verschiedenen insolvenz- und gesellschaftsrechtlichen Haftungstatbestände sind kostenintensiv und überfordern kleinere Insolvenzmassen regelmäßig. Kann der Insolvenzverwalter die Kosten aus der verwalteten Masse nicht aufbringen, hat er zwar grundsätzlich die Möglichkeit, Prozesskostenhilfe zu beantragen. Gemäß § 116 Abs. 1 Nr. 1 InsO ist diese jedoch nur zu bewilligen, wenn den Insolvenzgläubigern die vorschüssige Aufbringung der Kosten nicht zuzumuten ist. Die Frage, wann den Gläubigern ein Vorschuss auf die Prozesskosten zuzumuten ist, wird von den Gerichten streng gehandhabt. Sie soll nach wertender Abwägung aller Gesamtumstände des Einzelfalls beantwortet werden[302]. Eine solche Kostenaufbringung wird dem Steuerfiskus mit beständiger Regelmäßigkeit von den Prozessgerichten zugemutet, weil er die erforderlichen Mittel unschwer aufbringen könne. Eine Vorschussleistung ist ihm nur dann nicht zuzumuten, wenn der mit dem Rechtsstreit zu erwartende Nutzen bei vernünftiger und insbesondere das Prozess- und Vollstreckungsrisiko angemessen berücksichtigender Betrachtungsweise bei einem Erfolg der Rechtsverfolgung voraussichtlich nicht nennenswert größer sein wird[303]. Dies wiederum beurteilt sich in der Regel anhand der im Erfolgsfalle zu erwartenden Steigerung der Insolvenzdividende[304]. Die Anwendung dieser Grundsätze hat vielfach zur Folge, dass dem In-

302 BGH v. 06.03.2006, II ZB 11/05, NZI 2006, 348 (349).

303 BGH v. 24.03.1998, XI ZR 4/98, BGHZ 138, 188 (189 ff.); v. 05.11.2007, II ZR 188/07, DStR 2007, 2338.

304 BGH v. 06.03.2006, II ZB 11/05, NZI 2006, 348 (349).

solvenzverwalter die Prozesskostenhilfe versagt wird, wenn das Finanzamt mit nicht unwesentlichen Steuerforderungen als Gläubiger am Insolvenzverfahren teilnimmt. Die beteiligten Finanzbehörden sind zwar teilweise durchaus bereit, einen Rechtsstreit vorzufinanzieren. In den meisten Fällen tut sich jedoch erheblicher und insbesonde pauschaler Widerstand auf. Trotz der Aufarbeitung des Sach- und Streitstandes durch den Insolvenzverwalter wird die Vorfinanzierung ungeprüft abgelehnt mit der Folge, dass offensichtlich bestehende Ansprüche nicht realisiert werden.

Der eingangs aufgezeigten Restverantwortung im Sinne einer Unterstützungsverpflichtung, sofern die Anspruchsverwirklichung durch den Insolvenzverwalter zu misslingen droht, wird dieser Befund nicht gerecht. Die ihr durch § 116 ZPO (zurück-) überantwortete Entscheidung über die Vorfinanzierung eines Rechtsstreites hat die Finanzbehörde nach Auswertung und Beurteilung aller notwendigen Informationen zu treffen. Sofern die von dem Insolvenzverwalter zur Verfügung gestellten Informationen für eine sachgerechte Entscheidungsfindung nicht ausreichen, muss sie aktiv weitere Informationen einfordern. Sie ist verpflichtet, die Erfolgsaussichten der Rechtsverfolgung sowie das Durchsetzungs- und Vollstreckungsrisiko eigenständig zu würdigen. Die Annahme der Zumutbarkeit durch das Prozessgericht präjudiziert die Finanzbehörde nicht. Im Rahmen der Entscheidungsfindung muss sie gegebenfalls auf die in ihren Reihen regelmäßig vorhandene juristische Fachkompetenz zurückgreifen. Sofern bei objektiver Betrachtung eine Anreicherung der Insolvenzmasse und damit eine Steigerung der Insolvenzdividende in einem angemessenen Verhältnis zu den Risiken und Kosten steht, wird die Vollzugsverwantwortung regelmäßig eine Prozessfinanzierung gebieten. Die Kontrollfrage muss letztlich dahingehend formuliert werden, ob die Finanzbehörde den Anspruch im Falle eigener Aktivlegitimation selbst durchsetzen müsste.

cc) Die Verfahrensteilhabe über die Gläubigerorgane

Ein wesentlicher Charakterzug der Insolvenzordnung ist die Betonung der Gläubigerselbstverwaltung. Die Insolvenz sei diejenige schwere Gefährdung der Gläubigerinteressen, die es rechtfertige, die Verfügungsrechte über das Schuldnervermögen grundsätzlich den Gläubigern zuzuweisen[305]. Die Insolvenzgläubiger sollen daher in eigener Verantwortung die Haftungsverwirklichung bestimmen können. Eine solche Gläubigerselbstverwaltung verlangt nach einer Organisation der Gläubiger[306]. Diese Zufallsgemeinschaft muss für die zu treffenden Entscheidungen einen Willen bilden können. Davon hängt maßgeblich ihre

305 Bundesregierung, BT-Drucks. XII/2443, 73.

306 *Baur/Stürner*, Insolvenzrecht, Rn. 11.27.

Handlungsfähigkeit ab. Die Willensbildung erfolgt durch *Organe*, namentlich wird sie mittels der Gläubigerversammlung (dazu [1]) und – sofern ein solcher gebildet wird – des Gläubigerausschusses (dazu [2]) ausgeübt[307].

(1) Die Gläubigerversammlung

Die Gläubigerversammlung ist ein obligatorisches „Organ der insolvenzrechtlichen Selbstverwaltung“[308]. Ihre Einberufung und Leitung erfolgen durch das Insolvenzgericht (§§ 74 Abs. 1, 76 Abs. 1 InsO). Zur Teilnahme an der Versammlung sind alle absonderungsberechtigten Gläubiger, alle Insolvenzgläubiger, der Insolvenzverwalter, die Mitglieder des Gläubigerausschusses und der Schuldner berechtigt (§ 74 Abs. 1 S. 2 InsO).

Die Gläubigerversammlung ist der Ort, an dem die Gläubigerautonomie ausgeübt wird[309]. Ausdruck der Gläubigerselbstverwaltung sind im Besonderen die der Gläubigerversammlung zugewiesenen Kompetenzen und Aufgaben, die sich allesamt auf Fragen von zentraler Bedeutung für das Insolvenzverfahren konzentrieren: Sie entscheidet über das Verfahrensziel im Allgemeinen, d.h. den Weg zur Haftungsverwirklichung, und den Forgang des Verfahrens im Besonderen. Sie beschließt über Betriebsstillegung oder Fortführung (vgl. § 157 InsO), über Liquidation oder Sanierung. Die Gläubigerversammlung kann sich dabei auf die grundsätzliche Leitentscheidung beschränken. Sie kann dem Insolvenzverwalter aber auch detaillierte Vorgaben machen. Ferner sprechen ihr die §§ 160 ff. InsO die Entscheidung über besonders wichtige Rechtsgeschäfte zu. Besonders deutlich tritt die durch die Gläubigerversammlung vermittelte Selbstverwaltung schließlich in Bezug auf das Insolvenzplanverfahren hervor. Sie kann den Insolvenzverwalter anweisen, einen Insolvenzplan (nach ihren Vorstellungen) auszuarbeiten (vgl. § 157 S. 2 InsO) und entscheidet über seine Annahme (§§ 235 ff. InsO). Bedürfen die Entscheidungen der Gläubigerversammlung regelmäßig der Ausführung durch den Insolvenzverwalter ist es im Sinne einer Gläubigerselbstverwaltung nur konsequent, dass insoweit eine Weisungsabhängigkeit des Verwalters besteht. Flankierend kann sie von ihm zudem Auskunft und Rechenschaft verlangen (vgl. § 79 InsO) und entscheidet über seine Abberufung (§ 57 InsO). Schließlich hat sie den (vorläufigen) Gläubigerausschuss zu bestätigen oder neu zu wählen. Die Tätigkeit dieses Kollektivorgans ist jedoch nicht auf Außenwirkung gerichtet, sondern beschränkt sich auf das Innenverhältnis und

307 Siehe noch zum Gläubigerbeitrat *Oelrichs*, Gläubigermitwirkung, 46 ff.

308 Allg. Ansicht, statt vieler *Häsemeyer*, Insolvenzrecht, Rn. 6.09a; *Pape*, ZIP 1990, 1251; *Uhlenbruck*, in: derselbe, InsO, § 74 Rn. 5.

309 *Smid*, Insolvenzrecht, § 13 Rn. 5.

dort maßgeblich auf die Einflussnahme auf den Insolvenzverwalter. Allein dieser wird nach außen hin tätig[310].

Seine Gläubigerstellung vermittelt dem Steuergläubiger das Stimmrecht in diesen Organen und damit die Einflussnahme auf die Willensbildung im Innenverhältnis. Er kann beratend tätig sein, Auskunft verlangen und insbesondere über sein Stimmrecht an der Willensbildung mitwirken. Anders als im Gläubigerausschuss kann er hier ohne Rücksicht auf ein Kollektivinteresse die Durchsetzung seiner Einzelinteressen – immer verstanden als das treuhänderisch wahrgenommene Gemeininteresse an der Verwirklichung des Anspruchs aus dem Steuerschuldverhältnis – zum Gegenstand seiner Handlungen machen[311]. Mit dieser Bindung des Steuervollzugs an ein Kollektivorgan einerseits und eine dritte Person als Ausführungsorgan (Insolvenzverwalter) andererseits geht naturgemäß einher, dass die Möglichkeiten der eigenen Gestaltungsmacht weit hinter denen der § 249 ff. AO zurückbleiben können. Denn eine mehrheitsvermittelte Gläubigermacht bedeutet stets eine Bindungswirkung der von einer (Abstimmungs-) Mehrheit getragenen Beschlüsse gegenüber allen anderen Verfahrensbeteiligten. Findet der Antrag die erforderliche Abstimmungsmehrheit, wird die Entscheidung der Gläubigerversammlung der Gesamtheit der mitwirkungsberechtigten Gläubiger zugerechnet[312]. Unabhängig von der Anzahl der erschienen Gläubiger sind die gefassten Beschlüsse daher auch für die nicht erschienen Insolvenzgläubiger verbindlich[313].

Letztlich findet die maßgebliche Einflussnahme bereits im Vorfeld der Abstimmung statt. Denn in der Natur einer jeden kollektiven Willensbildung durch Beschluss liegt es, dass die Willenserklärung der stimmberechtigten Gläubiger immer nur in Bezug auf einen Antrag erfolgt. Die Einzelstimme erschöpft sich also inhaltlich in einer Stellungsnahme mit „Ja", „Nein" oder „Enthaltung" zu einer bereits „vorausgewollten und vorgeformten" Formulierung[314]. Die Stimmabgabe enthält keine eigenständige Sachregelung. Die Einflussnahme auf das Ergebnis sollte daher bereits im Rahmen der Ausarbeitung des Beschlussentwurfs ansetzen. Dem Insolvenzverwalter und den übrigen Insolvenzgläubigern sollten die Erwartungen des Steuergläubigers frühzeitig kommuniziert werden. Die Verwirklichung des Vollzugsauftrages enthält insoweit ein erhebliches Kooperations-

310 *Oelrichs*, Gläubigermitwirkung, 51.

311 Vgl. *Ehricke*, in: Münchener Kommentar, InsO, § 74 Rn. 9; *Uhlenbruck*, in: derselbe, InsO, § 74 Rn. 5.

312 *Hess/Obermüller*, Die Rechsstellung der Verfahrensbeteiligten, Rn. 1152; *Oelrichs*, Gläubigermitwirkung, 51.

313 *Uhlenbruck*, in: derselbe, InsO, § 76 Rn. 25.

314 Siehe nur *Baltzer*, Der Beschluss als rechtstechnisches Mittel organschaftlicher Funktion im Privatrecht, 131 ff., 137.

und Verständigungspotential. Insbesondere bedeutet eine aktive und auf eine effektive Haftungsverwirklichung ausgerichtete Gäubigerselbstverwaltung regelmäßig auch in Bezug auf den Steuergläubiger, dass Zugeständnisse zu machen sind, Verantwortung zu übernehmen ist und (unternehmerische) Risiken eingegangen werden müssen. Der Steuergläubiger unterliegt dabei den – das fiduziarische Innenverhältnis prägenden – einfachrechtlichen und verfassungsrechtlichen Bindungen. Diese engen den Rahmen der möglichen Entscheidungen ein. Hier soll noch keine Vertiefung dieser Frage erfolgen. Vielmehr wird an anderer Stelle die Frage aufzuwerfen sein, ob und inwieweit der Anspruch aus dem Steuerschuldverhältnis in der formellen Insolvenz zur Disposition steht. Festzuhalten bleibt aber schon an dieser Stelle, dass der Steuervollzug infolge der Kollektivierung in erheblichem Maße von Kooperationselementen geprägt sein kann. Dies kann Verständigungen mit den übrigen Gläubigern erfordern, die gegebenenfalls die Grundvoraussetzung für die Realisierung eines sog. Kooperationsgewinns und damit auch für eine Steigerung des Steuervollzugsoptimums sein können.

Mitglied in der Gläubigerversammlung ist der Rechtsträger, der Inhaber des Forderungsrechts ist. Dies ist die zur Verwaltung des jeweils in Rede stehenden Anspruchs aus dem Steuerschuldverhältnis berufene Körperschaft[315]. Die Behörden selbst sind keinesfalls Mitglied der Gläubigerversammlung[316]. Die Insolvenzordnung oder subsidiär die Zivilprozessordnung (vgl. § 4 InsO) kennen keine den öffentlich-rechtlichen Verfahrensordnungen entsprechende Bestimmung, wonach auch Behörden die Fähigkeit zugesprochen wird, Beteiligter eines gerichtlichen Verfahrens zu sein. Die beispielsweise in § 63 FGO bestimmte Beteiligtenfähigkeit kann über den gesetzlich ausdrücklich zugewiesenen Bereich nicht hinauswirken.

Die Körperschaft handelt freilich durch diese Behörden, namentlich durch die Finanzämter, die Hauptzollämter und die (Ober-) Bürgermeister. Diese agieren in der Gläubigerversammlung kraft der ihnen verliehenen Kompetenz mit unmittelbarer Wirkung für „ihren" Rechtsträger, als deren Organ im eigenen Namen[317], wobei sie durch ihren Behördenvorstand und dessen Vertreter als „geborene Vertreter" (Organwalter im engeren Sinne) vertreten werden und damit Handlungsfähigkeit gewinnen[318]. Dieser ist regelmäßig nicht in der Lage, sämtliche Rechtsgeschäfte der Behörde allein zu erledigen. Darum agieren Amtswalter, d.h.

315 Siehe noch die Ausführungen unter Kap. 2 A. V. 4.

316 Vgl. nur *Erichsen*, Allgemeines Verwaltungsrecht, § 10 Rn. 31 – 34, 37.

317 *Maurer*, Allgemeines Verwaltungsrecht, § 21 Rn. 19 ff., 32, 42 f.; *Schlete*, Die Verwaltung als Vertragspartner, 438 f.; *Ule/Laubinger*, Verwaltungsverfahrensrecht, § 9 Rn. 1.

318 *Clausen*, in: Knack, VwVfG, § 12 Rn. 13; *Kopp/Ramsauer*, VwVfG, § 12 Rn. 14; *Drüen*, in: Tipke/Kruse, AO, § 79 Tz. 27 (Aug. 2006).

die nach dem inneren Organisationsrecht zuständigen Personen, im Auftrag bzw. in Vertretung des Behördenvorstandes (sog. gekorene Vertreter bzw. Organwalter im weiteren Sinne). Dies sind zuvorderst die Sachgebietsleiter, denen das Zeichnungsrecht vorbehalten ist[319], § 22 Abs. 1 Nr. 2a FAGO. Andere Bedienstete der Behörde können im Rahmen ihres dienstlichen Auftrages, der sich aus der Geschäftsverteilung ergibt oder auf organisatorischen Einzelmaßnahmen beruht, für den Behördenvorstand handeln[320]. Ein solcher Einzelauftrag für das Insolvenzverfahren ist anzunehmen, wenn ein Sachbearbeiter mit der Wahrnehmung der finanzbehördlichen Gläubigerrechte betraut worden ist. Die Willenserklärung des Amtswalters wird vergleichbar der zivilrechtlichen Stellvertretung sodann dem Behördenvorsteher zugerechnet[321].

In der Gläubigerversammlung wird durch Beschluss entschieden, der nach heute wohl allgemeiner Auffassung ein mehrseitiges Rechtsgeschäft (eigener Art) ist, das sich aus den für sein Zustandekommen erforderlichen Stimmabgaben im Sinne von empfangsbedürftigen Willenserklärungen zusammensetzt[322]. Die anwesende Amtsperson hat mithin durch ihre Stimmrechtsausübung eine rechtsgeschäftliche Willenserklärung mit Wirkung für und gegen den Steuergläubiger abzugeben. Die grundsätzliche Zuständigkeit der unteren Finanzbehörden beinhaltet auch die ausschließliche Zuständigkeit zur Stimmrechtswahrnehmung. Übergeordnete Finanzbehörden haben kein Selbsteintrittsrecht[323]. Sie haben lediglich das Recht, den zuständigen unteren Finanzbehörden Weisungen zu erteilen, die auch eine konkrete Stimmrechtsausübung zum Gegenstand haben können.

Das Verwaltungsrecht begreift die Einhaltung der Zuständigkeit nicht als Problem wirksamer Vertretung, sondern der Rechtmäßigkeit des Verwaltungshandelns[324]. Sollte daher gleichwohl ein Amtswalter einer höheren Behörde das Stimmrecht in der Gläubigerversammlung ausüben, hindert dies nicht die Zurechnung des Beschlusses gegenüber dem Steuergläubiger. Die Missachtung der

---

319 *Seer*, Verständigungen in Steuerverfahren, 462; vgl. auch *Wolff/Bachof/Stober*, Allgemeines Verwaltungsrecht, Bd. III, § 84 Rn. 77.

320 *Clausen*, in: Knack, VwVfG, § 12 Rn. 13; *Kopp/Ramsauer*, VwVfG, § 12 Rn. 14; *Drüen*, in: Tipke/Kruse, AO, § 79 Tz. 28 (Aug. 2006).

321 *Hufeld*, Die Vertretung der Behörde, 210 ff.; *Schenke*, VerwArchiv 68 (1977), 118 (151); *Stelkens/Stelkens*, in: Stelkens/Bonk/Sachs, VwVwfG, § 41 Rn. 9 f.

322 Zur Dogmatik des Beschlusses allgemein siehe *Baltzer*, Der Beschluss als rechttechnisches Mittel organschaftlicher Funktion im Privatrecht, 171 ff.; *Bork*, in: Staudinger, BGB, Vor. § 145 Rn. 6 (2003); *Larenz/Wolf*, Allgemeiner Teil des BGB, 320; *K.Schmidt*, Gesellschaftsrecht, 436 ff.

323 FG Baden-Württemberg v. 21.2.1990, V I 98/89, EFG 1990, 454; *Seer*, in: Tipke/Lang, Steuerrecht, § 21 Rn. 37.

324 *Schimpf*, Der verwaltungsrechtliche Vertrag unter besonderer Berücksichtigung seiner Rechtswidrigkeit, 128 f.; *Seer*, Verständigungen in Steuerverfahren, 332.

instanziellen Zuständigkeit wirft aber die Frage auf, ob die abgegebene Willenserklärung wirksam ist. Hoheitliche Akte, die unter Missachtung der Zuständigkeitsordnung ergehen, sind rechtswidrig. Für die Stimmrechtsausübung durch die instanziell unzuständige Behörde gilt nichts anderes. Die Rechtswidrigkeit muss jedoch nicht zur Unwirksamkeit führen. Soweit diese Nichtigkeitsfolge in Teilen der Literatur gleichwohl vertreten wird[325], kann sie nicht überzeugen. Vielmehr kann § 58 Abs. 2 VwVfG der allgemeine Rechtsgedanke entnommen werden, dass dem Interesse an der Wahrung der Zuständigkeitsordnung im Zusammenhang mit der Abgabe von vertraglichen Willenserklärungen durch die Anordnung der schwebenden Unwirksamkeit ausreichend Rechnung getragen wird[326]. Ferner ist zu berücksichtigen, dass auch das instanziell unzuständige Organ „im Lager" des Steuergläubigers steht und intern die Möglichkeit hat, über das Weisungsrecht die Tätigkeit des zuständigen Organs zu steuern. Zutreffend dürfte daher die Auffassung sein, wonach Handlungen instanziell unzuständiger Behörden im Außenrechtskreis lediglich schwebend unwirksam sind und das zuständige Organ die Möglichkeit der Genehmigung hat[327]. Dies dürfte sodann auch konsequent für die Stimmabgabe in der Gläubigerversammlung gelten. Die Streitfrage lässt sich freilich vermeiden, wenn man den Zuständigkeitsmangel rechtstechnisch über die Annahme einer bereits bei Stimmrechtsausübung bestehenden (stillschweigenden) Bevollmächtigung der instanziell unzuständigen Behörde durch die zuständige Behörde löst. Weder insolvenzrechtliche[328] noch verwaltungsrechtliche Grundsätze stehen dem grundsätzlich entgegen[329]. Der aus verwaltungsrechtlicher Sicht mit Blick auf die Vermeidung von Umgehungen der gesetzlichen Zuständigkeitsordnungen insoweit zu Recht geforderte sachliche Grund ist in der Regel ohne weiteres begründbar[330]. Gerade bei Insolvenzen mit überörtlichen oder überregionalen Bezug – und nur in diesen Fällen ist die Verletzung der Zuständigkeitsordnung praktisch denkbar – entsteht in Ansehung mehrerer beteiligter Finanzbehörden körperschaftsintern ein Koordinierungsinteresse, das durch die Oberfinanzdirektion oder das Ministerium besser wahrgenommen werden kann. Die Zwischenschaltung einer zusätzlichen Entscheidungsebene ist gerade

---

325 *Schlette*, Die Verwaltung als Vertragspartner, 556 Fn. 125; *Spannowsky*, Verträge und Absprachen, 314.

326 *Bonk*, in: Stelkens/Bonk/Sachs, VwVfG, § 58 Rn. 25.

327 Vgl. *Bonk*, in: Stelkens/Bonk/Sachs, VwVfG, § 58 Rn. 25; *Seer*, Verständigungen in Steuerverfahren, 343.

328 In der Gläubigerversammlung ist eine gewillkürte Vertretung zulässig (statt vieler nur *Kübler*, in: Kübler/Prütting, InsO, § 76 Rn. 21 [Nov. 2006]).

329 Zur Zulässigkeit der Bevollmächtigung unter Behörden beim Abschluss öffentlich-rechtlicher Veträge *Schlette*, Die Verwaltung als Vertragspartner, 440; ferner *Ule/Laubinger*, Verwaltungsverfahrensrecht, § 69 Rn. 7.

330 *Schlette*, Die Verwaltung als Vertragspartner, 440.

angesichts der nicht selten schwierigen Verhandlungen und dem in Insolvenzverfahren stets zu berücksichtigenden Faktor Zeit den übrigen Mitgliedern der Gläubigerversammlung kaum zuzumuten.

Soweit und solange die Stimmabgabe unwirksam ist, kann sie nicht in das Abstimmungsergebnis einfließen. Erfolgte die Abstimmung in Ansehung eines Insolvenzplans wird dieser Mangel freilich durch den Bstätigungsbeschluss geheilt[331].

(2) Der Gläubigerausschuss

Die Gläubigerversammlung ist wegen ihrer Größe, aber auch wegen der Unterschiedlichkeit der vertretenen Interessen ein relativ schwerfälliges Gremium. Es ist nicht immer geeignet, dass laufende Verfahren zu begleiten[332]. Daher sieht das Gesetz die Möglichkeit vor, einen Gläubigerausschuss zu bilden. Anders als die Gläubigerversammlung ist seine Einrichtung nicht zwingend vorgesehen. Er ist nur ein fakulatives Organ[333]. Seine Konstituierung ist bereits vor der ersten Gläubigersammlung als sog. vorläufiger Gläubigerausschuss möglich[334]. Über seine Bestellung hat das Insolvenzgericht gemäß § 67 Abs. 1 InsO nach eigenem Ermessen zu befinden. Sie ist eine reine Frage der Zweckmäßigkeit[335].

Mitglieder des Gläubigerausschusses können sowohl natürliche und – obwohl die Mitgliedschaft höchstpersönlicher Natur ist[336] – nach allgemeiner Auffassung auch juristische Personen sein[337] und zwar auch solche des öffentlichen Rechts[338]. Finanzamt und Hauptzollamt als Organe des Steuergläubigers können mangels eigener Rechtsfähigkeit nicht Mitglied sein[339]. Nicht anders als in der Gläubigerversammlung handelt der Steuergläubiger aber durch diese Organe und auf der tatsächlichen Ebene schließlich durch deren Organwalter. In dieser Ei-

---

331 Eingehend noch Kap. 2 A. IV. 4.

332 *Bork*, Insolvenzrecht. Rn. 77.

333 *Kübler*, in: Kübler/Prütting, InsO, § 67 Rn. 8 (März 2006).

334 Dies gilt auch für das Eröffnungsverfahren (*Häsemeyer*, Insolvenzrecht, Rn. 6.13; *Eickmann*, in: Heidelberger Kommentar, InsO, § 67 Rn. 1; a.A. *Pohlmann*, Befugnisse und Funktionen des vorläufigen Insolvenzverwalter, Rn. 300 ff.).

335 *Kübler*, in: Kübler/Prütting, InsO, § 67 Rn. 10 (März 2006).

336 *Haenecke*, KTS 1983, 533; *Hess/Obermüller*, Die Rechtsstellung der Verfahrensbeteiligten, Rz. 1159; *Oelrichs*, Gläubigermitwirkung, 43 f.

337 BGH v. 11.11.1993, IX ZR 35/93, BGHZ 124,86 (89). Nach anderer Auffassung könne nur die gesetzliche Vertreter der juristischen Person Ausschussmitglied sein (*Hegmanns*, Der Gläubigerausschuss, 110 ff.).

338 So schon OLG Dresden v. 30.05.1903, 2 C 99, SeuffArch 60 Nr. 22.

339 BGH v. 11.11.1993, IX ZR 35/93, BGHZ 124,86 (89). Die Bestellung bzw. Wahl einer Behörde soll in entsprechender Anwendung des §§ 100 Abs. 1, 2; 250 Abs. 1 Nr. 4 AktG nichtig sein (BGH, a.a.O., [91 ff.]).

genschaft sind sie an Weisungen des Vorgesetzten gebunden. Die haftungsrechtliche Verantwortung nach § 71 InsO trifft unmittelbar den Steuergläubiger. Zur Begründung der Mitgliedschaft bedarf es der Annahme durch die bestellte oder gewählte Person. Hierzu besteht keine Verpflichtung[340]. Umgekehrt besteht auf die Mitgliedschaft im Gläubigerausschuss kein Anspruch[341].

Statt der juristischen Person als solcher kann das Gericht einen Mitarbeiter der juristischen Person persönlich in den Ausschuss berufen. Mitglied ist dann allein die natürliche Person[342]. Auch ein Beamter der Finanzbehörde kann persönlich zum Ausschussmitglied gewählt werden[343]. Auf diesem Wege besteht die Möglichkeit, einen Beamten der übergeordneten Behörden in der Gläubigerselbstverwaltung zu etablieren. In diesem Fall liegt eine Nebentätigkeit außerhalb des öffentlichen Dienstes vor[344], die genehmigungsbedürftig ist (vgl. §§ 65 ff. BBG). Die Haftung nach § 71 InsO richtet sich nunmehr unmittelbar an den Beamten. Ob der Organwalter persönlich oder der Steuergläubiger als juristische Person in den Gläubigerausschuss gewählt wurden, ist letztlich eine Frage der Auslegung des Beschlusses der Gläubigerversammlung[345].

Der Gläubigerausschuss hat die Geschäftsführung des Insolvenzverwalters zu unterstützen und zu überwachen (§ 69 InsO). Zur Konkretisierung ihres Überwachungs- und Unterstützungsauftrages enthält das Gesetz eine Reihe von Individualrechten und -pflichten für die Ausschussmitglieder. Neben dem Stimmrecht regelt es einzelne Informations- (vgl. §§ 64 Abs. 2 S. 1, 69 S. 2, 215 Abs. 1 S. 2, 258 Abs. 3 S. 2 InsO) und Anhörungsrechte (vgl. § 70 S. 3 InsO) sowie Kontrollaufgaben (vgl. § 149 Abs. 2 S. 1 InsO). Ferner soll die Gläubigerversammlung entlastet werden, indem bestimmte genehmigungspflichtige Rechtsgeschäfte des Insolvenzverwalters seiner Zustimmung bedürfen (vgl. § 160 InsO). Im Übrigen hat der Ausschuss beispielsweise der Masseverteilung zuzustimmen (§ 187 Abs. 3 S. 2 InsO). Die Letztentscheidungsbefugnis verbleibt freilich bei der Gläubigerversammlung[346]. Die Willensbildung ist hier nicht nur durch das Mehrheitsprinzip sondern maßgeblich durch das Prinzip der Repräsentanz ge-

---

340 *Kübler*, in: Kübler/Prütting, InsO, § 67 Rn. 28 (März 2006); § 68 Rn. 24 (März 2006); *Oelrichs*, Gläubigermitwirkung, 42.

341 *Hess/Obermüller*, Die Rechtsstellung der Verfahrensbeteiligten, Rn. 1160.

342 *Hess/Obermüller*, Die Rechtsstellung der Verfahrensbeteiligten, Rz. 159; *Kübler*, in: Kübler/Prütting, InsO, § 67 Rn. 23 (März 2006).

343 Vgl. OLG Köln v. 01.06.1988, 13 U 234/87, ZIP 1988, 992 f.

344 *Ohr*, KTS 1993, 343 (344); *Skrotzki*, KTS 1958, 105.

345 Vgl. OLG Köln v. 01.06.1988, 13 U 234/87, ZIP 1988, 992 (993).

346 Gesetzlich vorgesehen ist dies beispielsweise in §§ 161 S. 2, 163 Abs. 1 InsO. Nach überzeugender Auffassung kann sie aber auch im Übrigen die Entscheidung an sich ziehen (*Foerste*, Insolvenzrecht, Rn. 67, a.A. *Oelrichs*, Gläubigermitwirkung, 36 m. w. Nachw. zum Streitstand).

kennzeichnet. So liegt es in der Natur der Sache, dass anders als in der Gläubigersammlung das Kopfprinzip gilt[347]. Der Beschluss ist gültig, wenn die Mehrheit der Mitglieder an der Beschlussfassung teilgenommen hat und der Beschluss mit der Mehrheit der abgegebenen Stimmen gefasst worden ist (§ 72 InsO).

Anders als in der Gläubigerversammlung kann der Steuergläubiger nicht seine eigenen Individualinteressen verfolgen. Das Amt im Gläubigerausschuss verpflichtet jedes Ausschussmitglied, die Interessen der gesamten Gläubigergemeinschaft wahrzunehmen. Das Mitglied hat unter Berücksichtigung der „Leitentscheidungen" der Gläubigerversammlung im wohlverstandenen „gemeinsamen Interesse" der Gläubiger zu handeln[348]. Dies bedeutet, dass auch der Beamte, der gegebenenfalls persönliches Mitglied des Gläubigerausschusses ist, womöglich gegen die Individualinteressen seines Dienstherrn handeln muss.

d) Die Inanspruchnahme Dritter für den notleidenen Anspruch aus dem Steuerschuldverhältnis

Die Teilnahme am und die Einbringung im Insolvenzverfahren sind wesentliche Elemente des effektiven Steuervollzuges in der Knappheitssituation. Sie sind freilich nicht die einzigen Elemente. Wir haben bereits gesehen, welche Instrumente der Steuergesetzgeber in das allgemeine und besondere Steuerrecht implementiert hat, um dem Verlustrisiko, welches eine ungesicherte und ihrer Natur nach gegenleistungslose Steuer in sich trägt, zu begegnen. So muss gerade die formelle Insolvenz Anlass sein, den Steuerausfall durch Haftungsverfahren zu minimieren. Auch das Ausweichen auf Haftungsschuldner kompensiert die eigene rechtliche Beschränkung in Ansehung des eigentlichen Schuldners.

Hierzu ermächtigt § 191 AO den Steuergläubiger, denjenigen, der für eine Steuerschuld haftet, durch Haftungsbescheid in Anspruch zu nehmen. Aus dem Wortlaut („kann") folgt zwar keine strikte Rechtspflicht der Behörde zur Realisierung der Haftung[349]. Bei Uneinbringlichkeit der Steuer beim Steuerschuldner muss angesichts des eindeutigen Auftrages in § 85 AO die Haftungsinanspruchnahme indes die Regel sein[350]. Die von § 191 AO vorausgesetzten Haftungstatbe-

---

347 Wegen der Repräsentanz kann keinem Auschussmitglied eine ganz bestimmte Forderungssumme zugerechnet werden (vgl. nur *Marotzke*, Festschrift f. Kirchhof, 321 [325]).

348 *Hess/Obermüller*, Die Rechsstellung der Verfahrensbeteiligten, Rn. 1161; *Kübler*, in: Kübler/Prütting, InsO, § 69 Rn. 4 (März 2006); *Oelrichs*, Gläubigermitwirkung, 44.

349 *Kruse*, in: Tipke/Kruse, AO, § 191 Tz. 36 (Juli 2004).

350 BFH v. 29.9.1987, VII R 54/84, BStBl. II 1988, 176 (178); *Boecker*, in: Hübschmann/Hepp/Spitaler, AO, § 191 Rn. 29 f. (Juni 1999); *Rüsken*, in: Klein, AO, § 191 Rn. 35.

stände wurden bereits genannt. Bei der Insolvenz von Kapitalgesellschaften konzentriert sich das Vorgehen der Finanzbehörde regelmäßig auf die Durchsetzung der Geschäftsführerhaftung nach §§ 69, 34 Abs. 1 AO. Hiernach müssen die gesetzlichen Vertreter und die sonst in §§ 34, 35 AO genannten Personen gesamtschuldnerisch mit dem Steuerschuldner dafür haften, dass Ansprüche aus dem Steuerschuldverhältnis nicht oder nicht rechtzeitig festgesetzt oder erfüllt worden sind. Diese Haftung erleidet allerdings aus Sicht des Steuergläubigers insoweit eine Effektivitätseinbuße als es sich um einen Schadensersatzanspruch handelt[351] und somit regelmäßg nur das als Schaden liquidiert werden kann, was dem Steuergläubiger nach dem Grundsatz der anteiligen Tilung auch bei gleichmäßiger Verwendung der noch vorhandenen Mittel für alle Gläubiger zugeflossen wäre[352]. Diese Einschränkung gilt nach ständiger Rechtsprechung lediglich bei der Lohnsteuer nicht. Hier haftet der gesetzliche Vertreter auf den vollen Betrag[353]. Die hypothetische (insolvenzrechtliche) Anfechtbarkeit einer Zahlung unterbricht die Kausalität jedenfalls nicht[354]. Des Weiteren erlaubt § 74 AO den Zugriff auf aus Sicht des insolventen Steuerschuldners fremdes Vermögen, wenn dieses – insbesondere im Rahmen einer Betriebsaufspaltung – an den Insolvenzschuldner überlassen worden war. Ferner ist die hiermit oftmals einhergehende Organschaft und die damit verbundene Verlagerung der alleinigen Steuerschuldnerschaft auf den Organträger zu nennen. Ist die Kapitalgesellschaft (Organgesellschaft) insolvent, muss daher gleichwohl der Organträger für Steuerschulden aufkommen, die bei wirtschaftlicher Betrachtung von der Kapitalgesellschaft zu verantworten sind. Schließlich lässt § 13c UStG einen äußerst solventen Haftungsschuldner eintreten, trifft diese Haftung doch vornehmlich Kreditinstitute im Falle von Sicherungszessionen.

Lediglich die Durchsetzung der akzessorischen Gesellschafterhaftung für Gesellschaftsverbindlichkeiten ist exklusiv dem Insolvenzverwalter zugewiesen (§ 93 InsO bzw. § 171 Abs. 2 HGB). Entsprechendes soll für die im Kapitalgesellschaftsrecht entwickelte Durchgriffshaftung gelten[355]. Die Gläubiger bleiben zwar Inhaber der (Haftungs-) Ansprüche, verlieren jedoch das Recht, sie geltend zu machen, solange das Verfahren andauert. Angesichts des systematischen Zusammenhangs zu § 87 InsO sind daher sowohl der Abschluss des Haftungsverfahrens mit einem Haftungsbescheid als auch der zwangsweise Zugriff auf das

351 BFH v. 01.08.2000, VII R 110/99, BStBl. II 2001, 271; *Loose*, in: Tipke/Kruse, AO, § 69 Tz. 2 (Juli 2007) m. w. Nachw.

352 BFH v. 26.08.1992, VII R 50/91, BStBl. II 1993, 8.

353 BFH v. 26.07.1988, VII R 83/87, BStBl. II 1988, 859; v. 21.12.1998, VII B 175/98, BFH/NV 1999, 745.

354 BFH v. 05.06.2007, VIII R 30/06, BFH/NV 2008, 1.

355 OLG Düsseldorf v. 26.10.2006, 6 U 248/05, ZIP 2007, 227 f.

Gesellschaftervermögen im Wege der Verwaltungsvollstreckung unzulässig[356]. § 93 InsO gilt allerdings nach herrschender Auffassung nicht für die praxisrelevante Inanspruchnahme des Gesellschafter-Geschäftsführers nach §§ 34, 69 AO[357].

Soweit daher Haftungstatbestände in Rede stehen, die eine Haftung von Personen begründen, die in der Insolvenz typischerweise bestimmten Insolvenzgläubigern individuell oder – wie bei § 93 InsO – allen Insolvenzgläubigern kollektiv haften, entsteht regelmäßig ein Wettlauf der Haftungsgläubiger. Da die Finanzbehörde ihre Selbsttitulierungs- und -exekutionsbefungnis im Haftungsverfahren weiterhin innehat, während die übrigen Gläubiger oder der Insolvenzverwalter regelmäßig über Jahre hinweg den Zivilrechtsweg beschreiten müssen, liegt hierin die eigentliche Durchsetzungskraft des Haftungsbescheides. Sie erfährt jedoch nicht selten dadurch eine Minderung, dass die Insolvenz der Gesellschaft insbesondere die Gesellschafter-Geschäftsführer in eine Sekundärinsolvenz treibt und somit auch diesbezüglich die Disziplinierung aktiviert wird. Des Weiteren verfügen Kreditgläubiger häufig über dingliche Sicherheiten aus dem Privatvermögen dieser Personen, die damit bereits dem Zugriff der Finanzbehörde entzogen sind.

Der Durchsetzung des Haftungsanspruchs vorgelagert steht zuvorderst die Ermittlung des Sachverhaltes. Im Rahmen seines Ermittlungsermessens hat der Steuergläubiger dabei – aus Sicht der bisherigen Ausführungen nunmehr umgekehrt – die Erkenntnismöglichkeiten des Insolvenzverfahrens auszuschöpfen. Vor dem Hintergrund, dass nicht nur der Insolvenzschuldner sondern auch organschaftliche Vertreter gegenüber dem Insolvenzwalter keine Informationen mit der Begründung einer womöglich drohenden Strafverfolgung verweigern dürfen (vgl. § 101 Abs. 1 InsO i.V.m. § 97 Abs. 1 InsO), darf eine – wenn auch nur subsidiäre – Inanspruchnahme des Insolvenzverwalters über die allgemeinen Mitwirkungspflichten als Erkenntnisquelle nicht unterschätzt werden. Insbesondere kann § 97 Abs. 1 S. 3 InsO nicht die Eigenschaft eines für das Steuerverwaltungsverfahren wirkenden Verwertungsverbotes beigemessen werden[358]. Die Finanzbe-

---

356 *Gundlach/Frenzel/Schmidt*, DStR 2002, 1095 f

357 BGH v. 04.07.2002, IX ZR 265/01, BGHZ 151, 245 ff.; BFH v. 02.11.2001, VII B 155/01, BStBl. II 2002, 73 (74 f.). A.A. noch OLG Schleswig v. 21.09.2001, 1 U 207/00, ZIP 2001, 1968.

358 Dies mag allenfalls für ein Steuerstrafverfahren anders zu beurteilen sein. Vgl. zu dem weitreichenden strafprozessualen Verwendungsverbot des § 97 Abs. 1 S. 3 InsO und seiner sog. „Fernwirkung" *Bittmann/Rudolphie*, wistra 2001, 81 ff.; *Uhlenbruck*, in: derselbe, InsO, § 97 Rn. 8 ff. sowie schließlich zur Unterscheidung zwischen Verwendungs- und Verwertungsverbot statt vieler nur *Meyer-Goßner*, StPO, Einl. Rn. 57a.

hörde hat daher mit Blick auf das Haftungsverfahren im Rahmen ihrer Gläubigerstellung Informationen zu konsumieren. Insolvenzrechtlich besteht allerdings kein allgemeiner Auskunftsanspruch eines Insolvenzgläubigers gegenüber dem Insolvenzverwalter[359]. Der Steuergläubiger kann von daher wie jeder andere Gläubiger grundsätzlich lediglich Akteneinsicht (§ 4 InsO, 299 ZPO)[360] und Einsichtnahme in bestimmte Unterlagen gemäß §§ 66, 153 f. InsO verlangen. Allerdings verbleibt dem Steuergläubiger der steuerrechtliche Pflichtenkreis. Namentlich § 93 AO gewährt ein individuelles Auskunftsrecht und damit korrespondierend eine entsprechende Pflicht des Insolvenzverwalters[361].

IV. Die insolvenzrechtliche Disziplinierung im Lichte der Gleichmäßigkeit und Gesetzmäßigkeit der Besteuerung

Die Auflösung der Normwidersprüche hat bisher keine Rückkopplung mit der verfassungsrechtlichen Dimension des jeweils teleologisch zu reduzierenden Steuerrechts erfahren. Das steuerliche Verfahrensrecht ist vielfach konkretisiertes Verfassungsrecht bzw. muss zumindest in einem solchen verfassungsrechtlich gebotenen Gesamtsystem gesehen werden. Ein Zurückweichen gegenüber dem Insolvenzrecht ist daher nur in den durch das Verfassungsrecht gezogenen Grenzen möglich. Die Rückkopplung zum Verfassungsrecht soll nunmehr vor dem Hintergrund der bisherigen Erkenntnisse nachgeholt und im Einzelnen beleuchtet werden.

1) Die Rechtsfertigungsbedürftigkeit der Einschränkung des effektiven Steuerzugriffs in der Insolvenz

Enno Becker konstatierte im Anschluss an die ersten Entscheidungen des Reichsfinanzhofs zum Verhältnis von Steuer- und Insolvenzrecht, dass die Verwirklichung einer Steuerforderung nach konkursrechtlichen Regeln bedeute, „dass die im Verhältnis zu einem Privatgläubiger viel stärkere und überlegene

---

359 BayObLG v. 08.04.2005, 3Z BR 246/04, ZIP 2005, 1087 (1088); *Kind*, in: Frankfurter Kommentar, InsO, § 58 Rn. 8; *Uhlenbruck*, ZIP 1982, 125 (129). Individuelle Auskunftsansprüche können sich aber als Nebenpflicht aus den konkreten Schuldverhältnissen ergeben, was für den Steuergläubiger aber praktisch keine Bedeutung haben dürfte.

360 *Uhlenbruck*, in: derselbe, InsO, § 80 Rn. 138.

361 Vgl. insbesondere FG Brandenburg v. 12.05.2004, 1 K 2447/01, ZIP 2005, 41 f. zur Rechtmäßigkeit eines solchen Auskunftsersuchens, sofern nur die jedem Auskunftsersuchen an Dritte eigene Subsidiarität beachtet wird.

Stellung, die der Steuergläubiger auf Grund der Reichsabgabenordnung gegenüber dem Steuerschuldner hat, bei Verfolgung der Steueransprüche im Konkursverfahren erheblich gemindert wird“[362]. Diese Aussage steht im Kern für den Verlust an rechtlicher Überlegenheit, der mit der Disziplinierung des Steuergläubigers als Insolvenzgläubiger einhergeht. Denn regelmäßige Folge der insolvenzrechtlichen Spezialität ist die Suspendierung der Hoheitlichkeit als Ausdruck einer einseitigen Entscheidungsmacht, welche das steuerliche Verfahrensrecht dem Steuergläubiger im Steuerrechtsverhältnis gewährt. Wenngleich der Steuergläubiger anders als die grundrechtsberechtigten Privatgläubiger nicht den Schutz des Art. 14 Abs. 1 GG oder zumindest des Art. 2 Abs. 1 GG gegen die Kollektivierung und Disziplinierung für sich in Anspruch nehmen kann, stößt auch seine Einbindung in das insolvenzrechtliche Haftungsregime an verfassungsrechtliche Grenzen. Beseitigt der insolvenzrechtliche Vorrang eben jene rechtliche Überlegenheit, die Teil des verfahrensrechtlichen Beitrages zur Verwirklichung des effektiven Steuerzugriffs ist, gewinnt er hinsichtlich des Steuergläubigers diesbezüglich eine verfassungsrechtliche Dimension. Dies verdeutlicht bereits der von § 251 Abs. 2 S. 1 AO normierte vollstreckungsrechtliche Vorrang anschaulich. Kann der Steuergläubiger jederzeit unter den Voraussetzungen der §§ 249 ff. AO auf das Vermögen des solventen Steuerpflichtigen zugreifen, um die zuvor selbsttitulierte Steuerforderung einzutreiben, verhindert § 89 InsO dies bei dem insolventen Steuerpflichtigen womöglich über Monate hinweg und zwar ungeachtet der Frage, ob für die isolierte Befriedigung der Steuerforderung ausreichend Vermögen vorhanden ist oder nicht. Für die durch die insolvenzrechtliche Spezialität außerhalb des § 251 Abs. 2 S. 1 AO vermittelte Suspendierung steuerverfahrensrechtlicher Befugnisse gilt nichts anderes. Bei dem solventen Steuerpflichtigen kann sich der Steuergläubiger durch Aufrechnung befriedigen, während ihm dies nach § 96 InsO gegenüber dem insolventen Steuerpflichtigen unter Umständen verwehrt ist. Gegenüber dem solventen Steuerpflichtigen kann er durch Verwaltungsakt einseitig über den Anspruch aus dem Steuerschuldverhältnis entscheiden und die Anfechtungslast auf jenen verlagern, gegenüber dem insolventen Steuerpflichtigen muss er (vorerst) ein insolvenzrechtliches Anmelde-, Prüfungs- und Feststellungsverfahren durchlaufen. Schließlich schwebt die Anfechtbarkeit wie ein Damokles-Schwert über nahezu sämtlichen vorangegangenen Rechtshandlungen[363], die zu einer Befriedigung oder Sicherung des Steuergläubigers geführt haben. Gerade die Pflicht zur Herausgabe des bereits Vereinnahmten hat nicht zu unterschätzende Auswirkungen. Die Beispiele sind vielzählig. Stets kommt es zu einer Einschränkung von Vorschriften des steuerli-

---

362 *Becker*, RAO, 610 f.

363 *Paulus*, DZWir 1999, 53 (54).

chen Verfahrens- bzw. Schuldrechts, die letztlich selbst nur Ausfluss des verfassungsrechtlichen Effektivitätsgebotes sind. Der Insolvenzgesetzgeber nimmt dem steuerlichen Verfahrensrecht bewusst die Durchsetzungsfähigkeit.

Die Ausgangsfrage muss lauten, ob die Ineffektivierung des Steuervollzugs mit Eintritt der formellen Insolvenz eine relevante Ungleichmäßigkeit der Besteuerung zur Folge hat. Denn verfassungsrechtlicher Rechtfertigung bedarf nur die Ungleichbehandlung von „wesentlich Gleichen“[364]. Zu klären ist daher zuvorderst, ob die formelle oder auch nur die materielle Insolvenz eine Gruppenbildung zu rechtfertigen vermag, die den insolventen Steuerpflichtigen die Vergleichbarkeit mit den übrigen – in der Diktion der Insolvenzordnung solventen – Steuerpflichtigen nimmt, die sie also im Gegensatz zu diesen als wesentlich verschieden erscheinen lässt. Die Feststellung, ob die übereinstimmenden (*hier*: Verwirklichung des Steuertatbestandes) oder verschiedenen Merkmale (*hier*: Insolvenz im Gegensatz zur Solvenz) den Ausschlag geben sollen, also ob die Sachverhalte als gleich oder ungleich anzusehen sind, ist nur möglich, wenn man ein Differenzierungskriterium auswählt, unter dessen Aspekt der Vergleich angestellt wird[365]. An anderer Stelle wurde bereits betont, dass sich dem Gleichheitssatz selbst insoweit allerdings keine logisch zwingende Aussage entnehmen lässt[366]. Vielmehr hat sich in der gleichheitsrechtlichen Dogmatik die Erkenntnis durchgesetzt, dass die Auswahl des Differenzierungskriteriums Folge eines Werturteils ist[367]. Ausgangspunkt für die Beurteilung der „wesentlichen Gleichheit“ soll dabei die Handhabung des Gleichheitssatzes durch das BUNDESVERFASSUNGSGERICHT im Sinne einer schematischen Gleichbehandlung sein[368]: Wenn sich eine wesentliche „Ungleichheit“ zwischen den Steuerpflichtigen, über deren Vermögen ein Insolvenzverfahren eröffnet wurde, und den übrigen Steuerpflichtigen nicht aufdrängt, gehört die Frage nach der Zulässigkeit der Differenzierung konstruktiv auf die Ebene der Rechtfertigung.

So verhält es sich bei der hier erforderlichen Vergleichsgruppenbildung. Fordert der Gleichheitssatz in seiner bereichsspezifischen Auslegung die Herstellung des gesetzlich vorgesehen Belastungserfolges bei allen Steuerpflichtigen glei-

---

364 BVerfG v. 09.08.1978, 2 BvR 831/76, BVerfGE 49, 148 (165).

365 BVerfG v. 13.06.1979, 1 BvL 97/98, BVerfGE 51, 295 (300); *Gubelt*, in: v.Münch/Kunig, GG, Art. 3 Rn. 16a; *Heun*, in: Dreier, GG, Art. 3 Rn. 21; *Kirchhof*, in: Isensee/Kirchhof, Handbuch des Staatsrechts, VI, § 124 Rn. 20; *Rüfner*, in: Bonner Kommentar, GG, Art. 3 Rn. 13 f. (Okt. 1992); *Schoch*, DVBl 1988, 863 (873).

366 *Hesse*, AöR 109 (1984), 174 (177); *Schoch*, DVBl 1988, 863 (873).

367 *Dürig*, in: Maunz/Dürig, GG, Art. 3 Rn. 1 f.; *Gubelt*, in: v.Münch/Kunig, GG, Art. 3 Rn. 17; *Heun*, in: Dreier, GG, Art. 3 Rn. 22; *Rüfner*, in: Bonner Kommentar, GG, Art. 3 Rn. 13 f. (Okt. 1992); *Schoch*, DVBl 1988, 863 (873 f.).

368 *Heun*, in: Dreier, GG, Art. 3 Rn. 21.

chermaßen, muss, *erstens*, der entscheidende Wertungsmaßstab die Verwirklichung des Steuertatbestandes und die daran anknüpfende Gleichheit im Belastungserfolg sein. Diese Personen sollen nach der gesetzgeberischen Wertung zur Finazierung der Gemeinlasten herangezogen werden. § 3 AO macht die Allgemeinheit der Besteuerung zu einem konstituierenden Merkmal des Steuertatbestandes[369] und gibt damit bereits die entscheidene Wertung für die Gleichheitsprüfung vor. Die Disziplinierung knüpft hieran als Ausnahme an und kann schon deshalb nicht für sich in Anspruch nehmen, einen wesentlichen Unterschied mit Blick auf die Tatbestandsverwirklichung zu statuieren. Vielmehr steht im Ausgangspunkt der gesetzgeberischen Wertung die Anwendung derselben Rechtsfolge.

Zweitens, die Unzulänglichkeit des eigenen Vermögens ist in der Insolvenzordnung als Eröffnungsgrund in einer derart graduellen Bandbreite vorhanden, dass sie als Differenzierungskriterium vor diesem Hintergrund untauglich ist. Es stehen nicht ausschließlich Lebenssachverhalte in Rede, die sich durch eine Aktivmasse von null auszeichnen. Vielmehr kann Haftungssubstrat durchaus vorhanden sein. Die Untauglichkeit wird besonders deutlich in Ansehung des Insolvenzantragsgrundes der drohenden Zahlungsunfähigkeit (§ 18 InsO). Es kann daher nicht ausgeschlossen werden, dass sich Personen nach Verwirklichung des steuerlichen Tatbestandes wertungsmäßig von einem finanziell eingeengten, aber in der Terminologie der Insolvenzordnung solventen Steuerpflichtigen unterscheiden. Mit anderen Worten: Das Ausnahmerecht der Gesamtvollstreckung hat einen derart weiten Anwendungsbereich, dass die vom Gesetzgeber für die Aktivierung der Disziplinierung gewählten Kriterien in Gestalt der Insolvenzeröffnungsgründe keine solche Differenzierung darstellen, die den Steuerpflichtigen, über dessen Vermögen das Insolvenzverfahren eröffnet wurde, als ohne weiteres wesentlich ungleich gegenüber anderen Steuerpflichtigen erscheinen lässt.

Tertium comparationis ist darum allein die unterschiedslose Unterwerfung der den Steuertatbestand erfüllenden Personen unter die Steuerpflicht. Die wechselseitige Gläubigerbeschränkung (Kollektivierung und Disziplinierung) bewirkt mithin eine Ungleichbehandlung, die sich hinsichtlich der Ansprüche aus dem Steuerschuldverhältnis unter dem Aspekt des Gleichheitssatzes in seiner bereichsspezifischen Ausprägung als Gleichmäßigkeit der Besteuerung verfassungsrechtlich rechtfertigen lassen muss.

---

369 Vgl. nur *P.Kirchhof*, DStJG 18 (1995), 17 (24).

2) Der verfassungsrechtliche Ausgleich mit den Insolvenzzwecken als die Summe der kollidierenden Interessen von Verfassungsrang

Das steuerliche Effektivitätsgebot kennt Grenzen, an denen es vor anderen Gemeinwohlbelangen weichen muss. Art. 3 Abs. 1 GG ist einschränkbar, solange die Gründe dafür ausreichend gewichtig sind. In der „neuen Formel“ des BUNDESVERFASSUNGSGERICHTS kommt dies in der Wendung vom (legitimen) „sachlichen Grund“ zum Ausdruck, der das *Differenzierungsziel* markiert, an dem die Ungleichbehandlung zu messen sein wird. Für das Verfassungsrechtsgut der geordneten Staatsfinanzierung gilt nichts anderes.

Diese Gründe wurden bereits mehrfach genannt. Im Mittelpunkt steht dabei im Besonderen die soziale und ökonomische Sinnhaftigkeit der Lösung des Kollektivhandlungsproblems. Der legitime Zweck folgt aus der anderenfalls drohenden Ineffektivität und dem drohenden sozialen Unfrieden. Die erforderliche Legitimität dieses Differenzierungsziels steht nicht in Zweifel. Wir haben bereits herausgearbeitet, dass dem dergestalt formulierten Anliegen des Insolvenzrechts selbst Verfassungsrang zukommt. Zuvorderst die Eigentums- sowie ergänzend hierzu die Berufsfreiheit in ihrer Funktion als Schutzgewährpflichten, die Justizgewährleistungspflicht, das Rechts- und Sozialstaatsprinzip sowie die grundrechtlich verbürgten Schutzpflichten gegenüber dem Schuldner verlangen nach einem effektiven Rechtsrahmen für die Sicherung und Verwertung des unzulänglichen Vermögens und den geordneten Austritt des Schuldners aus dem Wirtschaftsleben. Damit zeigt sich, dass das allgemein als Insolvenzzweck umschriebene Ziel der Gesamtbereinigung letztlich eine Vielzahl verschiedener Einzelziele repräsentiert, die gleichsam dem steuerlichen Effektivitätsgebot einzeln und erst recht in der Summe einen hohen Verfassungsrang beanspruchen. Es kommt in der Insolvenz des Steuerschuldners mithin zu einem Prinzipienwiderspruch zwischen dem verfassungsrechtlichen Interesse an der Verwirklichung der Ansprüche aus dem Steuerschuldverhältnis und den ebenfalls verfassungsrechtlich abgesicherten Interessen des Gemeinwohls, der Gläubiger und des Schuldners an einer geordneten Gesamtbereinigung.

Wie der Gesetzgeber den Ausgleich zwischen den widerstreitenden Interessen findet, bleibt grundsätzlich seinem Gestaltungsspielraum überlassen. Prüfungsmaßstab ist daher die Vertretbarkeit, wobei gleichwohl hinsichtlich der Kontrolldichte Differenzierungen möglich sind. Mit der bereichsspezifischen Anwendung des Gleichheitssatzes im Steuerrecht gehen dabei strenge Anforderungen an die Rechtfertigung einher. Es findet keine bloße Willkürprüfung statt. Gegen die Verwirklichung der Gleichmäßigkeit der Besteuerung muss vielmehr ein gleichsam hochwertiger sachlicher Grund angeführt werden. Erforderlich ist eine strenge Verhältnismäßigkeitsprüfung unter Beachtung der Hochwertigkeit der

Steuergerechtigkeit[370]. Wurde das Differenzierungsziel mit dem Oberbegriff des „Insolvenzwecks" mit den vorstehenden Ausführungen bereits als „legitim" bestätigt, muss die formelle Insolvenz als Differenzierungskriterium ferner noch geeignet, notwendig und angemessen sein[371].

Die *Eignung* der Disziplinierung zur Vermeidung der Negativeffekte, die mit dem Kollektivhandlungsproblem einhergehen können, ist nach den bisherigen Ausführungen offenkundig. Weiter darf im Sinne der *Erforderlichkeit* keine weniger belastende, aber zumindest gleich effektive Ungleichbehandlung zur Verfügung stehen[372]. Auch diesem Erfordernis wird genügt. Ein Weniger an Gleichmäßigkeit der Besteuerung würde stets ein Weniger an Disziplinierung bedeuten. Jedoch vermag nur eine strenge und konsequente Disziplinierung das beschriebene Kollektivhandlungsproblem befriedigend lösen. Dies gilt zum einen für die Einschränkungen im Zusammenhang mit dem unmittelbaren Zugriff auf das schuldnerische Vermögen. Jede Aufweichung in Gestalt einer Ausnahme für den Steuergläubiger würde zwangsläufig dazu führen, dass keine Insolvenzmasse für die gleichmäßige Befriedigung der übrigen Gläubiger mehr gebildet werden kann, weil ein nicht disziplinierter (Steuer-) Gläubiger sich bereits zügig im Zugriff geübt hätte. Die effektive Zielerreichung wäre also mit einem verfahrensrechtlich „ausbrechenden", weil nicht disziplinierten, Steuergläubiger nicht nur gefährdet, sondern faktisch wahrscheinlich überhaupt nicht möglich. Dies gilt zum anderen gleichsam für die (vorläufige) Monopolisierung des insolvenzrechtlichen Erkenntnisprozesses hinsichtlich der Berechtigung an der Insolvenzmasse und die damit einhergehende funktionale Ersetzung steuerlicher Verwaltungsakte durch die Tabelleneintragung. Das insolvenzrechtliche Verfahren nach den §§ 174 ff. InsO eröffnet primär die Möglichkeit einer einvernehmlichen Feststellung des steuerlichen Anspruchs. Diese vorrangig anzustrebende Einvernehmlichkeit schadet der Gleichmäßigkeit der Besteuerung in keiner Weise. Dies muss schon deshalb gelten, weil bereits die Disziplinierung des unmittelbaren Zugriffs auf die Insolvenzmasse einer schnellen Selbsttitulierung jeden Zeit- und Zinsvorteil gegenüber dem einvernehmlichen Feststellungsverfahren nimmt. Ist die vom Gesetzgeber zuvorderst angestrebte Einvernehmlichkeit nicht zu erreichen, schaltet das Insolvenzverfahren sodann in einen Konfliktmodus um. Diesen prägt mit § 251 Abs. 3 AO sodann wieder eine hoheitliche Ermächtigung. Es

370 BVerfG v. 26.01.1993, 1 BvL 38/92 u.a., BVerfGE 88, 87 (96); *Bryde/Kleindiek*, Jura 1999, 36 (43); *Gubelt*, in: v.Münch/Kunig, GG, Art. 3 Rn. 15; *Osterloh*, in: Sachs, GG, Art. 3 Rn. 18 ff.; *Rüfner*, in: Bonner Kommentar, Art. 3 Rn. 96 ff. (Okt. 1992).

371 *Heun*, in: Dreier, GG, Art. 3 Rn. 24; *Pieroth/Schlink*, Grundrechte, Rn. 484.

372 BVerfG v. 10.01.1985, 1 BvL 20/87 u. 88, BVerfGE 91, 389 (403 f.); *Rüfner*, in: Bonner Kommentar, GG, Art. 3 Rn. 97 (Okt. 1992).

kommt in der Gesamtbetrachtung daher zu keinem nennenswerten (weiteren) Effektivitätsverlust in Ansehung der Feststellung der Steuerforderung.

Endlich gilt es die sog. *Verhältnismäßigkeit im engeren Sinne* zu beachten. Ungleichbehandlung und rechtfertigender Grund müssen in einem angemessenen Verhältnis zueinanderstehen[373]. Die Differenzierungsgründe müssen „von solcher Art und solchem Gewicht sein, dass sie die ungleichen Rechtsfolgen rechtfertigen können[374]. Die insolvenzrechtliche Konzeption genügt auch diesen Anforderungen. Der Ordnungsrahmen zur Bewältigung des Kollektivhandlungsproblems ist Ausdruck einer Mindestanforderung an eine verfassungsrechtliche Schutzgewährpflicht sowohl aus dem Eigentum als auch aus der Justizgewährleistungspflicht heraus. Angesichts dieses gleichsam hohen Stellenwertes des mit der Disziplinierung zu verwirklichen Insolvenzzwecks ist jener von solcher Art und solchem Gewicht, dass er die damit regelmäßig zu verantwortende Ungleichmäßigkeit des Steuervollzugs hinnehmbar erscheinen lässt. Die Disziplinierung trifft ausnahmslos alle Insolvenzgläubiger. Zudem sieht die Insolvenzordnung bestimmte Kompensationselemente vor. So führt die Insolvenzeröffnung nicht zu einer Ausschließung des Steuergläubigers von den Entscheidungsprozessen. Die grundlegenden Entscheidungen werden von den Gläubigern im Kollektiv getroffen. Der Steuergläubiger behält als Teil der Gläubigergemeinschaft zumindest die – mehrheitsvermittelte – Kontrolle über die Haftungsmasse und gelangt zu Einfluss auf den Insolvenzverwalter. Überdies korrespondiert mit der Disziplinierung auf Gläubigerseite der Verlust der Verwaltungs- und Verfügungsmacht auf Schuldnerseite. Diese geht auf einen sachkundigen „Dritten“ über, dessen vornehmliche Aufgabe es ist, die Haftungsmasse aufzuspüren, zuerhalten und zuverwerten. Dieser Dritte unterliegt ferner zum einen der Aufsicht durch das Insolvenzgericht und zum anderen der Verwalterhaftung nach § 60 InsO. Diese Instrumente schützen vor Fehlleistungen des Insolvenzverwalters und verhindern, dass die Verlagerung der Befugnisse auf den Verwalter zu einem unvorhersehbaren und nicht beherrschbaren Risiko für die Gläubiger wird.

Auf den ersten Blick scheint ferner auch die Ermächtigung des § 251 Abs. 3 AO einen Beitrag zur Kompensation der eigenen Beschränkung zu leisten. Wir haben eingangs formuliert, dass die Befugnisse des Steuergläubiges nur insoweit beschränkt werden dürfen, als dies die Insolvenzzwecke tatsächlich erfordern. Darüber hinaus ist festzustellen, dass die Lösung des Kollektivhandlungsproblems, die Abwendung eines individuellen und kollektiven Schadens

373 BVerfG v. 30.05.1990, 1 BvL 2/83, BVerfGE 82, 126 (146).

374 BVerfG v. 10.01.1985, 1 BvL 20/87 u. 88; v. 03.04.2001, 1 BvR 81/98, BVerfGE 103, 225 (235).

durch ineffektive Verwertung sowie schließlich die Bewahrung des sozialen Friedens keiner Suspendierung der rechtlichen Überlegenheit des Steuergläubigers bedürfen, wenn ein Gläubiger oder der Insolvenzverwalter der Forderungsanmeldung des Fiskus widerspricht. In dem Moment, in welchem durch einen Widerspruch ein streitiges Verfahren mit dem Ziel einer verbindlichen Entscheidung erforderlich wird, scheint sich die ursprüngliche Selbstentscheidungsmacht wie von selbst zu verstehen. Die Insolvenzordnung muss eine verbindliche Entscheidung über die Meinungsverschiedenheit gewährleisten, da sie anderenfalls ihre Berechtigung verlieren würde. Ein Insolvenzrecht, welches allein auf Einvernehmlichkeit beschränkt ist, würde seiner Funktion beraubt. Wie die verbindliche Entscheidung herbeigeführt wird, ist aus Sicht des Insolvenzrechts im Grunde bedeutungslos. § 251 Abs. 3 AO scheint damit Ausdruck des Effektivitätsstrebens zu sein, welches dem Verwaltungsakt als Rechtserkenntnisakt auch außerhalb der Sondersituation der formellen Insolvenz stets zur Durchsetzung öffentlicher Interessen inne wohnt. Allerdings unterschlägt eine solche Sichtweise den wesentlichen Unterschied zwischen dem Normalzustand und der formellen Insolvenz. Im Normalzustand ist die hoheitliche Selbstentscheidungsmacht Ausdruck eines verfassungsrechtlichen Postulats. Belastungsgleichheit bedeutet unter anderem, dass Ansprüche effektiv und zeitnah durchgesetzt werden können. Sie ist daher insbesondere vor dem Hintergrund des Gesamtmechanismus von Selbstentscheidung, -titulierung und sodann -exekution zu sehen. Da indessen im Insolvenzverfahren die Rechtsmacht zur individuellen Anspruchsdurchsetzung nicht mehr besteht, kann das in der sofortigen Vollziehbarkeit eines jeden Festsetzungsbescheides wurzelnde Gerechtigkeitselement praktisch nicht mehr zum tragen kommen. Insolvenzverfahren ab einer gewissen Größe sind geduldig. Die Auszahlung der Insolvenzdividende erfolgt teilweise erst nach mehreren Jahren. Überspitzt formuliert droht die mit der Feststellungsermächtigung einhergehende Zuweisung der Anfechtungslast an den Widersprechenden zum Inbegriff einer behördlichen Bequemlichkeit zu werden. Kritisch zu sehen ist die Feststellungsermächtigung schließlich auch gerade deswegen, weil sie nicht nur die Anfechtungslast verschiebt. Vielmehr löst die Wirksamkeit des Forderungsfeststellungsbescheides den Lauf einer Rechtsbehelfsfrist aus, die es von dem Widersprechenden zu beachten gilt. Anderenfalls sieht er sich wegen der formellen Bestandskraft gehindert, Einwendungen vorzutragen. Praktisch ist der mit der Form des Verwaltungsaktes regelmäßig verbundene Rechtsbehelfsdruck „ohne Not" eine erhebliche Belastung für das Insolvenzverfahren. Bei näherer Betrachtung stellt sich mithin heraus, dass es sich bei § 251 Abs. 3 InsO in der Tat um ein fragwürdiges verfahrensrechtliches Privileg handelt[375]. Verfassungsrechtlich ge-

375 Zutreffend *Häsemeyer*, Insolvenzrecht, Rn. 1.10.

rechtfertigt ist die Feststellungsermächtigung gleichwohl. Die Aufrechterhaltung der auch außerhalb der Insolvenz beim Bürger liegenden Anfechtungslast bewirkt eine nicht zu unterschätzende Verwaltungseffektivierung. Noch nicht bestandskräftig festgesetzte Steuerforderungen des Finanzamtes beruhen regelmäßig auf Schätzungen und rufen bei Insolvenzverwaltern nicht selten einen Bestreitensautomatismus hervor. In dieser Massenerscheinung die Finanzbehörde auf den Klageweg zu verweisen, würde einen verwaltungsökonomischen Kraftakt erfordern, den die Finanzbehörden wohl kaum leisten können. Vor diesem Hintergrund wird der damit einhergehende Entlastungseffekt die Belastungswirkung beim Widersprechenden dergestalt aufwiegen, dass ein verfassungsrechtlicher Ausgleich zu Gunsten der hoheitlichen Feststellungsermächtung vertretbar erscheint. Nach alledem bleibt aber festzuhalten, dass die Norm für die Verfassungsmäßigkeit des Gesamtsystems nichts beitragen kann, sondern nur ein ihr selbst innewohnendes Rechtsfertigungsproblem offenbart.

Schließlich muss der von der Disziplinierung der übrigen Gläubiger ausgehende verfassungsrechtliche Rechtfertigungsdruck auf das Gesamtsystem zu Lasten der Gleichmäßigkeit der Besteuerung in die Abwägung mit eingestellt werden. So wurde bereits mehrfach die Wechselwirkung zwischen der Effektivität des Gesamtvollstreckungsverfahrens und der Rechtfertigung der Grundrechtsbeeinträchtigung der privaten Gläubiger herausgestellt. Die (übrigen) Insolvenzgläubiger müssen die Kollektivierung und Disziplinierung einschließlich der damit verbundenen Verlusttragung verfassungsrechtlich nur in der Erwartung hinnehmen, dass die angestrebte Effektivität unter Geltung der vom Gesetzgeber formulierten Konzeption auch erreicht wird. Ihrer eigenen verfassungsrechtlichen Legitimation wegen muss die Haftungsverwirklichung durch Kollektivierung mithin wirklich geeignet und erforderlich sein, um das Kollektivhandlungsproblem zu lösen, um die damit einhergehenden Gefahren abzuwehren. Jede Ausklammerung des Steuergläubigers aus der insolvenzrechtlichen Disziplinierung leistet aber denknotwendig einer diesem verfassungsrechtlichen Erfordernis zuwiderlaufenden Ineffektivität der Gesamtbereinigung Vorschub. Umso mehr der Steuergläubiger von der Exklusivität ausgenommen würde, umso höher ist der verfassungsrechtliche Rechtfertigungsdruck auf die gesamte Insolvenzordnung als Inhalts- und Schrankenbestimmung der Forderungsrechte der grundrechtsberechtigten Gläubiger. Demnach steht die Notwendigkeit der Beschränkung des Steuergläubigers in einer derart starken Wechselwirkung mit der Beschränkung der grundrechtsberechtigten Gläubiger, dass nicht nur aus der Funktionsfähigkeit der Gesamtvollstreckung heraus ein gewichtiges Argument für eine Abwägung zugunsten der Disziplinierung und Kollektivierung auch des Steuergläubigers abgeleitet werden kann. Vielmehr steht die Beschränkung des Steuergläubigers maßgeblich auch im Kontext der verfassungsrechtlichen Rechtfertigung des Gesamtvollstreckungsrechts als Gesamtsystem zur Lösung eines Kollektivhandlungsproblems.

Damit ist festzuhalten: Das derzeitige Zusammenspiel von Insolvenz- und Steuerrecht auf der Grundbasis eines insolvenzrechtlichen Vorrangs kraft Spezialität wird den verfassungsrechtlichen Grenzen aufgrund des Art. 3 Abs. 1 GG gerecht. In der Summe drohen durch die Disziplinierung keine Rechtseinbußen oder unkalkulierbare Risiken von solchem Gewicht, dass der legitime Zweck der effektiven Gesamtbereinigung dem Postulat des effektiven Steuerzugriffs nicht in vertretbarer Abwägung entgegengehalten werden kann. Vielmehr gebietet es sogar der latent auf dem Gesamtvollstreckungsverfahren lastende Rechtfertigungsdruck, das eigene Konzept der Disziplinierung konsequent auf alle Gläubiger umzusetzen. Die gesamten Erwägungen samt dem Abwägungsergebnis gelten entsprechend für die verfassungsrechtlich geforderte Effektivität mit Hinblick auf die existenznotwendige Staatsfinanzierung.

V. Die Insolvenzordnung und das Steuerverfahrensrecht in der grundgesetzlichen Kompetenzordnung

Das Steuerverwaltungsverfahrensrecht ist in der grundgesetzlichen Kompetenzordnung Art. 108 Abs. 5 GG zugeordnet. Der Begriff des „Verfahrens" ist weit zu verstehen[376]. Hierzu gehören alle Bestimmungen, die die Art und Weise der Ausführung der Steuergesetze regeln, insbesondere hinsichtlich der Handlungsform, der Form der behördlichen Willensbildung, der Art der Prüfung und Vorbereitung der Entscheidung, deren Zustandekommen und Durchsetzung sowie verwaltungsinterne Mitwirkungs- und Kontrollvorgänge[377]. Das Insolvenzverfahren als gerichtliches Vollstreckungsverfahren hingegen unterfällt der Bundeskompetenz für das gerichtliche Verfahren (Art. 74 I Nr. 1 GG)[378]. Liegt nach den bisherigen Ausführungen in der Natur einer Gesamtbereinigung auch deren Universalität, enthält die Insolvenzordnung folgerichtig auch Normen, die im weitesten Sinne auf die Verwirklichung von Ansprüchen aus dem Steuerschuldverhältnis gerichtet sind. Insolvenzrechtliche Anordnungen verdrängen teilweise steuerrechtliche Anwendungsbefehle und greifen damit in die Entscheidungen

376 *Heintzen*, in: v.Münch/Kunig, GG, Art. 108 Rn. 41; *Seer*, in: Bonner Kommentar, GG, Art. 108 Rn. 133 (Nov. 1999).

377 BVerfG v. 25.06.1974, 2 BvF 2/73 u.a., BVerfGE 37, 363 (385, 390); v. 10.12.1980, 2 BvF 3/77, BVerfGE 55, 274 (320 f.).

378 Siehe nur *Maunz*, in: Maunz/Dürig, GG, Art. 74 Rn. 81 (Okt. 1984); *Pieroth*, in: Jarass/Pieroth, GG, Art. 74 Rn. 8.

des Steuergesetzgebers zum Verwaltungsverfahrensrecht ein. Dies betrifft den Vollstreckungszugriff auf das Schuldnervermögen und dessen Verwertung. Es gilt ferner – in Vorschau auf das nächste Kapital – für die Normen, die den Steuergläubiger zur insolvenzspezifischen Disposition über den Anspruch aus dem Steuerschuldverhältnis ermächtigen. Folgen beide Kompetenznormen unterschiedlichen Legitimationskonzepten, wird damit – anders als für die Konkursordnung als vorkonstitutionelles Recht wegen Art. 123 GG[379] – ein kompetenzrechtliches Problem deutlich, dass auf der grundgesetzlichen Unterscheidung zwischen Zustimmungs- und Einspruchsgesetz beruht.

Das Grundgesetz geht insoweit von einem Regel-Ausnahmeverhältnis aus[380] und verlangt die explizite Anordnung der Zustimmungsbedürftigkeit. Die Finanzverfassung differenziert in Bezug auf das steuerliche Verfahrensrecht dabei wie folgt: Stehen Abgaben in Rede, die von Bundesfinanzbehörden verwaltet werden, stellt sich nach der Kompetenzordnung des Grundgesetzes kein Problem ein. Insoweit besteht eine zustimmungsfreie Bundeskompetenz für das Steuerverfahrensrecht (Art. 108 Abs. 5 S. 1 GG). Werden die Steuern allerdings von Landesfinanzbehörden verwaltet, besteht nach Art. 108 Abs. 5 S. 2 GG zwar eine Bundesgesetzgebungskompetenz für das Steuerverwaltungsverfahren. Diese formuliert jedoch ein Zustimmungserfordernis des Bundesrates. Nach Auffassung des BUNDESVERFASSUNGSGERICHTS kann ein gesamtes Gesetzeswerk zustimmungsbedürftig werden, wenn es nur eine einzige zustimmungsbedürftige Bestimmung enthält[381]. Damit stellt sich die Frage, ob und inwieweit auch die verfahrensrechtliche Einbindung des Steuergläubigers durch Normen der Insolvenzordnung – sei es auch nur durch die Kollisionsregel der Spezialität – womöglich eine Zustimmungsbedürftigkeit ausgelöst hat. Vor dem Hintergrund, dass der Bundesrat im Gesetzgebungsverfahren betreffend die Insolvenzordnung am 08. Juli 1994 auf die Einlegung eines Einspruchs verzichtet und nicht ausdrücklich die Zustimmung erklärt hat, wie es Art. 78 GG für ein Zustimmungsgesetz erfordert[382], ist diese Frage von entscheidender Bedeutung.

---

379 Dem vorkonstitutionellen Recht wird nur dann die Fortgeltung verweigert, wenn es materiell-rechtlich mit dem Grundgesetz nicht vereinbar ist. Kompetenzrechtliche Abweichungen sollen unerheblich sein (BVerfG v. 20.05.1952, 1 BvL 3/51 u.a., BVerfGE 1, 283 [293]; *Maunz*, in: Maunz/Dürig, GG, Art. 123 Rn. 9 [1964]).

380 BVerfG v. 22.11.1951, PB vV 1/51, BVerfGE 1, 76 (79); *Stern*, Staatsrecht, Bd. II, 144.

381 BVerfG v. 12.11.1958, 2 BvL 4/56 u.a. BVerfGE 8, 274 (294); v. 10.12.1980, 2 BvF 3/77, BVerfGE 55, 274 (318), *Bryde*, in: v.Münch/Kunig, GG, Art. 77 Rn. 77, *Stern*, Staatsrecht, Bd. II, 145 m. Nachw. auch zur Kritik.

382 Vgl. BVerfG v. 12.11.1958, 2 BvL 4/56 u.a., BVerfGE 8, 274 (296 f.); v. 24.02.1970, 2 BvL 12/69, BVerfGE 28, 66 (80); Auch die Umdeutung des Ein-

Sind demnach nur die Normen der Abgabenordnung von der Zustimmung des Bundesrates im Sinne des Art. 78 GG gedeckt, kann die Antwort unter diesem Gesichtspunkt auch nur dort gesucht werden. Unter diesem Legitimationsgesichtspunkt zu nennen sind dabei zum einen § 251 Abs. 2 S. 1 AO, der die allgemeine Aussage über das „Unberührtbleiben der Insolvenzordnung" enthält, und zum anderen die spezielleren Anordnungen des § 251 Abs. 2 S. 2 AO (Vollstreckung insolvenzrechtlicher Titel im Verwaltungswege) und des § 251 Abs. 3 AO (Forderungsfeststellungsermächtigung). Nach Einführung der Insolvenzordnung wurden sie durch Zustimmungsgesetze geändert bzw. eingefügt[383]. Während die beiden spezielleren Anordnungen zweifelsohne in der ihnen eigenen Gemengelage von Insolvenz- und Steuerrecht die insolvenzrechtlichen Einflüsse auf das steuerliche Verfahrensrecht kompetenzrechtlich legitimieren, muss dies im Übrigen das „Unberührtbleiben" des § 251 Abs. 2 S. 1 AO leisten. Ungeachtet der Auslegung dieser Vorschrift im Detail lässt sich ihr zumindest entnehmen, dass die Vorschriften der Insolvenzordnung anwendbar bleiben. Der Bundesrat hat damit entsprechend des in der Natur eines Gesamtvollstreckungsverfahrens liegenden universellen Charakters ihre Geltung auch für steuerliche Ansprüche in seinen Willen übernommen. Dies betrifft insbesondere die Teilnahme des Steuergläubigers am Insolvenzverfahren. Die Kollisionsregel des § 251 Abs. 2 S. 1 InsO lässt daher ferner erwarten, dass der Bundesrat die damit einhergehenden Einflüsse der Insolvenzordnung auf das steuerliche Verfahrensrecht antizipiert hat. Dies gilt sowohl für die vollstreckungsrechtlichen Normwidersprüche als auch für die Auflösung der übrigen Gesetzeskonkurrenzen mit den Mitteln der allgemeinen Methodik. Diesbezüglich knüpfte die Reform an einen Rechtszustand an, der spätestens mit Inkrafttreten der Reichsabgabenordnung von Rechtsprechung und Literatur in seinen Grundzügen und wesentlichen Auswirkungen bereits formuliert worden war. Diese Antizipation betrifft aber auch die Billigung der Anwendbarkeit des Insolvenzplanverfahrens und einer damit einhergehenden Gestaltungsfreiheit, wie sie der Konkursordnung in dieser Ausprägung noch nicht bekannt gewesen war. Die Einfügung eines solchen Rechtsregimes in das steuerliche Verfahrensrecht wurde letztlich der Rechtsanwendung überlassen. Diese wiederum vollzieht sich nach den voraussehbaren Grundsäten der Methodik und lässt nicht befürchten, dass über die Insolvenzord-

spruchsverzichts in eine Zustimunng ist unzulässig (*Masing*, in: v.Mangoldt/Klein/Stark, GG, Art. 77 Rn. 96).

383 § 251 Abs. 2 S. 1, Abs. 3 InsO beruhen auf Art. 9 Nr. 1 lit d. des Gesetzes zur Änderung des Einführungsgesetzes zur Insolvenzordnung und anderer Gesetze v. 19.12.1998, BGBl I 1998, 3836; § 251 Abs. 2 S. 2 InsO wurde eingefügt durch Art. 17 Nr. 9 des Gesetzes zur Bereinigung von steuerlichen Vorschriften v. 22.12.1999, BGBl I 1999, 2601).

nung das zustimmungsbedürftige Verfahrensrecht entgegen dem Willen des Bundesrates verändert wird.

Darum gilt: Hat der Bundesrat die Insolvenzordnung nicht nur für anwendbar erklärt, sondern durch § 251 Abs. 2 S. 1 AO im Allgemeinen und die § 251 Abs. 2 S. 2, Abs. 3 AO im Besonderen auch die Konkurrenzfragen zwischen beiden Regelungskomplexen ausreichend antizipiert, bestehen damit keine durchgreifenden Bedenken gegen die formelle Verfassungsmäßigkeit der Insolvenzordnung. Der Einfluss auf das steuerliche Verfahrensrecht ist von der Abgabenordnung als einem Zustimmungsgesetz ausreichend gedeckt.

Angesichts dieser Aufspaltung auf zwei Gesetze einerseits und der bloßen Blanketverweisung im allein unmittelbar von der Zustimmung des Bundesrates gedeckten Gesetz andererseits bleibt allerdings die Gefahr einer „verdeckten Änderung“ in der Zukunft. Insoweit ist anerkannt, dass ein einmal als Zustimmungsgesetz ergangener Rechtsakt nicht eigenmächtig seitens des Bundestages dadurch geändert werden kann, dass bei isolierter Betrachtung nur nicht zustimmungsbedürftige Vorschriften geändert werden[384]. Dies gilt insbesondere für sog. mittelbare Änderungen von Zustimmungsgesetzen, wie es eine nach Erlass des § 251 Abs. 2 S. 1 AO vorgenommene Änderung derjenigen Vorschriften der Insolvenzordnung darstellen würde, die Einfluss auf die Durchsetzung von Ansprüchen aus dem Steuerschuldverhältnis nehmen. Solche „materiellen mittelbaren Änderungen“ sind ebenso zu behandeln wie unmittelbare Änderungen des Zustimmungsgesetzes[385]. Die „neuen“ Vorschriften wären – sofern keine inhaltlich unbeachtenswerte Veränderung vorliegen würde – damit nicht mehr von der über § 251 Abs. 2 S. 1 AO vermittelten Zustimmung gedeckt. Darum kann eine Änderung dieser insolvenzrechtlichen Vorschriften in formell verfassungsgemäßer Weise nur gelingen, wenn der Bundesrat (erneut) seine Zustimmung erteilt. Dies ist ein von der zukünftigen Gesetzgebung zu beachtendes Problem.

VI. Die insolvenzrechtliche Haftungsordnung und das europäische Beihilferecht

Mit der Einbindung der Bundesrepublik Deutschland in die von Supranationalität gekenntzeichneten Europäischen Gemeinschaften geht neben der Ebene des Verfassungsrechts noch eine weitere Normebene einher, an der sich die Disziplinierung öffentlich-rechtlicher Gläubiger im Allgemeinen und die des Steuergläubigers im Besonderen messen lassen muss: Das primäre und sekundäre Gemein-

384 BVerfG v. 13.04.1978, 2 BvF 1/77 u.a., BVerfGE 48, 127 (180 f.); *Bryde*, in: v.Münch/Kunig, GG, Art. 77 Rn. 22; *Ossenbühl*, AöR 99 (1974), 369, 431 f.; *Stettner*, in: Dreier, GG, Art. 77 Rn. 13.

385 *Ossenbühl*, AöR 99 (1974), 369, 431 f.

schaftsrecht. Ausdruck der Supranationalität[386] ist ein Anwendungsvorrang dieser Rechtsquellen vor dem nationalen Recht. Die nationale Norm ist hiernach zwar nicht nichtig. Sie bleibt aber im Kollisionsfall automatisch außer Anwendung[387].

Die europarechtliche Problematik konzentriert sich dabei auf das primärrechtliche Beihilferegime nach den Art. 87 ff. EGV. Hiernach sind staatliche oder aus staatlichen Mitteln gewährte Beihilfen gleich welcher Art, die durch die Begünstigung bestimmter Unternehmen oder Produktionszweige den Wettbewerb verfälschen oder zu verfälschen drohen, mit dem Gemeinsamen Markt unvereinbar, soweit sie den Handel zwischen den Mitgliedstaaten beeinträchtigen. Es handelt sich um ein präventives Verbot mit Genehmigungsvorbehalt[388]. Definiert der EUROPÄISCHE GERICHTSHOF den Begriff der Beihilfe als „staatliche Maßnahme, die in verschiedener Form die Belastungen vermindert, welche ein Unternehmen normalerweise zu tragen hat"[389], muss die stets als Begünstigung des Insolvenzschuldners wirkende Disziplinierung des Steuergläubigers in Ansehung der Art. 87 ff. EGV problematisch erscheinen.

Allerdings erfüllen nach ständiger Rechtsprechung wirtschaftliche Vergünstigungen, die nicht zu Lasten öffentlicher Haushalte erfolgen, den Begriff der Beihilfe nicht[390]. Vor diesem Hintergrund hat der EUROPÄISCHE GERICHTSHOF in der Rs. „Ecotrade"[391] in Bezug auf eine italienische Regelung, die eine Sonderverwaltung für in Schwierigkeiten befindliche Großunternehmen vorsah, festgestellt und in einer weiteren Entscheidung bestätigt, dass

> „die Einbuße an Steuererträgen, die sich für den Staat durch das absolute Verbot von Maßnahmen der Einzelzwangsvollstreckung und die Aussetzung der Zinsen auf alle Verbindlichkeiten des betroffenen Unternehmens sowie durch die entsprechende Verringerung der Gewinne der Gläubiger aus der Anwendung der Regelung über die Sonderverwaltung ergeben kann, als solche nicht die Qualifizierung dieser Regelung als Beihilfe rechtfertigen. Eine derartige Folge ist nämlich jeder gesetzlichen Regelung immanent, die den Rahmen für die Beziehungen zwischen einem insolventen Unternehmen und der Gesamtheit seiner Gläubiger festlegt, ohne dass daraus zwangsläufig auf eine zusätzliche finanzielle Belastung zu schließen wäre, die unmittelbar oder mittelbar zu Lasten der öffentlichen Hand geht und den betroffenen Unternehmen eine bestimmte Vergünstigung gewährt".

---

386 Statt vieler nur *Streinz*, Europarecht, Rn. 115 ff.

387 Grundlegend EuGH v. 15.7.1964, Rs. 6/64, „Costa/ENEL", EuGHE 1964, 1251; siehe im Übrigen *Oppermann*, Europarecht, Rn. 615 ff.

388 *Koenig/Kühling*, in: Streinz, EGV, Art. 87 Rn. 4.

389 Vgl. nur EuGH v. 23.02.1961, Rs. 30/59, „De Gezamenlijke Steenkolenmijnen in Limburg/Hohe Behörde", EuGHE 1961, 1/43.

390 EuGH v. 13.03.2001, C-379/98, „PreussenElektra AG", EuZW 2001, 242 Rn. 58 ff.

391 EuGH v. 01.12.1998, Rs. C-200/97, „Ecotrade", EuGHE 1998, I-7907 Rn. 36.

Die auf alle Gläubiger angewandte Disziplinierung vermag daher als solches den Tatbestand der Beihilfe im gemeinschaftsrechtlichen Sinne nicht zu erfüllen. Die beihilferechtliche Problematik wird allerdings dann aktuell, wenn der Steuergläubiger gegenüber ihm vergleichbaren Insolvenz- oder Massegläubigern eine Schlechterstellung erfährt. Diskussionswürdig kann ungeachtet der gemeinschaftskonformen Ausgestaltung der generell-abstrakten Regelung zudem das staatliche Gläubigerverhalten im Einzelfall sein. So zeichnet sich namentlich der Sachverhalt in der Rs. „Magefesa“ [392] wiederum dadurch aus, dass Unternehmen eines spanischen Konzerns trotz Eröffnung des Konkursverfahrens ihre Tätigkeit fortsetzen konnten und die Autoritäten nicht einschritten, obwohl dadurch Steuerschulden angehäuft wurden, die von Anfang an erkennbar nicht beglichen werden konnten. In diesem Fall bestätigte der EUROPÄISCHE GERICHTSHOF die Auffassung der KOMMISSION, dass es sich „unter diesen besonderen Umständen bei der Nichtzahlung von Steuern um eine Beihilfe handelt“[393].

D. Die kollektive Entschuldung des Abgabenschuldners und das Fundamentalprinzip der Steuergerechtigkeit

Die Ausführungen konzentrierten sich bisher auf die anteilige Verlusttragung und die verfahrensrechtliche Disziplinierung des Steuergläubigers. Das Insolvenzverfahren war dabei stets auf eine quotale Befriedigung des Steuergläubigers gerichtet. An anderer Stelle wurde aber bereits die – zumindest sekundäre – Ausrichtung der Insolvenzordnung auf eine Entschuldung natürlicher Personen dargelegt. Dieses in den §§ 286 ff. InsO geregelte Entschuldungsverfahren gewährt dem redlichen Schuldner die Befreiung von seinen Verbindlichkeiten. Es erfasst auch Ansprüche aus dem Steuerschuldverhältnis (dazu im Einzelnen unter I.) und hat in diesem Stadium mit einem effektiven Steuervollzug unter Knappheitsbedingungen nichts mehr gemein. Angesichts der bereits herausgearbeiteten verfassungsrechtlichen Rahmenbedingungen für den Erlass bzw. die Nichtdurchsetzbarkeit einer Steuerforderung stellt sich insoweit zwangsläufig ein Rechtsfertigungsproblem ein (dazu II.).

---

392 EuGH v. 12.10.2000, Rs. C-480/98, „Königreich Spanien/Kommission der EG, EuZW 2000, 730.

393 EuGH v. 12.10.2000, Rs. C-480/98, „Königreich Spanien/Kommission der EG, EuZW 2000, 730 (731) Rn. 19 ff.

Sowohl an das Regelinsolvenzverfahren als auch an das vereinfachte Insolvenzverfahren kann sich ein Entschuldungsverfahren anschließen, wenn die Eröffnung des Insolvenzverfahrens (auch) auf einem Eigenantrag des Schuldners beruht. Das Insolvenzgericht entscheidet nach Beendigung des Schlusstermins darüber, ob der Schuldner mit seinem Antrag zum Restschuldbefreiungsverfahren zugelassen wird oder die Restschuldbefreiung zu versagen ist. § 290 InsO formuliert die Versagungsgründe und bringt damit das gesetzgeberische Leitbild eines der Restschuldbefreiung würdigen Schuldners zum Ausdruck: Der Schuldner darf nicht wegen einer Straftat nach den §§ 283 ff. StGB rechtskräftig verurteilt worden sein (Nr. 1), er darf in den letzten drei Jahren vor dem Eröffnungsantrag oder nach diesem Antrag nicht vorsätzlich oder grob fahrlässig schriftlich unrichtige oder unvollständige Angaben über seine wirtschaftlichen Verhältnisse gemacht haben, um einen Kredit zu erhalten, Leistungen aus öffentlichen Mitteln zu beziehen oder Leistungen an öffentliche Kassen zu vermeiden (Nr. 2), er darf in den letzten zehn Jahren vor dem Eröffnungsantrag nicht bereits einmal eine Entscheidung über die Restschuldbefreiung erhalten haben (Nr. 3), er darf im letzten Jahr vor dem Eröffnungsantrag oder nach diesem Antrag die Befriedigung der Insolvenzgläubiger nicht dadurch beeinträchtigt haben, dass er unangemesse Verbindlichkeiten begründet oder Vermögen verschwendet oder ohne Aussicht auf eine Besserung seiner wirtschaftlichen Lage die Eröffnung des Insolvenzverfahrens verzögert hat (Nr. 4) und schließlich darf er im Insolvenzverfahren keine Mitwirkungs- und insbesondere Offenbarungspflicht verletzt haben (Nr. 5 u. 6). Weitere Voraussetzung ist in formeller Hinsicht, dass ein Insolvenzgläubiger die Versagung im Schlusstermin[394] beantragt. Dem Insolvenzverwalter steht kein Antragsrecht zu. Das Gesetz verzichtet auf eine allgemeine Redlichkeitsprüfung des Gerichts und macht die Geltendmachung und Verfolgung der vermeindlichen Unredlichkeit des Schuldners vielmehr zur Gläubigerobliegenheit. Erst wenn dem Gläubiger auf einer ersten Stufe die Glaubhaftmachung eines Versagungsgrundes gelungen und sein Versagungsantrag somit zulässig ist, tritt das Insolvenzgericht unter Beachtung des Amtsermittlungsgrundsatzes in die Prüfung der Begründetheit des Antrages ein[395]. Hierbei geht das Gesetz vom redlichen Schuldner als Regelfall aus. Die Restschuldbefreiung darf nur dann versagt werden, wenn zur vollen Überzeugung des Gerichts feststeht, dass der Schuldner unrichtige oder

394 In diesem Sinne die herrschende Auffassung, vgl. OLG Celle v. 04.02.2002, 2 W 5/02, ZVI 2002, 29; *Vallender*, in: Uhlenbruck, InsO, § 290 Rn. 11 m. w. Nachw..

395 BGH v. 11.03.2003, IX ZB 37/03, BGHZ 156, 139 (142).

unvollständige Angaben gemacht hat. Den antragstellenden Gläubiger trifft insoweit die volle Feststellungslast[396].

Hat das Gericht die Restschuldbefreiung angekündigt, hat der Schuldner in einer zweiten Stufe, dem eigentlichen Schuldbefreiungsverfahren, eine sog. Wohlverhaltensperiode zu durchlaufen, die sechs Jahre andauert. Die Dauer des Insolvenzverfahrens wird hierbei angerechnet. Zugleich setzt das Gericht einen Treuhänder ein. Soweit der Schuldner Inhaber pfändbarer Forderungen aus einem Dienstverhältnis oder an deren Stelle tretende laufende Bezüge ist, fließen diese aufgrund der bei Antragstellung erklärten Abtretung für die Zeit von sechs Jahren an den Treuhänder. Während der Wohlverhaltensphase hat der Schuldner vom Gesetzgeber formulierten Obliegenheiten nachzukommen. Er ist verpflichtet, eine angemessene Erwerbstätigkeit auszuüben bzw. sich um eine solche zu bemühen (§ 295 Abs. 1 Nr. 1 InsO). Ferner bestimmt § 295 Abs. 1 Nr. 2 InsO, dass Erwerbe von Todes wegen zur Hälfte an den Treuhänder herauszugeben sind. Nach Ablauf der Wohlverhaltensperiode entscheidet das Insolvenzgericht – vorbehaltlich des § 299 InsO – durch Beschluss über die Restschuldbefreiung (§ 300 InsO).

Die Restschuldbefreiung bewirkt abweichend von § 201 Abs. 1 InsO die Nichtdurchsetzbarkeit des Nachforderungsanspruchs (§ 301 Abs. 1 InsO). Die Insolvenzforderungen verwandeln sich in unvollkommene Verbindlichkeiten[397]. Die Nichtdurchsetzbarkeit wirkt gegenüber allen Insolvenzgläubigerin und erfasst uneingeschränkt auch die Ansprüche aus dem Steuerschuldverhältnis. Von einer Aufnahme steuerlicher Forderungen in den Ausnahmekatalog des § 302 InsO hat der Gesetzgeber Abstand genommen[398]. Der Anspruch erlischt folglich zwar nicht mit Erteilung der Restschuldbefreiung[399], sondern regelmäßig erst mit der Zahlungsverjährung (§§ 47, 228 ff. AO). Er ist aber nicht mehr

396 BGH v. 12.01.2006, IX ZB 29/04, DB 2006, 665 f.

397 *Häsemeyer*, Insolvenzrecht, Rn. 26.63a.

398 Nach teilweise vertretner Auffassung sollen Steuerforderungen im Nachgang zu einer Steuerhinterziehung allerdings „Forderungen aus vorsätzlich begangener unerlaubter Handlung“ im Sinne von § 302 Nr. 1 InsO sein (AG Siegen v. 24.09.2002, 25 IN 203/01, NZI 2003, 43, zustimmend *Klaproth*, ZInsO 2006, 1078; dagegen zu Recht jedoch FG Hamburg v. 02.02.2007, 2 K 106/06, DStRE 2007, 1530 (1531); *Stephan*, in: Münchener Kommentar, InsO, § 302 Rn. 7 mit dem Argument, dass Steuern selbst nicht aus einer unterlaubten Handlung herrühren können, sondern vielmehr mit Verwirklichung eines gesetzlichen Tatbestandes kraft Gesetzes entstehen.

399 Missverständlich *Dißars*, in: Schwarz, AO, § 251 Rn. 170 (Nov. 2002), der von einem „Erlöschen“ der Steuerforderungen spricht.

durchsetzbar. Der Sache nach führt dies – ähnlich wie bei juristischen Personen – zur „beschränkten Haftung" des Menschen[400].

II. Die verfassungsrechtlichen Probleme der Entschuldung des Abgabenschuldners

1) Die Entschuldungskonzeption im Lichte der Steuergerechtigkeit

Rechtsfolge des § 301 Abs. 1 InsO ist die endgültige Nichtdurchsetzbarkeit eines Anspruchs aus dem Steuerschuldverhältins. Der damit einhergehende Konflikt mit dem verfassungsrechtlichen Bestandsgebot ist offenkundig. Der Verlust der Forderung im Entschuldungsverfahren ist ein umfassender Dispens von der Steuerzahlungspflicht. Die Legal-Entschuldung nach § 301 Abs. 1 InsO steht daher in dem gleichen Spannungsfeld zum Bestandsgebot wie der administrative Billigkeitserlass. Es kommt zu einer ungleichmäßigen Besteuerung mit der Folge, dass das Bedürfnis nach verfassungsrechtlicher Rechtfertigung aktiviert wird. Dem Interesse des Schuldners an seiner eigenen Entschuldung als Voraussetzung für einen wirtschaftlichen und gesellschaftlichen Neubeginn steht damit das Allgemeininteresse an der vollständigen Verwirklichung eines nach materiellem Steuerrecht entstandenen Anspruchs aus dem Steuerschuldverhältnis entgegen. Im Rahmen der vorzunehmenden Abwägung hat der Gesetzgeber dem Entschuldungsinteresse unter den oben genannten Voraussetzungen den Vorzug eingeräumt. Da ein Zurücktreten des Bestandsgebotes wie jeder Erlass von Steuerforderungen als Ausnahme von der Allgemeinheit der Besteuerung auf der Vollzugsebene eine Ungleichmäßigkeit der Besteuerung zur Folge hat, muss diese gesetzgeberische Entscheidung verfassungsrechtlich rechtfertigbar sein.

Für die Formulierung des legitimen Zwecks kann ohne Weiteres auf die Argumente aus Rechtsprechung und Literatur zurückgegriffen werden, die bereits im Rahmen der vergleichbaren Diskussion im Hinblick auf den mit dem Forderungsverlust einhergehenden Eingriff in Art. 14 GG genannt werden[401]. Der ver-

---

400 *Balz*, in: Kölner Schrift InsO, 13.

401 Nach überwiegender Auffassung handelt es sich um eine verhältnismäßige Inhalts- und Schrankenbestimmung mit der der Gesetzgeber seinen Gestaltungsspielraum beim Ausgleich von Privatnützigkei des Eigentums einerseits und seiner Sozialbindung andererseits nicht überschritten habe (*Forsblad*, Restschuldbefreiung und Verbraucherinsolvenz 291; *Gerhardt*, ZZP 95 (1982), 467 (492); *Landfermann*, in: Heidelberger Kommentar, InsO, Vor §§ 286-303, Rn. 10; *Sesemann*, NZI 2002, 655 ff.; *Vallender*, Festschrift f. Gerhardt, 999 (1007 ff.); *Wenzel*, a.a.O. § 286 Rn. 56 ff., a.A. *Christmann*, DGVZ 1992, 177 [179] sowie AG München v.

folgte Zweck ist zuvorderst darin zu erblicken, dem wirtschaftlich gescheiterten Schuldner einen Neuanfang und den Wiederaufbau einer Existenz zu ermöglichen. Sekundär kommt die gesetzgeberische Erwartung hinzu, dass ein Schuldner mit einer derartigen Perspektive eher noch bereit ist, sich erwerbswirtschaftlich wieder zu betätigen. Im Gegensatz zu einer vollständigen Aufgabe seinerselbst führe dies zu einer Mehrung des an die Gläubiger ausschüttbaren Vermögens[402]. Schließlich soll der Schuldner mit dieser Persektive von einer Flucht in die Schattenwirtschaft und Schwarzarbeit abgehalten werden[403].

Für das Primärziel lassen sich gewichtige grundrechtlich geschützte Interessen des Schuldners anführen. Seit Beginn der Diskussion wird zu Recht auf eine aus der Menschenwürde des Schuldners hergeleite staatliche (Schutz-) Pflicht verwiesen, dem Schuldner nicht mit endgültiger Mittellosigkeit die Freiheit zu eigenverantwortlichen Entscheidungen zu nehmen[404]. Zur Menschenwürde gehört auch die Hoffnung auf einen Neuanfang, insbesondere wenn der wirtschaftliche Zusammenbruch unverschuldet war oder nur auf leicht verschuldetem Versagen beruht[405]. Dabei drängt sich letztlich sehr überzeugend ein Vergleich zwischen lebenslanger Verschuldung und einer lebenslangen Haft auf. Erinnert sei namentlich an die Entscheidung des BUNDESVERFASSUNGSGERICHTS zur lebenslangen Freiheitsstrafe, wonach der Kern der Menschenwürde betroffen sei, wenn einem Straftäter nicht wenigstens noch die Hoffung auf Freiheit verbleibe[406]. Auch die lebenslange Verschuldung steht dann konsequenterweise in einem Spannungsfeld zur Menschenwürde[407]. Die Menschenwürde und gleichsam die Schutzpflicht aus Art. 2 Abs. 2 GG sind ferner berührt, wenn Folge der Überschuldung unter anderem psychische und soziale Destabilisierung sind[408]. Des Weiteren dürfen schließlich die für unsere Wirtschaftsordnung grundlegenden Freiheitsrechte nicht außer Betracht bleiben[409]. Eine Wirtschaftsordnung, die Risikobereitschaft und unternehmerisches Engagement fordert, kann sich nicht da-

---

30.08.2002, 1506 IN 656/02, NZI 2002, 676, dessen Normenkontrollvorlage allerdings vom Bundesverfassungsgericht als unzulässig zurückgewiesen wurde [BVerfG v. 03.02.2003, 1 BvL 11/02 u.a., NZI 2003, 162]).

402 Vgl. *Wenzel*, in: Kübler/Prütting, InsO, § 286 Rn. 56 ff (Jan. 2008).

403 *Preuss*, Verbraucherinsolvenzverfahren und Restschuldbefreiung, Rn. 210.

404 *Häsemeyer*, Insolvenzrecht, Rn. 26.02; *Stürner*, in: Münchener Kommentar, InsO, Einl. Rn. 93.

405 *Baur/Stürner*, Insolvenzrecht, Rn. 5.57; 6.26; *Wenzel*, in: Kübler/Prütting, InsO, § 286 Rn. 67 (Jan. 2008).

406 BVerfG v. 21.06.1977, 1 BvL 14/76, BVerfGE 45, 187 (245).

407 *Engelhardt*, ZIP 1986, 1287 (1291); *Wenzel*, in: Kübler/Prütting, InsO, § 286 Rn. 67 (Jan. 2008).

408 *Farr*, BB 2002, 1989.

409 *Engelhard*, ZIP 1986, 1287 (1291).

mit abfinden, dass bei wirtschaftlichen Scheitern des unternehmerischen Engagements eine lebenslange Schuldenhaftung droht. Die Erleichterung der Restschuldbefreiung ist darum nicht nur ein soziales, sondern auch ein freiheitliches Anliegen.

Die Prinzipien, die mit dem verfassungsrechtlichen Bestandsgebot in Bezug auf den steuerlichen Anspruch in Widerstreit geraten, sind mithin selbst von hochwertiger verfassungsrechtlicher Natur. In die sodann erforderliche Abwägung ist das Allgemeininteresse am Bestand der Abgabenforderungen indes nicht mit dem vollen Gewicht einzustellen, das Art. 3 Abs. 1 GG und das öffentliche Finanzierungsinteresse unter „normalen Umständen" zu beanspruchen hätten. Denn der gesetzliche Mechanismus garantiert, dass einer Restschuldbefreiung entweder ein (Regel-) Insolvenzverfahren oder ein Verbraucherinsolvenzverfahren obligatorisch vorgeschaltet ist[410]. Es hat mithin regelmäßig der Versuch stattgefunden, vorhandene Vermögenswerte zu realisieren. Mit der Beendigung dieser Verfahren sind keine pfändbaren Vermögenswerte mehr vorhanden. Die Allgemeinheit als Treugeberin und der Steuergläubiger als Treunehmer des steuerlichen Anspruchs halten zu diesem Zeitpunkt mithin nur noch ein Forderungsrecht in den Händen, das mangels Haftungssubstrat aktuell keine Befriedigung erlangen kann. Die Forderung verköpert letztlich nur noch eine Chance auf künftige Befriedigung. Der Gesetzgeber hat diese Chance als sehr gering und damit letztlich wenig schutzwürdig eingestuft[411]. Ausgehend von dieser nachvollziehbaren Gewichtung der fiskalischen Interessenlage müssen ihr nunmehr die gleichsam verfassungsrechtlich fundierten Argumente für eine Entschuldung im Rahmen der Abwägung entgegenhalten werden. Betroffen sind die Menschenwürde und die in ihrer Summe ein freiheitsrechtliches Wirtschaftsgrundrecht repräsentierenden Art. 12 GG und Art. 14 Abs. 1 GG.

Zur Auflösung des Widerstreites zwischen diesen Interessen hat der Gesetzgeber zwar an anderer Stelle mit den geltenden Pfändungsschutzvorschriften als Ausfluss seiner staatlichen Schutzgewährverpflichtung reagiert[412]. Allerdings stellt sich ein Leben innerhalb der Pfändungsfreigrenzen ohne Aussicht auf eine eigennützige Verwendung der verdienten oder erwirtschafteten Vermögenswerte auf lange Sicht gleichsam aussichtlos dar. Dieser Aspekt ist insbesondere auch vor dem vorgenannten Sekundärziel der Restschuldbefreiung zu würdigen. Der Schuldner ohne Perspektive wird eher bereit sein, den Versuch einer neuen wirt-

---

410 Vgl. aber auch *Vallender*, Festschrift f. Gerhardt, 999 (1000 ff.) zur Zweifelhaftigkeit dieses Mechanismus, da regelmäßig kein Vermögen mehr vorhanden ist.

411 Vgl. Rechtsausschuss, BT-Drucks. XII/7302, 151.

412 Siehe zu diesem verfassungsrechtlichen Zusammenhang nur *Höfling*, in: Sachs, GG, Art. 1 Rn. 26; *Marinenz Soria*, JZ 2005, 644 (652); *Stöber*, in: Zöller, ZPO, § 811 Rn. 3.

schaftlichen Existenz – insbesondere als nichtselbständig Beschäftigter – innerhalb der Legalität zu wagen, wenn er um die Chance eines schuldenfreien Anfangs weiß[413]. Es wird ein Anreiz geschaffen, durch die Verwertung der eigenen Arbeitskraft den Gläubigerschaden zu mindern. Insoweit verliert die Gewährung von Pfändungsschutzgrenzen (ggf. in Verbindung mit einer Absenkung der Verjährungsgrenzen) letztlich ihre Bedeutung als mögliches milderes Mittel.

Wesentlich schwieriger ist die gesetzgeberische Abwägung in der konkreten Ausgestaltung des Entschuldungsverfahrens. Mit Blick auf die von Art. 14 Abs. 1 GG geschützten Forderungsrechte der Privatrechtssubjekte ist immer wieder zu Recht betont worden, dass das Entschuldungsverfahren nicht gleich einem Automatismus jedem Schuldner die Restschuldbefreiung „bescheren" darf. Vielmehr steht im Ausgangspunkt die von LUDWIG HÄSEMEYER formulierte Grundbedingung einer vertretbaren Abwägung: „Achtung verdient nur, wer seinerseits seine Gläubiger achtet"[414]. Von dieser Leitlinie muss sich die gesetzgeberische Abwägung leiten lassen, will sie nicht Gefahr laufen, das Forderungseigentum der betroffenen Gläubiger zu einseitig in der Abwägung zu belasten. Diesem Bedürfnis versucht der Gesetzgeber über die Entschuldungsvoraussetzungen zu genügen. Bereits aus §§ 1 S. 2, 286 InsO ergibt sich, dass nicht jeder Schuldner eine Befreiung von seinen Verbindlichkeiten erfahren kann, sondern dies allein dem „redlichen" Schuldner vorbehalten ist. Damit wird ein „Würdigkeitskriterium"[415] eingeführt, das durch § 290 InsO konkretisiert wird[416].

Zu einem Teilelement der vorgenannten Redlichkeit wird über § 290 Abs. 1 Nr. 2 InsO ansatzweise auch die Steuerehrlichkeit. Denn zu den schädlichen Falschangaben im Sinne dieses Versagungsgrundes zählen nach zutreffender Auffassung unter anderem solche, die im Rahmen von Steuererklärungen getätigt wurden und zu einer Steuerverkürzung geführt haben[417]. Ferner ist nach richtiger Auffassung der Tatbestand dann erfüllt, wenn der Schuldner in den letzten drei Jahren vor Eröffnung des Insolvenzverfahrens überhaupt keine Steuererklärungen

---

413 *Ahnert*, Verbraucherinsolvenz und Restschuldbefreiung, 213 f.

414 *Häsemeyer*, Festschrift f. Henckel, 353 (364).

415 *Häsemeyer*, Insolvenzrecht, Rn. 26.17 ff.; *Smid*, Insolvenzrecht, § 31 Rn. 6.

416 *Grote*, Festschrift f. Kirchhof, 149 (150); *Stürner*, in: Münchener Kommentar, InsO, § 1 Rn. 108.

417 BGH v. 12.01.2006, IX ZB 29/04, DB 2006, 665 f.; *Stephan*, in: Münchener Kommentar, InsO, 290 Rn. 39. Nach BGH v. 22.05.2003, IX ZB 456/02, NZI 2003, 499 (450) erfasse § 290 Abs. 1 Nr. 2 InsO aber nicht den Fall, dass die Falschangabe außerhalb des Drei-Jahreszeitraums liegt und der Schuldner einer gesetzlichen Berichtigungspflicht (vgl. § 153 AO) aber innerhalb dieses Zeitraums nicht nachgekommen ist.

abgegeben hat[418]. Des Weiteren sollen hierunter unrichtige Angaben im Zusammenhang mit Anträgen auf Stundung und Aussetzung der Vollziehung fallen[419]. Dies ist für die verfassungsrechtliche Abwägung ein bedeutender Aspekt. Die Vorstellung, dass ein vorsätzlich oder grob fahrlässig seinen steuerlichen Pflichten nicht nachkommender Schuldner, der womöglich noch wegen der Aufdekkung dieses Umstandes im Rahmen einer Außenprüfung und der damit einhergehenden Nachforderungen seine materielle Insolvenz selbst zu verantworten hat, sich über ein Insolvenzverfahren dieser Verbindlichkeiten ohne Beachtung dieser Verantwortlichkeit entledigen kann, ist nicht mehr Grundlage eines verfassungsgemäßen Ausgleichs mit der Steuergerechtigkeit. Die Steuerehrlichkeit der übrigen Bürger würde damit nicht ausreichend gewürdigt. Ein geschlossenes Konzept in Ansetzung von Steuerehrlichkeit und insolvenzrechtlicher Redlichkeit fehlt de lega lata zwar. Eine spezifisch abgabenrechtliche Redlichkeit spiegelt das Gesetz bisher nicht wider. Die vorhandenen Teilaspekte tragen der verfassungsrechtlichen Wechselbeziehung zwischen dem Redlichkeitsbild der Insolvenzordnung und den steuerrechtlichen Gerechtigkeitserwägungen allerdings ausreichend Rechnung.

Für die Abwägung ist des Weiteren bedeutsam, dass das Gesetz dem Schuldner die Möglichkeit nimmt, sich passiv und gleichsam träge in die Hände eines staatlich geordneten Verfahrens zu begeben, an dessen Ende – quasi automatisch – die Befreiung von seinen restlichen Schulden steht[420]. Vielmehr wird jedenfalls der nicht dem Regelinsolvenzverfahren unterliegende Schuldner über die Zugangsvoraussetzung „des ernsten Bemühens um eine außergerichtliche Einigung" gezungen, aktiv an der Insolvenzbewältigung mitzuwirken[421]. Es genügt nicht, dass der Schuldner konzeptlos in die außergerichtlichen Verhandlungen geht[422]. Auch die Wohlverhaltensperiode sieht zahlreiche Obliegenheiten für den Schuldner vor, die letztlich vom Schuldner verlangen, dass er sich seine Entschuldung verdient[423]. Zu nennen ist insbesondere die Erwerbsobliegenheit gemäß § 295 Abs. 1 Nr. 1 InsO. Geht er einer Beschäftigung nach, muss seine Erwerbstätigkeit angemessen sein. Ist er ohne Beschäftigung, hat er sich um eine solche zu bemühen und keine zumutbare Tätigkeit abzulehnen. Das hiernach vom Gesetzgeber gezeichnete Redlichkeitsbild ist nachvollziehbar und trägt den verfassungsrechtlich fundierten Belangen der Gläubiger in dem gebotenen Maße Rech-

418 LG Traunstein v. 25.10.2002, 4 T 1320/02, ZVI 2002, 473 f.; a.A. OLG Köln v. 24.02.2001, 2 W 249/00, ZIP 2001, 466; *Lang*, in: Braun, InsO, § 290 Rn. 16.

419 *Stephan*, in: Münchener Kommentar, InsO, § 290 Rn. 39.

420 *Schmidt-Räntsch*, MDR 1994, 312 (323).

421 *Ahnert*, Verbraucherinsolvenz und Restschuldbefreiung, 47.

422 *Ahnert*, Verbraucherinsolvenz und Restschuldbefreiung, 46.

423 *Grote*, Festschrift f. Kirchhof, 149 (153).

nung. Die grundsätzliche Unterscheidung zwischen dem redlichen Schuldner, der während des Verfahrens allen Obliegenheiten nachkommt, und anderen Schuldnern gibt daher bei der konkreten Ausgestaltung den Ausschlag für eine verfassungsrechtlich vertretbare Abwägung.

2) Die praktische Umsetzung der Entschuldungskonzeption

Wir haben gesehen, dass der Gesetzgeber bewusst auf ein Entschuldungsmodell verzichtet hat, in dem die Redlichkeit des Schuldners im Einzelfall durch eine weitgehende richterliche Entscheidungsbefugnis überprüft wird. Stattdessen vertraut der Gesetzgeber auf eine Gläubigerobliegenheit. Das Versagungsantragsrecht muss in jedem Einzelfall von mindestens einem Insolvenzgläubiger ausgeübt werden.

Der in der Praxis auszumachende Befund verwundert dabei. Obwohl sich nicht selten schon nach eigener Aktenlage beim Finanzamt die Unwürdigkeit gerade mit Blick auf § 290 Abs. 1 Nr. 2 InsO aufdrängt und zunehmend der Insolvenzverwalter in seinem Schlussbericht auf etwaige Obliegenheitsverletzungen hinweist, zeichnet sich die Praxis nicht selten dadurch aus, dass im Schlusstermin kein Vertreter des Finanzamtes erscheint. Selbst in Fällen, in denen die Schuldner erhebliche Steuerschulden angehäuft hatten und während des Insolvenzverfahrens rechtskräftig wegen Steuerhinterziehung verurteilt worden waren, schickte das zuständige Finanzamt sich nicht an, einen Versagungsantrag zu stellen. Dies ist freilich nicht nur ein Phänomen betreffend den Steuergläubiger. Es ist allgemein auszumachen, dass kaum Insolvenzgläubiger im Schlusstermin erscheinen und somit die Gläubigerschaft insgesamt ihres Antragsrechts verlustig wird. Das Vertrauen auf eine solche Gläubigerobliegenheit selbst dürfte verfassungsrechtlich nicht zu beanstanden sein, auch wenn angesichts der bekannten Bequemlichkeit der Gläubiger die Schwächung der Würdigkeitskontrolle bereits im System angelegt wird[424]. Für diejenigen Gläubiger, die außerhalb einer öffentlichrechtlichen Vollzugspflichtigkeit stehen, ist dies letztlich Ausdruck der ihnen zu Teil werdenden Privatautonomie. Für den Steuergläubiger kann dies aber nicht gelten. Besteht nämlich zwischen der Würdigkeitsvoraussetzung und der Verfassungsmäßigkeit ein derart enger Zusammenhang, darf der Steuergläubiger nicht sehenden Auges den Verlust seiner Steuerforderung gegenüber einem unredlichen Schuldner in Kauf nehmen. Er missachtet damit den verfassungsrechtlich einzig vertretbaren Ausgleich zwischen der Steuergerechtigkeit einerseits und den Schuldnerinteressen anderseits. Lediglich dann, wenn absehbar ist, dass die Einziehung der Steuerrückstände auch künftig keinen Erfolg und lediglich die

424 *Grote*, Festschrift f. Kirchhof, 149 (150).

unnötige Bindung weiterer Verwaltungsressourcen zur Folge haben wird, kann die Finanzbehörde nach pflichtgemäßen Ermessen von der Geltendmachung eines Versagungsgrundes absehen. Für diese Konstellation hat der Gesetzgeber mit §§ 156, 261 AO einen einfach-rechtlichen Ausgleich zwischen Verwaltungsökonomie und Steuergerechtigkeit gefunden, der auch für das Restschuldbefreiungsverfahren wertungsmäßig Geltung beansprucht. Außerhalb solcher Sachverhalte ist eine strukturelle Passivität des Steuergläubigers jedoch Ausdruck eines verfassungswidrigen Steuervollzuges.

E. Zusammenfassung des ersten Teils

Aus dem „Grundlagenteil" sind für den weiteren Fortgang folgende Erkenntnisse festzuhalten:

- Der moderne Staat ist Steuerstaat und der effektive Steuerzugriff damit eine seiner Existenzvoraussetzungen. Gleichsam muss der Steuerzugriff dem von Art. 3 Abs. 1 GG vermittelten Postulat einer umfassenden Vollzugsgleichheit und dem vom Rechtsstaatsprinzip ausgehenden steuerrechtlichen Legalitätsprinzip gerecht werden. Der effektive Steuerzugriff stellt damit ein hochwertiges öffentliches Interesse dar. Er rechtfertigt nicht nur eine Sonderstellung des Staates. Er macht als einzige Alternative eine solche im Wesentlichen sogar zwingend erforderlich. Diese Notwendigkeit eines effektiven Steuerzugriffs verwirklicht der Gesetzgeber durch ein hoheitliches Steuerverwaltungsverfahren. Die Finanzverwaltung tritt dem Steuerpflichtigen im Steuerrechtsverhältnis mit einer rechtlichen Überlegenheit gegenüber. Sie verfügt zur Wahrnehmung ihrer Aufgaben über die Befugnis, einseitig Rechtsfolgen zu begründen, insbesondere Ansprüche selbst zu titulieren, und die Befugnis sowie Mittel ihre eigenen Anordnungen durchzusetzen.
- Erst recht existiert ein verfassungsrechtliches Bestandsgebot. Der rechtliche – aber auch der tatsächliche – Verlust eines Anspruchs aus dem Steuerschuldverhältnis bewirkt denknotwendig eine Ungleichbehandlung und bleibt zugleich nicht ohne Einfluss auf das Haushaltsbudget. Jede Durchbrechung des Bestandsgebotes ist daher durch einen anderen hochwertigen sachlichen Grund zu rechtfertigen und kann nur durch einen vertretbaren Ausgleich der widerstreitenden Prinzipien gelingen.
- Das Insolvenzrecht reagiert auf das Kollektivhandlungsproblem, welches sich einstellt, wenn ein Schuldner nicht mehr in der Lage ist, alle gegen ihn gerichteten Ansprüche zu befriedigen. Es bezweckt eine geordnete Abwicklung der Rechtsverhältnisse des Schuldners. Um des sozialen Friedens willen und im Interesse einer möglichst effektiven Haftungsverwirklichung wird daher

mit der Insolvenzmasse ein Sondervermögen geschaffen, welches sowohl vor Verfügungen des Schuldners als auch vor Zugriffen der Gläubiger geschützt wird. Zugleich werden alle persönlichen Gläubiger in einem einheitlichen Gesamtvollstreckungsverfahren zusammengefasst. Ihre Rechtsdurchsetzung wird kollektiviert und ihre Forderungen werden nach dem Grundsatz par conditio creditorum befriedigt. Die Verwirklichung von Exklusivität und Universalität ist dabei unabdingbare Grundvoraussetzung für eine funktionsfähige Haftungsverwirklichung.

- Der Weg zur gemeinschaftlichen Befriedigung der Gläubiger ist von diesen selbst zu bestimmen. Der Gesetzgeber erhofft sich von der Deregulierung des Insolvenzverfahrens einen „Wettbewerb um die beste Verwertungsart". Die Gläubiger sind demnach grundsätzlich frei – gebunden nur durch den faktischen Zwang der Mehrheitsfähigkeit des gewünschten Weges sowie ggf. den insolvenzplanrechtlichen Minderheitenschutz – die Art und Weise der Haftungsverwirklichung selbst zu formulieren. Sie können weiterhin auf die Zerschlagung des Unternehmens drängen und den Erlös quotal untereinander verteilen. Sie können die Verwertung der Masse aber auch abweichend regeln. Insbesondere können sie versuchen, dass Unternehmen zu erhalten, um sich aus den zukünftigen Erträgen zu befriedigen.
- Das Insolvenzrecht ist im Lichte der vielfältigen Verfassungsbestimmungen zu sehen. Es stellt in Bezug auf die Eigentumsfreiheit der grundrechtsberechtigten Insolvenzgläubiger sowohl die Bestimmung des Inhalts und der Schranken des Forderungsrechtes dar, ist zugleich aber auch Ausdruck einer grundrechtlichen Schutzgewährung vor einem unnötigen Verlust bzw. einer vermeidbaren Entwertung dieses Forderungsrechts. Die Einbindung in das Kollektiv ist verfassungsrechtlich zudem nur solange gerechtfertigt, wie die Kollektivierung geeignet ist, dieser Schutzgewährpflicht zu genügen. Verliert sie ihre Effektivität, verliert sie zugleich ihre eigene Rechtfertigung. Des Weiteren wird die Ordnungsfunktion des Insolvenzrechts maßgeblich vom Rechts- und Sozialstaatsprinzip, dem Justizgewährleistungsanspruch im Besonderen sowie den grundrechtlichen Belangen des Schuldners selbst determiniert.

In Ansehung des Zusammenwirkens von Steuer- und Insolvenzrechts sind folgende Ergebnisse festzuhalten:

- Der Steuergläubiger ist mit Eröffnung des Insolvenzverfahrens Mitglied einer *communio incidens*, der in materieller Hinsicht die gemeinsame Verlusttragung ihrer Mitglieder eigen ist. Diesem Prinzip der gleichmäßigen Verlusttragung unterliegt auch der Steuergläubiger.
- Das vormalige Konkursprivileg gehört der Vergangenheit an. Eine Einbindung des Steuergläubigers in die Verlustgemeinschaft unter Formulierung

derartiger Privilegien unterliegt grundsätzlich der Gestaltungsfreiheit des Gesetzgebers. Wenngleich solche Verteilungsprivilegien verfassungsrechtlich den Konflikt mit den übrigen Mitgliedern des Kollektivs heraufbeschwören und letztlich angesichts der Auswirkungen auf die Effektivität des Insolvenzverfahrens sogar das Gesamtsystem verfassungsrechtlich in Frage stellen können, erlaubt die Gewichtigkeit der durch die Steuerforderung repräsentierten Gemeinwohlbelange eine Abwägung zu Lasten der übrigen Insolvenzgläubiger. Unter umgekehrten Vorzeichen, d.h. im Zusammenhang mit der Formulierung eines insolvenzrechtlichen Nachranges zu Lasten des Steuergläubigers, endet die Gestaltungsmacht des Gesetzgebers. Ein Nachrang steuerlicher Forderungen käme einem Verzichtsautomatismus nahe, der verfassungsrechtlich nicht zu rechtfertigen ist.

- Die sog. Kollision von Steuer- und Insolvenzrecht wird ausgehend von einem grundsätzlichen insolvenzrechtlichen Vorrang aufgelöst. Dieser Vorrang folgt entweder schon aus § 251 Abs. 2 S. 1 AO oder außerhalb seines Anwendungsbereichs aus dem allgemeinen Grundsatz der Spezialität der (besonderen) insolvenzrechtlichen Vorschriften gegenüber den (allgemeinen) steuerrechtlichen Normen. Dies hat zur Folge, dass der Steuergläubiger im Wesentlichen seiner Rechtserkenntnis- und Rechtsdurchsetzungsmacht beraubt wird. Er kann Insolvenzforderungen vorrangig nur noch zur Insolvenztabelle anmelden, darf nicht mehr in das schuldnerische Vermögen vollstrecken und unterliegt bestimmten Aufrechnungsbeschränkungen.
- Die damit einhergehende Einbindung des Steuergläubigers in ein System kollektiver Disziplinierung ist verfassungsrechtlich nicht zu beanstanden, stellt sie doch einen vertretbaren Ausgleich zwischen dem verfassungsrechtlich gebotenen effektiven Steuerzugriff einerseits und den sog. Insolvenzzwecken andererseits dar. Vor dem Hintergrund, dass sich die Gesamtvollstreckung überhaupt verfassungsrechtlich nur rechtfertigen lässt, wenn ihr ein Mindestmaß an Effektiviät zukommt, ist es letztlich sogar verfassungsrechtlich geboten, den Steuergläubiger gleich den übrigen Insolvenzgläubigern zu disziplinieren. Schließlich bestehen keine europarechtlichen Bedenken gegen die Disziplinierung des Steuergläubigers in der Unternehmensinsolvenz.
- Die kollektive Befreiung eines Schuldners von seinen Verbindlichkeiten nach den §§ 286 ff. InsO erfasst auch Steuerforderungen. Eine solche Ausnahme von dem verfassungsrechtlichen Bestandsgebot ist dabei nur vertretbar, wenn der Schuldner einer Entschuldung würdig ist. Die Würdigkeit darf insoweit nicht von der Steuerehrlichkeit gelöst werden. Vielmehr besteht insoweit eine Wechselwirkung, als dass der vorsätzlich und grob fahrlässig steuerunehrliche Schuldner im Verhältnis zu den steuerpflichtkonform handelnden Bürgern keine Entschuldung erfahren darf. Diesen Vorgaben wird die Entschuldungs-

konzeption des Gesetzgebers gerecht. Allerdings ist anzumerken, dass auf der tatsächlichen Vollzugsebene eine Passivität der Steuerbehörden zu verzeichnen ist, die diesem Ausgleich nicht gerecht zu werden droht.

Zweiter Teil: Der Steuergläubiger zwischen insolvenzspezifischer Dispositionsbefugnis und mehrheitslegitimierter Fremddisposition im Insolvenzplanverfahren

Waren die bisherigen Untersuchungsgegenstände vornehmlich auf die (verfassungs-) rechtliche Würdigung der „anteiligen Verlusttragung“ und „Machtbeschränkung“ zu Lasten des Steuergläubigers gerichtet, sticht mit der Frage nach den rechtlichen Rahmenbedingungen für „Sanierungsbeiträge“ des Steuergläubigers ein Problemfeld heraus, dass primär durch umgekehrte Vorzeichen geprägt ist. Während sich das Insolvenzrecht hinsichtlich der Sicherung der Insolvenzmasse vor individuellen Gläubigerzugriffen und hinsichtlich der rechtsverbindlichen Berechtigung an der Insolvenzmasse als kompromisslos geriert, stellt es sich in anderer Hinsicht als überaus flexibel dar. Das Insolvenzrecht soll nach dem Willen des Reformgesetzgebers ein auf Maximierung der Haftungsmasse ausgerichtetes, hinsichtlich der Verwirklichung dieser Vorgabe aber freies, Gesamtvollstreckungsrecht sein. Ob und inwieweit auch der Steuergläubiger in der „Stunde gestaltender Gläubigermacht“[425] zur Aktion und Disposition befugt ist, wird im Folgenden untersucht. Dabei wird aufgezeigt werden, welcher teleologische Widerspruch sich einstellen würde, wenn dem Steuergläubiger mangels entsprechender Befugnis nur die Rolle eines Akkordstörers zufallen würde. Dies gilt im Besonderen für das Insolvenzplanverfahren. Hieran anknüpfend wird daher für das finanzbehördliche Handeln in diesem Verfahren eine insolvenzspezifische Dispositionsermächtigung identifiziert und deren einfach-rechtliche Anwendung konkretisiert, bevor schließlich die verfassungsrechtliche Würdigung dieser Dispositionsmacht in den Vordergrund gestellt wird (dazu insgesamt A.). Verfassungsrechtlich gleichsam diskussionswürdig ist die Fremddisposition über den Steueranspruch. So müssen Dispositionen über den Steueranspruch nicht stets vom Willen des Steuergläubigers getragen sein. Der Steueranspruch wird zur Disposition einer Mehrheitsentscheidung gestellt. Auch dieser Aspekt wird unter besonderer Berücksichtigung des Insolvenzplanverfahrens beleuchtet (dazu B.).

425 *Baur/Stürner*, Insolvenzrecht, Rn. 3.28.

A. Der Steuergläubiger zwischen gestaltender Gläubigermacht und finanzbehördlicher Gesetzesbindung

I. Die Interessengegensätze und der Interessenausgleich durch Verhandlungen

Bei erster Anschauung der Interessenlage scheinen die Gläubiger ein einheitliches Ziel zu verfolgen. Sie suchen allesamt Befriedigung. Je nach Rechtsform oder Struktur der Unternehmung wird bei differenzierter Betrachtung indes deutlich, dass sich diese vermeintlich ähnliche Interessensrichtung in eine typische Interessenvielfalt aufspaltet[426]. Die Geldkreditgeber sind vornehmlich an der Bedienung ihrer ausstehenden Kredite interessiert und sehen sich vielfach in der komfortablen Situation, über werthaltige Sicherheiten zu verfügen. Ihr Bestreben ist naturgemäß darauf gerichtet, den damit vermittelten Mindestbefriedigungsstandard zu halten. Ferner kann ein Interesse am Fortbestand des Betriebes und dem finanziellen Überleben seines Trägers oder seiner Gesellschafter bestehen. Gestuft nach wirtschaftlicher Größe existieren als weitere Interessengruppe die Warenkreditgeber. Je nach Abhängigkeit eines Lieferanten von dem Insolvenzschuldner als Abnehmer ist auch seine Betroffenheit mit dessen Insolvenz ausgeprägt. Warenkreditgeber verfügen gegebenenfalls über Sicherungsrechte aus Warenlieferungen, sind aber – anders als die Finanzkreditgeber – regelmäßig stärker in der eigenen wirtschaftlichen Existenz berührt. Je nach eigener Ausstattung mit Zahlungsmitteln kann sich die Insolvenz des Abnehmers zur eigenen Krise entwickeln. Damit eng verbunden ist das nicht selten vorhandene Interesse, wenn nicht sogar Bedürfnis, den Insolvenzschuldner als Abnehmer und damit den Zugang der eigenen Produkte zum Absatzmarkt nicht zu verlieren. Insoweit orientiert sich ihr Handeln nicht selten am Blick in die Zukunft. Ähnlich haben auch die Arbeitnehmer ein gesteigertes Interesse an der künftigen Verwertbarkeit ihrer Arbeitskraft, also am Fortbestand ihrer Arbeitsplätze. Im leichten Gegensatz zu diesen Positionen stehen nicht selten die Interessen von Handwerkern, Dienstleistern und sonstigen Gelegenheitsgläubigern, die mehr an der kurzfristig zu erreichenden Befriedigung interessiert sind, als an einer langfristigen Bindung. Zu den aus Sicht der vorgenannten Beteiligten rational erklärbaren Interessen treten schließlich noch weitere Interessen und Verhaltensweisen, die nur durch persönliche Beweggründe erklärbar sind.

Inmitten dieser Runde steht der Steuergläubiger. Ansprüche aus dem Steuerschuldverhältnis entstehen regelmäßig ipso iure mit der Verwirklichung des Tatbestandes, an den das Gesetz die Leistungspflicht knüpft (§ 37 AO). Anders als

426 Vgl. *Flessner*, Sanierung und Reorganisation, 194 ff.; *Goebel*, KTS 2002, 615 (617 ff.); *Henckel*, KTS 1989, 477 (484 f.).

der keinem Kontrahierungszwangs unterliegende Privatrechtsgläubiger kann sich der Steuergläubiger die Person nicht aussuchen, mit der er in eine Rechte und Pflichten begründende Sonderverbindung tritt. Ihm vergleichbar sind insoweit allenfalls reine Deliktsgläubiger. Kann der Steuergläubiger schon nicht über die Entstehung des Steuerschuldverhältnisses frei entscheiden, kommt noch hinzu, dass er gleichsam keinen Einfluss auf die konkrete Ausgestaltung desselbigen nehmen kann. Angesichts der charakterbestimmenden Gegenleistungslosigkeit der Steuer hat er keine dem Privatgläubiger vergleichbare Verhandlungsposition, die es ihm erlaubt, durch Vorkasse oder Zurückbehaltungsrechte die Bedienung seiner Ansprüche zu „erzwingen". Er hat nicht die Möglichkeit, die Eingehung des Steuerschuldverhältnisses von einer Sicherheitengestellung abhängig zu machen, sei es durch Eigentumsvorbehaltsrechte oder sonstige Kreditsicherheiten. Sicherheiten werden – wenn überhaupt – erst im Rahmen des Erhebungs- oder Vollstreckungsverfahrens bestellt, um Vollstreckungsmaßnahmen abzuwenden. Unter Anfechtungsgesichtspunkten ist deren Werthaltigkeit allerdings zweifelhaft. Diesen Befund kompensiert der Steuergesetzgeber zwar zunehmend durch Haftungstatbestände, die ihm zumindest teilweise eine vergleichbare Sicherung gewähren. Im Ausgangspunkt bleibt aber festzuhalten, dass der Steuergläubiger regelmäßig ein ungesicherter Gläubiger ist, der sich seinen Schuldner nicht aussuchen konnte. Seine ungesicherten Ansprüche erreichen in der Praxis zudem nicht unerhebliche Größenordnungen. Gerade Umsatz- und Lohnsteuern stellen im Verhältnis zu den übrigen ungesicherten Insolvenzforderungen in Unternehmensinsolvenzen eine beachtenswerte Passivposition dar.

Unter diesen Vorzeichen wird das Handeln des Steuergläubigers nach wie vor von dem Erfordernis des effektiven Steuerzugriffs bestimmt. Bezogen auf die Steuerinsolvenzforderung ist dies eine Interessenlage, der grundsätzlich kein Zukunftsbezug zukommt. Im Mittelpunkt steht vornehmlich die Forderungsbefriedigung und nicht die Sicherung einer künftigen (Geschäfts-) Beziehung. Anders als bei Lieferanten und Arbeitnehmern droht durch die einzelne Insolvenz von Steuerpflichtigen nicht der eigene wirtschaftliche Zusammenbruch. Zudem ist der Steuergläubiger nicht auf einen speziellen Steuerpflichtigen angewiesen, um seinen Finanzbedarf zu decken. Er partizipiert an der wirtschaftlichen Betätigung aller Steuerpflichtigen. Erwirtschaftet nicht der Insolvenzschuldner Gewinne, zahlt nicht dieser Löhne und führt nicht dieser Umsätze aus, tut es ein anderer, der in die Position des ausgeschiedenen Wirtschaftssubjekts nachrückt, sofern noch ein rentabler Markt vorhanden ist. Gleichwohl kann sich aber die *gesamtstaatliche* Interessenlage zukunftsbezogen von der notleidenden Steuerforderung entfernen und sich auf die Fernwirkungen erstrecken. Der Staat kann neben seiner Eigenschaft als Steuer*gläubiger* zugleich als Leistungs*schuldner* betroffen sein. Sein Interesse kann darauf gerichtet sein, dem mit dem Unternehmenszusammenbruch einhergehenden – womöglich dauerhaften – Arbeitsplatzverlust entgegenzusteuern. Darüber hinaus kann er in seiner Eigenschaft als Garant für eine funktionierende Gesamtwirtschaft betroffen sein. Dies gilt entsprechend für seine Strukturpolitik, wenn das Unternehmen einem besonders geförderten Wirtschaftszweig angehört oder in einer geförderten Region liegt, für seine allgemeine Wirtschaftspolitik, wenn der Zusammenbruch andere Wirtschaftsbereiche in Mitleidenschaft ziehen würde, und für seine internationale Geltung, wenn das Unternehmen nationalen Symbolwert besitzt oder Güter herstellt, die ein Land als Nachweis seiner wirtschaftlichen und technischen Potenz herstellen muss[427]. Dies sind freilich allesamt Interessen, die nicht unmittelbar aus der Stellung als Steuergläubiger herrühren. Die Summe dieser Interessen – seien sie Ausfluss der Steuerforderung als solches oder einer gesamtwirtschaftlichen Verwantwortung – kennzeichnet die besondere Interessenlage des Steuergläubigers.

Gegenläufige Interessen werden regelmäßig durch freibestimmte Verhandlungen zum Ausgleich gebracht. Sofern das Verhandlungsergebnis eine verfahrensrelevante Entscheidung ist, wird deren Rechtsverbindlichkeit im Insolvenzverfahren typischerweise durch die Abstimmung über einen konsentierten Antrag in der Form des Beschlusses herbeigeführt. Für grundrechtsberechtigte Privatrechtssubjekte ist diese „Freiheit" das Kernstück grundrechtlich verbürgter Privatautonomie[428]. Ob man dafür die von Art. 14 Abs. 1 GG gewährleistete Verfügungsbefugnis über das eigene Forderungsrecht, eine von Art. 12 GG geschützte unternehmerische Dispositionsfreiheit, zumindest die allgemeine Handlungsfreiheit des Art. 2 Abs. 1 GG oder letztlich vielleicht sogar eine Gesamtschau dieser Grundrechte bemüht[429], ist dabei nur eine unwesentliche Detailfrage.

Will der Gesetzgeber an den Mechanismus „Markt" anknüpfen, knüpft er an diese Entscheidungsfreiheit an und provoziert damit zwangsläufig ein Problem. Die staatliche Verwaltung handelt als gesetzesgebundene Staatsgewalt nicht in Ausübung einer solchen Freiheit, sondern im Rahmen zugewiesener Kompetenzen[430]. Die Berufung auf privatautonome Gestaltungsfreiheit – hier im Sinne ei-

---

427 *Flessner*, Sanierung und Reorganisation, 195 f.

428 BVerfG v. 16.05.1961, 2 BvF 1/60, BVerfGE 12, 341 (347); v. 23.04.1986, 2 BvR 487/80, BVerfGE 73, 261 (270); siehe im Übrigen nur *Flume*, Das Rechtsgeschäft, 1; *Höfling*, Vertragsfreiheit, 6 ff.; *Röhl*, Allgemeine Rechtslehre, § 28 II (209) sowie auch *Eidenmüller*, Effizienz als Rechtsprinzip, 331 ff.

429 Vgl. nur BVerfG v. 29.11.1961, 1 BvR 148/57, BVerfGE 13, 225 (229), v. 01.03.1979, 1 BvR 532/77 u.a. BVerfGE 50, 290 (339 ff.); *Ossenbühl*, AöR 115 (1990), 12 (16 ff.), *Tettinger*, DVBl. 1999, 679 (685).

430 *Gurlit*, Verwaltungsvertrag und Gesetz, 245; *Ehlers*, Verwaltung in Privatrechtsform, 87; *Henneke*, in: Knack, VwVfG, Vor § 54 Rn. 33; *Maurer*, DVBl 1989, 798 (805); *Wolff/Bachof/Stober*, Allgemeines Verwaltungsrecht, Bd. I, § 18 Rn. 5.

ner Dispositionsfreiheit – ist ihr versagt[431]. Zwar hat sich im Verwaltungsrecht die Auffassung stets strenger Gesetzesbindung und Programmierung nicht durchgesetzt. Vielmehr wird auch dort ein Bedürfnis für Handlungsspielräume der Verwaltung anerkannt[432]. Einen Gespaltungsspielraum hat die Verwaltung jedoch gleichwohl nur dann inne, wenn die Rechtsordnung ihr einen solchen zuweist. Die Erscheinungsformen und Grenzen derartiger Freiräume sind entsprechend den Eigenarten und Bedürfnissen der jeweiligen verwaltungsrechtlichen Sachgebiete mit fließenden Intensitätsstufen[433] sehr unterschiedlich ausgeprägt. In Teildisziplinien reicht sie de lege lata bis hin zur Einräumung administrativer und lediglich „gesetzesdirigierter"[434] Gestaltungsfreiheit. Insbesondere bei komplexen Verwaltungsentscheidungen zieht sich der Gesetzgeber vornehmlich auf finale Programmierungen zurück[435]. Dem Steuerrecht ist eine solche Freiheit allerdings fremd. Es ist ein streng konditional durchprogrammiertes Rechtsgebiet, das hinsichtlich der Gestaltbarkeit des Steuerschuldverhältnisses von besonderer Strenge gekennzeichnet ist. Zum einen ist die Finanzbehörde materiell-rechtlich in ihren Entscheidungen gebunden, was wenig Raum für Dispositionen und Gestaltungen lässt. Es kommen allenfalls Absprachen und Dispisitionen über die Art und Weise der Steuerzahlung (etwa Stundung, Ratenzahlung, etc) und tatsächliche Verständigungen bei Aufklärungsdefiziten sowie der Konkretisierung der Rechtsanwendung in Betracht. Zum anderen unterliegt auch der Gesetzgeber diesen strengen Bindungen und ist daher zur Schaffung von Dispositionsermächtigungen nur in engen verfassungsrechtlichen Grenzen befugt. Denn der Steuervollzug muss

---

431 Siehe nur *Burmeister*, VVDStRL 52 (1993), 190 (212 ff.); *Henneke*, in: Knack, VwVfG, Vor § 54 Rn. 33; *Krebs*, VVDStRL 52 (1993), 248 (256); *Maurer*, Allgemeines Verwaltungsrecht, § 14 Rn. 25; *Seer*, Verständigungen in Steuerverfahren, 168; *Spannowsky*, Grenzen des Verwaltungshandelns durch Verträge und Absprachen, 276.

432 Siehe nur *Badura*, Festschrift f. Bachof, 169 (178 ff.); *Bullinger*, JZ 1984, 1001 (1005); *Dreier*, DV 25 (1992), 137 (147); *Ehlers*, in: Erichsen, Allgemeines Verwaltungsrecht, § 1 Rn. 48; *Schmidt-Aßmann*, in: Maunz/Dürig, GG, Art. 19 Abs. 4 Rn. 188 ff. (Febr. 2003): „administrative Letztentscheidungsermächtigungen". Siehe zur Historie *Schenke*, in: Bonner Kommentar, GG, Art. 19 Abs. 4 Rn. 317 ff.

433 *Bachof*, JZ 1972, 641 (642); *Ehlers*, in: Erichsen, Allgemeines Verwaltungsrecht, § 1 Rn. 48; *Schmidt-Aßmann*, Festschrift f. Stern, 745 (756).

434 Vgl. *Ossenbühl*, DVBl 1974, 309.

435 Dies gilt namentlich für das Planungsrecht, wo das gewährte Planungs- und Gestaltungsermessens ebenfalls eine eigene Programmbildung der Verwaltung voraussetzung und der Gesetzgeber „nur" noch durch eine finale Programmierung steuert (statt vieler nur *Hoppe*, Festschrift 25 Jahre Bundesverwaltungsgericht, 295 [300 f.]; *Pietzcker*, JuS 1982, 106 [107]; *Scholz*, VVStRL 34 [1976], 145 [163 f.], hierzu auch *Bullinger*, JZ 1984, 1001 [1009]; *Schmidt-Aßmann*, Festschrift f. Brohm, 547 [552]).

sich am Gesetz messen lassen und ist Ausdruck der Gleichmäßigkeit der Besteuerung im Sinne des bereits mehrfach beschriebenen Effektivitäts- und Bestandsgebotes. Dieses von strenger Bindung gekennzeichnete Innenverhältnis der „steuerlichen Treuhandschaft“[436] wird regelmäßig in der Feststellung zum Ausdruck gebracht:

> „Der Steueranspruch steht nicht zur Disposition der Beteiligten“[437].

Nichtsdestotrotz zeigt die Praxis, dass mit Eintritt der formellen Insolvenz und einer Verhandlungssituation Dispositionen über den Steueranspruch nicht selten sind. Die Unzulänglichkeit des Vermögens, die eigene Beschränktheit und das Wissen um die Verlustgemeinschaft erhöhen die Dispositionsbereitschaft gegenüber dem „Normalzustand“ häufig erheblich. Auch die Entscheidungsmaßstäbe unterliegen einer Veränderung. Exemplarisch für den „Sinneswandel“ kann der zuvor zitieren Passage daher ein Auszug aus einer Verwaltungsanweisung vom 17. Dezember 1998 entgegengesetzt werden:

> „Die Frage, ob das Finanzamt einem Insolvenzplan zustimmen soll oder nicht, ist grundsätzlich nach wirtschaftlichen Gesichtspunkten zu entscheiden“.

Die Direktive selbst, aber auch ihre unkritische Übernahme in großen Teilen der Literatur zeigt, dass in der Insolvenz offenbar andere „Gesetze“ gelten, eine andere „Philosophie“ herrscht. In Übereinstimmung hiermit bestätigt die eigene praktische Erfahrung, dass eine gesteigerte Kooperations- und Verständigungsbereitschaft auszumachen ist. Diese mündet nicht selten in einer Disposition über Ansprüche aus dem Steuerschuldverhältnis, wie sie außerhalb der formellen Insolvenz – insbesondere unter den engen Voraussetzungen der §§ 163, 222, 227 AO – wahrscheinlich nicht ergangen wäre. Gefördert wird dies zum einen durch die Vorstellung, dass der eigenen Forderung sowieso nicht mehr die vormalige Werthaltigkeit zukommt. Zum anderen ist hierfür nicht selten auch die Überschaubarkeit der Akteure ursächlich. Der Markt für Insolvenzverwalter wird durch die Bestellungspraxis der Insolvenzgerichte relativ klein gehalten. Auf der Seite des Steuergläubigers agieren in den Erhebungsstellen ebenso nicht selten immer wieder die gleichen Personen. In diesem zum Teil langjährigen Zusammenspiel entwickeln sich naturgemäß gewisse Vertrauens- und Kooperationsverhältnisse. Insbesondere wird der Insolvenzverwalter – trotz so mancher Anfechtungsquerelen – als unparteiischer Dritter akzeptiert. Kooperationshemmend

436 *Seer*, StuW 2003, 40 (42); *Tipke*, Festschrift Bundesfinanzakademie, 95 ff. Ähnlich schon RG v. 06.11.1923, III 344/23, RGZ 108, 253 (257).

437 Statt aller *Birk*, Steuerrecht I, § 10 Rn 5.

wirkt dagegen gelegentlich das bereits vorinsolvenzlich zerüttete Verhältnis zwischen Steuergläubiger und Insolvenzschuldner.

II. Die insolvenzspezifische Dispositionsermächtigung als Bestandteil einer wertungswiderspruchsfreien insolvenzrechtlichen Haftungsverwirklichung

„Eine Ermächtigung zum privatautonomen Handeln brauchen Privatrechtssubjekte nur in einer Rechtsordnung, in der alles verboten ist, was nicht ausdrücklich erlaubt ist. In einer Rechtsordnung wie der geltenden dagegen, wo alles erlaubt ist, was nicht verboten ist, bedarf es derer nicht"[438]. Die Ausgangssituation des Steuergläubigers stellt sich hingegen anders dar. Steuerstundung und Steuererlass als Synonyme für eine „Dispositionsbefugnis" über die kraft Gesetzes entstandene Steuerforderung unterliegen nicht einem privatautonomen Willen des Steuergläubigers. Wir haben bereits festgestellt, dass kraft Gesetzes entstandene Ansprüche hinsichtlich ihrer Durchsetzung – und dazu gehört auch die Verschonung – der Disposition der Exekutive grundsätzlich entzogen sind[439]. Der Steuererlass als „planmäßiger Nichtvollzug eines Gesetzes im Einzelfall"[440] bedarf wegen des Grundsatzes der Gleichmäßigkeit der Besteuerung prinzipiell ebenso der gesetzlichen Legitimation wie der Eingriff, von dem er dispensiert[441]. Der Vorbehalt des Gesetzes wird dabei nicht nur als Ausfluss des Gleichheitssatzes aktiviert[442]. Neben dem grundrechtlichen Gesetzesvorbehalt tritt ferner der aus dem Demokratieprinzip hergeleitete (spezifisch finanzrechtliche) Parlamentsvorbehalt[443].

---

438 *Röhl*, Allgemeine Rechtslehre, 209.

439 *Herzog*, in: Maunz/Dürig, GG, Art. 20 Abs. 4 Rn. 41 (Sept. 1980); *Kruse*, Steuerrecht I, 59; *Lang*, in: Tipke/Lang, Steuerrecht, § 4 Rn. 159 f.; *Papier*, Die finanzrechtlichen Gesetzesvorbehalte und das grundgesetzliche Demokratieprinzip, 167; *Tipke*, Steuerrechtsordnung, Bd. I, 129.

440 *Isensee*, Festschrift f. Flume II, 129 (131).

441 BVerwG v. 05.06.1959, VII C 83/57, BVerwGE 8, 329 (330); Isensee, Festschrift f. Flume II, 129 (131), *Kruse*, Steuerrecht I, § 2 II (59); *Mussgnug*, Der Dispens von gesetzlichen Vorschriften, 130 ff.; *Ossenbühl*, Handbuch des Staatsrechts, Bd. III, § 62 Rn. 5; *Seer*, in: Tipke/Lang, Steuerrecht, § 31 Rn. 329; *Tipke*, Steuerrechtsordnung, Bd. I, 129 f.; *v.Groll*, in: Hübschmann/Hepp/Spitaler, AO, § 227 Rn. 30 (Juni 2000); *Vogel*, Festschrift f. Döllerer, 677 (685); *Walz*, Steuergerechtigkeit und Rechtsanwendung, 137 f.; *Wolf/Bachof/Stober*, Allgemeines Verwaltungsrecht, Bd. I, § 42 Rn. 50.

442 BVerfG v. 29.04.1978, 2 BvL 2/75, BVerfGE 48, 210 (220); *Mussgnug*, Der Dispens von gesetzlichen Vorschriften, 130 ff.; *v.Groll*, in: Hübschmann/Hepp/Spitaler, AO, § 227 Rn. 30 (Juni 2000).

443 Vgl. nur BFH v. 16.06.2004, X R 34/03, BStBl. II 2005, 378 (379 f.); *Ossenbühl*, in: Isensee/Kirchhof, Handbuch des Staatsrechts, Bd. III, § 62 Rn. 16; *Papier*, Die

Die hiernach gebotene Grenzziehung zwischen Selbstbestimmungspflicht des Parlamentes und den möglichen Entscheidungsfreiräumen der Verwaltung hat das BUNDESVERFASSUNGSGERICHT durch die sog. Wesentlichkeitstheorie substantiiert: Als *Form*vorbehalt statuiert sie das Erfordernis des formellen Gesetzes. Als *Sach*vorbehalt markiert sie das Mindestmaß an gesetzgeberischer Vorentscheidung in eben jenem formellen Gesetz. Angesichts der Entwicklungen der Grundrechtsdogmatik insbesondere im Bereich des Eingriffsbegriffs[444] kann schließlich mit der Disposition über den Steueranspruch eine Vergünstigung von solcher Qualität einhergehen, dass die Grundrechte nicht-privilegierter Konkurrenten betroffen sind und schließlich auch insoweit der grundrechtliche Gesetzesvorbehalt aktiviert wird[445]. Aus vielfältigen verfassungsrechtlichen Gründen bedarf es daher stets einer formell gesetzlichen Dispensermächtigung (Formvorbehalt), die selbst wiederum zugleich materiell verfassungsrechtlichen Grenzen unterliegt (Sachvorbehalt). Während die Gläubiger des Privatrechts disponieren dürfen, sofern es ihnen nicht verboten ist, darf der Steuergläubiger mithin nur disponieren, sofern es ihm durch eine verfassungsgemäße Ermächtigungsgrundlage erlaubt ist.

Ein von der Gläubigerautonomie beherrschter Wettbewerb um die beste Verwertungsart setzt allerdings zwangsläufig einen disponierenden und gleichsam verhandlungsfähigen Steuergläubiger voraus. Das Insolvenzverfahren im Allgemeinen und das Insolvenzplanverfahren im Besonderen sind wegen der Gläubigerselbstverwaltung kooperativ strukturiert und von einem mehrpoligen Entscheidungsprozess geprägt. Der angestrebte „Wettbewerb um die beste Verwertungsart“ [446] hat einen *homo oeconomicus* vor Augen, d.h einen nach Aufnahme und korrekter Verarbeitung aller relevanten Informationen rational und eigennützig handelnden Gläubiger. Es geht um einen unternehmerisch denkenden Gläubiger, der ausgehend vom egostischen Prinzip eine Investitions- bzw. Deinvestitionsentscheidung[447] trifft. Der Gesetzgeber knüpft maßgeblich an dieses Verhaltensmodell der Ökonomie an[448]. Er erwartet, dass an die Stelle juristischer Maß-

---

finanzrechtlichen Gesetzesvorbehalte und das grundgesetzliche Demokratieprinzip, 167.

444 Siehe nur BVerfG v. 26.06.2002, BvR 670/91, BVerfGE 105, 279; v. 26.06.2002, 1 BvR 558/91, BVerfGE 105, 252 sowie aus der Literatur nur *Bleckmann/Eckhoff*, DVBl 1988, 373 ff.; *Pieroth/Schlink*, Grundrechte, Rn. 238 ff.

445 *C.Becker*, Der Steuererlass nach § 227 AO, 130 f.; *Vogel*, VVDStRL 24 (1966), 123 (152 ff.), ähnlich BFH v. 13.01.1966, IV 166/61, BFHE 85, 399 (404 f.).

446 Bundesregierung, BT-Drucks. XII/2443, 78.

447 *Maus*, Kölner Schrift InsO, 931 Rn. 2; *Prütting*, in: Kübler/Prütting, InsO, Einl. Rn. 1 (Aug. 1998) („investive Verwertung“); *Smid*, in: derselbe, InsO, § 1 Rn. 6.

448 Vgl. zum homo oeconomicus als *universellem Verhaltensmodell* noch *Eidenmüller*, Effizienz als Rechtsprinzip, 28 ff.

stäbe im Wesentlichen wirtschaftliche Bewertungen treten[449], die die Wahl zwischen verschiedenen Handlungsalternativen – sofern solche bestehen – wegen des individuellen Strebens nach Gewinn- und Nutzenmaximierung hin zu einem optimalen Ergebnis beeinflussen. Es ist die „unsichtbare Hand" von ADAM SMITH, wenn dem Marktmechanismus die Herbeiführung optimaler Ergebnisse anvertraut wird[450]. Der Gewinnanreiz soll die Gläubiger motivieren. In diesem Sinne heißt es in der Regierungsbegründung vom 15.April 1992:

> „Die richtige Verwertungsmethode (inclusive Sanierung) soll der Markt ermitteln, denn die marktwirtschaftliche Ordnung beweist im wirtschaftlichen Alltag, dass Wettbewerb und freie Verhandlungen zur Auffindung und Durchsetzung der besten Lösung führen[451]". [...]. Die Reform vertraut darauf, dass marktwirtschaftlich rationale Verwertungsentscheidungen, wie sie unter Wettbewerbsbedingungen durch freie Verhandlungen zustande kommen, am ehesten ein Höchstmaß an Wohlfahrt herbeiführen und somit im gesamtwirtschaftlichen Interesse liegen[452]".

Obgleich einer solchen Modellvorstellung angesichts der Interessenvielfalt auf Gläubigerseite mit Recht eine gewisse Naivität attestiert werden kann[453] und der Anspruch dieses Verhaltens*modells* mit der Wirklichkeit nur teilweise übereinstimmt, beschreitet der Gesetzgeber jedenfalls konsequent seinen Weg und schafft die entsprechenden Strukturvoraussetzungen: Als Grundbedingung jeglicher Gläubigerautonomie weist er den Gläubigern die wesentlichen Entscheidungen zu und trägt zugleich dafür Sorge, dass ihre Entscheidungsfreiheit erhalten bleibt. Bereits im Stadium einer vorläufigen Verwaltung ist das Haftungssubstrat zu sichern und einer frühzeitigen Auflösung der Betriebsstruktur entgegenzuwirken. Der vorläufige Insolvenzverwalter hat das insolvente Unternehmen grundsätzlich fortzuführen (§ 22 Abs. 1 S. 2 Nr. 2 InsO) und erhält damit den am Insolvenzverfahren Beteiligten die Entscheidungsoptionen über Liquidation oder (teilweise) Reorganisation[454]. Der Insolvenzverwalter ist sodann im Berichtstermin verpflichtet, die Gläubiger über die wirtschaftliche Lage des Schuldners und ihre Ursachen, über die Aussichten für die Erhaltung des Unternehmens sowie

---

449 *Eidenmüller*, Unternehmenssanierung durch Markt und Gesetz, 49 ff.; *Smid*, Insolvenzrecht, § 24 Rn. 15.

450 Vgl. *Smith*, Reichtum der Nationen, 458.

451 Bundesregierung, BT-Drucks. XII/2443, 78.

452 Bundesregierung, BT-Drucks. XII/2443, 76.

453 Insbesondere *Marotzke*, Festschrift f. Kirchhof, 321 [324]; *Uhlenbruck*, WM 1999, 1197 (1198): „In eine Zwangsgemeinschaft gepresste Gläubiger, die schon wegen Fehlens eines gemeinsamen Investitionsinteresses nicht dem ökonomisch vernünftigen Verhalten von Kaufleuten [...] gleichgestellt werden können.". Vgl. auch *Henckel*, KTS 1989, 497 (484).

454 *Mönning*, in: Nerlich/Römermann, InsO, § 22 Rn. 71 (Dez. 2006).

die Möglichkeiten und Auswirkungen eines Insolvenzplans zu unterrichten (§ 156 Abs. 1 InsO). Gerade das Insolvenzplanverfahren tritt an vielen Stellen mit dem konsequenten Anspruch auf, Informationsdefizite abzubauen und den Entscheidungsträgern die relevanten Informationen zu vermitteln. Seinen Ausdruck findet dies neben den Berichtspflichten insbesondere in den zwingenden Vorgaben für den Inhalt des Insolvenzplans. Wenngleich sich Informationssymetrie niemals absolut herstellen lassen wird, schaffen die genannten Pflichten gleichwohl eine brauchbare Ausgangsbasis für den nächsten Baustein in der gesetzgeberischen Erwartung. Nach Verarbeitung dieser Information soll der Gläubiger von Eigennutz getrieben eine rationale Verwertungsentscheidung, nämlich eine Investitions- oder Deinvestitionsentscheidung treffen. Die Insolvenzordnung überlässt den Gläubigern hierbei die freie Wahl der Haftungsverwirklichung, sofern diese mehrheitsfähig ist[455]. Sie gewährt zugleich Rahmenbedingungen, die es erlauben, die Verwertungsentscheidung an einer ökonomischen Rationalität zu orientieren.

Gleichsam *stimuliert* der Gesetzgeber. Der Gewährung eines möglichst weitreichenden Entscheidungsrahmens dient zum einen die mit der Reform beabsichtigte Anreicherung der Insolvenzmasse. Denn je mehr es zu verteilen gibt, desto höher ist die Chance auf einen Kooperationsgewinn und desto kooperativer werden die Verfahrensbeteiligten sein. Unter diesem Gesichtspunkt ist zuvorderst die Abschaffung der Vorrangordnung des § 61 KO[456] und die Einführung der Kostenbeiträge gemäß §§ 170, 171 InsO zu nennen. Entsprechendes gilt für die Verschärfung des Anfechtungsrechts. Zum anderen findet die Stimulation der Verhandlungslösung Ausdruck in der Aufgabe einer Mindestquote (§ 7 VerglO), des strikten Gläubigergleichbehandlungsgebotes (§ 8 VerglO) und der Vergleichswürdigkeit (§ 17 VerglO). In den Kanon stimulierender Vorschriften gehört sodann § 245 InsO, der als sog. Obstruktionsverbot den Verhandlungsprozess vorstrukturiert und unter der drohenden Zustimmungsfiktion der Störanfälligkeit durch rechtsmissbräuchliches Stimmverhalten begegnen soll. Mit ähnlicher Intention entfaltet ferner § 251 InsO seine Wirkungen. Zugleich beseitigt der Gesetzgeber Hemmnisse, die einer Verwertung des Unternehmens im Ganzen entgegenstehen könnten. Werden beispielsweise die Steigerung des Kooperationsgewinnes und die Realisierung des Fortführungswertes im Wege einer sog. übertragendenden Sanierung gesucht, schirmt der Gesetzgeber den Erwerber vor außerinsolvenzrechtlichen Haftungsrisiken ab. So haftet abweichend von § 75 Abs. 1 AO der Erwerber eines aus der Insolvenzmasse erworbenen Unternehmens nicht für Steuerschulden (§ 75 Abs. 2 AO). Die Haftung des Vermö-

455 Vgl. insbesondere §§ 76, 157, 160 Abs. 2 Nr. 1 InsO.
456 *Smid*, Insolvenzrecht, § 24 Rn. 9.

gensübernehmers nach § 419 BGB wurde gänzlich abgeschafft[457]. Im Ergebnis hat dieser Grundgedanke auch über diese beiden Einzelaspekte hinaus seine Wirkungen entfaltet, wenn zivilrechtliche Tatbestände, die an Unternehmensübergänge anknüpfen, mit Hinweis auf ihr Störpotential für derartige Verwertungsmaßnahmen in der höchstrichterlichen Rechtsprechung eine dem gleichkommende teleologische Reduktion erfahren (so § 25 HGB[458], § 613a BGB[459]).

Liegt dem insolvenzrechtlichen Gesamtkonzept damit das Bild vom rational denkenden Investor zugrunde, der die ihm angebotenen Rahmenbedingungen nutzt, ist es eine Frage der Konsequenz des eigenen Ansatzes, wenn der Gesetzgeber zugleich auch die Rechtsbindungen der öffentlich-rechtlichen Gläubiger entsprechend modifiziert. Seiner eigenen Konzeption wäre es abträglich, wenn er den Steuergläubiger (rechtlich) nicht in die Lage versetzen würde, in dem von allen Beteiligten geforderten Umfang an einer möglichst effektiven Haftungsverwirklichung mitzuwirken. Eine Aufgabe aller Bindungen erfordert die Funktionsfähigkeit dieses Konzepts gewiss nicht. Vielmehr können Präferenzen durchaus vorformuliert werden. Diese dürfen jedoch nicht dergestalt definiert sein, dass die Teilnahme des Steuergläubigers an einer kooperativen Haftungsverwirklichung bereits von vornherein ausgeschlossen bzw. sinnlos ist. Soll die optimale Lösung im Konsens durch Verhandlungen, durch ein Geben und Nehmen gefunden werden, muss auch der Anspruch aus dem Steuerschuldverhältnis (zumindest) ein Stück weit verhandelbar werden. Anderenfalls könnte der Steuergläubiger im Wettbewerb um die beste Verwertungsart nicht agieren, sondern nur blockieren. Nur unter dieser Voraussetzung ist das Gesamtkonzept teleologisch widerspruchsfrei[460]. Würde die starre Gesetzesbindung des Steuergläubigers nach der Reform des Insolvenzrechts beibehalten, würde sich die Beobachtung KARL ENGISCHS bewahrheiten, dass „die Dynamik des Rechts der Keim für ungesehene Wertungswidersprüche [ist]“[461].

Wenngleich teleologische Widersprüche für eine Rechtsordnung nicht derart unerträglich sind, dass sie – anders als Normwidersprüche – beseitigt werden müssen, der Gesetzgeber vielmehr das Recht hat, sich in seinen Wertungen indif-

---

457 Siehe Art. 33 EG InsO.

458 § 25 I 1 HGB soll keine Anwendung finden, wenn ein Dritter das Unternehmen aus der Konkursmasse erwirbt (RG v. 21.05.1904, I 85/04, RGZ 58, 166 [169]; ebenso BGH v. 11.04.1988, II ZR 313/87, BGHZ 104, 151 [153 ff.]; BAG v. 20.09.2006, 6 AZR 215/06, BAGE 119, 306 (307 ff.).

459 § 613a BGB wird dahingehend teleologisch reduziert, dass der Erwerber nicht für solche Verbindlichkeiten haftet, die vor Verfahrenseröffnung entstanden sind (grundlegend BAG v. 17.01.1980, 3 AZR 160/79, BAGE 32, 326, [333 f.]; dazu auch *Vallender*, GmbHR 2004, 642 [645 f.]).

460 Vgl. *Engisch*, Einheit der Rechtsordnung, 66 ff.

461 *Engisch*, Einheit der Rechtsordnung, 67.

ferent zu verhalten, sofern der damit einhergehende Zustand nicht die einer Normkollision vergleichbare Unerträglichkeit erreicht[462], darf hier die verfassungsrechtliche Dimension nicht übersehen werden. Der ansonsten drohende teleologische Wertungswiderspruch ist hier nicht nur eine Frage der „bloßen" Schlüssigkeit des Gesamtkonzepts. Er ist zugleich ein Verfassungsrechtsproblem. Zwischen dem von Art. 14 GG geschützten Individualinteresse der grundrechtsberechtigten Gläubiger an einem ungehinderten Vollstreckungszugriff und den kollidierenden Verfassungsrechtspositionen, die für eine Kollektivierung und Disziplinierung der Gläubiger anzuführen sind, muss ein verfassungsrechtlich vertretbarer Ausgleich gefunden werden. Im Anschluss an die bisher getroffenen Feststellungen steht dabei die Erkenntnis, dass ein Abhängigkeitsverhältnis zwischen der Erforderlichkeit der Kollektivierung und Disziplinierung einerseits und der Effektivität der insolvenzrechtlichen Haftungsverwirklichung andererseits besteht. Der mit der Kollektivierung einhergehende Zwang darf nicht weiter gehen, als dies zur Lösung des Kollektivhandlungsproblems erforderlich ist. Dies hat wiederum die Konsequenz, dass namentlich einvernehmliche Lösungen nicht ohne gewichtigen Grund behindert oder sogar verhindert werden dürfen. Die Freiheitsrechte garantieren den Insolvenzgläubigern die Dispositionsfreiheit über ihre Rechtsgüter. Eine solche „Vertragsfreiheit" ist – wenn nicht schon als Verfügungsfreiheit über Eigentum aus Art. 14 Abs. 1 GG oder als Unternehmerfreiheit aus Art. 12 GG – jedenfalls als Ausfluss der allgemeinen Handlungsfreiheit herleitbar[463]. Es darf den Privatrechtsgläubigern mithin nicht ohne besonderen Grund verwehrt werden, über die Verwertung zur Erfüllung und Befriedigung ihrer Forderungen Vereinbarungen in freier Entscheidung zu treffen[464]. Die Gläubiger müssen es zwar – auch verfassungsrechtlich – hinnehmen, dass es einem Mitgläubiger unbenommen bleibt, seiner Entscheidung Kriterien zu Grunde zu legen, welche eine erfolgreiche Haftungsverwirklichung blockieren. Dies versteht sich als Ausfluss der Gläubigerautonomie von selbst. Die Gläubiger müssen es aber nicht hinnehmen, dass ein Mitgläubiger *gesetzlich verpflichtet* ist, seine Entscheidung nach einem bestimmten Entscheidungsprogramm zu treffen. Es würde zwangsläufig eine Akkordstörung durch einen regelmäßig sehr bedeutenden In-

---

462 *Engisch*, Einheit der Rechtsordnung, 84; *Larenz*, Methodenlehre der Rechtswissenschaft, 335 Fn. 45.

463 BVerfG v. 12.11.1958, 2 BvL 4/56 u.a., BVerfGE 8, 274 (328 f.); v. 16.05.1961, 2 BvF 1/60, BVerfGE 12, 341 (347); v. 23.04.1986, 2 BvR 487/80, BVerfGE 73, 261 (270); statt vieler im Übrigen nur *Ossenbühl*, AöR 115 (1990), 12 (16 ff.); *Tettinger*, DVBl. 1999, 679 (685).

464 Aus diesem Grund äußern *Baur/Stürner*, Insolvenzrecht, Rn. 6.7 nicht zu Unrecht Bedenken hinsichtlich der Verfassungsmäßigkeit der (vormaligen) Redlichkeitsvoraussetzungen (§§ 17, 18 VerglO) für die Eröffnung eines Vergleichsverfahrens.

solvenzgläubiger vorprogrammiert. Eine solche Entscheidungsdeterminante würde den verfassungsrechtlichen Rechtfertigungsgrund auf die gesamte Kollektivierung und Disziplinierung erheblich erhöhen und ist letztlich geeignet, die Sinnhaftigkeit und damit Verfassungsmäßigkeit des Gesamtsystems in Frage zu stellen.

Vor diesem Spannungsfeld zwischen notwendiger Flexibilität einerseits und gesetzlich möglichst genau programmierter Verwaltungsentscheidung andererseits muss die Suche nach einer Ermächtigungsgrundlage für finanzbehördliche Dispositionen in der formellen Insolvenz gesehen werden. Im Folgenden wird sich zeigen, dass die steuerlichen Billigkeitsvorschriften wegen ihres in der Billigkeit zum Ausdruck kommenden Ausnahmecharakters der Insolvenzsituation nicht gerecht werden können (dazu III.). Darum wird im Anschluss daran die Lösung vielmehr über eine insolvenzspefizische Dispositionsermächtigung gesucht (dazu IV.), die einerseits den verfassungsrechtlichen Erfordernissen einer jeden Ermächtigungsgrundlage gerecht werden muss, andererseits die Verhältnismäßigkeit des gesamten insolvenzrechtlichen Systems dadurch abzusichern hat, dass sie den Steuergläubiger nicht „fesselt" und ihm jede „Gläubigerautonomie" abschneidet.

III. Die finanzbehördliche Dispositionsbefugnis im Insolvenzplanverfahren aufgrund steuerrechtlicher Ermächtigungen?

1) Eine Bestandsaufnahme steuerlicher Dispositionsermächtigungen

Dispositionen sind im Allgemeinen gekennzeichnet durch die Umgestaltung rechtlicher Beziehungen und im Besonderen durch einen vorübergehenden oder einen endgültigen Rechtsverzicht. Dem Steuerrecht sind Dispositionen in diesem Sinne nicht fremd. Ein gesetzlich vorprogrammiertes Maß an Disposition erlauben namentlich die Normen, die die Finanzbehörde zur Stundung einer Steuerforderung oder sogar zum Erlass mit der Folge ihres entgültigen Untergangs ermächtigen. Dabei ist die der Finanzbehörde gewährte Disposition unterschiedlich ausgestaltet. Nach § 227 AO im Allgemeinen und verschiedenen spezialgesetzlichen Ermächtigungen im Besonderen[465] können Ansprüche aus dem Steuerschuldverhältnis erlassen werden. Der Erlass führt zum Erlöschen (vgl. § 47 AO). § 163 AO ermächtigt mit ähnlicher Wirkung ungeachtet der tatsächlichen Verwirklichung des steuerlichen Tatbestandes zu einer niedrigeren Festsetzung. Dies bringt den steuerlichen Anspruch zwar nicht zum Erlöschen. Ausgehend von der formellen Rechtsgrundtheorie entsteht der Steueranspruch durchaus in der ver-

---

465 Siehe die Auflistung bei *Loose*, in: Tipke/Kruse, AO, § 227 Tz. 9 ff. (Okt. 2005).

wirklichten Höhe, jedoch hindert die niedrigere Festsetzung eine weitergehende Geltendmachung. Gestützt auf § 222 AO im Allgemeinen und in den Rechtsfolgen identische Ermächtigungen in den einzelnen Steuergesetzen kann ein Anspruch aus dem Steuerschuldverhältnis des Weiteren (nur) gestundet werden. Die Forderung bleibt rechtlich bestehen, kann aber während des Stundungszeitraums nicht beigetrieben werden. Ungeachtet einer Stundung kann die Finanzbehörde, die Vollstreckung des steuerlichen Anspruchs einstweilen einstellen oder beschränken (§ 258 AO). Tatbestandlich ist den §§ 163, 222, 227, 258 AO die Voraussetzung der Unbilligkeit der Festsetzung, Erhebung bzw. Vollstreckung gemein. Schließlich sieht § 261 AO vor, dass Ansprüche aus dem Steuerschuldverhältnis niedergeschlagen werden können, wenn feststeht, dass die Einziehung keinen Erfolg haben wird, oder wenn die Kosten der Einziehung außer Verhältnis zu dem Betrag stehen. Insoweit steht nicht die Person des Schuldners tatbestandlich im Vordergrund, sondern die Schonung von Verwaltungsressourcen. § 158 Abs. 2 AO enthält das Pendant für das Festsetzungsverfahren. Unter den gleichen Voraussetzungen kann hiernach bereits von der Festsetzung abgesehen werden. Gleichsam zur Disposition über den Steueranspruch ermächtigt auch § 224a AO. Abweichend von der Regel, dass Steuerforderungen durch Geldzahlungen zu erfüllen sind, kann die Finanzverwaltung stattdessen Kunstgegenstände an Zahlungs statt zulassen.

Die Disposition des Steuergläubigers ist – gleich welche dieser Dispositionsermächtigungen in Rede steht – dabei zweifach begrenzt. Der Tatbestand und die Bindung an eine pflichtgemäße Ermessensausübung formulieren die Grenzen der Disposition über den Anspruch aus dem Steuerschuldverhältnis. Mit dieser Begrenzung wird den eingangs dargestellten verfassungsrechtlichen Vorgaben genügt. Andererseits kann – mit Ausnahme von § 261 AO[466] – die Dispositionsermächtigung über ihren subjektiv-rechtlichen Charakter zur Dispositionspflicht werden und dem Bürger einen gebunden Anspruch auf eine bestimmte Disposition gewähren.

Die Umsetzung von Dispositionsentscheidungen in den Außenrechtskreis kann – mit Ausnahme der Niederschlagung als rein verwaltungsinterne Maßnahme – in verschiedenen rechtlichen Formen begegnen. Die verbindliche Disposition kann einseitig durch Verwaltungsakt erfolgen. Erlass oder Stundung treten sodann ipso iure ein, wenn der Verwaltungsakt wirksam wird, und gelten solange, wie die Wirksamkeit anhält (§ 124 Abs. 2 AO). Die Wirksamkeit kann der Steuergläubiger nur unter den Voraussetzungen der §§ 130 f. AO beseitigen. Un-

466 Dies gilt nicht für die Niederschlagung nach § 261 AO. Hieraus kann der Steuerschuldner kein subjektives Recht herleiten (siehe nur *Müller-Eiselt*, in: Hübschmann/Hepp/Spitaler, AO, § 261 Rn. 5 [März 2006]).

gewissheiten und Fehlentwicklungen kann der Steuergläubiger durch Nebenstimmungen Rechnung tragen (vgl. § 120 AO). Neben der einseitigen (hoheitlichen) Entscheidung kommt schließlich eine vertragliche Grundlage für die Disposition in Frage. Explizit vorgesehen ist eine Disposition, die aus der zweiseitigen Willensbetätigung heraus ihre Verbindlichkeit beansprucht, allerdings im Steuerrecht nur in § 224a AO. Im Übrigen ist die Zulässigkeit zweiseitiger Vereinbarungen über einen gesetzlich entstandenen Steueranspruch, seine Erfüllung und seine Durchsetzung eine bekannte Streitfrage der Steuerrechtswissenschaft. Während zum einen mit dem Hinweis auf das auf dem Gesetzmäßigkeitsprinzip hergeleitete Verbot gesetzeswidriger Steuervereinbarungen versucht wird, ein generelles Vertragsformverbot zu begründen[467], wird dem von der (wohl) h.L. die Differenzierung zwischen Handlungsform und Inhalt entgegenhalten[468]. Unterstellen wir mit der h.L. die Zulässigkeit der Vertragsform, kann der Vertrag sodann selbst auf die Herbeiführung der gewünschten Rechtsfolge gerichtet sein. Die vertragliche Vereinbarung kann nach dem Willen der Parteien aber auch erst einen Anspruch auf die Vornahme der Disposition begründen. Der Vertrag ist sodann nur normkonkretisierender Rechtsgrund für einen die Vereinbarung umsetzenden Verwaltungsakt[469]. Die Auslegung kann gleichsam dazu führen, dass ein Rechtsbindungswille und damit auch eine Willenserklärung seitens des Steuergläubigers fehlt, so dass die Ebene einer unverbindlichen Absprache über eine in Aussicht genommene Dispositionsentscheidung nicht verlassen wird[470]. Die Dispositionsentscheidung wird sodann erst in einem (konsentierten) Verwaltungsakt mit Verbindlichkeit umgesetzt.

Nach diesem Überblick über die steuerlichen Dispositionsentscheidungen und die rechtlichen Umsetzungsformen, die zur Verfügung stehen, wird im Folgenden der Frage nachgegangen, ob diese geeignet sind, insolvenzspezifische Dispositionen zu legitimieren (dazu 2] und 3]).

2) §§ 222, 227 AO als Ermächtigungsgrundlagen für insolvenzspezifische Dispositionen?

Die insolvenzrechtliche Spezialität hat keinen Einfluss auf die steuerlichen Dispositionsermächtigungen. Denn die ungeschmälerte Fortsetzung öffentlich-recht-

---

467 Siehe BFH v. 31.07.1996, XI R 78/95, BStBl. II 1996, 625 (626) m. w. Nachw.

468 *Seer*, Verständigungen in Steuerverfahren, 130 ff.; *Maurer*, Allgemeines Verwaltungsrecht, § 14 Rn. 3b; *Tipke*, Steuerrechtsordnung, Bd. I, 135 jeweils m. w. Nachw.

469 *Seer*, in: Tipke/Lang, Steuerrecht, § 21 Rn. 23.

470 Zur unverbindlichen Absprache *Seer*, Verständigungen in Steuerverfahren, 65 f., 443 ff.

licher Bindungen im Insolvenzverfahren ist jedenfalls solange aus insolvenzrechtlicher Sicht unproblematisch, wie deren Verwirklichung im Ergebnis nicht im Widerspruch zum Insolvenzzweck steht. Steuer- und insolvenzrechtliche Dispositionsermächtigungen können daher kumulativ nebeneinander anwendbar sein[471]. Von der formellen Insolvenz vollkommen unberührt bleibt daher auch das in den Billigkeitsvorschriften enthaltende subjektive Recht, sei es im Regelfall gerichtet auf den Anspruch auf eine ermessensfehlerfreie Entscheidung oder sogar im Ausnahmefall gerichtet auf eine Erlassentscheidung. Keine Bedeutung für die Anwendung der §§ 222, 227 AO hat zudem die im Einzelfall gewählte Handlungsform. Die Billigkeitsentscheidung ist nicht an die Handlungsform des Verwaltungsaktes gebunden. Entscheidend ist allein, dass es sich um einen *Erlass* im Sinne des § 227 AO handelt, worunter Rechtsgebiet übergreifend schlechthin der partielle oder totale Verzicht auf eine Forderung verstanden werden kann. Ob dieser Verzicht zwischen Schuldner und Gläubiger mittels eines Erlassvertrages im Sinne von § 397 BGB vereinbart, einseitig vom Gläubiger in Gestalt eines Verwaltungsaktes ausgesprochen oder ob der Verzicht in den gestaltenden Teil eines Insolvenzplans aufgenommen wird und letztlich aufgrund einer gerichtlich bestätigten Mehrheitsentscheidung der Gläubiger seine Wirkungen entfaltet[472] (§ 254 Abs. 1 S. 1 InsO), kann keinen Unterschied machen. Alle diese Lebenssachverhalte lassen sich unter den Begriff „Erlass“ subsumieren. Entsprechendes gilt für die Stundung gemäß § 222 AO.

Damit konzentriert sich die Frage auf die Tatbeständsmäßigkeit. Die §§ 222, 227 AO ermächtigen zur Stundung bzw. zum Erlass, wenn die „Einziehung nach der Lage des Einzelfalls unbillig“ ist. Als Gerechtigkeit im Einzelfall[473] ist der Begriff der Unbilligkeit im Sinne von §§ 222, 227 AO nicht zu lösen von der Person des betroffenen Steuerpflichtigen. Für ihn muss es sich um eine Unbilligkeit handeln, die es zu beseitigen gilt[474]. Im Zentrum steht stets die *Individual*gerechtigkeit[475]. Die Rechtsprechung hat die Billigkeit im Zusammenhang mit dem Erlass gemäß § 227 AO näher konkretisiert und unterscheidet gemeinhin zwischen persönlicher und sachlicher Billigkeit.

Die Besteuerung soll *persönlich unbillig* sein, wenn sie zu einer ernsthaften Gefährdung der wirtschaftlichen Existenz des Schuldners führt. Dies wird ange-

---

471 Unzutreffend *Obermair*, StB 2005, 212: § 227 AO „kollidiere“ mit Normen der InsO.

472 Zur Rechtsnatur des Insolvenzplans sogleich unter Kap. 2. A. IV. 4.

473 *Isensee*, Festschrift f. Flume II, 129 (134); *Loose*, in: Tipke/Kruse, AO, § 227 Tz. 3 (Okt. 2005).

474 *Flume*, StbJb 1953/54, 81 (100 f.), ähnlich *v.Groll*, in: Hübschmann/Hepp/Spitaler, AO, § 227 Rn. 22 (Juni 2000).

475 *C.Becker*, Der Steuererlass nach § 227 AO, 44.

nommen, wenn ohne Billigkeitsmaßnahmen der notwendige Lebensunterhalt vorübergehend oder dauernd nicht mehr bestritten werden kann[476]. Neben dieser als sog. Erlassbedürftigkeit beschriebene Voraussetzung, verlangt die Rechtsprechung ferner kumulativ die sog. Erlasswürdigkeit. Diese soll fehlen, wenn der Steuerpflichtige die mangelnde Leistungsfähigkeit schuldhaft selbst herbeigeführt oder durch sein Verhalten in eindeutiger Weise gegen die Interessen der Allgemeinheit verstoßen hat[477]. Dabei wird regelmäßig betont, dass ordnungspolitische Gesichtspunkte wirtschafts-, arbeits- und sozialpolitischer Natur keine Billigkeitsgründe sind[478]. Der alleinige Bezug zum Schuldner tritt hier deutlich hervor.

Von der Person des Schuldners entfernt sich hingegen die *sachliche Unbilligkeit*. Sie erfasst grundsätzlich Umstände, die unabhängig von der Person des Schuldners und unabhängig von seinen wirtschaftlichen Verhältnissen unmittelbar aus dem Gesetz hervorgehen[479]. Bezugspunkt für die Unangemessenheit der Steuererhebung ist dabei der der Steuereinziehung zugrunde liegende Steuertatbestand[480]. Zur Konkretisierung der sachlichen Billigkeit haben sich als Fallgruppen die Unbilligkeit wegen Zweckverfehlung, wegen Verfassungsverstoßes und wegen Verstoßes gegen allgemeine Rechtgrundsätze etabliert[481]. Diese Fallgruppen erlangen hier jedoch keine Bedeutung, da die Frage nach der insolvenzspezifischen Dispositionsentscheidung in keinem Zusammenhang mit der gesetzgeberischen Belastungsentscheidung als solches steht.

Für die Disposition im Insolvenzverfahren verbleibt damit allein die Billigkeit in ihrer schuldnerbezogenen Auslegung. Angesichts dieses Bezugspunktes offenbart sich die Untauglichkeit dieser Ermächtigungsgrundlage für die Dispositionsentscheidung des Steuergläubigers in der Insolvenz. Der maßgebliche Entschei-

---

476 BFH v. 27.09.2001, X R 134/98, BStBl. II 2002, 176 f.

477 BFH v. 29.04.1981, IV R 23/78, BStBl. II 1981, 726 (728). Im Hinblick auf eine unzulässige sachfremde Koppelung muss allerdings nach verbreiteter Auffassung der die Erlassunwürdigkeit begründende Grund mit der Erlassbedürftigkeit zusammenhängen (siehe *Seer*, in: Tipke/Lang, Steuerrecht, § 21 Rn. 340; *H.Weber*, Steuererlass und Steuerstundung als Subvention, 48 f.).

478 Eindringlich *Flume*, StbJb 1953/54, 81 (99 f.). Siehe zur h.A. insbesondere BFH v 07.08.1974, II R 57/72, BStBl. II 1975, 51; v. 24.09.1987, V R 76/78, BStBl. II 1988, 561 (564); BVerwG v. 05.06.1959, VII C 83/57, BVerwGE 8, 329 (330) sowie aus der Literatur statt vieler: *C.Becker*, Der Steuererlass nach § 227 AO, 132, 183; *H.Weber*, Steuererlass und Steuerstundung als Subvention, 51 ff. m. w. Nachw.

479 BFH v. 26.02.1987, IV R 298/84, BStBl. II 1987, 612 (614); v. 21.08.1997, V R 47/96, BStBl. II 1997, 781 (782).

480 *C.Becker*, Steuererlass nach § 227 AO, 10, *v.Groll*, in: Hübschmann/Hepp/Spitaler, AO, § 227 Rn. 126 (Juni 2000).

481 Näher und zu den weiteren Unterfallgruppen *v.Groll*, in: Hübschmann/Hepp/Spitaler, AO, § 227 Rn. 250 ff (Juni 2000).

dungsmaßstab ist grundsätzlich ein anderer. Der Reformgesetzgeber fühlte sich ökonomischen Erklärungsmodellen verpflichtet, deren Ansatzpunkt die einzelwirtschaftliche Rentabilitätsrechnung der Beteiligten ist[482]. Er hatte einen *unternehmerisch* denkenden Gläubiger vor Augen, der eine Investitions- bzw. Deinvestitionsentscheidung[483] trifft. Die Unternehmenserhaltung ist also nur Mittel zur optimalen Gläubigerbefriedigung. Eine solche Investitionsentscheidung soll von jedem Gläubiger in freier Selbstbestimmung getroffen werden können. Jeder Gläubiger muss die Voraussetzungen für seine Zustimmung selbst definieren können. Gerade hiervon verspricht sich der Gesetzgeber die „marktwirtschaftlich rationale Verwertungsentscheidung", wie sie „am ehesten ein Höchstmaß an Wohlfahrt herbeiführt"[484].

Der Gesetzgeber setzt mithin eine Entscheidung nach dem „egostischen Prinzip" voraus. Mit billiger Einzelfallgerechtigkeit hat dies im Ausgangspunkt jedoch nichts gemein. Es ist gewiss nicht ausgeschlossen, dass eine einzelwirtschaftliche Entscheidung zur Mehrung des eigenen vermögensrechtlichen Vorteils durchaus *auch*[485] eine billige Entscheidung sein kann. Aber nicht jede billige Entscheidung ist eine solche im ersteren Sinne. Denn einer unternehmerischen Entscheidung ist immanent, dass auf die Belange eines anderen Wirtschaftssubjekts nur Rücksicht genommen wird, wenn dies die eigene Position fördert. Die positiven Wirkungen für den Schuldner sind letztlich allenfalls ein Reflex. Die Kongruenz zwischen der Billigkeit im Einzelfall und der einzelwirtschaftlichen (De-) Investitionsentscheidung lässt sich ferner nicht über die Anerkennung „billiger Sanierungsmaßnahmen" erreichen. Insolvenzbedingte Sanierungsmaßnahmen sind angesichts der Betonung der auf den Steuerschuldner bezogenen Einzelfallgerechtigkeit schwerlich vorstellbar. Insbesondere bei Unternehmen ist die Insolvenz das bei Beginn der Unternehmung bewusst eingegangene Risiko. Dies schließt es meines Erachtens aus, die Realisierung des Insolvenzrisikos als unbillig zu beurteilen. Gerade in diesem Bereich ist die Grenze zu den ordnungspolitisch motivierten Steuererlassen kaum noch beherrschbar und droht die von HANS WERNER FLUME befürchtete Rechtsbeugung[486].

---

482 *Smid*, in: derselbe, InsO, § 1 Rn. 6.

483 *Eidenmüller*, in: Münchener Kommentar, InsO, § 217 Rn. 163; *Maus*, Kölner Schrift InsO, 931 Rn. 2; *Noak/Bunke*, KTS 2005, 129 (132); *Prütting*, in: Kübler/Prütting, InsO, Einl. Rn. 1 (Aug. 1998) („investive Verwertung"); *Smid*, in: derselbe, InsO, § 1 Rn. 6; ähnlich *Paulus*, DStR 2002, 1865 (1866).

484 Bundesregierung, BT-Drucks. XII/2443, 76.

485 Motivbündel sind unschädlich, solange der Billigkeitsgrund die Entscheidung noch prägt (*H. Weber*, Steuererlass und Steuerstundung als Subvention, 60).

486 *Flume*, StbJb 1953/54, 81 [100]). Nicht gefolgt werden kann daher *Loose*, in: Tipke/Kruse, AO, § 227 Tz. 83 (Okt. 2005), dem zufolge Billigkeitsmaßnahmen in Betracht kommen, „um zu verhindern, dass anderweitig nicht unterzubringende Ar-

Eine Entscheidung, welche die Interessen des Schuldners zum *maßgebenden* Entscheidungsmaßstab macht, ist regelmäßig keine optimale Verwertungsentscheidung. Billigkeit, Zumutbarkeit, Erbarmen, Mitleid und soziale Rücksicht sind keine Kriterien, welche eine auf maximalen Vorteil bedachte Investitionsentscheidung beeinflussen dürfen, wenn diese für sich in Anspruch nehmen will, eine letztlich in Geld auszudrückende bestmögliche Anreichung der Haftungsmasse zu bewirken. Rationale Nutzenmaximierung sowie Gewinnanreiz im Sinne des ökonomischen Verhaltensmodells und die Billigkeit im Einzelfall sind in ihren Grundaussagen konträr. Trefflich lässt sich insoweit auf das Gutachten von KARSTEN SCHMIDT zum 54. Deutschen Juristentag verweisen: „Reorganisation ist ein Verfahren der Krisenbeseitigung, nicht eine Rechtswohltat für einen unglücklichen Schuldner“[487]. Der Wettbewerb um die beste Verwertungsart schließt zwar die Berücksichtigung von Schuldnerinteressen nicht aus, sieht sie aber im Entscheidungsprozess idealtypisch nicht vor. Im Hinblick auf das höchstrichterliche Kriterium der Erlasswürdigkeit offenbart sich ferner die Diskrepanz in zeitlicher Hinsicht. „Insolvenzrechtliche Schicksalsentscheidungen“ über Unternehmen und ihre Sanierungsfähigkeit sind Prognoseentscheidungen, während die Erlassunwürdigkeit in die Vergangenheit schaut. Dies zeigt insgesamt deutlich, warum sich die Auffassung der Finanzverwaltung, dass die Zustimmung des Finanzamtes zu einem Insolvenzplan eine „nach den §§ 163, 227 AO unter Berücksichtigung der Zielsetzung der Insolvenzordnung zu treffende Ermessensentscheidung ist“[488], nicht halten lässt. Die Billigkeitsentscheidung unter wirtschaftlichen Gesichtspunkten ist ein *perpetum mobile.*

Fassen wir zusammen: Die Billigkeit als entscheidendes Dispositionskriterium wäre nicht nur ein Hemmnis für den Verhandlungsprozess. Sie wäre vielmehr ein grundlegender Störfaktor innerhalb der konsensualen Haftungsverwirklichung. Eine Dispositionsermächtigung, welche die Präferenz des Steuergläubigers für die Marktteilnahme auf den Begriff der Billigkeit reduziert, kollidiert mit dem selbst erklärten Anspruch eines Wettbewerbs um die beste Verwertungsart

---

beitnehmer gekündigt werden müssen“. Die Einziehung der Steuer sei den Arbeitnehmern gegenüber unbillig.

487 *K.Schmidt*, Gutachten f. d. 54. DJT, D 75 f. Das Zitat bezieht sich auf die vormalige Vergleichsunwürdigkeit. Ebenso *Berges*, Festschrift 100 Jahre KO, 363 (398), demzufolge gerade in der Abstandnahme von personenbezogenen Voraussetzungen die Marktwirtschaftlichkeit der Konkursabwicklung liegt, sowie auch *Funke*, BFuP 1995, 26 (27 f.); *Paulus*, DStR 2004, 1568 (1573).

488 BMF v. 17.12.1998, IV A 4- S 0550-28/98, BStBl. I 1998, 1500 (1505). Ohne Verweis auf die §§ 163, 227 AO kommt allerdings die Vollstreckungsanordnung aus. Diese bestimmt lediglich, dass „für die Zustimmung zum Insolvenzplan [...] weitgehend wirtschaftliche Gesichtspunkte maßgeblich [sind]“ (VollstrA-Nr 61 Abs. 4 S.1).

und droht – je nach Forderungsgewicht des Steuergläubigers – flexible, aber „nicht billige“ Lösungen von vornherein zu blockieren. Ein von Egoismus und einzelwirtschaftlichen Überlegungen getriebenes Streben nach Nutzenmaximierung – hier gerichtet auf einen Kooperationsgewinn, der sich für den Gläubiger in einer über dem Liquidationserlös des Regelverfahrens liegenden Insolvenzdividende niederschlägt – kann der Steuergläubiger unter der Flagge der Billigkeit nicht an den Tag legen. Dies gilt sowohl für § 227 AO in Ansehung eines Forderungsverzichtes, für § 222 AO hinsichtlich von Stundungen als auch für den Vollstreckungsaufschub nach § 258 AO.

3) § 261 AO als Ermächtigungsgrundlage für insolvenzspezifische Dispositionen?

Als weiterer Anknüpfungspunkt für eine zur Bewältigung der Insolvenz fähige Dispositionsermächtigung kommt § 261 AO in Betracht, der zumindest tatbestandlich nicht an die Billigkeit anknüpft, die sich für eine an Gläubigerinteressen ausgerichtete effektive Haftungsverwirklichung als untauglich erwiesen hat. Vielmehr stellt diese Dispositionsermächtigung offenkundig auf die Sichtweise des Steuergläubigers ab. Sie liegt allein im Interesse der Verwaltung an einem ressourcen-ökonomischen Steuervollzug[489]. Die Norm vermag aber gleichwohl keine Disposition in der insolvenzspezifischen Verhandlungssituation zu legitimieren: Schon die Rechtsfolge wird den bereits beschriebenen Anforderungen regelmäßig nicht gerecht. § 261 AO ermächtigt nur dazu, vorläufig von der weiteren Vollstreckung abzusehen[490]. Die Niederschlagung ist lediglich eine verwaltungsinterne Maßnahme und wirkt in keiner Weise (rechtlich) auf das Steuerschuldverhältnisse zwischen Steuergläubiger und Steuerschuldner ein. Der Steueranspruch wird weder hinsichtlich seines Bestehens (anders beim Erlass) noch hinsichtlich der Fälligkeit (anders bei der Stundung) noch hinsichtlich seiner Durchsetzbarkeit (anders beim Vollstreckungsaufschub) berührt[491]. Ermächtigt § 261 AO damit weder zu einem Handeln mit rechtlicher Verbindlichkeit im Außenverhältnis noch inhaltlich zu Maßnahmen, die eine auf Sanierung angelegte effektive Haftungsverwirklichung in der Insolvenz regelmäßig erfordern, scheidet die Norm damit gleichsam den Billigkeitsdispensen als insolvenzspezifische Ermächtigungsgrundlage aus.

---

489 *Müller-Eiselt*, in: Hübschmann/Hepp/Spitaler, AO, § 261 Rn. 5 (März 2006).
490 *Müller-Eiselt*, in: Hübschmann/Hepp/Spitaler, AO, § 261 Rn. 4 (März 2006).
491 *Pump*, DStZ 1985, 274 (275).

IV. Die Dispositionsbefugnis im Insolvenzplanverfahren aufgrund einer spezifisch insolvenzrechtlichen Ermächtigungsgrundlage

Steuerrechtliche Dispositionsermächtigungen vermochten eine widerspruchsfreie insolvenzrechtliche Konzeption bisher nicht zu gewährleisten. Der Begriff der Billigkeit markierte als Präferenz einen schädlichen Störfaktor, der das System der insolvenzrechtlichen Haftungsverwirklichung mit einem für die verfassungsrechtliche Rechtfertigung dieses Systems gegenüber den Insolvenzgläubigern relevanten Wertungswiderspruch belasten würde. Das Insolvenzrecht bleibt bei diesem Befund freilich nicht stehen. Im Folgenden werden wir sehen, dass die Insolvenzordnung selbst die erforderliche Dispositionsermächtigung enthält, die den Anforderungen an eine konsentierte Haftungsverwirklichung durch ein Stück finanzbehördlicher Gestaltungsfreiheit gerecht wird.

1) § 217 InsO als Ermächtigungsgrundlage für insolvenzspezifische Dispositionen der Finanzbehörde

Die Frage, ob eine besondere Ermächtigungsgrundlage für Dispositionen des Steuergläubigers im Insolvenzplanverfahren existiert, wird zwischen der Finanzverwaltung und der Literatur unterschiedlich beantwortet. Während die FINANZVERWALTUNG[492] mit der Zustimmung zum Insolvenzplan die damit verbundene Dispositionsentscheidung des Steuergläubigers den §§ 163, 227 AO unterstellt, die eigentlich in diesem Fall streng durch die Billigkeit im Einzelfall begrenzte Dispositionsfreiheit allerdings durch die Zugrundelegung einer wirtschaftlichen Entscheidungsmaxime – in gesetzeswidriger Weise (s.o.) – wieder ausdehnt, lehnt die wohl h.L. mit teilweise differierenden Begründungen und Ergebnissen die Geltung der §§ 163, 227 AO ab[493].

Insbesondere MATTHIAS LOOSE betont die Eigenständigkeit des Insolvenzrechts und sucht die Legitimation für die Dispositionsentscheidung in einer spezi-

492 BMF v. 17.12.1998, IV A 4- S 0550-28/98, BStBl. I 1998, 1500 (1505): „Die Frage, ob das Finanzamt einem Insolvenzplan zustimmen soll oder nicht, ist grundsätzlich nach wirtschaftlichen Gesichtspunkten zu entscheiden. [...]. Somit sind Ermessensentscheidungen nach den §§ 163, 222, 227 AO unter Berücksichtigung der Zielsetzung der Insolvenzordnung zu treffen." Ebenso VollstrA Nr 61 Abs. 4 S.1.

493 *Brockmeyer*, in: Klein, AO, § 251 Rn. 35; *Dißars*, in: Schwarz, AO, § 251 Rn. 182 (Aug. 2007); *Fett/Barton*, DStZ 1998, 885 (887); *Frotscher*, Besteuerung bei Insolvenz, 279; *v.Groll*, in: Hübschmann/Hepp/Spitaler, AO, § 227 Rn. 49 ff. (Juni 2000); *Loose*, StuW 1999, 20 (27); *derselbe*, in: Tipke/Kruse, AO, § 251 Tz. 110 (Okt. 2006); *Kruse*, Festschrift f. Vogel, 517 (518); *Rüsken*, in: Klein, AO, § 227 Rn. 14 und § 163 Rn. 11; *Seer*, in: Tipke/Lang, Steuerrecht, § 21 Rn. 375; *Weinreuther*, DStZ 1999, 853 (864 f).

fisch insolvenzrechtlichen Ermächtigungsgrundlage[494]. Nach im Ergebnis ähnlicher Auffassung sollen die Vorschriften über den Insolvenzplan in einem solchen Umfang in das materielle und verfahrensrechtliche Steuerrecht hineinwirken, dass es sich insoweit um Abgabenrecht und damit um die maßgebliche (steuerrechtliche) Ermächtigungsgrundlage handele[495]. Ungeachtet der damit unterschiedlich beantworteten Detailfrage, welchem Regelungsregime die Ermächtigungsgrundlage zugeordnet sein soll, basieren diese Auffassungen auf einer deutlichen Abkehr von dem Kriterium der Billigkeit. Entscheidungsmaßstab sei allein die insolvenzrechtliche Haftungsverwirklichung nach wirtschaftlichen Grundsätzen[496].

Wieder andere Autoren versuchen sich hingegen in einer Kombination von insolvenzrechtlicher Legitimationsgrundlage und Billigkeit. Trotz der Ablehnung einer Anwendung der §§ 163, 227 AO auf die Zustimmung zum Insolvenzplan seien deren Grundwertungen auf die Zustimmungsentscheidung anzuwenden[497] bzw. wird den Billigkeitsvorschriften eine „innerdienstliche Bindungswirkung" beigemessen[498].

Nach dem an anderer Stelle der tatbestandliche und auch teleologische Widerspruch zwischen der Billigkeit im Einzelfall und der insolvenzrechtlichen Haftungsverwirklichung herausgearbeitet wurde, wird die Richtigkeit der von MATTHIAS LOOSE vertretenen Auffassung ohne weiteres offenbar. Die Ermächtigungsgrundlage kann nur im Gefüge des Insolvenzrechts gesucht werden. Die Folgefrage, welche insolvenzrechtliche Norm die Voraussetzungen einer Dispositionsermächtigung erfüllt, kann nach meinem Dafürhalten – entgegen MATTHIAS LOOSE – aber nicht mit dem Hinweis auf die §§ 233 f. InsO beantwortet werden[499]. Diese äußern sich allein zur Aussetzung der Verwertung durch eine gerichtliche Entscheidung und die Niederlegung des Insolvenzplans. Wir werden im folgenden sehen, dass die Finanzbehörde die Ermächtigung für die zur (Mehrheits-) Entscheidung anstehende Disposition vielmehr unmittelbar aus § 217 InsO erhält:

Der Ermächtigungsnormcharakter des § 217 InsO wird erst unter Beachtung der Besonderheiten des geregelten Lebenssachverhaltes in seiner Struktur deutlich. Das gesetzgeberische Steuerungskonzept des Steuerrechts wird von konditionalen Programmierungen beherrscht. Der Gesetzgeber gibt Verhaltensweisen

494 *Loose*, in: Tipke/Kruse, AO, § 251 Tz. 110 (Okt. 2006).

495 *V.Groll*, in: Hübschmann/Hepp/Spitaler, AO, § 227 Rn. 51 (Juni 2000).

496 *Loose*, in: Tipke/Kruse, § 251 AO Tz. 110 (Okt. 2006); *v.Groll*, in: Hübschmann/Hepp/Spitaler, AO, § 227 Rn. 51 (Juni 2000).

497 Vgl. *Rüsken*, in: Klein, AO, § 227 Rn. 14.

498 *Frotscher*, Besteuerung bei Insolvenz, 279.

499 *Loose*, in: Tipke/Kruse, AO, § 251 Tz. 110 (Okt. 2006).

vor, die er unter bestimmten Situationsbedingungen für geeignet hält, ein Ziel zu erreichen. Er verwendet ein sog. Wenn-Dann-Programm. Betrachtet man demgegenüber § 217 InsO als Ermächtigungsgrundlage für eine insolvenzspezifische Disposition, kann dieser nur wie ein Fremdkörper im Rahmen steuerlicher Befugnisnormen wirken:

> „Die Befriedigung der absonderungberechtigten Gläubiger und der Insolvenzgläubiger, die Verwertung der Insolvenzmasse und deren Verteilung an die Beteiligten sowie die Haftung des Schuldners nach Beendigung des Insolvenzverfahrens können in einem Insolvenzplan abweichend von den Vorschriften dieses Gesetzes geregelt werden."

Schon auf den ersten Blick fällt auf, dass die Norm dem klassischen Konditionalprogramm einer Wenn-Dann-Formulierung nicht entspricht. Einer Begriffsbildung ROMAN HERZOGS folgend drängt sich hier eine „diffuse Norm" auf, bei der der „Eindruck entsteht, als habe der Gesetzgeber in der Erkenntnis, dass die Verwaltung ohne Ermächtigung nun einmal nicht handeln darf, diese Ermächtigung eben geschaffen, alles übrige dann aber bereitwilligst wieder der Verwaltung überlassen"[500]. So scheint es sowohl an einem Tatbestand, der die Anlässe einer Dispositionsentscheidung antizipiert, als auch im Wesentlichen an einer Rechtsfolgenseite, auf welcher beschrieben ist, welche Dispositionen über welchen Anspruch aus dem Steuerschuldverhältnis zulässig sind, zu fehlen.

Dieser Eindruck trügt indes. Mit dem Insolvenzplan ist auf der Rechtsfolgenseite eine konkrete Handlungsform vorgegeben. Diese unterliegt wiederum einem eingehend geregelten Rechtsregime, das zugleich auch die Tatbestandsseite konkretisiert. Systematisch-logisch führt der Rückgriff auf § 217 InsO und den Insolvenzplan als Handlungsform nämlich zu der zwingenden Voraussetzung, dass ein Insolvenzplanverfahren ordnungsgemäß durchlaufen wurde. § 217 InsO setzt mithin einen ganz bestimmten Erkenntnis- und Entscheidungsfindungsprozess voraus, der – insoweit darf die Formulierung des § 217 InsO nicht täuschen – der Verfügbarkeit der Verfahrensbeteiligten entzogen ist[501]. Aus der gleichen Überlegung heraus ist des Weiteren die formelle Insolvenz tatbestandliche Voraussetzung des § 217 InsO. Damit ist zugleich der Übergang zu einer weiteren Konkretisierung eingeleitet. Der Insolvenzplan kann nicht losgelöst von der Gläubigerbefriedigung als maßgeblichem – in § 1 S. 1 InsO formulierten – Insolvenzzweck gesehen werden. Er ist ein Instrument, um das Ziel der bestmöglichen Haftungsverwirklichung zu erreichen. Jede insolvenzspezifische Dispositionsentscheidung ist also eine Entscheidung, die an das einzelwirtschaftliche Verhaltensmodell des

---

500 Vgl. *Herzog*, VVDStRL 24 (1966), 183 (191).

501 *Luer*, in: Uhlenbruck, InsO, § 217 Rn. 7.

homo oeconomicus anknüpft, um eine Haftungsverwirklichung mit dem größtmöglichen Nutzen für die Gesamtheit der Gläubiger zu erreichen.

Damit wird der Charakter des § 217 InsO offenbar. Gesetzestechnisch kann sich der Gesetzgeber darauf beschränken, anstelle eines Konditionalprogramms die Realisierung des erwünschten Zustandes anzuordnen, und es den Adressaten überlassen, die geeigneten Mittel zum Zweck auszuwählen. Mit anderen Worten: Es kommt zum Schluss vom Zweck auf das Mittel[502]. Wird dergestalt nur der Zweck vorprogrammiert, spricht man von einer *finalen Programmierung* oder – gleichbedeutend – von *Zweckprogrammierung*[503]. So verhält es sich bei § 217 InsO. Isoliert betrachtet ist lediglich das (ideale) Oberziel jeglicher „abweichender" Vereinbarung vorformuliert, nämlich die optimale, weil einvernehmliche, Haftungsverwirklichung. Die eingesetzten Mittel hingegen werden dem Marktmechanismus ebenso überantwortet wie die Konkretisierung des Oberziels. In seiner Konzeption zeigt sich damit deutlich der Charakter des § 217 InsO als finale Programmierung.

Für den Steuergläubiger ist damit freilich noch nicht viel gewonnen. Denn in einem idealen Markt formuliert jeder Marktteilnehmer sein eigenes Präferenzsystem. Er folgt seinen selbstgesetzten Präferenzen[504]. Gerade hierin äußert sich die ihm eigene Privatautonomie. Darum kann das Finalprogramm wiederum nicht isoliert insolvenzrechtlich betrachtet werden, sondern bedarf einer Rückkopplung mit dem Rechtsregime, dem der Marktteilnehmer „Steuergläubiger" unterliegt und das seine Handlungen leitet. Die Insolvenzordnung – hier in Gestalt der §§ 217 ff. InsO – nimmt nämlich nur für sich in Anspruch, ein Oberziel zu formulieren und zur Erreichung an die Ausnutzung des Marktmechanismus zu appellieren, dies auch zu forcieren und dazu entsprechende Rahmenbedingungen bereitzustellen. Die Formulierung der Präferenzen hingegen findet unterhalb dieses Oberziels jeweils in der Verantwortungssphäre der einzelnen Gläubiger statt.

In Bezug auf den Steuergläubiger wird die Präferenzformulierung durch den Dispositionsgegenstand determiniert. Der Steuergläubiger ist im Insolvenzverfahren als Treuhänder der Gemeinschaft der Steuerpflichtigen dem Innenverhältnis verpflichtet. Die formelle Insolvenz entlässt ihn nicht aus seiner Vollzugsverantwortung. Wir haben allerdings bereits an früherer Stelle gesehen, dass der Vollzugsauftrag nicht mehr mit dem gleichen Anspruch auftreten kann, wie dies im „Normalzustand" der Fall ist[505]. Die Knappheitssituation und die grundlegende Entscheidung für eine Haftungsverwirklichung par conditio creditorum schließen

---

502 *W.Schmidt*, AöR 96 (1971), 321 (333).

503 *Röhl*, Allgemeines Rechtslehre, 217 ff.; *Schuppert*, AöR 133 (2008), 79 (88) m. w. Nachw.

504 Siehe nur *Eidenmüller*, Effizienz als Rechtsprinzip, 326 ff.

505 Zur Modifizierung des Vollzugsauftrages hin zu einem Optimum siehe Kap. 1 C.

eine Ausrichtung des Vollzugsauftrages am Nominalwert der bisher nicht befriedigten Abgabenforderung aus. Obsolet wird er damit freilich nicht. Im Sinne des geringstmöglichen Eingriffs in die Steuergerechtigkeit besteht lediglich Anlass, diese für den Ausnahmezustand der Insolvenz zu konkretisieren. Dies führt zwangsläufig zu einer Modifikation des Vollzugsauftrages. Er wird der Knappheitssituation entsprechend angepasst und von einem Maximalanspruch auf die „bestmögliche" Haftungsverwirklichung heruntergeschraubt. Nicht das Maximum, sondern ein Optimum prägt fortan den Steuervollzug. Der Steuergläubiger ist mithin in der formellen Insolvenz verpflichtet, die gesetzgeberische Belastungsentscheidung „optimal" – wenn auch mit Rücksicht auf die natürlichen Gesetze der Knappheit und der Grundentscheidung für die par conditio creditorum – umzusetzen. Formuliert § 85 S. 1 AO den Vollzugsauftrag dahingehend, dass die Finanzbehörden die Steuern nach Maßgabe der Gesetze gleichmäßig zu erheben haben, ergänzt § 217 InsO dies – allein in sprachlicher Abwandlung der Norm – für den Ausnahmezustand der formellen Unternehmensinsolvenz dahingehend, „[dass] zur Erfüllung dieser Aufgabe, die Finanzbehörde sich nach Eintritt der formellen Insolvenz im Rahmen eines Insolvenzplanverfahrens der Mittel bedienen kann, die (noch) eine möglichst weitgehende Anspruchsverwirklichung erwarten lassen".

§ 217 InsO ermächtigt den Steuergläubiger dazu, den bereits auf ein Optimum reduzierten Steuervollzug im Regelverfahren hiervon abweichend zu gestalten bzw. an einer abweichenden Gestaltung mitzuwirken und ihr zuzustimmen. Das Wort „abweichend" bringt diesbezüglich das darin innewohnende Verhandlungselement und die dafür vorausgesetzte Gestaltungsfreiheit zum Ausdruck. Dies zeigt zugleich aber auch, dass die Dispositionsfreiheit der Behörde nicht unerheblich eingeschränkt ist. Es besteht zwar ein Spielraum freier Entscheidung. Dessen Grenzen sind aber rechtlich umschrieben. Jedes behördliche Ermessen ist „pflichtgemäßes" Ermessen (§ 5 AO) und darf immer nur in Bindung an die Ziele des Gesetzes betätigt werden[506]. Der Vollzugsauftrag ist einerseits ermessenslenkende Direktive, andererseits markiert er die Grenzen des Dispositionsermessens[507]. Allein eine an einer optimalen Haftungsverwirklichung nach Eintritt der formellen Insolvenz orientierte Dispositionsentscheidung kann demnach ermessensfehlerfrei sein. § 217 InsO erlaubt mithin keine grenzenlose Freiheit und Beliebigkeit. Die Entscheidung muss auf die gesetzesimmanente Wertverwirkli-

---

506 BVerfG v. 16.02.1965, 1 BvL 15/62, BVerfGE 18, 353 (363); *Koch*, Unbestimmte Rechtsbegriffe und Ermessensermächtigungen im Verwaltungsrecht, 101 ff.; *Pietzcker*, JuS 1982, 106 ff. jeweils m. w. Nachw.

507 Zu dieser leitenden und begrenzenden Wirkung des Gesetzeszwecks statt vieler nur *Ossenbühl*, in: Erichsen, Allgemeines Verwaltungsrecht, § 10 Rn. 13.

chung gerichtet sein[508]. Allerdings wird dem Steuergläubiger bei seiner Ermessensbetätigung eine Einschätzungsprärogative zukommen, die dem prognostischen Element einer jeden Dispositionsentscheidung in der Insolvenz ausreichend Rechnung tragen muss.

Die formelle Insolvenz schafft damit einen Rechtsrahmen, der ein Stück Verwaltungsverantwortung – verstanden als eine primär *eigenverantwortliche Zweckerfüllung*[509] – gewährt, wie sie ansonsten nur in anderen Bereichen des öffentlichen Rechts zunehmend anzutreffen ist. Hat sich der Gesetzgeber in konsequenter Umsetzung seines eigenen Regelungskonzepts an dieser Stelle im Wesentlichen auf die Schaffung eines Rechtsrahmens und die Beeinflussung der Rahmenbedingungen beschränkt, fügt sich § 217 InsO mit seiner finalen Programmierung und der äußert zurückhaltenden legislativen Diktion auf der Rechtsfolgenseite aus insolvenzrechtlicher Sicht vorbildlich in das gesetzgeberische Gesamtkonzept ein. Es wurde bereits herausgestellt, dass nur eine weitestgehend generalklauselartige Ermächtigung der sachgesetzlichen Logik des Insolvenzrechtskonzepts gerecht wird. Ein klassisches Konditionalprogramm in Gestalt einer „Wenn …, dann …“ Ermächtigung ist nicht geeignet, das politische Ziel in positives Recht umzusetzen. Der Marktmechanismus lässt sich hierdurch nicht aktivieren. Es liegt in der Natur dieses gesetzgeberischen Konzepts, dass eine gesetzliche Grundlage zwar mit der Haftungsverwirklichung ein Oberziel vorgibt, aber im Übrigen sowohl das konkrete Zwischenziel als auch die konkreten Mittel zur Zielerreichung möglichst wenig determiniert. Erst auf der Grundlage dieses Verständnisses des § 217 InsO fügen sich die öffentlich-rechtlichen Gläubiger einschließlich des Steuergläubigers in das „Marktsystem“ ein. Der Steuergläubiger ist zwar durch seinen Vollzugsauftrag determiniert. Mit dieser Präferenz kann – anders als mit der Billigkeit im Einzelfall – der Marktmechanismus indessen gut leben. Sie entspricht sogar idealer Weise dem Verhaltensmodell. In der Knappheitssituation unterscheiden sich Vollzugsauftrag und Gewinnanreiz in ihren Grundanliegen kaum.

Der Charakter des § 217 InsO kann zusammenfassend wie folgt umschrieben werden: Die Norm bietet dem Steuergläubiger ein Instrument zur Bewältigung der weiterhin fortbestehenden Vollzugsgewährleistungspflicht. Kooperatives Verwaltungshandeln kann im Insolvenzplanverfahren unvermeidlich sein. Darum *darf* der Vollzug – muss aber nicht – im Konsens mit den übrigen Verfahrensbeteiligten erfolgen. Handlungsform ist der Insolvenzplan. Präzise formuliert, er-

508 Vgl. *Bachof*, JZ 1972, 641 (642); *Kruse*, in: Tipke/Kruse, AO, § 5 Tz. 5 (März 2004); *Maurer*, Allgemeines Verwaltungsrecht, § 7 Rn. 13; *Ossenbühl*, in: Erichsen, Allgemeines Verwaltungsrecht, § 10 Rn. 13.

509 Vgl. *Scholz*, VVDStRL 34 (1975), 146 (149 ff.).

mächtigt § 217 InsO mithin zu einer positiven Stimmabgabe über einen Insolvenzplan, der bestimmte Dispositionen (auch) für den Steuergläubiger vorsieht. In Bezug auf die Stimmrechtsabgabe und die im Vorfeld stattfindenden Verhandlungen über den zur Abstimmung zustellenden Antrag agiert der Steuergläubiger nur noch „gesetzesdirigiert". Die Direktive wird im Folgenden näher herausgearbeitet.

2) Die Dispositionsentscheidung als pflichtgemäße Ermessensentscheidung

Die Ermessensentscheidung als „gesetzesdirigierte" Entscheidung, die mit Blick auf einen „optimalen Steuervollzug" zu den erforderlichen, konsentierten Dispositionen ermächtigt, bedarf noch weiterer Konkretisierungen. Im Folgenden werden wir sehen, dass die Dispositionsentscheidung an eine vorhandene Verhandlungssituation anknüpft (dazu a]) und regelmäßig aus zwei Elementen besteht, die im Sinne einer Art „beweglichen Systems" in Ausgleich zueinander zu bringen sind. Einerseits ist die Ermessensdirektive des optimalen Steuervollzugs hin zu dem Entscheidungskriterium der Effizienz zu formulieren (dazu b]), andererseits ist die Dispositionsentscheidung eine Prognose- und Risikoentscheidung, die insoweit einen Beurteilungsspielraum beinhaltet (dazu c]). Unter d) wird sodann die Wechselbeziehung beider Dispositionselemente dargestellt.

a) Die „insolvenzrechtliche Verhandlungssituation" als Grundvoraussetzung

§ 217 InsO ermächtigt den Steuergläubiger individuell. Seine Anknüpfung an eine „abweichende Vereinbarung der Gläubiger" macht jedoch eine Grundvoraussetzung für die Aktivierung dieser Ermächtigungsgrundlage deutlich: die *Verhandlungssituation* als Ausdruck einer Verfahrenslage, in welcher die Gläubiger bereit sind, im (Mehrheits-) Konsens von der Haftungsverwirklichung nach dem Regelverfahren abzuweichen. Denn § 217 InsO legitimiert nur die Zustimmung zu einem Insolvenzplan. Außerhalb eines Insolvenzplanverfahrens ist § 217 InsO nicht einschlägig und innerhalb eines Insolvenzplanverfahrens setzt sie die Abstimmung über einen Plan voraus. Damit können weder Alleingänge des Steuergläubigers auf diese Norm gestützt werden noch eine zwischen den Gläubigern konsentierte Einzelmaßnahme des Steuergläubigers, die als Teil mehrerer Einzelmaßnahmen in ihrer Gesamtwirkung einer Kollektivhandlung nahekommt, aber sich nicht des Rechtsinstutites des Insolvenzplans bedient.

b) Die Effizienz als Ermessensdirektive

aa) Die Effizienz als einer optimalen Entscheidung unter Knappheitsbedingungen immanentes Entscheidungskriterium

Tritt die Verhandlungssituation ein, muss der Steuergläubiger das ihm zugewiesene Dispositionsermessen ausüben. An welcher Handlungsdirektive soll die Ermessensentscheidung über die Zustimmung zum Insolvenzplan aber ausgerichtet werden? Die Kernaussage sei hier vorweggenommen: Die Ermessensdirektive ist das Entscheidungskriterium der „Effizienz“.

Dem Steuervollzug, bezogen auf den Anspruch aus dem Steuerschuldverhältnis als solches, ist dieses Kriterium angesichts der Gegenleistungslosigkeit der Steuer fremd. Es ist ihm sogar verfassungsrechtlich versagt. Denn gerade hierin äußert sich das anfangs formulierte Bestandsgebot und hierin kommt die einhellige Ablehnung eines Dispositionsspielraums über den Steueranspruch zum Ausdruck[510]. Der Steuergläubiger hat den Steueranspruch zu seinem Nominalbetrag zu verwirklichen und zur Erreichung dieses Ziels nichts als „Gegenleistung“ hinzugeben. Das Ziel der vollständigen Anspruchsverwirklichung ist starr. Ein weniger kann nicht hingenommen werden und muss im Zustand ausreichender Haftungsmasse auch nicht.

Dies wird mit der formellen Insolvenz anders. Die Haftungsverwirklichung par conditio creditorum schließt die volle Befriedigung zum Nominalwert des Abgabenanspruchs regelmäßig aus. Indem § 217 InsO dem Steuergläubiger – und allen übrigen Beteiligten – die Möglichkeit eröffnet, die Höhe der gemeinschaftlichen Verlusttragung dadurch selbst zu bestimmen, dass abweichend von der sicheren Realisierung des Liquidationserlöses (nach dem Regelverfahren) eine davon abweichende Haftungsverwirklichung (mehrheitsbestimmt) beschlossen werden kann, öffnet sich der Steuervollzug in Bezug auf den noch nicht befriedigten Steueranspruch für Verhandlungen. Der Anspruch kann nicht mehr in voller Höhe befriedigt werden. Die Höhe der Befriedigung ist hingegen durch konsentierte Dispositionen (noch) beinfluss- und insbesondere steigerbar. Der Konsens mit den übrigen Beteiligten kann durchaus als ein Austauschverhältnis gesehen werden. Der do-ut-des Charakter kommt vornehmlich darin zum Ausdruck, dass jedem Gläubiger „etwas abverlangt wird“, ein Beitrag, ein Opfer oder – um den Charakter der Dispositionsentscheidung zu betonen – eine Investition. Die Verhandlungen sollen sich nach der Vorstellung des Gesetzgebers treu nach der be-

510 Effizienzüberlegungen zugänglich ist freilich die Ausgestaltung des Steuervollzuges, verstanden als die Entscheidung über die einzusetzenden sachlichen und personellen Vollzugsmittel.

kannten Formulierung vollziehen, dass der Eigennutz des Individuums letztlich auch Wohlfahrt für das Kollektiv bedeutet[511]. Es liegt aber in der Natur des Verhandlungselements, dass sich das Befriedigungsoptimum – anders als der volle Nominalbetrag – nicht mehr auf das einzig richtige Verhandlungsergebnis fixieren, gar definieren lässt. In dieser Situation existieren gegebenenfalls verschiedene Handlungsalternativen, die allesamt zu unterschiedlichen Befriedigungsquoten führen können. Der Insolvenzplan formuliert regelmäßig eine dieser Handlungsalternativen. Erklärt der Steuergläubiger zu einer Planvorlage durch eine positive Stimmrechtsabgabe seine Zustimmung, disponiert er. Gegenstand seiner Disposition wird regelmäßig ein Teil des Anspruchs aus dem Steuerschuldverhältnis sein – sei es auch nur in Gestalt einer Stundung. Hierin liegt seine „Gegenleistung". Angesichts der Vielfalt der denkbaren Handlungsalternativen wird deutlich, dass es selten die eine Vollzugsentscheidung geben wird.

Eine Konkretisierung der Ermessensdirektive „optimaler Steuervollzug" muss dem Steuergläubiger ein Entscheidungskriterium bieten, anhand dessen er die „rechtmäßigen" von den „rechtswidrigen" Handlungsalternativen zu unterscheiden vermag. Die erforderliche Konkretisierung gibt die Modifikation des Vollzugsauftrages auf ein Optimum bereits selbst vor. Dem von § 85 AO bzw. Art. 3 Abs. 1 GG vermittelten Steuervollzugsoptimum in Verbindung mit dem von den §§ 217 ff. InsO bezweckten konsentierten Einsatz knapper Ressourcen ist die Entscheidungsregel der *Effizienz* immanent. Die Effizienz ist damit als Kriterium bereits denknotwendig im positiven Recht implementiert und zwar als „legislative Zielstruktur"[512]. Auf die Diskussion um ihre Anerkennung als übergreifendes Rechtsprinzip kommt es im vorliegenden Kontext mithin nicht mehr an[513]. Sie ist bereits aus der inneren Logik heraus des prägende Element der Rechtmäßigkeit des finanzbehördlichen Handelns unter den vorgenannten Knappheitsbedingungen[514].

Die Effizienz als Entscheidungsregel stellt eine Maßgröße für das Verhältnis der Disposition (eingesetzte Mittel) zu der erlangten Befriedigung aus der Insolvenzmasse (erzielter Erfolg) dar. Sie beruht auf dem Konzept rationaler Nutzenmaximierung[515] und kann einmal nach dem Minimalprinzip definiert werden, wonach ein festgelegtes Ziel mit geringsten Mitteln zu erreichen ist. Sie kann

---

511 Bundesregierung, BT-Drucks. XII/2443, 76.

512 Vgl. hierzu *Eidenmüller*, Effizienz als Rechtsprinzip, 452.

513 Siehe nur *Leisner*, Effizienz als Rechtsprinzip, 24 f., 30, 56; *Hoffmann-Riem*, Reform des Verwaltungsrechts, 11 (19 ff.); *Eidenmüller*, Effizienz als Rechtsprinzip, 463 ff.

514 Siehe zur Effizienz als Element der Richtigkeit des Verwaltungshandelns im Übrigen nur *Hoffmann-Riem*, Reform des Verwaltungsrechts, 11 (38 ff.).

515 *Eidenmüller*, Effizienz als Rechtsprinzip, 31

gleichsam aber auch nach dem Maximalprinzip bestimmt werden, wonach mit feststehenden Mitteln der größtmögliche Nutzen zu erzielen ist. Damit ist der Gehalt des Effizienzkriteriums selbst wiederum abhängig von dem Kontext seiner Normierung[516]. Insoweit schließt sich der Kreis zur Definition der Präferenz. Dieser Kontext ist der Steuervollzug und somit die Verwirklichung eines vermögensrechtlichen Anspruchs mit dem Ziel der Herstellung einer (wenigstens) optimalen Belastungsgleichheit. Effizienz ist an dieser Stelle daher ausschließlich lokal, nämlich vornehmlich als *ökonomische Effizienz* mit Blick auf die optimale Befriedigung einer konkreten Steuerforderung unter insolvenzrechtlichen Besonderheiten zu verstehen. Allein diese steuert die Entscheidungsfindung des Steuergläubigers. Für eine „umfassende Gemeinwohleffizienz"[517] ist kein Raum[518]. Die vorgesehene Disposition des Steuergläubigers über den Anspruch aus dem Steuerschuldverhältnis, wie sie der Insolvenzplan formuliert, muss sich also allein daran messen lassen, wie sie die Befriedigung des Steuergläubigers in Ansehung der Steuerinsolvenzforderung beeinflusst.

Besondere Aufmerksamkeit verdient unter Effizienzgesichtspunkten vor allem die Reorganisation des insolventen Unternehmensträger mittels eines sog. Sanierungsinsolvenzplans. Die Befriedigung der Gläubiger erfolgt in diesen Fällen nicht aus dem durch die Verwertung des Schuldnervermögens erzielten Erlös, sondern vornehmlich aus den Erträgen des sanierten Unternehmens. Eine an der Effizienz der Disposition ausgerichtete Entscheidung kann hier nicht ermessenfehlerfrei sein, wenn der Steuergläubiger im Rahmen einer Liquidation seine ausstehenden Forderungen erfolgreicher verwirklicht hätte. Die Effizienz verlangt damit zwangsläufig immer einen Vergleich zwischen Liquidations- und Fortführungsdividende, übertragender Sanierung und Reorganisation des Unternehmensträgers sowie schließlich Regel- und Insolvenzplanverfahren. Ineffizient – und damit von § 217 InsO nicht mehr legitimiert – ist erst recht die Entscheidung für einen Sanierungsplan, wenn das Unternehmen erkennbar nicht sanierungsfähig ist. Dies ist nach einer allgemein vorherrschenden Definition der Fall, wenn das notleidende Unternehmen innerhalb einer vorgegebenen Zeit nicht aus der gegenwärtigen Krise hin zu einem dauerhaften finanziellen Gleichgewicht geführt

---

516 Vgl. *Eidenmüller*, Effizienz als Rechtsprinzip, 452 f.; *Hoffmann-Riem*, Reform des Verwaltungsrechts, 11 (24).

517 Zu den möglichen Maßgrößen der Effizienz gerade im Öffentlichen Recht *Hoffmann-Riem*, Reform des Verwaltungsrechts, 11 (27 f.); *Schmidt-Aßmann*, Reform des Verwaltungsrechts, 245 (247 f.).

518 A.A. wohl *Waza/Uhländer/Schmittmann*, Insolvenzen und Steuern, Rn. 814; *Frotscher*, Besteuerung bei Insolvenz, 280; *Obermair*, StB 2005, 212 (216), denen zufolge die Finanzbehörde gehalten sei auch das öffentliche Interesse an der Fortführung und Sanierung des Betriebes zu berücksichtigen.

werden kann, so dass es sich eigenständig am Markt behaupten kann[519]. Die Sanierungseignung bestimmt folglich im Zusammenhang mit Sanierungsinsolvenzplänen eine Minimalanforderung an eine effiziente Dispositionsentscheidung.

bb) Die (auch) sachfremde Dispositionsentscheidung

Mit der Effizienz als Entscheidungskriterium eng verbunden ist der Problemkreis der sachfremden Erwägungen. Der Staat kann durch die Insolvenz eines Unternehmens im lokalpolitischen Bereich betroffen sein, in seiner Strukturpolitik und in seiner allgemeinen Wirtschaftspolitik[520]. Diese Aspekte sind einer an der optimalen Vollziehung einer Steuerinsolvenzforderung orientierten Effizienz-Präferenz fremd. Sie sind vielmehr Ausdruck einer übergeordneten aber für § 217 InsO irrelevanten Gemeinwohleffizienz. Lässt sich der Steuergläubiger dennoch von gesamtwirtschaftlichen Motiven bei der Stimmabgabe leiten, kann dies gleichwohl unschädlich sein. Dies gilt selbst dann, wenn diese Motive überwiegen. Entscheidend ist allein, dass die Entscheidung auch effizient ist. Die Vereinbarkeit der Entscheidung mit § 217 InsO i.V.m. § 85 AO ist – gleich wie stark der sachfremde Einfluss auch ist – immer nur an dem Befriedigungsoptimum zu messen. Dies ist die konsequente Folge einer engen ökonomischen Effizienz, die allein am Befriedigungserfolg der konkret betroffenen Steuerinsolvenzforderung ausgerichtet ist. Eine sachfremde Dispositon ist folglich immer dann rechtmäßig, solange und soweit sie auch effizient ist.

Dennoch ist einzugestehen, dass gerade angesichts mehrerer effizienter Maßnahmen und unter Berücksichtigung der Einschätzungsprärogative des Steuergläubigers praktisch eine nicht unerhebliche Grauzone kaum zu vermeiden sein wird. Es wird beispielsweise immer die Frage bleiben, ob man nicht eine noch effektivere Maßnahme hätte treffen können, wenn auf die Erhaltung der Arbeitsplätze weniger Rücksicht genommen worden wäre. Es gibt eben nicht die eine Dispositionsentscheidung. Es gibt unzählige Varianten einer solchen Entscheidung, die alle für sich in Anspruch nehmen können, den im Fortführungswert zum Ausdruck kommenden Mehrwert effektiv zu realisieren und unter Umständen nur gering von einander abweichen, aber womöglich mit Rücksicht auf andere Ziele nicht in strenger Auswahl des effektivsten gewählt werden. Insoweit kann es letztlich praktisch nur darum gehen, diejenigen Entscheidungen zuverlässig auszugrenzen, die aus Sicht des Effizienzgedankens nicht mehr vertretbar erscheinen. Insoweit rücken das bereits dargestellte Kriterium der „Sanierungseignung" sowie der „sichere Liquidationserlös" als Grenzfaktoren in den Mittel-

519 Vl. nur *Groß*, DStR 1991, 1572.
520 *Flessner*, Sanierung und Reorganisation, 195 f.

punkt. Hierdurch wird zumindest vermieden, dass nicht überlebensfähigen Wirtschaftseinheiten auf Kosten der Gemeinschaft der Steuerzahler künstlich am Leben erhalten werden. Ein solcher Zweck muss auf dem Wege der positiven Subventionierung durch verlorene Zuschüsse verfolgt werden. Die insolvenzrechtliche Haftungsverwirklichung muss daher abgegrenzt werden von der bewussten Eingehung politischer Verluste. Wenngleich sich angesichts der Vielgestaltigkeit von Interessenüberlagerungen nur die evidenten Missbrauchsfälle isolieren lassen, wird dem Missbrauch insolvenzrechtlicher Dispositionsfreiheit regelmäßig durch rationale Entscheidungen der übrigen Gläubiger begegnet. Eine im Ganzen wirtschaftlich nicht sinnvolle Sanierung wird kaum konsensfähig sein. Gefährlich sind daher vornehmlich die Fälle, in denen der Steuergläubiger im Insolvenzplan (freiwillig) überobligatorisch disponiert, um die Dispositionen der anderen Gläubiger rentabel zu machen.

cc) Die Unzulässigkeit von künftigen Surrogaten für aufzugebende Vermögenspositionen

Mit dem Vorgenannten eng verbunden ist ein weiteres – nur spezifisch in der Person des Steuergläubigers existentes – Problem: Haftungsverwirklichung meint bei Anlegung eines engen Verständnisses stets nur die Verwirklichung der im Zeitpunkt der Verfahrenseröffnung begründeten eigenen Forderungen durch Zugriff auf die Insolvenzmasse. Für Privatgläubiger versteht es sich hingegen von selbst, dass Haftungsverwirklichung über den konkreten vermögensrechtlichen Anspruch hinaus auch die Aussicht auf zukünftige Erträge bedeuten kann. Namentlich das Interesse an der Aufrechterhaltung bestehender Lieferbeziehungen bzw. der Fortsetzung bestehender Arbeitsverhältnisse zeigen dies exemplarisch für zwei bedeutende Gläubigergruppen. In beiden Fällen wird eine Dispositionsentscheidung über Insolvenzforderungen womöglich deren Verlust zum Gegenstand haben, weil die Aussicht besteht, nach erfolgreicher Sanierung dergestalt an der wiedererlangten Ertragskraft zu partizipieren, dass die Gewinnspanne aus künftigen Lieferverträgen realisiert oder die Arbeitsleistung weiterhin verwertet werden kann. Der über den Liquidationswert hinausgehende Fortführungswert findet für diese Gläubiger seinen Ausdruck nicht allein in der monetären Befriedigung der „Altinsolvenzforderung“, sondern in der Aussicht auf zukünftige Erträge. Die aus künftigen Beziehungen erwachsenden Forderungen sind nicht identisch mit der Altforderung. Diese mittelbare Beteiligung am zukünftigen wirtschaftlichen Erfolg des vormaligen Insolvenzschuldners stellt vielmehr ein Surrogat für die unter Umständen „geopferte“ Insolvenzforderung dar. Jeder rechtliche Rahmen, der eine marktkonforme Haftungsverwirklichung anstrebt, setzt denknotwendig dieses weite Verständnis voraus. Denn eine Reduzierung des Horizonts individuellen Vorteilsstrebens auf eine derart formale Befriedigung der Altforderung ist in diesem System nicht erwünscht. Eine optimale Verwertungsentscheidung lässt sich bei Anlegung ökonomischer Handlungsanleitungen nicht unter Ausblendung langfristiger, nicht auf die konkret bestehende Forderung bezogener, Erwägungen treffen.

So selbstverständlich diese Begriffsbildung der „insolvenzrechtlichen Haftungsverwirklichung“ für Inhaber privatrechtlicher Insolvenzforderungen ist, so problematisch ist ihre Umsetzung in die Kategorien des finanzbehördlichen Dispositionsermessens. Darf die Haftungsverwirklichung in diesem weiten Verständnis auch Zweck im Sinne des § 5 AO sein? Dies ist deshalb fragwürdig, weil sich die insolvenzspefizische Dispositionsentscheidung damit denknotwendig vom Vollzug der steuerlichen Insolvenzforderungen lösen kann. Unter Umständen gilt es die Altforderung überhaupt nicht mehr zu befriedigen. Vielmehr soll unter Umständen nur die zukünftige Verwirklichung von Steuertatbeständen durch den Insolvenzschuldner ermöglicht und die daraus herrührenden Ansprüche aus dem Steuerschuldverhältnis stabilisiert werden. Unter Effizienzgesichtspunkten ist dies gerade dann problematisch, wenn insoweit über den werthaltigen Teil der steuerlichen Insolvenzforderung disponiert werden soll. Es geht also um die Frage, ob ein Nichtvollzug der steuerlichen – unter Umständen noch realisierbaren und werthaltigen – Insolvenzforderung deshalb zulässig ist, weil es entweder dem Vollzug einer steuerlichen Masseforderung bzw. einer steuerlichen Forderung nach Beendigung des Insolvenzverfahrens dient oder sogar erst Grundvoraussetzung für die Entstehung weiterer Abgabenansprüche gegenüber diesem oder sogar (nur) einem anderen Steuersubjekt ist. Für die Anfälligkeit eines Steuergläubigers für solche Überlegungen sei exemplarisch auf die Gemeinden hingewiesen, die ein weitaus größeres Interesse an der zukünftigen Aufrechterhaltung von Gewerbesteuereinnahmen seitens eines Großunternehmens als an der gegebenenfalls letztmaligen und auch nur teilweisen Realisierung einer gewerbesteuerlichen Insolvenzforderung haben können.

Die vorstehend formulierte Frage muss verneint werden. Das Insolvenzverfahren als funktionaler Ersatz der verlorenen Einzelvollstreckungsmacht hat keine dienende Funktion für das Steueraufkommen als abstrakte Einnahmegröße. Es steht vielmehr allein mit dem Gegenstand eines jeden Steuerverwaltungsverfahrens und damit letztlich mit einer konkreten Steuerforderung in Bezug. Die Haftungsverwirklichung ist auf dieses Forderungsrecht gerichtet und unterscheidet sich hierin gerade von den übrigen verwaltungsrechtlichen Möglichkeiten der Wirtschaftsförderung. Der Steuergläubiger verwaltet auch im Insolvenzverfahren nach wie vor im Sinne von § 1 AO. Dieser Steuervollzug erfolgt im Insolvenzverfahren immer nur in Ansehung konkreter Ansprüche aus dem Steuerschuldverhältnis. Weiter reicht auch die Zuständigkeit der Finanzbehörde nicht. Künftige Surrogate für die Altinsolvenzforderung können folglich nicht als Haftungswirklichung im Rahmen des finanzbehördlichen Dispositionsermessens gelten.

c) Die insolvenzspezifische Dispositionsentscheidung als Prognose- und Risikoentscheidung

Wesentliches Element jeder final determinierten Gestaltung ist die Prognose[521]. Von daher ist die Dispositionsentscheidung des Steuergläubigers eine *Risiko- und Prognoseentscheidung*, die auf der Verwertung von Datenmassen in kürzester Zeit und auf persönlichen Bewertungen der Zukunft aufbaut[522]. Bedeutet Prognose die geistige Vorwegnahme der Zukunft[523], gilt es vornehmlich den der Entscheidung innewohnenden Unsicherheitsfaktor zu reduzieren. Im allgemeinen Verwaltungsrecht ist anerkannt, dass ein gesetzmäßiges Entscheiden und Handeln der Verwaltung eine möglichst genaue und fehlerfreie Ermittlung des zugrunde liegenden Sachverhalts voraussetzt[524]. § 88 AO bringt dies mit dem Untersuchungsgrundsatz positivrechtlich zum Ausdruck. Voraussetzung für eine ermessensfehlerfreie Entscheidung ist deshalb die sorgfältige Erstellung einer Entscheidungsgrundlage ebenso wie die Anfertigung einer nachvollziehbaren Risikoanalyse[525]. Zu einer solchen Prognosebasis gehören alle für die Dispositionsentscheidung relevanten Fakten und Daten. Nur ein Amtswalter, der weiß, was eine bestimmte Verwertungsentscheidung im einzelnen bewirkt, kann subjektiv einschätzen, ob der Steuergläubiger dadurch besser oder schlechter gestellt wird als bei einer Insolvenzabwicklung gemäß einem anderen Plan oder sogar ohne Plan. Zudem kann nur auf dieser Grundlage beurteilt werden, ob das Risiko, dem die ihm treuhänderisch anvertrauten Abgabenansprüche ausgesetzt werden, kalkulierbar und hinnehmbar ist. Umgekehrt formuliert ist eine Dispositionsentscheidung, die auf bewusst unsicherer Tatsachengrundlage getroffen wurde, angesichts des erheblichen Risiko- und Prognoseelements regelmäßig ermessens-

521 *Breuer*, Der Staat 16 (1977), 21.

522 Allgemein zum Risiko- und Prognosefaktor in der Insolvenz *Flessner*, Sanierung und Reorganisation, 189 ff.

523 *Ossenbühl*, Festgabe 25 Jahre Bundesverfassungsgericht, Bd. I, 458 (501).

524 *Engelhardt*, in: Obermayer, VwVfG, § 24 Rn. 278 f.; *Wolff/Bachhof/Stober*, Allgemeines Verwaltungsrecht, Bd. II, § 58 Rn. 9; § 60 Rn. 30.

525 *Badura*, Festschrift f. Bachof, 169 (179); *Hufen*, Fehler im Verwaltungsverfahren, Rn. 118; *W.Schmidt*, AöR 96 (1971), 321 (327). Vgl. zu den Anforderungen an Prognose- und Risikoentscheidungen im Übrigen *Kopp/Ramsauer*, VwVfG, § 40 Rn. 18 ff.

fehlerhaft[526]. Die zu stellenden Anforderungen sind dabei umso strenger, je größer die Nachteile sind, die für den Fall drohen, dass die Prognose sich als unzutreffend erweist. Messgröße für den drohenden Nachteil ist dabei vornehmlich der werthaltige Teil der Steuerforderung.

Wie der Steuergläubiger eine diesen Anforderungen genügende Entscheidungsgrundlage ermittelt, bleibt ihm überlassen. Das Verfahrensermessen konkretisiert sich in diesem Bereich als Aufklärungsermessen[527]. Allerdings leisten die gesetzlichen Anforderungen an einen Insolvenzplan bereits einen erheblichen Beitrag zur Gewinnung der entscheidungsrelevanten Informationen. Die umfassende Berichtspflicht des Insolvenzverwalters, die die Beschlüsse der Gläubigerversammlung über die Fortführung oder die Stillegung des Schuldnerunternehmens und die Ausarbeitung eines Insolvenzplans vorbereitet, leistet den ersten Schritt zur Beseitigung von Informationsdefiziten. Danach erhöht das Insolvenzplanverfahren den Informationsstand der Beteiligten im Vorfeld der Entscheidungsfindung beträchtlich. Dazu trägt entscheidend der gesetzlich vorgeschriebene (Mindest-) Inhalt eines Insolvenzplans bei[528]. Der Insolvenzplan soll eine kritische Analyse der Krisenursachen beinhalten und die bestehenden Schwachstellen im leistungs- und finanzwirtschaftlichen Bereich nennen[529]. Gemäß § 220 Abs. 1 InsO sollen im darstellenden Teil die Maßnahmen beschrieben werden, die nach der Eröffnung des Verfahrens getroffen worden sind und noch getroffen werden sollen, um die Grundlagen für die geplante Gestaltung der Rechte der Beteiligten zu schaffen. Er soll alle diejenigen Angaben zu den Grundlagen und Auswirkungen des Plans enthalten, die für eine Entscheidung der Gläubiger über die Zustimmung zum Plan und dessen gerichtliche Bestätigung erheblich sind (§ 220 Abs. 2 InsO). Der Planersteller darf sich nicht darauf beschränken, den Gläubigern (nur) diejenigen Informationen zu geben, die „seinem" Plan zum Erfolg verhelfen[530]. Gefordert sind alle Informationen, die dem Gläubiger ein

---

526 *Badura*, Festschrift f. Bachof, 169 (179); *Clausen*, in: Knack, VwVfG, § 24 Rn. 24; *Engelhardt*, in: Obermayer, VwVfG, § 24 Rn. 278 f.; *Hufen*, Fehler im Verwaltungsverfahren, Rn. 136, *Kopp/Ramsauer*, VwVfG, § 24 Rn. 38.

527 *Hufen*, Fehler im Verwaltungsverfahren, Rn. 123; *Wolff/Bachhof/Stober*, Allgemeines Verwaltungsrecht Bd. II, § 60 Rn. 32; *Sachs*, in: Stelkens/Bonk/Sachs, VwVfG, § 24 Rn. 26.

528 Vgl. zur Konkretisierung die richtungsweisenden IDW S 2 „Anforderungen an Insolvenzpläne" v. 10.02.2000, WPg 2000, 285 ff.; siehe auch die Darstellungen bei *Braun/Uhlenbruck*, Unternehmensinsolvenz, 679 ff.; *Smid/Rattunde*, Der Insolvenzplan, 274 ff.

529 *Hermanns/Buth*, DStR 1997, 1178; *Hess/Weis*, WM 1998, 2349 (2353 f.).

530 *Maus*, in: Uhlenbruck, InsO, § 220 Rn. 1.

sachgerechtes Urteil gemessen an seinen eigenen Interessen erlauben[531]. Dazu gehören die Erfassung, Beschreibung und Erläuterung aller geplanten Maßnahmen, der Verweis auf die Risiken ebenso wie auch Alternativvorschläge und Vergleichsrechnungen[532]. Der Umfang der Informationspflichten im darstellenden Teil soll letztlich daran zu messen sein, ob den Beteiligten die Beurteilung möglich ist, ob sie durch den Plan schlechter gestellt werden, als sie ohne den Plan stünden[533]. Jeder Insolvenzplan wird schließlich durch eine Reihe von Anlagen ergänzt. Sollen die Gläubiger aus den Erträgen des vom Schuldner oder von einem Dritten fortgeführten Unternehmens befriedigt werden, ist dem Insolvenzplan eine Vermögensübersicht beizufügen, in der die Vermögensgegenstände und die Verbindlichkeiten, die sich bei einem Wirksamwerden des Plans gegenüberstünden, mit ihren Werten aufgeführt werden, sog. Plan-Vermögensübersicht (§ 229 S. 1 InsO). Ergänzend ist darzustellen, welche Aufwendungen und Erträge für den Zeitraum, während dessen die Gläubiger befriedigt werden sollen, zu erwarten sind, sog. Plan-Gewinn- und Verlustrechnung, und durch welche Abfolge von Einnahmen und Ausgaben die Zahlungsfähigkeit des Unternehmens während dieses Zeitraums gewährleistet werden soll, sog. Plan-Liquiditätsrechnung (§ 229 S. 2 InsO). Diese Anlagen sind im darstellenden Teil zu erläutern.

Bleibt der Untersuchungsgrundsatz in der formellen Insolvenz grundsätzlich in Kraft, darf sich der Steuergläubiger freilich nicht allein auf die Angaben des Insolvenzverwalters verlassen. Insbesondere darf er die Aufgabe der Ermittlung der Prognosebasis nicht auf den Insolvenzverwalter unter Entledigung eigener Verantwortung übertragen. Die Sachaufklärung duldet als hoheitliche Aufgabe nur begrenzt eine Übertragung auf Privatrechtssubjekte[534]. Insoweit fungiert der Insolvenzverwalter vergleichbar einem Sachverständigen (vgl. § 91 S. 2 Nr. 2 AO) und befreit die Behörde nicht von ihrer Letztverantwortung für die Zusammenstellung der Prognosebasis. Soweit diese Situation im allgemeinen Verwaltungsrecht unter dem Begriff der funktionalen Teilprivatisierung diskutiert wird[535], ist insoweit allgemein anerkannt, dass als Ausfluss des Untersuchungsgrundsatzes die Behörde verpflichtet ist, ihr vorgelegte Daten, Schluss-

---

531 *Eidenmüller*, Unternehmenssanierung zwischen Markt und Gesetz, 59; *Maus*, in: Uhlenbruck, InsO, § 220 Rn. 1; *Uhlenbruck*, BB 1998, 2009 (2018).

532 *Maus*, in: Uhlenbruck, InsO, § 220 Rn. 1.

533 *Burger/Schellberg*, DB 1994, 1833 (1844); *Hess/Weis*, WM 1998, 2349 (2354); *Maus*, in: Uhlenbruck, InsO, § 220 Rn. 1.

534 *Wolff/Bachhof/Stober*, Allgemeines Verwaltungsrecht Bd. II, § 60 Rn. 35.

535 Vgl. dazu im Besonderen mit Blick auf die Einschaltung eines Dritten in die Sachverhaltsaufklärung nur *Hoppe/Bleicher*, NVwZ 1996, 421 (422 f.).

folgerungen und Empfehlungen kritisch zu überprüfen und zu hinterfragen[536]. Angesichts der Komplexität des Sachverhalts und der besonderen Nähe des Insolvenzverwalters zu dem zu beurteilenden Unternehmen kann vor der Übernahme der fremden Prognosedaten als eigene Entscheidungsgrundlage indes nur eine Schlüssigkeitsprüfung stehen. Schlüssigkeitskategorien bei behördlichen Prognoseentscheidungen sind dabei die Rationalität, Plausibilität und Vertretbarkeit des Konzepts[537]. Geht die Planinitiative vom Insolvenzschuldner aus und erstellt dieser den Insolvenzplan, wird der Steuergläubiger hingegen weitaus kritischer über die Schlüssigkeit der zusammengestellten Prognosebasis befinden müssen.

Schließlich folgt der Prognoseschluss. Dieser entzieht sich angesichts der stets mitzubewertenden Unsicherheiten und zukünftigen Entwicklungen einer exakten Feststellung in den Kategorien von richtig oder falsch. In Anbetracht der wertenden Elemente sowohl auf der Ebene der Erstellung der Prognosebasis als auch bei der Durchführung des Prognoseschlusses korrespondiert damit die Gewährung eines eigenverantwortlichen Beurteilungsspielraums der Finanzbehörden[538]. Denn schon die *Erstellung der Prognosegrundlage* kann sich rein wirtschaftlichen Maßstäben nicht entziehen. Es geht insbesondere bei Sanierungsplänen um zukünftige gesamtwirtschaftliche Entwicklungen und in einer Wechselwirkung damit zugleich um die zukünftige individuelle Entwicklung des insolventen Unternehmens. Die zu bewertenden Faktoren sind immens und erlauben einen nicht unerheblichen Vertretbarkeitsspielraum. Der *Prognoseschluss* selbst ist nicht minder durch die wertenden Aspekte geprägt und stellt den Prototypen eines verwaltungsrechtlichen Beurteilungsspielraums dar. Dieses wertende Moment unterliegt daher nur einer Willkürprüfung und bleibt im Übrigen dem eigenen Erfahrungshorizont des konkret hiermit betrauten Amtswalters überlassen. Der Gesetzgeber hat der Verwaltung damit die Veranwortung für die Sachrichtigkeit Ihres Handels übertragen. Sie muss klare Zielvorstellungen entwickeln, die unterschiedlichen Handlungsmöglichkeiten ermitteln und die Konsequenzen prüfen und abwägen.

536 *Hufen*, Fehler, im Verwaltungsverfahren, Rn. 125 ff.; *Kopp/Ramsauer*, VwVfG, § 24 Rn. 10a f.; § 26 Rn. 30.

537 *Badura*, Festschrift f. Bachhof, 169 (179); *Breuer*, Der Staat 16 (1977), 21 (49); *Ossenbühl*, Festgabe 25 Jahre Bundesverfassungsgericht, 498 (513), dort allerdings allein mit Bezug zu legislativen Prognoseentscheidungen.

538 Ein Beurteilungsspielraum (siehe zur Abgrenzung zum klassischen Rechtsfolgeermessen nur BVerwG v. 25.07.1985, III C 25/84, BVerwGE 72, 38 [53]; *Maurer*, Allgemeines Verwaltungsrecht, § 7 Rn. 32 ff.) wird regelmäßig dann bei Prognoseentscheidungen angenommen, wenn deren maßgebliche Erwägungen außerhalb des rechtlich exakt erfassbaren Bereichs liegen (*Clausen*, in: Knack, VwVfG, § 40 Rn. 22; *Grupp*, JuS 1983, 351 [355]; *Kopp/Raumsauer*, VwVfG, § 40 Rn. 72a.).

d) Gesamtwürdigung: Das Zusammenspiel von Effizienzgebot einerseits und Prognose- und Risikoelement andererseits

aa) Die Effizienz- und Prognose-/Risikoaspekte als Ausdruck eines beweglichen Systems in der Verhandlungssituation

Kommt es zur Abstimmung über einen Insolvenzplan, muss sich die Willensbildung der Finanzbehörde im Zusammenspiel des Effizienzgebots einerseits und des Prognose- und Risikoelements andererseits vollziehen. Beide Aspekte können ohne weiteres harmonieren. Dies gilt beispielsweise dann, wenn der Insolvenzplan eine Handlungsalternative vorsieht, die effizient ist, sich ihre Verwirklichung relativ genau voraussagen lässt und sie nicht mit einem nennenswerten Risiko behaftet ist. Beispielhaft lässt sich hier auf einen Insolvenzplan verweisen, der eine Veräußerung des Unternehmens im Ganzen vorsieht und der Kaufpreis dem Fortführungswert entspricht. Beide Aspekte können aber auch gegenläufig sein. Die Handlungsalternative mit der Aussicht auf den umfangreichsten Kooperationsgewinn kann wegen zukünftiger Unwägbarkeiten erheblich riskanter sein. Hier drängen sich Insolvenzpläne als Beispiel auf, die eine Sanierung des insolventen Rechtsträges und eine Befriedigung aus den künftigen Einnahmeüberschüssen vorsehen.

Beide Elemente sind in einen angemessenen Ausgleich zu bringen. Gleich einem beweglichen System kann ein Defizit bei dem einen durch eine starke Ausprägung des anderen kompensiert werden. Dies betrifft zum einen das Verfahrensziel. Dieses wird ungeachtet der Tatsache, dass darüber bereits im Vorfeld des Insolvenzplans regelmäßig schon Beschluss gefasst worden sein wird, durch den Insolvenzplan nochmals konkretisiert und aktualisiert. Zum anderen sind diese Kriterien auch auf die konkret im gestaltenden Teil des Insolvenzplans vorgesehene insolvenzspezifische Disposition des Steuergläubigers anzuwenden. Unter dem Effizienz- und Risikoaspekt ist die Disposition zu dem konkreten Verfahrensziel in Beziehung zu setzen. Gerade in Bezug auf den einzelnen Sanierungsbeitrag besteht allerdings das Problem, dass die „Bewegungen" in diesem System kaum vom Steuergläubiger individuell gesteuert werden können. Wegen der Mehrpoligkeit des Entscheidungsprozesses und der teilweise nicht unerheblichen Interessengegensätze kann regelmäßig nicht ein „Wunsch-Ausgleich" herbeigeführt werden. Vielmehr geht es darum, einen Kompromiss zu schließen: einerseits mit den anderen Gläubigern, andererseits der eigenen Vorstellung von einem Nutzen-Risiko-Verhältnis. Ist der Insolvenzplan formuliert und bleibt damit nur noch die auf eine negative oder positive Stimmgabe konzentrierte Willensbildung, muss sich der Steuergläubiger regelmäßig entscheiden, ob der zur Abstimmung gestellte Insolvenzplan einen noch hinnehmbaren Kompromiss in Bezug auf dieses Verhältnis darstellt.

bb) Die Bedeutung des § 245 InsO und des Pareto-Optimums

Die Ausführungen haben gezeigt, dass namentlich bei Sanierungsplänen der Sanierungseignung im Lichte des Effizienzgebotes eine erhebliche Bedeutung zukommt. Bestimmt sie vielfach die Grenze des Ermessens, darf aus ihrer Bedeutung für die Ermessensentscheidung aber nicht gefolgert werden, dass die objektiv erkennbare Sanierungseignung eine Sanierungspflicht zur Folge haben kann. Vielmehr muss stets das Prognose- und Risikoelement bedacht werden, das gegebenenfalls gegenläufig ist. Gäbe es einen garantierten Kooperationsgewinn durch Sanierung, wäre das schuldnerische Unternehmen regelmäßig nicht in die Krise und sodann in die Insolvenz gefallen. Zudem: Umso weniger Risiko bei der Sanierung des Unternehmensträgers besteht, umso höher wird regelmäßig auch die Chance sein, das Unternehmen in Teilen zu veräußern, bzw. umso höher wird der erzielbare Veräußerungsgewinn sein. Dies wiederum wird sich zwangsläufig in der weniger risikobehafteten Insolvenzdividende unter Zugrundelegung einer Liquidation durch Veräußerung des Betriebes oder von Betriebsteilen widerspiegeln. Gerade diese Wechselbeziehung zwischen Sanierungsfähigkeit und Liquidationswerten (ausgedrückt im Kaupreis für die noch erfolgreichen oder zumindest sanierungsfähigen Betriebsteile) charakterisiert die seitens des Steuergläubigers zu treffende Entscheidung. Er muss insoweit einen Ausgleich zwischen dem Effizienzstreben und dem Investitionsrisiko finden. Das Maß der absoluten Sicherheit gibt es angesichts der Vielschichtigkeit (gesamt-) wirtschaftlicher Zusammenhänge nicht. Graduell am sichersten wird regelmäßig freilich die Insolvenzdividende auf der Basis der Unternehmensliquidation sein. Im Extremfall kann dies bedeuten, dass sich der Steuergläubiger – trotz objektiver Sanierungseignung – rechtmäßiger Weise in Erfüllung seines Vollzugsauftrages auf das Regelverfahren zurückziehen darf. Er ist befugt, gegen einen Sanierungsplan zu stimmen und diesen damit unter Umständen sogar zu verhindern.

Besondere Beachtung verdient insoweit das Obstruktionsverbot. Nach § 245 InsO gilt die Zustimmung eines Gläubigers als erteilt, wenn der Gläubiger durch den Insolvenzplan voraussichtlich nicht schlechter gestellt wird, als er ohne einen Plan stünde und wenn er angemessen an dem wirtschaftlichen Wert beteiligt wird, der auf der Grundlage des Plans den Beteiligten zufließen soll. Ist aber weitere Voraussetzung, dass eine Mehrheit der abstimmenden Gruppen dem Plan mit den erforderlichen Mehrheiten zugestimmt hat (Nr. 3), wird deutlich, dass die Obstruktionsvorschrift das Ermessen der Finanzbehörde nicht dirigieren kann. Es geht zwar in der Tat um die Ausübung von disziplinierenden Druck auf die Verhandlungsbeteiligten, also um eine Strukturierung des Verhandlungsprozesses[539], da dieser stets unter der gegenwärtigen Drohung mit einer Zustimmungsfiktion stattfindet. Gleichwohl wäre es zirkelschlüssig von dieser gewollten Disziplinierung einen Rückschluss auf die Ermessensbetätigung zu wagen. Greift § 245 InsO nur ein, wenn die Mehrheit der abstimmenden Gruppen dem Plan mit den erforderlichen Mehrheiten zugestimmt hat (§ 245 Abs. 1 Nr. 3 InsO), würde die Norm ansonsten über § 5 AO ihre eigene Voraussetzung anordnen. Die vorausgesetzte Mehrheit wäre also nur die Folge der Befolgung ihrer eigenen Anordnung über das Ermessen.

Das Obstruktionsverbot stellt eine Form der gesetzlichen Missbilligung eines *Rechtsmissbrauchs* dar[540]. Ob die Wertung als Rechtsmissbrauch angebracht ist, ist vorrangig nach ökonomischen Kriterien zu bestimmen[541]. § 245 Abs. 1 Nr. 1 InsO verlangt – gleichsam § 251 InsO – einen „best interest of creditors test". Entscheidende Voraussetzung für die Fiktion ist, dass die Gläubiger der Gruppe mit dem Negativvotum „durch den Insolvenzplan nicht schlechter gestellt werden, als sie ohne den Plan stünden". Verglichen wird die der widersprechenden Gruppe nach dem Plan zugesagte Leistung mit demjenigen, was der Gläubiger bei einer Liquidation nach dem Regelverfahren erhalten hätte. Es wird eine Mindestposition markiert, hinter die kein Gläubiger zurücktreten muss[542]. Der werthaltige – weil abstrakt durch den Liquidationserlös gesicherte – Anteil seiner Insolvenzforderung bleibt damit grundsätzlich unberührt. Der Vorwurf des Rechtsmissbrauchs knüpft also an die wirtschaftliche Wertlosigkeit der Gläubigerrechtsposition im Übrigen an. § 245 InsO wird mithin in einer Situation relevant, in der ein Gläubiger – ausgerichtet am Vergleich zwischen Liquidationswert und Kooperationsdividende – in Bezug auf seine Insolvenzforderung nichts verlieren kann. Er formuliert das klassische *Pareto-Optimum*[543]. In dieser Situation wäre ein Rückzug auf das Regelverfahren ineffizient. Dieses Entscheidungskriterium versteht sich für einen am optimalen Steuervollzug orientierten Steuergläubiger allerdings bereits als Ausfluss seiner verfassungsrechtlichen Bindungen und der einfach-rechtlichen Anordnung in § 85 AO von selbst. Darum kann § 245 InsO für die Willensbildung des Steuergläubigers keinen eigenständigen

539 *Baird*, Elements of Bankrutcy, 20; *Eidenmüller*, Unternehmenssanierung zwischen Markt und Gesetz, 77 ff.; *K.Schmidt*, Wege zum Insolvenzrecht der Unternehmen, 149; ähnlich *Paulus*, DZWir 1999, 53 (58).

540 *Burger/Schellberg*, DB 1994, 1833 (1836); *Smid*, Insolvenzrecht, § 26 Rn. 17; *Schulz*, Treuepflichten unter Insolvenzgläubigern, Rn. 32.

541 *Drukarczyk*, in: Münchener Kommentar, InsO, § 245 Rn. 2.

542 *Drukarczyk*, in: Münchener Kommentar, InsO, § 245 Rn. 9; *Häsemeyer*, Insolvenzrecht, Rn. 28.39.

543 Dazu *Eidenmüller*, Effizienz als Rechtsprinzip, 48 ff.

Beitrag leisten. Er formuliert in Ansehung des bereits heraus gearbeiteten Effizienzelements vielmehr nur eine Selbstverständlichkeit.

Damit erschließt sich letztlich – eine rechtmäßige Ausübung des Dispositionsermessens unterstellt – die einzige Relevanz des § 245 InsO für den Steuergläubiger: Unter idealen Bedingungen, d.h. unter konsequenter Anwendung des Effizienzgedankens, geht es vornehmlich nur um die konkrete Handhabung des Prognose- und Risikoelements durch den Amtswalter. § 245 InsO erlaubt die Ersetzung der seitens der Finanzbehörde vorgenommen Risikoabwägung durch das Insolvenzgericht. Die Norm setzt unter den vorgenannten Idealbedingungen folglich allein beim Beurteilungsspielraum an und zwar nicht in Gestalt einer Kontrolle der behördlichen Risiko- und Prognoseentscheidung. Das Gericht prüft sie nicht nach. Es trifft seine *eigene* Abwägungsentscheidung. Hierin unterscheidet sich die richterliche Ersetzungsmacht in ihrer Ausgestaltung durch die Ermessens- und Abwägungsfehlerkontrolle, die das Verwaltungsrecht ansonsten bei Ermessens- und Abwägungsentscheidungen beherrscht. Die Dispositionsentscheidung des Steuergläubigers wird anlässlich der Obstruktionsentscheidung folglich nicht zwingend in den Kategorien von rechtmäßig und rechtswidrig gemessen, um ein Tätigwerden des Gerichts zu legitimieren. Wir haben an anderer Stelle bereits gesehen, dass die Finanzbehörde rechtmäßigerweise eine ineffiziente Entscheidung treffen darf, sofern sie das Risiko nachvollziehbar im Verhältnis zum möglichen Gewinn als zu hoch einschätzt. § 245 InsO erlaubt in diesem Kontext die Korrektur dieser Entscheidung, obwohl sie gemessen an den formulierten Ermessensdirektiven rechtmäßig ist.

e) Das gemeinschaftsrechtliche Beihilferegime als Grenze des Dispositionsermessens

Die Ausübung der Dispositionsermächtigung unterliegt gegebenenfalls dem gemeinschaftsrechtlichen Beihilferegime (Art. 87 ff. EGV). Wir haben an anderer Stelle festgestellt, dass der EUROPÄISCHE GERICHTSHOF den Begriff der Beihilfe als „staatliche Maßnahme, die in verschiedener Form die Belastungen vermindert, welche ein Unternehmen normalerweise zu tragen hat“[544] definiert. Hieran muss sich auch die stets auf eine Verschonung des Insolvenzschuldners abzielende Disposition über den Anspruch aus dem Steuerschuldverhältnis messen lassen.

Von vornherein lassen sich aus dem Anwendungsbereich der Art. 87 ff. EGV freilich bereits jene dispositionsbedingten Verschonungen des Insolvenzschuld-

544 Grundlegend EuGH v. 23.02.1961, Rs. 30/59, „De Gezamenlijke Steenkolenmijnen in Limburg/Hohe Behörde“, EuGHE 1961, 1/43

ners ausscheiden, die nach der sog. De-minimis-Verordnung[545] von der Notifizierung freigestellt sind. So sollen Vorteile, die in einem Zeitraum von drei Jahren 100.000 € nicht überschreiten, tatbestandsmäßig keine Beihilfen sein. Kann nicht auf diese pauschale Weise die Relevanz der Verschonung für den gemeinsamen Markt verneint werden, muss im Ausgangspunkt festgehalten werden, dass jede insolvenzspezifische Disposition und die mit ihr einhergehende Verschonung des Insolvenzschuldners (Erlass oder Stundung) geeignet ist, eine verbotene Beihilfe darzustellen. Denn die erforderliche Belastung öffentlicher Mittel muss sich nicht unbedingt in einer positiven Zahlungsverpflichtung für den Staatshaushalt manifestieren. Ausreichend ist, dass dem Vorteil des Begünstigten eine Belastung des Staates gegenübersteht[546]. In der Rs. *Banco Exterior de Espana* führt der EUROPÄISCHE GERICHTSHOF aus:

> „Der Begriff der Beihilfe [ist] weiter als der Begriff der Subvention, denn er umfasst nicht nur positive Leistungen wie Subventionen selbst, sondern auch Maßnahmen, die in verschiedener Form die Belastungen vermindern, die ein Unternehmen normalerweise zu tragen hat und die somit zwar keine Subvention im strengen Sinne des Wortes darstellen, diesen aber nach Art und Wirkung gleichstehen. Daraus folgt, dass eine Maßnahme, mit der die staatlichen Stellen bestimmten Unternehmen eine Abgabenbefreiung gewähren, die zwar nicht mit der Übertragung staatlicher Mittel verbunden ist, aber die Begünstigten finanziell besser stellt als die übrigen Abgabenpflichtigen, eine staatliche Beihilfe im Sinne von Art 92 Abs. 1 EGV ist.[547]".

Während die allgemein für alle Gläubiger angeordnete Disziplinierung im Regelfall keine Beihilfe darstellt[548], erfüllen individuell auf einen Insolvenzschuldner zugeschnittete Dispositionsentscheidungen, insbesondere solche, die einen zeitweiligen oder endgültigen Rechtsverzicht zum Gegenstand haben, diese Voraussetzungen. Die Motivation ist für die Beurteilung des Begünstigungscharakters unerheblich[549]. Entscheidend ist allein die ökonomische Wirkung[550].

---

545 VO EG Nr. 69/2001, ABl. 2001, L 10, 30.

546 *V. Wallenberg*, in: Grabitz/Hilf, EGV, Art 87 Rn 4 (Sept, 2004).

547 EuGH v. 15.03.1994, Rs. C-387/92, „Banco Exterior de Espana", EuGHE 1994 I-877 Rn. 13 f. Siehe auch die Kommissionsentscheidung in Rs. Halkus Cement Company, wonach die Nichteintreibung von Forderungen durch staatliche Stellen eine Beihilfe darstellen soll (Kommission v. 2.5.1990, „Halkis Cement Company", ABlEG 1991 Nr. L 73, 27).

548 EuGH v. 01.12.1998, Rs. C-200/97, "Ecotrade", EuGHE 1998, I-7907 Rn. 36. Dazu bereits unter Kap. 1 C. VI.

549 *Koenig/Kühling*, in: Streinz, EGV, Art. 87 Rn. 29.

550 EuGH v. 02.07.1974, Rs. 173/73, „Italien/Kommission", EuGHE 1974, 709 Rn. 26; v. 24.02.1987, Rs. 310/85, „Demfil", EuGHE 1987, 901 Rn. 8.

Dennoch kann nicht jede Stundung oder jeder Erlass von Forderungen öffentlich-rechtlicher Körperschaften trotz des offenkundigen gegenleistungslosen Verschonungscharakters als Beihilfe qualifiziert werden. Vielmehr wird hier auf einen Fremdvergleich abzustellen sein, wie ihn die KOMMISSION auch im Rahmen der Gewährung von Krediten und Bürgschaften zur (einschränkenden) Voraussetzung gemacht hat. Kredite und Bürgschaften sollen keine Beihilfe darstellen, sofern „ein vernünftigter privater Kapitalgeber in einer Marktwirtschaft unter denselben Umständen die entsprechenden Mittel auch bereitgestellt hätte“[551]. In diese Richtung deutet ferner die Entscheidung des EUROPÄISCHEN GERICHTSHOFS in der Rs. 234/84, wonach eine Kapitalerhöhung zugunsten einer Kapitalgesellschaft seitens des staatlichen Anteilseigners zwar durchaus geeignet sein soll, eine Beihilfe darzustellen. Diese sei jedoch negativ abzugrenzen von der wirtschaftlich sinnvollen Investition, die nicht unter Art. 87 EGV falle[552] (sog. „Private investor test“):

> „Befindet sich das Gesellschaftskapital im Besitz der öffentlichen Hand, ist insbesondere zu prüfen, ob ein privater Gesellschafter in einer vergleichbaren Lage unter Zugrundelegung der Rentabilitätsaussichten und unabhängig von allen sozialen und regionalpolitischen Überlegungen oder Erwägungen einer sektorbezogenen Politik eine solche Kapitalhilfe gewährt hätte“.

Der EUROPÄISCHE GERICHTSHOF stellt mithin auf den Maßstab des unter Marktbedingungen rational handelnden (rentabilitätsorientierten) Investors ab. Für das Insolvenzverfahren muss dieser Maßstab allerdings angepasst werden. Dort geht es nicht um eine Gewinnerwartung durch Beteiligung am allgemeinen wirtschaftlichen Verkehr. Vielmehr geht es um die Erhaltung eines Teils einer Forderung. Aus Sicht des Steuergläubigers ist der Gewinn allein am Umfang seiner Befriedigung zu messen. Die Rentabilität ist im Insolvenzverfahren darum konsequenterweise als ein Befriedigungsoptimum gemessen an der Insolvenzdividende zu verstehen. Eine Beihilfe ist folglich bei Dispositionsentscheidungen mit regelmäßig verschonendem Charakter dann zu verneinen, wenn auch ein privater Gläubiger in einer vergleichbaren Lage ähnlich über seine notleidende Forderung disponiert hätte. Die vom Gesetzgeber angestrebte Marktkonformität des Insolvenzverfahrens in Gestalt des bereits vielzitierten Wettbewerbs um die beste Verwertungsart ist mithin solange beihilferechtlich zulässig, wie sich der Steuergläubiger markt-rational verhält und nicht im Mantel des Insolvenzrechts subventioniert.

---

551 Mitteilung der EG v. 23.12.1994, ABlEG 1994,C 368, 12 (14).

552 EuGH v. 10.07.1986, Rs. C-234/84, „Belgien/Kommission“, EuGHE 1986, 2263 Rn. 14.

Die praktische Umsetzung dieses Maßstabes bereitet allerdings Schwierigkeiten. Denn wie sieht „marktrationales Verhalten" aus, wenn der Entscheidungsträger eine hoheitliche Abgabe verwaltet, der die Gegenleistungslosigkeit als Steuer immanent ist? Der Steuergläubiger hat – ebenso wie andere öffentlichrechtliche Gläubiger – eben kein gewöhnliches wirtschaftliches Interesse. Er hat ein Vollzugsinteresse. Der vorgenannte „Private investor test" muss daher auf dieses Vollzugsinteresse umgesetzt werden. Der Rechtsanwender darf nicht fragen, wie sich ein Privater bei der Disposition über seine privatrechtliche Forderung verhalten hätte. Vielmehr muss die Frage dahingehend lauten, wie ein Privatrechtsgläubiger bei Anlegung ökonomischer Maßstäbe in der konkreten Rolle der Bundes- bzw. Landesfinanzverwaltung bzw. der Gemeinden disponiert hätte. Eine derartige Vergleichsüberlegung ist angesichts der Bandbreite ökonomischsinnvoller Dispositionsentscheidungen kaum mit konkreten Erwägungen ausfüllbar. Letztlich wird sich ein Kontrollmaßstab nur in negativer Hinsicht formulieren lassen. Die finanzbehördliche Dispositionsentscheidung ist beihilferechtlich dann bedenklich, wenn der Steuergläubiger offenkundig sinnvollere Dispositionsentscheidungen unterlässt. Dies läuft auf eine reine Evidenzkontrolle hinaus.

Ist die dispositionsbedingte Verschonung nach diesen Grundsätzen als Beihilfe zu qualifizieren, führt dies noch nicht zwingend zur Unzulässigkeit. Art. 87 EGV formuliert zunächst als Regel die prinzipielle Unvereinbarkeit wettbewerbsverfälschender Beihilfen mit dem Gemeinsamen Markt, sieht jedoch in seinen beiden folgenden Absätzen zahlreiche Ausnahmemöglichkeiten vor. Erst dann, wenn die Beihilfe nicht unter die geschriebenen Ausnahmen fällt, kann also insbesondere keine Ausnahmegenehmigung erlangt werden, verstößt der Steuergläubiger durch seine Dispositionsentscheidung gegen die Art. 87 ff. EGV. Die Dispositionsentscheidung ist rechtswidrig.

3) Die Vielfalt der insolvenzspezifischen Dispositionsentsscheidungen der Finanzbehörde

Die denkbaren Dispositionen sind vielfältig. Genannt wurde bereits die Stundung als der zeitweise Verzicht auf die Durchsetzung einer Abgabenforderung. Daneben wurde vielfach der Forderungsverzicht als Dispositionsentscheidung formuliert, wobei verschiedene Ausgestaltungen möglich sind. Der Erlass kann sich klassisch als rechtlicher Verzicht auf zumindest einen Teil der Insolvenzforderung darstellen. Er kann – die gesetzliche Wiederauflebensklausel des § 255 InsO ausgeblendet – endgültiger Natur sein. Er kann ferner in Spielarten auftreten, wie sie sich in der Sanierungspraxis beispielsweise in Gestalt des Erlasses mit einer Besserungsklausel etabliert haben. Der Erlass steht hier (teilweise) unter der auflösenden Bedingung, dass sich die Vermögensverhältnisse des

Schuldners bessern[553]. Dadurch wird eine flexible Anpassung an die Befriedigungsquote in Abhängigkeit von dem künftigen wirtschaftlichen Erfolg des sanierten Unternehmens ermöglicht. Schließlich kann der Verzicht auch vornehmlich faktischer Natur sein. Dies ist beispielsweise dann der Fall, wenn der Insolvenzplan eine übertragende Sanierung vorsieht und die vorgesehene Gegenleistung nicht dem Liquidationswert des Übertragungsgegenstandes entspricht. Damit verringert sich der werthaltige Teil der Insolvenzforderung und wegen § 75 Abs. 2 AO kann auf den übernehmenden Rechtsträger nicht im Wege der Haftung zugegriffen werden. Auch diese Konstellation stellt eine Disposition über den Anspruch aus dem Steuerschuldverhältnis dar.

Hat sich das Verfahrensziel auf die Sanierung des Unternehmensträgers konkretisiert, werden von Seiten der Gläubiger gelegentlich auch Sanierungsbeiträge erbracht, die weit über die bisher mit Forderungsverzicht und Stundung beschriebenen finanzbehördlichen Dispositionenentscheidungen hinausgehen. Sanierungen setzen nicht nur auf der bisher beschriebenen Seite der rechtlichen Verminderung von Ansprüchen oder dem Verzicht auf sofortige Befriedigung an. In der Praxis werden Sanierungsbeiträge dieser Art häufig mit finanzwirtschaftlichen Maßnahmen kombiniert. Denn das zu sanierende Unternehmen hat regelmäßig einen erheblichen Bedarf nach neuem Kapital und neuen Zahlungsmitteln. Andernfalls ist die Wiederbelebung der zukünftigen Ertragskraft selten zu realisieren[554]. Dies geschieht regelmäßig durch neue Kredite oder durch die Bestellung von Sicherheiten für Kredite von dritter Seite. Die Zuführung von Zahlungsmitteln kann ferner durch die originäre Kapitalbeteiligung von Gläubigern an der insolventen Kapitalgesellschaft erreicht werden. Dies vollzieht sich vornehmlich durch eine Bar-Kapitalerhöhung, die regelmäßig mit einer vorhergehenden oder gleichzeitigen Kapitalherabsetzung verbunden wird[555]. Gleichsam möglich ist die Umwandlung der Insolvenzforderung in Eigenkapital (Dept-Equity-Swap). Die gegen die insolvente Gesellschaft gerichteten Forderungen werden dabei im Wege der Sacheinlage gegen die Gewährung von Gesellschaftsanteilen eingebracht[556]. Wegen der damit verbundenen Risiken wird zum Teil auch auf die

553 *Drukarczyk/Kippes*, in: Gottwald, Insolvenzrechtshandbuch, § 3 Rn. 85 f.; *Breuer*, in: Münchener Kommentar, InsO, § 224 Rn. 12.

554 *Flessner*, Sanierung und Reorganisation, 242 f.

555 Vgl. *Groß*, Sanierung durch Fortführungsgesellschaften, Kap. 9 Rn. 60 ff; 151 ff.; *Wittig*, Festschrift f. Uhlenbruck, 685 (691 f.).

556 Vgl. *Buth/Hermanns*, Restrukturierung, § 13 Rn. 49 ff.; *Drukarczyk/Kippes*, in: Gottwald, Insolvenzrechtshandbuch, § 3 Rn. 68 ff.; *Groß*, Sanierung durch Fortführungsgesellschaften, Kap. 16 Rn. 14 ff.; *Müller*, KTS 2002, 209 (232 ff.).

Übernahme von Genussrechten anstelle von Aktien oder GmbH-Anteilen zurückgegriffen[557]. Kommt es zu einer übertragenden Sanierung, können die Gläubiger der insolventen Gesellschaft außerdem durch Anteilsrechte oder sonstige Beteiligungen an der übernehmenden Gesellschaft abgefunden werden[558]. Die potentiellen Sanierungsbeiträge sind mannigfaltig. In derartigen Gläubigerdispositionen kommt der Investitionscharakter eines Sanierungsbeiträges noch wesentlich deutlicher zum Ausdruck als (nur) in der Disposition über eine Insolvenzforderung in Gestalt von Stundung und Erlass.

Fraglich ist jedoch, welche dieser Maßnahmen sich noch unter § 217 InsO subsumieren lassen und wann diese Norm als Ermächtigungsgrundlage überfordert ist. Wir haben an anderer Stelle bereits festgestellt, dass die Teilnahme des Steuergläubigers sowie die Ausnutzung der ihm gewährten Gläubigerrechte und der gewährten Gestaltungsfreiräume stets die „Verwaltung von Steuern" ist (vgl. § 1 Abs. 1 AO). Die Verwaltung im Sinne der Abgabenordnung erfasst allerdings naturgemäß nur die steuerliche Einnahmenseite und ist damit für die nach außen hin handelnden unteren Finanzbehörden im Anwendungsbereich des § 217 InsO auf den Steueranspruch als Dispositionsgut beschränkt. An anderer Stelle haben wir deshalb die Ermessensdirektive auf eine lokale Effizienz beschränkt und eine weitergehende Gemeinwohleffizienz ebenso abgelehnt wie die Zulässigkeit von künftigen Surrogaten[559]. Dieser Gedanke engt nunmehr konsequent zugleich die Vielfalt der möglichen Dispositionsentscheidungen ein. Auch insoweit besteht eine dem Steuervollzug immante Dispositionsgrenze. Die „Haftungsverwirklichung im insolvenzrechtlichen Sinne" wird für § 217 InsO als Dispositionsermächtigung auf das reduziert, was noch im weitesten Sinne Steuervollzug ist. Die Reichweite der Dispositionsermächtigung wird damit im Ergebnis entscheidend durch den Einsatz der Steuerforderung als Dispositionsgut sowie die Zuständigkeit der handelnden Behörde bestimmt. Die Dispositionsbefugnis endet jedenfalls dort, wo es nicht mehr um die Verwirklichung des notleidenden Steueranspruchs, sondern um die Wirtschaftsförderung durch Subventionierung geht. Dies betrifft vornehmlich die Gewährung von neuen Krediten oder die Bestellung von Drittsicherheiten. Hier liegt keine Verwaltung der Einnahmenseite mehr vor. Vielmehr

---

557 Hierzu *Buth/Hermanns*, Restrukturierung, § 13 Rn. 53; *Meilicke*, DB 1995, 1061 f.; *Marsch/Barner*, DB 1995, 1497).

558 Siehe *Eidenmüller*, in: Münchener Kommentar, InsO, § 230 Rn. 50; *Flessner*, in: Heidelberger Kommentar, InsO, § 217 Rn. 14; *Noack/Bunke*, KTS 2005, 129 (133 f.).

559 Kap. 2 A. IV. 2) b).

beginnt nahtlos die klassische Leistungsverwaltung, die wiederum ihren eigenen verfassungsrechtlichen und europarechtlichen Anforderungen folgt[560].

Will der Gesetzgeber in diesem einengenden Sinne den Steueranspruch zum Gegenstand seiner Disposition machen, ergeben sich dann allerdings bezogen auf dieses Dispositionsgut keine weiteren Einschränkungen. Die Dispositionsentscheidung kann mithin in den verschiedensten Spielarten von der Stundung, über den sog. Dept-Equity-Swap bis zum Erlass reichen. Voraussetzung ist freilich, dass sich die einzelne Disposition an den zu § 217 InsO entwickelten Kriterien messen lassen kann.

4) Der Insolvenzplan als Handlungsform

a) Die Rechtsänderungen und Verpflichtungen aufgrund vertraglicher bzw. vertragsähnlicher Grundlage

Die Dispositionsermächtigung des § 217 InsO ist an den Insolvenzplan als Handlungsform gebunden. Der Reformgesetzgeber hat den Insolvenzplan als die „privatautonome, den gesetzlichen Vorschriften entsprechende Übereinkunft der mitspracheberechtigten Beteiligten über die Verwertung des haftenden Schuldnervermögens“ charakterisiert[561]. Eine eindeutige Aussage über seine Rechtsnatur lässt sich dem positiven Recht zwar nicht entnehmen. Der Gesetzgeber neigt im Anschluss an die bereits zum Zwangsvergleich geführte Diskussion[562] allerdings zu einer Charakterisierung des Insolvenzplans als Vertrag oder zumindest als vertragsähnliches Rechtsinstitut. Wenngleich der Insolvenzplan durchaus Elemente eines Urteils enthält, seine Verbindlichkeit mit einem Hoheitsakt untrennbar verbunden ist und auch das Mehrheitsprinzip mit dem einem Vertrag innewohnenden allseitigen Rechtsbindungswillen nicht unbedingt in Einklang zu bringen ist, entspricht diese Einordnung auch der wohl herrschenden Auffassung. Ist der Insolvenzplan das Instrument zur mehrheitlich einvernehmlichen Disposition über die Art der Verfahrensabwicklung, liegt die Annahme eines „vermö-

560 Siehe zu den verfassungsrechtlichen Bezügen gerade vor dem Hintergrund des Vorbehalt des Gesetzes statt aller nur BVerwG v. 21.3.1954, VII C 6/57, BVerwGE 6, 282 (287); v. 14.2.1969, VII C 19/67, BVerwGE 31, 279 (285) sowie aus Literatur *Ossenbühl*, in: Isensee/Kirchhof, Handbuch des Staatsrechts, Bd. III, § 62 Rn. 22 m. w. Nachw.

561 Bundesregierung, BT-Drucks. XII/2443, 91.

562 Zur Rechtsnatur des vormaligen Zwangsvergleichs ausführlich mit Nachweisen zum (damaligen) Streitstand *Jaffé*, in: Frankfurter Kommentar, InsO, § 217 Rn. 74 ff.

gens- und haftungsrechtlichen Vertrages“ in der Tat näher[563] als die Einordnung als „urteilsgleiche Entscheidung“ oder „privatrechtsgestaltender Verfahrensakt“. Legitimieren die §§ 217 ff. InsO derart explizit eine mehrseitige Übereinkunft, wird die steuerrechtlich geführte Diskussion über die Zulässigkeit der Handlungsform des Vertrages insoweit obsolet. Die §§ 217 ff. InsO formulieren letztlich sogar ein Vertragsformgebot.

Gemäß § 254 Abs. 1 S. 1 InsO treten mit der Rechtkraft des Bestätigungsbeschlusses die im gestaltenden Teil festgelegten Wirkungen für und gegen alle Beteiligten ein. Die vielfältigen und komplexen Veränderungen der gesamten Haftungs- und Vermögensbeziehungen werden einheitlich wirksam. Der Insolvenzplan erlangt in einem Moment Allgemeinverbindlichkeit[564] und wird dementsprechend auch als rechtsgeschäftlicher Gesamtakt beschrieben[565]. Darin zeigt sich die Besonderheit des Insolvenzplans gegenüber der sonstigen Willensbildung der Gläubiger. Er erlangt Außenwirkung und ist – anders als die Beschlüsse der Gläubigerversammlung im Übrigen – kein ausschließlicher Akt der internen Willensbildung, der das Verhältnis zu dem im Außenrechtskreis allein handelnden Insolvenzverwalter konkretisiert. Inhalt des gestaltenden Teils können Willenserklärungen des Steuergläubigers sein, die entweder eine Verpflichtung zu einem bestimmten Verhalten beinhalten, oder die als Verfügungsgeschäft unmittelbar eine Rechtsänderung zum Gegenstand haben. Inhaltlich ist der Insolvenzplan nicht auf insolvenzspefizische Dispositionen nach § 217 InsO beschränkt. Dem Steuergläubiger können im gestaltenden Teil des Weiteren auch Willenserklärungen mit anderem Inhalt zugedacht werden. Die Rechtmäßigkeit solcher Verfügungen und Verpflichtungen ist sodann allerdings ausschließlich an den für sie geltenden Ermächtigungsnormen zu messen.

Als *Verfügungen* kommen insbesondere Stundung und Erlass in Betracht. Die im Insolvenzplan vorgesehenen Rechtsänderungen treten ohne weitere Zwischenschritte ein. Die Rechtskraft der Bestätigung bewirkt, dass der Insolvenzschuldner von den im Insolvenzplan näher beschriebenen Insolvenzforderungen dergestalt befreit wird, dass die Forderungen nur noch in Höhe der vereinbarten Quote

---

563 Vgl. *Drukarczyk*, in: Münchener Kommentar, InsO, § 245 Rn. 2; *Häsemeyer*, Insolvenzrecht, Rn. 28.67; *Schiessler*, Der Insolvenzplan, 21 ff.; *Smid*, Insolvenzrecht, § 24 Rn. 2; *Hess/Weis*, WM 1998, 2349 (2350); *Smid/Rattunde*, Der Insolvenzplan, Rn. 124 ff.; ähnlich *Hess/Obermüller*, Insolvenzplan, Restschuldbefreiung und Verbraucherinsolvenzverfahren, Rn. 5a: „mehrseitiger Verwertungsvertrag“. Eingehend zur Rechtsnatur des Insolvenzplans und zum Streitstand *Leipold*, KTS 2006, 109 ff.

564 *Braun*, in: Nerlich/Römermann, InsO, § 248 Rn. 5 (März 2005); *Sinz*, in: Münchener Kommentar, InsO, § 248 Rn. 24.

565 *Lüer*, in: Uhlenbruck, InsO, § 254 Rn. 3.

durchgesetzt werden. Die betroffenen Ansprüche erlöschen nicht. Sie bestehen vielmehr als Naturalobligation fort[566] (arg. § 254 Abs. 3 InsO), was dem Steuerschuldrecht als Rechtsfolge grundsätzlich fremd ist[567]. Gleichwohl übertragen FINANZVERWALTUNG[568] und Teile des Schrifttums[569] diese Rechtsfolge ohne Einschränkung auf Ansprüche aus dem Steuerschuldverhältnis. Es bestehe lediglich ein Vollstreckungs- und Aufrechnungsverbot. Dies überzeugt. Es ist nicht ersichtlich, wodurch die Vermutungswirkung für eine einheitliche Rechtsfolgenanordnung widerlegt werden könnte. § 254 InsO ist daher auf Ansprüche aus dem Steuerschuldverhältnis unmittelbar anwendbar. Damit wird auch im Steuerrecht die mit der Naturalobligation bezweckte Wirkung erhalten. Haftungsschuldner können folglich für unvollkommene Forderungen in Anspruch genommen werden. Die Einschränkung des § 191 Abs. 5 Nr. 2 AO gilt mangels eines „Erlasses" im Sinne eines endgültigen Rechtsverzichts – wie ihn beispielsweise § 227 AO vorsieht – nicht. Unmittelbar anwendbar ist überdies auch § 255 Abs. 1 S. 1 InsO, wonach im gestaltenden Teil vorgesehene Erlasse und Stundungen ipso iure hinfällig werden, wenn der Schuldner mit der Erfüllung des Plans erheblich in Rückstand gerät.

Des Weiteren kann sich der Steuergläubiger verpflichten, bestimmte Handlungen vorzunehmen. Dies betrifft zum einen *Verpflichtungen* zur Vornahme einer Verfügung, z.B. eines Erlasses oder einer Stundung. Hier hat der Steuergläubiger entweder durch einen nachfolgenden Verwaltungsakt oder im vertraglichen Wege die vereinbarte Rechtsänderung herbeizuführen. Besteht die Verpflichtung in der Vornahme einer insolvenzspezifischen Disposition, ist die sekundäre Umsetzung der Disposition unmittelbar durch den Insolvenzplan selbst legitimiert und partizipiert daher an der Legitimationsermächtigung des § 217 InsO. Es wurde bereits angedeutet, dass der gestaltende Teil des Insolvenzplans darüber hinaus auch Verpflichtungen des Steuergläubigers beinhalten kann, die keine insolvenzspezifische Disposition darstellen bzw. zu einer solchen verpflichten und somit nicht auf § 217 InsO beruhen. Er kann beispielsweise die Verpflichtung zur Vornahme bestimmter Billigkeitsmaßnahmen vorsehen. Ihre Legitimaton findet eine solche Regelung sodann unmittelbar in den §§ 222, 227 AO. Dies kann namentlich mit Blick auf die steuerliche Behandlung von Sanierungsgewinnen

566 *Häsemeyer*, Insolvenzrecht, Rn. 28.80; *Lüer*, in: Uhlenbruck, InsO, § 254 Rn. 8.
567 Vgl. *Lang*, in: Tipke/Lang, Steuerrecht, § 7 Rn. 48.
568 BMF v. 17.12.1998, IV A 4- S 0550-28/98, BStBl. I 1998, 1500 (1505).
569 *Waza/Uhländer/Schmittmann*, Insolvenzen und Steuern, Rn. 825; *Fett/Barton*, DStZ 1998, 885; *Loose*, StuW 99, 20 (27); *derselbe*, in: Tipke/Kruse, AO, § 251 Tz. 116 (Okt. 2006); *Obermair*, StB 2005, 212 (216). Eine abweichende Meinung behauptet von sich selbst *Frotscher*, Besteuerung bei Insolvenz, 280, allerdings geht auch er von einer unmittelbaren Geltung des § 254 InsO aus.

sinnvoll sei. Nach Auffassung der Finanzverwaltung ist die mit der erfolgswirksamen Verringerung der Verbindlichkeiten gegebenenfalls einhergehende Ertragsteuer zuerst einmal zu stunden[570]. Der Insolvenzplan kann die Stundungsentscheidung unmittelbar beinhalten oder die Finanzbehörde hierzu verpflichten. In den gestaltenden Teil des Insolvenzplans können ferner verbindliche Auskünfte oder tatsächlichen Verständigungen aufgenommen werden, die auf die verbindliche Ausfüllung eines Konkretisierungsspielraums bei der Rechtsanwendung gerichtet sind.

Das Verpflichtungselement im Insolvenzplan bildet – gleich ob auf eine Verfügung oder eine Konkretisierung gerichtet – den Rechtsgrund für den nachfolgenden Verwaltungsakt. Der Insolvenzplan konkretisiert und individualisiert – ähnlich einem Verwaltungsakt oder einem Verwaltungsvertrag – daher die Rechtslage[571]. Der insolvenzplanwidrige Verwaltungsakt wird darum rechtswidrig sein, der insolvenzplangemäße hingegen rechtmäßig[572]. Angesichts der Rechtskraftwirkungen des bestätigten Insolvenzplans ist die dergestalt konkretisierte und individualisierte Rechtslage nicht nur zwischen den Beteiligten allgemeinverbindlich, sondern ist im Falle eines Rechtsstreites auch für andere Gerichte bindend[573].

b) Das Zustandekommen des Insolvenzplans unter Beteiligung des Steuergläubigers

Die Planinitiative liegt allein beim Insolvenzverwalter und beim Schuldner, § 218 Abs. 1 S. 1 InsO. Die Gläubigerversammlung kann den Insolvenzverwalter allerdings anweisen, einen Insolvenzplan auszuarbeiten (§ 157 S. 2 InsO). Zudem hat der Gläubigerausschuss bei der Planerstellung durch den Insolvenzverwalter mitzuwirken (§ 218 Abs. 3 InsO). Begreift man die Planerstellung als ersten Schritt, wird in einem zweiten das Insolvenzgericht im Wege einer Vorprüfung tätig. Es prüft Mängel der Vorlage und des Inhalts des Plans (§ 231 Abs. 1 Nr. 1 InsO). Erfolgt die Vorlage durch den Insolvenzschuldner erstreckt sich die Prüfung zudem auf die Erfolgsaussichten des Plans und die Er-

570 BMF v. 27.03.2003, IV A 6 – S 2140 – 03, BStBl. I 2003, 240 ff.

571 Vgl. *Kirchhof*, in: Isensee/Kirchhof, Handbuch des Staatsrechts, Bd. III, § 59 Rn. 152; *Krebs*, VVDStRL 52 (1993), 248 (270).

572 Siehe zu diesem Verhältnis von Verpflichtungsvertrag und nachfolgenden Verwaltungsakt *Bonk*, in: Stelkens/Bonk/Sachs, VwVfG, § 59 Rn. 9; *Fluck*, Die Erfüllung des öffentlich-rechtlichen Verpflichtungsvertrages durch Verwaltungsakt, 64 ff., 76: *Krebs*, VVDStRL 52 (1993), 248 (270); *Kunig*, DVBl 1992, 1193 (1200); *Scherzberg*, JuS 1992, 205 (215); *Schlette*, Die Verwalung als Vertragspartner, 594 f.; *Seer*, Verständigungen in Steuerverfahren, 398 ff., insbes. 403 f.

573 Vgl. *Lüer*, in: Uhlenbruck, InsO, § 253 Rn. 7.

füllbarkeit der Ansprüche (§ 231 Abs. 1 Nr. 2, 3 InsO). Weist das Gericht den Insolvenzplan nicht zurück, wird das Verfahren fortgeführt und der Insolvenzplanvorschlag nach § 232 InsO den Beteiligten zur Stellungnahme übermittelt (dritter Schritt). Sodann wird als vierter Schritt ein Erörterungs- und Abstimmungstermin durchgeführt, in dem der Insolvenzplan und das Stimmrecht der Gläubiger erörtert werden. Hieran anschließend entscheiden die Gläubiger über die Annahme des Insolvenzplans. Anders als bei der Beschlussfassung seitens der Gläubigerversammlung im Übrigen wird über den Insolvenzplan in Gruppen abgestimmt (§ 243 InsO).

Die Gruppenbildung hat der gestaltende Teil des Insolvenzplans zu enthalten. Sie ist obligatoisch, soweit Gläubiger mit unterschiedlicher Rechtsstellung betroffen sind. Die wichtigste Gruppe besteht aus den nicht-nachrangigen Insolvenzgläubigern. Wird in die Rechte der absonderungsberechtigten Gläubiger eingegriffen, ist auch insoweit eine Gruppe zu bilden. Ferner soll eine Gruppe für die Arbeitnehmer gebildet werden, § 222 InsO. Des Weiteren können aus den Gläubigern mit gleicher Rechtsstellung nochmals weitere Gruppen gebildet werden, in der Gläubiger mit gleichartigen wirtschaftlichen Interessen zusammengefasst werden (§ 222 Abs. 2 InsO). Die Gruppenbildung steht insoweit im Ermessen des Planinitiators[574]. Sie wird regelmäßig als „Schlüsselfaktor für die Erfolgsaussichten" eines Plans bezeichnet. Ziel des Planinitiators wird es sein, die Zustimmung einer Mehrheit der abstimmenden Gruppen zu erreichen, damit die Zustimmungsfiktion des § 245 InsO eingreifen kann. Hier wird die Eigenschaft des Insolvenzplans als strategisches Instrument zur Überwindung von Gläubigerwiderstand besonders deutlich. Es zeigt zugleich das Manipulationspotential. Man denke nur mit Blick auf das Gruppenmehrheitserfordernis des § 245 InsO an die künstliche Aufspaltung einer Gruppe, deren Zustimmung als sicher gilt. Zudem hat das Gleichbehandlungsgebot nur gruppeninterne Wirkung (§ 226 Abs. 2 InsO). Darum sollen Gläubiger mit gleicher Rechtsstellung und gleichartigen wirtschaftlichen Interessen nicht mehr Untergruppen zugeordnet werden (vgl. § 222 Abs. 2 S. 1 InsO). Außerdem verlangt § 222 Abs. 2 S. 2 InsO (kumulativ[575]), dass die Gruppen „sachgerecht" abzugrenzen sind. Die Kriterien der Abgrenzung sind im Plan anzugeben. Im Rahmen der Prüfung der Vereinbarkeit des Planinhalts mit den §§ 217 ff. InsO unterliegt auch die Sachgerechtigkeit der Gruppenbildung der gerichtlichen Kontrolle.

574 *Eidenmüller*, in: Münchener Kommentar, InsO, § 222 Rn. 6; *Lüer*, in: Uhlenbruck, InsO, § 222 Rn. 29.

575 So jedenfalls die h.M. *Eidenmüller*, in; Münchener Kommentar, InsO, § 222 Rn. 71; *Flessner*, in; Heidelberger Kommentar, InsO, § 222 Rn. 12 m. w. Nachw.

Für die sachgerechte Einordnung des Steuergläubigers im Rahmen der Gruppenbildung ist die Bestimmung seiner Interessenlage in Ansehung der von § 222 Abs. 2 InsO vorausgesetzten „wirtschaftlichen Interessen" von entscheidender Bedeutung. Nach einer geläufigen Konkretisierung soll dieser Begriff die Summe der „im weitesten Sinne auf wirtschaftliche Gegenstände gerichteten Interessen einer Person sein, die sich aus der Eröffnung des Insolvenzverfahrens über das Vermögen des Schuldners ergeben können"[576]. Damit dieses Kriterium überhaupt Differenzierungskraft gewinnen kann, darf dieses Interesse nicht bloß in einer höchstmöglichen Befriedigung bestehen. Dieses Ziel verbindet im Zweifel alle Gläubiger. Darum soll es um das Interesse gehen, dass mittelbar zur möglichst hohen monetären Befriedigung führt[577], z.B. die Aufrechterhaltung der Geschäftsbeziehung im Gegensatz zur schnellen Befriedigung[578]. Wir haben aber bereits mehrfach gesehen, dass der Steuergläubiger kein wirtschaftliches Interesse im eigentlichen Sinne verfolgt. Ihm obliegt der Steuervollzug. Er hat streng genommen folglich nur ein Vollzugsinteresse. Allein das auf das Befriedigungsoptimum ausgerichtete Vollzugsinteresse, wie es von Art. 3 Abs. 1 GG und § 85 AO spezifisch in der Knappheitssituation vermittelt wird, ist allerdings kaum geeignet, im Einzelfall eine Aussage darüber zu treffen, ob der Steuergläubiger ein von den Interessen anderer Gläubiger verschiedenes Interesse verfolgt. Die Beurteilung wird daher erst möglich, wenn der konkrete Planvorschlag in Bezug gesetzt wird zur Konkretsierung des Vollzugsinteresses in Gestalt der ökonomisch orientierten Effizienz, die keine Surrogate als rechtmäßig akzeptiert. Erst diese Konkretisierung fügt sich in die Kategorie des „wirtschaftlichen Interesses" als Differenzierungskriterium ein.

Die herrschende Literatur äußert freilich keine Bedenken dagegen, den Steuergläubiger in eine eigene Gruppe oder mehrere eigene Gruppen einzuteilen[579]. Ob sich dies in der Tat anbietet, ist stets eine Frage des Einzelfalls. Die Beantwortung wird maßgeblich davon abhängen, was der Finanzbehörde rechtmäßiger Weise als Disposition abverlangt werden kann. Da der Gleichbehandlungsgrundsatz nur gruppenintern gilt (§ 226 Abs. 2 InsO), kann es sich anbieten den Steuergläubiger schon deshalb in einer eigenen Gruppe zu isolieren, um seinen

576 *Eidenmüller*, in: Münchener Kommentar, InsO, § 222 Rn. 73.

577 *Eidenmüller*, in: Münchener Kommentar, InsO, § 222 Rn. 76.

578 In der Literatur insoweit eine Typologie herausgebildet worden, die wenigstens einen groben Anhaltspunkt, vgl z.B. die Darstellung bei *Eidenmüller*, Münchener Kommentar, InsO, § 222 Rn. 79 ff.

579 *Braun*, in: Nerlich/Römermann, InsO, § 222 Rn. 99 (März 2005); *Flessner*, in: Heidelberger Kommentar, InsO, § 222 Rn. 11; *Lüer*, in: Uhlenbruck, InsO, § 222 Rn. 36; *Warrikoff*, KTS 1997, 527 (547).

Beitrag im Einklag mit der Dispositionsermächtigung nach § 217 InsO auszugestalten, während die übrigen sanierungswilligen Gläubiger kraft ihrer Privatautonomie ohne weiteres berechtigt sind, noch weitergehende Sanierungsbeiträge zu leisten.

Jede Gruppe der stimmberechtigten Gläubiger stimmt gesondert ab (§ 243 InsO). Der Insolvenzplanvorschlag stellt den Antrag dar, über den Beschluss zu fassen ist. Für die Ausübung des dem Steuergläubiger zustehenden Stimmrechts gelten die bereits im Rahmen der Ausführungen zur Gläubigerversammlung dargestellten Grundsätze[580]. Die anwesende Amtsperson gibt mit seiner Stimmabgabe eine rechtsgeschäftliche Willenserklärung mit Wirkung für und gegen den Steuergläubiger ab. Die Stimmrechtswahrnehmung ist innerhalb der Körperschaften Bund und Land instanziell ausschließlich der unteren Finanzbehörde zugewiesen. Der Plan ist gemäß § 244 InsO angenommen, wenn in jeder Gruppe die Mehrheit der abstimmenden Gläubiger zustimmt und die Summe der Ansprüche der zustimmenden Gläubiger mehr als die Hälfte der Summe der Ansprüche der abstimmenden Gläubiger beträgt. Nach der Annahme des Insolvenzplans durch die Gläubiger und der Zustimmung des Schuldners ist schließlich die Bestätigung des Insolvenzplans durch das Insolvenzgericht erforderlich. Ohne sie erlangt der Plan keine Wirksamkeit (§ 254 Abs. 1 S. 1 InsO).

c) Der gesetzeswidrige Insolvenzplan

Der Planinhalt kann aus verschiedenen Gründen nicht mit dem Gesetz in Einklang stehen. Aus bereichsspezifisch steuerrechtlicher Sicht kommen vornehmlich zwei Fehlerquellen in Betracht. Zum einen ist der Inhalt gesetzeswidrig, wenn der Insolvenzplan eine Disposition vorsieht, die weder von § 217 InsO als insolvenzspezifische Dispositionsentscheidung noch von §§ 222, 227 AO als Billigkeitsentscheidung gedeckt ist. Zum anderen ist eine Verpflichtung in Bezug auf die Konkretisierung steuerrechtlicher Tatbestände rechtswidrig, wenn die Auslegung oder Anwendung der Norm nicht mit dem Gesetz übereinstimmt. Problematisch ist jedoch die Rechtsfolge bzw. die verfahrensrechtliche Beachtung der Gesetzeswidrigkeit.

§ 231 Abs. 1 InsO sieht eine Vorprüfung des Insolvenzplans durch das Insolvenzgericht vor. Dieses hat den Plan von Amts wegen zurückzuweisen, wenn „die Vorschriften über das Recht zur Vorlage und den Inhalt des Plans nicht beachtet sind" (Nr. 1). Wenngleich der Rekurs auf die Vorschriften über den Inhalt des Insolvenzplans stets nur als Verweis auf die insolvenzplanrechtlichen Be-

---

580 Kap. 1 C. III. 2) c) cc) (1).

stimmungen der §§ 217 ff. InsO verstanden wird, lässt sich über diese Brücke auch die Gesetzmäßigkeit im Übrigen – insbesondere die Vereinbarkeit mit dem Steuerrecht – als Teil des gerichtlichen Prüfungsprogramms begründen. Zu den Vorschriften über den Planinhalt gehört auch § 217 InsO, der als Grundnorm über den Insolvenzplan festlegt, was zulässigerweise Gegenstand von Regelungen im gestaltenden Teil des Plans sein kann. Erlaubt § 217 InsO nur eine Abweichung von den Regelungen der Insolvenzordnung, muss der Insolvenzplan im Übrigen mit dem Gesetz in Einklang stehen[581]. Über § 217 InsO lässt sich mithin begründen, dass der Planinhalt gesetzmäßig sein muss und ein gesetzeswidriger Plan demgemäß nach § 231 Abs. 1 InsO zurückzuweisen ist.

Weist das Insolvenzgericht den Insolvenzplan nicht zurück, ist es im Rahmen der Planbestätigung wiederum zur Überprüfung des Insolvenzplans und seines Zustandekommens aufgerufen. Seine Bestätigung ist unter anderem dann zu versagen, wenn überhaupt kein wirksamer Insolvenzplan vorliegt. Die Unwirksamkeit des Insolvenzplans kann sich im Falle der Gesetzwidrigkeit des Planinhaltes insbesondere aus § 134 BGB ergeben[582]. Allerdings ist für das Verwaltungsvertragsrecht und den dort unmittelbar geltenden § 59 Abs. 1 VwVfG i.V.m. § 134 BGB überwiegend anerkannt, dass nicht jede Gesetzesverletzung als Verstoß gegen ein gesetzliches Verbot anzusehen ist, sondern nur ein qualifizierter Rechtsverstoß[583]. Erforderlich ist hierfür, dass nach dem Schutzzweck der jeweiligen Norm der mit der Gesetzesverletzung bewirkte Erfolg unbedingt ausgeschlossen sein soll. Dieser Grundgedanke sollte auf den Insolvenzplan übertragen werden. § 59 Abs. 1 VwVfG, der im Bereich der Steuerverwaltung keine unmittelbare Geltung beansprucht, formuliert insoweit einen der Verallgemeinerung fähigen Grundsatz, der wertungsmäßig auf den Insolvenzplan übertragbar ist. Es wäre nicht nachvollziehbar, warum rechtswidrige öffentlich-rechtliche Verträge einen weitergehenden Wirksamkeitsschutz genießen sollten als gesetzeswidrige Insolvenzpläne. Füllt man § 134 BGB sodann mit den spezifischen Wertungen des Steuerrechts aus, folgt aus der fundamentalen Bedeutung der Gewährleistung der Gesetz- und Gleichmäßigkeit der Besteuerung, dass einem materiell vom Steuergesetz abweichenden Planinhalt die Qualität eines derart qualifizierten

581 *Lüer*, in: Uhlenbruck, InsO, § 217 Rn. 22; *Schiessler*, Der Insolvenzplan, 130; *Thies*, in: Hamburger Kommentar, InsO, § 231 Rn. 6.

582 Gl. A. *Schiessler*, Der Insolvenzplan, 113.

583 OVG NW v. 12.12.1991, 11 A 271/89, NVwZ 1992, 988 f.; *Henneke*, in: Knack, VwVfG, § 59 Rn. 8 m. w. Nachw.

Rechtsverstoßes beigelegt werden muss[584]. Nichts anderes gilt für einen Verstoß gegen das gemeinschaftsrechtliche Beihilferegime[585].

Bestätigt das Insolvenzgericht hingegen den gesetzeswidrigen Insolvenzplan, stellt sich endlich die Frage, welche Rechtswirkungen der gesetzeswidrige aber gerichtlich bestätigte Insolvenzplan hat. Für Willensmängel bei der Stimmabgabe sowie bei Verfahrensmängeln ist allgemein anerkannt, dass diese durch die Rechtskraft des Bestätigungsbeschlusses geheilt werden[586]. Für inhaltliche Mängel kommt eine Heilung hingegen nicht in Betracht. Der rechtswidrige Plan wird durch einen (rechtskräftigen) Bestätigungsbeschluss nicht rechtmäßig. Inhaltliche Mängel werden aber kraft der gerichtlichen Autorität des Bestätigungsbeschlusses unerheblich. Der Bestätigungsbeschluss stellt letztlich eine Art gerichtlicher Vertragsgenehmigung dar[587]. Wenngleich das prozessuale Element in Gestalt des Bestätigungsbeschlusses mit der herrschenden Auffassung nicht rechtsnaturprägend ist, geht doch von ihm ein Teil der rechtsgestaltenden Wirkung aus, die im Interesse der Rechtssicherheit dem Insolvenzplan eine fehlerunabhängige Rechtswirksamkeit verleiht. Der rechtskräftige wirksame Beschluss schneidet allen Beteiligten ähnlich dem streitigen Urteil den Einwand der Fehlerhaftigkeit und damit letztlich auch den Einwand der Unwirksamkeit des Insolvenzplans ab.

V. Die verfassungsrechtliche Würdigung der insolvenzspezifischen Dispositionsermächtigung

1) Die Finalprogrammierung im Lichte des Verfassungsrechts

Der Vorbehalt des Gesetzes stand bisher nur in seiner Ausprägung als „Formvorbehalt" im Mittelpunkt verfassungsrechtlicher Problemstellungen. Diesem Ge-

---

584 Grundlegend für die Steuervereinbarung *Seer*, Verständigungen in Steuerverfahren, 375 ff.; zustimmend *Gurlit*, Verwaltungsvertrag und Gesetz, 431. Vgl. auch BVerwG v. 05.06.1959, VII C 83/57, BVerwGE 8, 329 (330), wonach rechtswidrige Steuerlasse wegen der grundlegenden Bedeutung der Steuergerechtigkeit nichtig sind.

585 Vgl. für privatrechtliche Verträge nur BGH v. 04.04.2003, V ZR 314/02, EuZW 2003, 444; *Steindorff*, ZHR 152 (1988), 474 (488 f.). Für einen Nichtigkeit des Verwaltungsvertrages nach § 59 Abs. 1 VwVfG i.V.m. § 134 BGB statt vieler auch *Ehlers*, DVBl 1991, 605 (613); *Gurlit*, Verwaltungsvertrag und Gesetz, 427 f.; *Maurer*, Allgemeines Verwaltungsrecht, § 14 Rn. 43a; *Pechstein*, EuZW 1998, 495 ff.

586 *Braun*, in: Nerlich/Römermann, InsO, § 248 Rn. 4a (März 2005); *Lüer*, in: Uhlenbruck, InsO, § 248 Rn. 3; *Sinz*, in; Münchener Kommentar, InsO, § 248 Rn. 26.

587 *Schiessler*, Der Insolvenzplan, 176.

sichtspunkt ist mit § 217 InsO in Gestalt eines Parlamentsgesetzes genügt. Dass sich die Thematik des Gesetzesvorbehalts hierin freilich nicht erschöpft, ist bereits mehrfach angeklungen. Der Vorbehalt des Gesetzes statuiert zugleich einen „Sachvorbehalt"[588], der verfassungsrechtlich mehrfach aktiviert und in seinen Anforderungen determiniert wird: Nach seiner Ausfüllung durch den Gesetzgeber verlangt zum einen die Gleichmäßigkeit der Besteuerung (dazu a]) und zum anderen das Demokratieprinzip des Art. 20 Abs. 2 S. 1 GG (dazu b]).

a) Die insolvenzspezifische Dispositonsermächtigung und das Bestimmtheitsgebot

Ein Parlamentsgesetz muss die Vorhersehbarkeit und Gleichmäßigkeit des Normvollzuges gewährleisten und bedarf einer hinreichenden Bestimmheit[589]. Der hiernach auch für das Steuerrecht zu formulierende Grundsatz der (steuerrechtlichen) Gesetzesbestimmtheit wird vielfach als Ausfluss des Rechtsstaatsprinzips[590] verstanden. Er kann ferner eine gleichheitsrechtliche Herleitung für sich in Anspruch nehmen. Denn die Gesetzesbestimmtheit kann von dem betroffenen Grundrecht nicht gelöst werden[591]. Dies gilt angesichts der bereichsspezifisch strengen Anwendung des Art. 3 Abs. 1 GG erst recht in Ansehung der Steuergerechtigkeit. Zum einen ist die Bestimmtheit der Dispensermächtigung im Hinblick auf den Ausnahmecharakter des Dispenses erforderlich[592]. Eine unklare und unbestimmte Dispositionsermächtigung würde regelmäßig zu mehr Abweichungen von der Gleichheit im Belastungserfolg ermächtigen, als zur Sicherstellung des Vollzugsauftrages in der insolvenzspezifischen Verhandlungssituation erforderlich sind[593]. Zum anderen kann nur eine vorhersehbare und inhaltlich bestimmbare Dispensermächtigung selbst gleichmäßig ausgeübt werden[594]. Nur sie

588 Siehe zu der Unterscheidung statt vieler nur *Nierhaus*, Festschrift f. Stern, 717 (723); *Ossenbühl*, in: Isensee/Kirchhof, Handbuch des Staatsrecht, Bd. III, § 62 Rn. 39; *Staupe*, Parlamentsvorbehalt und Delegationsbefugnis, 282 ff.

589 *Bleckmann*, Grundrechte, § 12 Rn. 56; *Schmidt-Aßmann*, Festschrift f. Stern, 745 (751); *Stern*, Staatsrecht, Bd. I, 805 f.

590 BVerfG v. 14.12.1965, 1 BvR 571/60, BVerfGE 19, 253 (267); v. 12.10.1978, 2 BvR 154/74, BVerfGE 49, 343 (362); *Lang*, in: Tipke/Lang, Steuerrecht, § 4 Rn. 167; *Papier*, DStJG 12 (1989), 61 (63); *Stern*, Staatsrecht, Bd. I, 805 f.; *Tipke*, Steuerrechtsordnung, Bd. I, 137.

591 Vgl. *Papier/Möller*, AöR 122 (1997), 177 (179 ff.); *Pieroth/Schlink*, Grundrechte, Rn. 312.

592 *V.Groll*, in: Hübschmann/Hepp/Spitaler, AO, § 227 Rn. 30 (Juni 2000).

593 Siehe zur (überzeugenden) Verortung des Bestimmtheitsgrundsatzes als Problem der Verhältnismäßigkeit *Papier/Möller*, AöR 122 (1997), 177 (179 ff.); *Pieroth/Schlink*, Grundrechte, Rn. 312.

594 Vgl. *Mussgnug*, Der Dispens von gesetzlichen Vorschriften, 130 ff.

ermöglicht dem Steuerpflichtigen, die eigene Rechtsposition zu bestimmen, ein Handeln der Finanzbehörde vorauszusehen und sich auf die abstrakt vorgegebene Rechtslage mit seinem eigenen Verhalten einzurichten[595]. Bloße Blankettvorschriften, die es dem Ermessen der Finanzbehörde überlassen, die Grenzen der Ungleichmäßigkeit der Besteuerung im Einzelnen festzulegen, werden diesen Anforderungen nicht gerecht. Zwar ist in der Rechtsprechung des BUNDESVERFASSUNGSGERICHT die Tendenz zu erkennen, dass die Anforderungen an Dispensermächtigungen insoweit großzügiger gehandhabt werden als bei Eingriffsermächtigungen. So wird gelegentlich betont, dass bei Normen, die lediglich zu Maßnahmen ermächtigen, die den Steuerpflichtigen entlasten, „im Interesse der Verwirklichung des Grundsatzes der Steuergerechtigkeit zwar ein gewisser Grad gesetzlicher Bestimmtheit verlangt werden" [müsse]. „Die Anforderungen an das Maß der gesetzlichen Bestimmtheit [seien] bei solchen Ermächtigungen jedoch gleichwohl geringer als bei Eingriffsermächtigungen, weil deren Grundrechtsrelevanz regelmäßig erheblich gewichtiger ist."[596]. An dieser Rechtsprechung wird zu Recht Kritik geübt. Die Verschonung von der Abgabenlast kann nicht geringeren Anforderungen unterliegen als die Auferlegung, von der sie dispensiert[597]. Gleich welchen Maßstab man allerdings anlegt, bleibt es jedenfalls bei der Grunderkenntnis, dass dem Anliegen des Bestimmtheitsgebotes aus grundrechtlicher Sicht in zweierlei Hinsicht genügt sein muss: Die Steuerlast für den Steuerpflichtigen muss voraussehbar und berechenbar normiert werden und der Dispenstatbestand ist so zu begrenzen, dass die Gleichmäßigkeit der Besteuerung nicht über das erforderliche Maß hinaus durchbrochen wird.

Formuliert § 217 InsO lediglich, dass „die Befriedigung der absonderungsberechtigten Gläubiger und der Insolvenzgläubiger, die Verwertung der Insolvenzmasse und deren Verteilung an die Beteiligten sowie die Haftung des Schuldners nach der Beendigung des Insolvenzverfahrens [...] in einem Insolvenzplan abweichend von den Vorschriften dieses Gesetzes geregelt werden [könne]", weckt dies in Ansehung der vorgenannten Anforderungen Zweifel an der verfassungsrechtlichen Tauglichkeit dieser Norm als Dispositionsermächtigung. Der final

---

595 Vgl. *Benda*, DStZ 1984, 159 (162); *Kruse*, Steuerrecht, 56.

596 BVerfG v. 19.04.1978, 2 BvL 2/75, BVerfGE 48, 210 (221 f.) zu § 34c Abs. 3 EStG 1957, wonach die auf ausländische Einkünfte entfallende deutsche Einkommensteuer erlassen werden konnte, wenn dies „aus volkswirtschaftlichen Gründen zweckmäßig" erschien. Siehe nunmehr §§ 34c Abs. 5, 50 Abs. 7 EStG. Zuvor auch schon BVerfG v. 30.01.1968, 2 BvL 15/65, BVerfGE 23, 62 (73). Der Bundesfinanzhof hingegen hatte diese Dispensermächtigung für zu unbestimmt und damit für verfassungswidrig gehalten (BFH v. 13.01.1966, IV 166/61, BStBl. III 1966, 768; v. 10.07.1970, VI R 48/67, BStBl. II 1970, 728).

597 *Kruse*, Steuerrecht, 56; *Papier*, DStJG 12 (1989), 61 (68).

formulierte § 217 InsO enthält infolge seiner Struktur und Funktion nur eine Gestaltungsermächtigung, deren Grenzen maßgeblich durch ökonomische Erwägungen bestimmt werden. Wenngleich der Bestimmtheitsgrundsatz Bestimm*barkeit* grundsätzlich ausreichen lässt, und diesbezüglich nur verlangt, dass die Disposition von hinreichend bestimmbaren Voraussetzungen abhängt, der Bürger mithin keine *konkrete* Disposition voraussehen können muss[598], bringen die beschriebenen Anforderungen die Auffassung von der Ermächtigungsqualität des § 217 InsO gleichwohl in Bedrängnis. Was diese Norm mit Blick auf eine flexible Verwertungsentscheidung insolvenzrechtlich so sinnvoll erscheinen erlässt, scheint ihr verfassungsrechtlich zum Verhängnis zu werden. Unter dem Gesichtspunkt der Begrenzung der Ungleichbehandlung sind angesichts des Zusammenspiels von Effizienz und Risikoaspekten unzählige Dispositionsentscheidungen legitimiert. Die Effizienz einer Disposition mag trotz ihres generalklauselartigen Charakters noch greifbar sein, da sie regelmäßig an den Vergleich des wirtschaftlichen Ergebnisses zweier Entscheidungsalternativen anknüpft. Dies wird sodann durch den unter Umständen gegenläufigen Prognose- und Risikoaspekt aber wieder erheblich aufgeweicht. Es liegt in der Natur des hohen Abstraktionsniveaus eines solchen beweglichen Systems von Effizienz und Risiko, dass es in den kritischen Randbereichen nur zu einer sehr weichen, grobmaschigen Grenzziehung kommt.

Damit korrespondieren die nämlichen Zweifel unter dem zweiten Bestimmtheitsgesichtspunkt. Zulässigkeit und Grenzen einer Dispositionsentscheidung sind nicht in dem Umfang vorherrsehbar, dass der Steuerpflichtige sein eigenes Verhalten danach verlässlich ausrichten könnte. Er kann die Entscheidung der Finanzverwaltung abstrakt kaum vorwegnehmen.

b) Die insolvenzspezifische Dispositionsermächtigung und die legislative Steuerungspflicht

Zur besteuerungsgleichheits- und grundrechtssichernden Funktion des Bestimmtheitsgebots tritt ein kompetenzrechtlicher Aspekt hinzu. Der Sachvorbehalt ist zugleich Ausdruck des Steuerungsanspruchs des Gesetzes[599]. Das Demokratieprinzip verlangt, dass sich die gesetzgeberische Entscheidung im Verhandlungsergebnis wieder finden muss. Die Dispensermächtigung darf mithin nicht derart ausgestaltet sein, dass die ermächtigte Verwaltungsbehörde im Rahmen des In-

598 Vgl. *Bleckmann*, Grundrechte, § 12 Rn. 59.

599 Vgl. nur BVerfG v. 26.06.2002, 1 BvR 670/91, BVerfGE 105, 279 und im Übrigen *Di Fabio*, VVDStRL, 56 (1977), 235 (237); *Röhl*, Allgemeine Rechtslehre, 220 ff.; *Schmidt-Aßmann*, Festschrift f. Brohm, 547 (548).

solvenzplanverfahrens Entscheidungen treffen kann, die ausschließlich dem Gesetzgeber obliegen.

Der Vorstellung, die öffentliche Verwaltung könne möglichst lückenlos vom parlamentarischen Gesetzgeber vorgesteuert werden, gibt sich zwar niemand (mehr) hin[600]. Dem Geltungsanspruch der abstrakt generellen Norm tritt vielmehr anerkanntermaßen der „Eigenwert der konkret individuellen Verwaltungsentscheidung" gegenüber[601]. Gleichwohl obliegt es dem Gesetzgeber, zumindest ein Mindestmaß an eigener Steuerung zu gewährleisten. Der Eigenwert ist zu beschränken und zu formen. Die aus dem Demokratieprinzip entwickelte sog. Wesentlichkeitslehre des BUNDESVERFASSUNGSGERICHTS verlangt dem Gesetzgeber daher nicht nur überhaupt eine gesetzliche Regelung ab, sondern mit dem „Wesentlichen" auch die Normierung der Leitentscheidungen[602]. Diese sind „delegationsfeindlich"[603]. Das Demokratieprinzip statuiert eine „Selbstentscheidungspflicht des parlamentarischen Gesetzgebers"[604]. Der durch die Wesentlichkeitstheorie ausgefüllte Sachvorbehalt formuliert Mindestanforderungen an den Regelungsumfang und die Regelungsdichte der Ermächtigungsgrundlage[605]. Die gesetzgeberische Steuerung muss sich in der Ermächtigungsgrundlage mit begrenzender Wirkung wieder finden. Aus der Norm muss sich ableiten lassen, welche gesetzgeberische Grundentscheidung getroffen wurde[606]. Ihr muss sich entnehmen lassen, welche Fälle der Gesetzgeber von ihr erfasst sehen will, mit welcher Tendenz von ihr Gebrauch gemacht werden soll und welchen Inhalt die getroffene Entscheidung im Einzelfall haben kann[607]. Entscheidend ist insbesondere, dass die Grenzen des gewährten Spielraums erkennbar sind[608]. In diesem Sinne wird aus dem Demokratieprinzip teilweise ein besonderer steuerrechtlicher Parlamentsvorbehalt hergeleitet, der im Besonderen mit Blick auf Dispensermächtigungen eine bereichsspezifische Strenge aufweisen soll. Gerade insoweit sei eine Entscheidungsverlagerung auf die Exekutive nur begrenzt möglich. Der Dispens erfordere in Anbetracht seiner voraussichtlichen Häufigkeit und wegen seiner allgemein-politischen, wirtschafts- und sozialpolitischen Wichtigkeit eine

600 *Bullinger*, JZ 1984, 1001 (1005).
601 *Haack*, AöR 133 (2008) 44 f.
602 BVerfG v. 08.08.1978, 2 BvL 8/77, BVerfGE 49, 89 (126 ff.).
603 *Krebs*, Vorbehalt des Gesetzes und Grundrechte, 109.
604 *Nierhaus*, Festschrift f. Stern, 717 (720).
605 BVerfG v. 18.07.1972, 1 BvL 32/70 u.a., BVerfGE 33, 303 (345 f.); v. 16.06.1981, 1 BvL 89/78, BVerfGE 57, 295 (327); v. 29.10.1987, 2 BvR 624/83 u.a., BVerfGE 77, 170 (230 f.).
606 *Mussgnug*, Der Dispens von gesetzlichen Vorschriften, 133 f.
607 BVerfG v. 30.01.1968, 2 BvL 15/65, BVerfGE 23, 62 (72).
608 BVerfG v 12.11.1958, 2 BvL 4/56 u.a., BVerfGE 8, 274 (325); 05.08.1966, 1 BvF 1/61, BVerfGE 20, 150 (158).

abschließende Regelung durch das Parlament[609]. Schließlich erfahren die Anforderungen zur Ausfüllung des Sachvorbehalts unter dem Gesichtspunkt der demokratischen Legitimation ferner eine Rückkopplung mit der ebenfalls betroffenen Steuergerechtigkeit. Trotz der Eigenständigkeit des grundrechtlichen Gesetzesvorbehalts einerseits und des demokratischen Gesetzesvorbehalts andererseits ist die Grundrechtswesentlichkeit, die mit der Dispositions einhergeht, geeignet, die Anforderungen an das Demokratieprinzip zu verschärfen[610].

Wir müssen daher hier festhalten: In den §§ 217 ff. InsO muss nicht nur eine gesetzgeberische Grundentscheidung über das grundsätzliche „Ob" einer insolvenzspezifischen Disposition positiv-rechtlich zum Ausdruck kommen, sondern auch in Bezug auf die Entscheidung im Einzelfall, d.h. über die Direktiven, anhand derer die einzelne Dispositionsentscheidung zu treffen ist. Im Einzelfall muss die Finanzbehörde in Umsetzung einer gesetzgeberischen Entscheidung handeln und nicht die grundsätzlichen Entscheidungsmaßstäbe selbst bestimmen können. Die gesetzgeberische Entscheidung muss sich durch die bereichsspezifische Vorgabe von Mindestinhalten im Gesetz niederschlagen[611]. Insbesondere eine Dispositionsermächtigung muss so hinreichend konkretisiert sein, dass sie dem Dispositionsermessen eine bestimmte Richtung weist und bestimmte Dispensgründe ausschließt[612].

Dies zugrunde gelegt, kommen Zweifel an dem ausreichenden Maß an gesetzlicher Steuerung auf. § 217 InsO enthält infolge seiner Struktur und Funktion eine Gestaltungsermächtigung, die sich einer legislatorischen Determination nicht unerheblich entzieht. Schon bei der Formulierung der Zweifel an der erforderlichen Bestimmtheit wurde auf den weiten Gestaltungsspielraum verwiesen, der sich aus dem Zusammenspiel von Effizienz- und Risikoelementen ergibt. Insoweit ergeben sich regelmäßig unzählige rechtmäßige Dispositionsentscheidungen. Ein zweifelsfreier Maßstab für die behördliche Entscheidung zwischen diesen Handlungsalternativen lässt sich § 217 InsO nicht ohne weiteres entnehmen. Je umfangreicher der Gestaltungsspielraum ist, umso eher ist die Disposition eine allein in der Verantwortung der Finanzbehörde getroffene Entscheidung. Umso geringer sind naturgemäß sodann der Einfluss und damit korrespondierend die Verantortung des Gesetzgebers auf die konkret getroffene Entscheidung. Im Ergebnis ist der Rückzug aus der gesetzgeberischen Detailveranwortung in Bezug auf konkrete Unterziele und bestimmte Handlungsinstrumente sogar der vom

609 *Papier*, Die finanzrechtlichen Gesetzesvorbehalte und das grundgesetzliche Demokratieprinzip, 169.

610 *Krebs*, Vorbehalt des Gesetzes und Grundrechte, 109.

611 *Henneke*, in: Knack, VwVfG, Vor § 54 Rn. 26; *Krebs*, VVDStRL 52, 265 f.; *Kunig*, DVBl 1992, 1192, 1198.

612 Vgl. *Mussgnung*, Der Dispens von gesetzlichen Vorschriften, 137.

Insolvenzrechtsreformgesetzgeber gewollte Vorzug des § 217 InsO. Die flexible und situationsgerechte Lösung konnte und sollte vom Gesetzgeber so wenig wie möglich vorgedacht werden.

Problematisch ist in diesem Zusammenhang des Weiteren das Verhandlungselement – gerade unter Knappheitsbedingungen. Verhandlungen können nicht selten eine spezifische Dynamik entwickeln. Die Verwaltung nimmt die Vorstellungen ihres Gegenübers in der Regel nicht nur zur Kenntnis, sondern versucht eine Einigung zu erzielen. Verhandlungen folgen ihren eigenen „Spielregeln"[613]. Die Konzentration auf ein gemeinsames Ziel – hier die Haftungsverwirklichung – will einen marktkonformen Entscheidungsprozess nutzbar machen und setzt hierbei gegebenenfalls Energien frei. Diese „gemeinsame Anstrengung" birgt regelmäßig die *Gefahr einer Eigendynamik* dergestalt in sich, dass sich die verhandelnde Verwaltung veranlasst sieht, objektiv-rechtliche Bindungen „abzustreifen"[614]. Ferner ist zu beobachten, dass der hohe Zeitdruck und die Komplexität eines Problems dazu führen, dass die Beteiligten den Wert einer gemeinsamen Problemlösung höher veranschlagen als den Nutzen an einer an öffentlichrechtlichen Bindungen orientierten Interessenverfolgung[615].

Diese Gefahr für das öffentliche Interesse – hier konkret die Gesetz- und Gleichmäßigkeit der Besteuerung – gilt insbesondere für Verhandlungen mit dem Ziel einer bestmöglichen Haftungsverwirklichung aus einer Insolvenzsituation heraus. In diesem Zustand kann der Steuergläubiger von vornherein seine im Regelfall von Art. 3 Abs. 1 GG vorgegebene Maximalforderung nicht verwirklichen. Er wird vielmehr mit einer *Chance* konfrontiert, den über die Regelabwicklung als „sicher" gestellten Liquidationserlös doch noch – unter Inkaufnahme eines freiwilligen Nachgebens – zu vermehren. Es liegt in der Natur der Insolvenzsituation, dass im Sinne eines gegenseitigen Nachgebens die insolvenzspezifische Disposition ein Abrücken von den ansonsten geltenden Vollzugsregeln des steuerlichen Verfahrensrechts bedeutet. Darüber hinaus steht auch der Steuergläubiger (rechtlich) unter dem disziplinierenden Eindruck des Obstruktionsverbotes (§ 245 InsO) und (tatsächlich) einer gerade bei größeren Insolvenzen interessierten Öffentlichkeit. Beide Aspekte können bewirken, dass der Steuergläubiger „kompromissbereiter" wird.

Aus Steuerungsgesichtspunkten können wir damit gleichsam der bereits geführten Diskussion zur Bestimmtheitsproblematik ein Defizit feststellen. Das Zu-

---

613 Vgl. *Benz*, Kooperative Verwaltung, 73 ff.; 104 ff.

614 *Bleckmann*, NVwZ 1990, 601 (606 f.); *Schmidt-Aßmann*, Festschrift f. Brohm, 547 (555); *Schulze-Fielitz*, DVBl 1994, 657 (659); *Sommermann*, in: v.Mangoldt/Klein/Starck, GG, Art. 20 Rn. 76; *Spannowsky*, Grenzen des Verwaltungshandelns, 34 ff.; 51 ff.

615 *Benz*, Kooperative Verwaltung, 105.

sammenspiel von Eigendynamik und allein durch Effizienz- und Risikoaspekten bestimmten Gestaltungsspielraum lässt in nicht unerheblichem Maße die Finanzbehörde als Letztverantwortlichen für die Dispositionsentscheidung erscheinen und nicht mehr den Gesetzgeber. Auch aus dieser Warte ist die verfassungsrechtliche Zulässigkeit des § 217 InsO darum diskussionswürdig.

c) Ausreichende Ausfüllung des Sachvorbehalts durch den parlamentarischen Gesetzgeber?

Der Sachvorbehalt als eine Art Schnittmenge der Problemkreise Demokratieprinzip und Bestimmtheitsgebot erlaubt in Anknüpfung an den o.g. Problemaufriss eine gemeinsame Untersuchung. Es geht sowohl anlässlich der Bestimmtheits- als auch der Steuerungsfrage gleichermaßen um ein verfassungsrechtliches zu forderndes Minimum an Selbstentscheidung, Vorhersehbarkeit und Programmierung. Alle drei Stichworte überschneiden sich und sind untrennbar mit einander verbunden[616].

aa) Die Anpassung der Steuerungsanforderungen an die fehlende Normierbarkeit eines insolvenzspezifischen Dispositionsregimes

Hat sich der Gesetzgeber in konsequenter Umsetzung seines eigenen Regelungskonzepts im Wesentlichen auf die Schaffung eines Rechtsrahmens und die Beeinflussung der Rahmenbedingungen beschränkt, fügt sich § 217 InsO mit seiner finalen Programmierung und der äußert zurückhaltenden legislativen Diktion auf der Rechtsfolgenseite aus insolvenzrechtlicher Sicht vorbildlich in das gesetzgeberische Gesamtkonzept ein. Der generalklauselartige Charakter folgt einer sachgesetzlichen Logik des gesetzgeberischen Insolvenzrechtskonzepts. Es geht im Insolvenzverfahren teilweise um komplexe wirtschaftliche Fragestellungen. Gerade darin unterscheidet sich die Gesamtbereinigung unter Einschluss aller Verwertungsalternativen vom Einzelvollstreckungsverfahren. Die Formulierung einer gesetzlichen Ermächtigungsgrundlage für den Steuergläubiger kann daher *kein Konditionalprogramm* sein, wenn sie nicht die Flexibilität der einvernehmlichen Haftungsverwirklichung unterminieren will. Bereits KARSTEN SCHMIDT warnte im Rahmen der Diskussion um eine gesetzliche Ermächtigung für staatliche Subventionshilfen in der Insolvenz vor dem „Normhunger der Verwaltung". „Würde er durch präzise Ermächtigungen gestillt, so ginge dies auf Kosten der unent-

---

616 Vgl. nur BVerfG v. 08.01.1981, 2 BvL 3/77 u.a., BVerfGE 56, 1 (13); *Nierhaus*, Festschrift f. Stern, 717 (723) m. w. Nachw.

behrlichen Elastizität[617]“. Die Ausnutzung des individuellen Vorteilsstrebens fordert naturgemäß zu einer voraussetzungslosen Prüfung eines jeden Einzelfalls auf. Insoweit geriert sich die Wirklichkeit als geradezu regelungsfeindlich. Es liegt in der Natur eines solchen Entscheidungsprozesses, dass jede feste Entscheidungsdeterminante auf Seiten eines Gläubigers diesen Entscheidungsprozess behindert. „Der Gesetzgeber tut gut daran, wenn er keine Kriterien festlegt für die Entscheidung, welche Art der Verwertung in einem konkreten Verfahren gewählt werden soll. Ausschlaggebend kann nur sein, auf welche Weise der optimale Verwertungserfolg zu erzielen ist“, heißt es bei WOLFRAM HENCKEL[618]. Während der Gesetzgeber zum unmittelbaren Schutz der Insolvenzmasse vor Schmälerungen konkrete Tatbestände und Rechtsfolgenanordnungen verwenden kann, stellt sich die Situation anders dar, wenn nicht ein bestimmtes Tun unterbunden werden soll, sondern infolge marktwirtschaftlicher Entscheidungsprozesse ein bestimmtes Handeln erwartet oder zumindest erhofft wird. Will der Gesetzgeber zur „kollektiven Maximierung zum Zwecke bestmöglicher Haftungsverwirklichung“[619] auf Marktmechanismen zurückgreifen, kann er folglich nicht mit konkreten Verhaltensvorschriften arbeiten. Es ist der Natur einer von marktwirtschaftlichen Gesichtspunkten geprägten Haftungsverwirklichung immanent, dass er sich darauf beschränken muss, einen Rechtsrahmen vorzugeben, der das Verhalten der Gläubiger in eine gewisse Richtung *lenkt*. Er kann nur ein *Finalprogramm* formulieren und zu seiner Erreichung bestimmte Handlungsalternativen *stimulieren*. Die Stimulation kann dabei sowohl durch Verfahren als auch durch die Beeinflussung von Rahmenbedingungen geschehen.

An dieser Erkenntnis kann die Verfassung mit ihren Mindestvorgaben nicht vorbei. So hat sich in der Verwaltungsrechtswissenschaft die Einsicht durchgesetzt, dass nicht nur Gestaltungsermächtigungen als solches legitim sind, sondern dass zugleich auch die Fähigkeit des Gesetzgebers zur punktgenauen Vorsteuerung bereichsspezifisch begrenzt und dies auf die Formulierung der Gestaltungsermächtigung zurückwirken kann[620]. Sie diskutiert dies insbesondere vor dem Hintergrund sog. komplexer Verwaltungsentscheidungen und erkennt eine „sachlogisch und strukturell bedingte Steuerungsschwäche des Gesetzes“[621] dem Grunde nach an. Dies äußert sich gerade in Generalklausen und finalen Pro-

---

617 *K.Schmidt*, Gutachten f. d. 54. DJT, D 118.

618 *Henckel*, Festschrift f. Merz, 197 (208).

619 *Balz*, Kölner Schrift InsO, 3 (8) Rn. 17; *Eidenmüller*, Unternehmenssanierung zwischen Markt und Gesetz, 19 ff., 47.

620 *Brohm*, VVDStRL 30 (1972), 245 (253 ff., 274 ff., 305 ff.); *Dreier*, DV 25 (1992), 136 (148); *Hoppe*, Festgabe 25 Jahre Bundesverwaltungsgericht, 295; *Schmidt-Aßmann*, Verwaltungsrecht als Ordnungsidee, 21 ff.; *Steinberg*, DÖV 1982, 619 ff.

621 *Brohm*, in: Hill, Zustand und Perspektiven der Gesetzgebung, 217 (222).

grammierungen. Auch das BUNDESVERFASSUNGSGERICHT sieht dieses Bedürfnis. Es gebe komplexe Geschehensabläufe, die sich typischerweise einer Normierung entziehen[622]. Die Anforderungen an die Ermächtigungsgrundlage sollen dementsprechend nicht allgemein und einheitlich umschrieben werden können. Vielmehr bedürfe es immer eines Rückgriffs auf die Besonderheiten der jeweiligen Regelungsmaterie[623]. Aus Gründen „notwendiger Flexibilität" wird nur eine „hinreichende Bestimmtheit" eingefordert[624]. Der Normgeber sei gehalten, seine Vorschriften so bestimmt zu fassen, wie dies nach der Eigenart der zu ordnenden Lebensachverhalte mit Rücksicht auf den Normzweck möglich sei[625].

Es herrscht mithin die Einsicht vor, dass es Regelungsmaterien gibt, wo selbst eine erhebliche Absenkung der Anforderungen an die Regelungsdichte einer Ermächtigungsnorm verfassungsrechtlich haltbar ist. Das verfassungsrechtliche Mindestmaß an Bestimmtheit korrespondiert demnach mit der Regelungsfähigkeit, die ihrereseits wiederum abhängig ist von der Vielgestaltigkeit sowohl der staatliches Handeln auslösenden Fallgestaltungen (Tatbestand) als auch der möglichen Handlungsmöglichkeiten (Rechtsfolge). Dies führt freilich nicht zu einer Unanwendbarkeit des Vorbehaltsgebotes, sondern nur zu einer *Absenkung der gebotenen Regelungsdichte*[626]. Daher ist es im Einzelfall gegebenenfalls verfassungsrechtlich hinnehmbar, wenn sich der Gesetzgeber innerhalb solcher Regelungsmaterien auf die grobe Umreißung einer Aufgabe oder auf die Formulierung eines Oberziels beschränkt.

Der vorliegend zu würdigende Einzelfall zeichnet sich jedoch dadurch aus, dass die an eine insolvenzspezifische Dispositionsermächtigung zu stellenden Anforderungen unter dem Eindruck der verfassungsrechtlichen Rahmenbedingung des Steuerrechts stehen. Art. 3 Abs. 1 GG wird hier nicht ohne Grund mit bereichspezifischer Strenge angewendet. Diese wiederum bestimmt entscheidend die „Wesentlichkeit" der Regelungsmaterie und nimmt Einfluss auf das Mindestniveau des Sachvorbehaltes. Für Eingriffe in Freiheitsrechte ist insoweit anerkannt, dass mit der Schwere des Eingriffs die Anforderungen an die Bestimmtheit der Eingriffsermächtigung steigen[627]. Dieser Zusammenhang zwischen verfassungsrechtlicher Wertigkeit des geschützten Rechtsguts, der Intensität des Eingriffs und dem verfassungsrechtlich noch hinnehmbaren Bestimmtheitsminimum

622 BVerfG v. 26.06.2002, 1 BvR 670/91, BVerfGE 105, 279.

623 BVerfG v. 27.01.1976, 1 BvR 2325/73, BVerfGE 41, 251 (265 f.); 19.04.1978, 2 BvL 2/75, BVerfGE 48, 210 (221 f.); v. 30.11.1988, 1 BvR 1301/84, BVerfGE 79, 174 (195).

624 BVerfG v. 20.10.1981, 1 BvR 640/80, BVerfGE 58, 257 (277).

625 BVerfG v. 18.05.1988, 2 BvR 579/84, BVerfGE 78, 205 (212).

626 Vgl. nur *Bumke*, DV 37 (2004), 3 (20); *Klement*, DÖV 2005, 507 (514).

627 BVerfG v. 08.01.1981, 2 BvL 3/77 u.a., BVerfGE 56, 1 (13).

beansprucht auch für Dispensermächtigungen, die eine Ungleichmäßigkeit der Besteuerung legitimieren, Geltung. Dies gilt gleichsam für die demokratieprinziporientierte Seite des Sachvorbehalts. Der Hochwertigkeit der Steuergerechtigkeit wird nämlich nur dann ausreichend Rechnung getragen, wenn sie sich in der Selbstentscheidungspflicht des parlamentarischen Gesetzgebers widerspiegelt. Der Grad der Steuerungsverantwortung korrespondiert folglich mit der Hochwertigkeit des zu schützenden Verfassungsgutes. In Ansehung der bereits formulierten verfassungsrechtlichen Bedeutung der Gleichmäßigkeit und der Gesetzmäßigkeit der Besteuerung muss daher auch eine finale Steuerung an strengen Anforderungen gemessen werden.

Trotz strenger Anforderungen an die verfassungsrechtlich notwendige Selbstentscheidung, Vorhersehbarkeit und Programmierung kann der Prinzipienkonflikt zwischen der Folgerichtigkeit der insolvenzrechtlichen Haftungsverwirklichung einerseits und den verfassungsrechtlichen Mindestanforderungen an die Dispositionsermächtigung andererseits verfassungsrechtlich vertretbar zugunsten des ersteren aufgelöst werden. Die hohen Anforderungen auf dieser *formellen* Rechtfertigungsebene[628] an die Regelungsdichte und den Steuerungsanspruch der Dispensermächtigung müssen nicht aufgegeben werden. Das unverzichtbare Niveau an Selbstentscheidung, Vorhersehbarkeit und Programmierung muss vielmehr in eine andere Richtung weitergedacht werden. Im allgemeinen Verwaltungsrecht ist anerkannt, dass die Einbuße an legislatorischer Steuerungskraft durch die Aufwertung des Verfahrensgedankens kompensiert werden kann[629]. Insbesondere dann, wenn ein auszuhandelndens Entscheidungsergebnis gesetzlich nur schwach vorprogrammiert ist, kann das Steuerungskonzept gleichwohl den verfassungsrechtlichen Vorgaben genügen, wenn es hierauf mit einer „Steuerung durch die gesetzliche Gestaltung der Entscheidungsfindung" reagiert[630]. In diesem Sinne müssen auch die Steuerungsanforderungen der Ausnahmesituation „Insolvenz" entsprechend angepasst werden. Der Verfahrensgedanke spielt hier aus dem Blickwinkel der Entscheidungsvorbereiung eine bedeutsame Rolle. An die Stelle einer strengeren Fassung von Tatbestand- und Rechtsfolgenseite tritt ein Steuerungsmodell, das – dies wird im folgenden unter bb) und cc) zu zeigen sein – eine Rückführung des Verhandlungsergebnisses, verstanden als die konsentierte

628 Zu den *materiellen* Gesichtspunkten, d.h. der Rechtfertigung der Ungleichmäßigkeit der Besteuerung als solches noch sogleich unter Kap. 2 A. V. 2.

629 *Dreier*, DV 25 (1992), 137 (150), ähnlich *Badura*, in: Erichsen, Allgemeines Verwaltungsrecht, § 34 Rn. 7; *Kunig/Rublack*, Jura 1990, 1 (7); *Ossenbühl*, DVBl 1974, 309 (312); *Schmitt Glaeser*, VVDStRL 31 (1973), 179 (193 f.; 196); *Steinberg*, DÖV 1982, 619 (620); *Wahl*, VVDStRL 41 (1983), 151 (158).

630 Vgl. *Hill*, DÖV 1987, 885 (891); *Kunig/Rublack*, Jura 1990, 1 (7); *Schmitt Glaeser*, VVDStRL 31 (1973), 179 (193 f.).

Dispositionsentscheidung, auf den Gesetzgeber in verfassungsrechtlich ausreichendem Maße zu rechtfertigen vermag, und zugleich dem Bürger die Vorsehbarkeit und Gleichmäßigkeit der Ausübung der Dispositionsmacht sichert.

bb) Die Steuerung durch die Ermessensdirektive der effizienten Haftungsverwirklichung und einen marktgesteuerten Entscheidungsprozess

Die verschiedenen, gleichsam irgendwie situationsgerechten, Dispositionsentscheidungen werden vom Gesetzgeber nicht vorausgedacht und damit nicht für die denkbaren Einzelfälle im Voraus entschieden. Er begnügt sich vielmehr mit einer finalen Ermächtigung, die ihrerseits aber durchaus einen – wenn auch isoliert betrachtet defizitären – *gesetzlichen Programminhalt* enthält (*erstes Steuerungselement*). Dieses Steuerungselement entfaltet seine Bedeutung allerdings erst im Zusammenhang mit der *Ausgestaltung der Entscheidungsfindung*. Der rechtliche Rahmen, in welchem sich der Entscheidungsprozess für die insolvenzspezifische Dispositionsentscheidung des Steuergläubigers vollzieht, bildet das unverzichtbare *zweite Steuerungselement*. In der Summe vermögen sie eine ausreichende Steuerung zu gewährleisten. Insbesondere ist das Verfahrenselement seinerseits wieder auf die inhaltliche Programmierung angewiesen.

Das erste Steuerungselement ist der Rückgriff auf eine Ermessensermächtigung. Schon die Verwendung einer Ermessensermächtigung selbst ist Ausdruck einer Steuerung[631]. Es ist stets *pflichtgemäßes Ermessen*. Dies hindert die Beliebigkeit der Entscheidung und verlangt nach § 5 AO eine Ausrichtung an dem Zweck der Ermächtigung. Dass dieser Zweck erst durch Auslegung, insbesondere nach Systematik und Telos ermittelt werden muss und sich der Ermächtigung nicht auf den ersten Blick selbst entnehmen lässt, ist dabei unschädlich[632]. Die dafür geforderten „objektiven Kriterien", die sich zumindest aus der Zielsetzung des Gesetzes, dem sachlichen Zusammenhang der Vorschriften oder aus der Entstehungsgeschichte gewinnen lassen müssen[633], wurden insbesondere in Gestalt der Ausrichtung an einem optimalen Steuervollzug und dies sodann konkretisiert durch eine lokale Effizienz als Entscheidungskriterium zwischen verschiedenen Handlungsalternativen herausgearbeitet. Ein so verstandenes Befriedigungsoptimum im hier vertretenen Sinne („Effizienz" in Wechselwirkung mit „Risiko")

---

631 BVerfG v. 16.02.1965, 1 BvL 15/62, BVerfGE 18, 353 (363); *Koch*, Unbestimmte Rechtsbegriffe und Ermessensermächtigungen im Verwaltungsrecht, 101 ff.; *Pietzcker*, JuS 1982, 106 ff. jeweils m. w. Nachw.

632 BVerwG v. 13.02.1969, II C 119/65, BVerwGE 31, 241 (247 ff.).

633 BVerfG v. 12.01.1967, 1 BvR 169/63; BVerfGE 21, 73 (80); BVerwG v. 13.02.1969, II C 119/65, BVerwGE 31, 241 (247 ff.); *Papier*, DStJG 12 (1989), 61 (67 f.), *Tipke*, Steuerrechtsordnung, Bd. I, 138.

steuert die Verwaltung zumindest innerhalb einer Bandbreite von Dispositionsentscheidungen. Der Ermächtigung kann entnommen werden, welche Dispositionen nicht mehr legitimiert sind. Dies sind nämlich solche, die auch aus Sicht des Prognose- und Risikoelements von nicht vertretbarer Ineffizienz geprägt sind. Trotz der weiten Spannbreite von Bewirkungsmitteln zur Erreichung des Befriedigungsoptimums und des erheblichen, situationsgerechten Konkretisierungsbedarfs, hat der Gesetzgeber dem Steuergläubiger zumindest ein Ziel diktiert. So kann – in begrifflicher Anlehnung an das Planungsrecht – von einer *„zieldiktierten“*[634] *Disposition des Steuergläubiges* gesprochen werden. Insoweit findet eine unmittelbare Steuerung statt.

Das *zweite Steuerungselement* ist mittelbarer Natur. Der Gesetzgeber steuert mittels eines obligatorischen Entscheidungsprozesses und bestimmter Rahmenbedingungen[635]. Die Entscheidung im Einzelfall, die es durch das Gesetz vorzusteuern gilt, ist folglich nicht eine Entscheidung, die sich einer konkreten Rechtsfolgenanordnung entnehmen lässt. Es ist vielmehr eine Entscheidung, die bestimmten Anforderungen an den Prozess der Entscheidungsfindung genügen muss. Es existiert – korrespondierend mit der Komplexitität der vorgefundenen Situation – eine Mehrzahl von Handlungsalternativen. Sie alle können zur Problemlösung beitragen. Der Gesetzgeber prozedualisiert diese Problemlösung, indem er die Beteiligten veranlasst, auf der Grundlage der vom Gesetzgeber gesteckten Rahmenbedingungen zusammenwirken, um eine für alle Beteiligten angemessene Lösung zu finden[636]. Die „vorteilhafteste“ Handlungsalternative soll also durch Verhandlung, aber gleichwohl innerhalb eines formalisierten Verfahrens gefunden werden. Der Gesetzgeber hofft auf die ökonomische Rationalitität der Beteiligten. Er greift weitestgehend auf eine *Marktsteuerung* zurück und setzt an die Stelle juristischer Maßstäbe wirtschaftliche Bewertungen[637]. Er vertraut letztlich auf die selbstregulierende Kraft einer von natürlichen aber infolge der Kollektivierung disziplinierter Egoismen getragenen Selbstverwaltung, in der die Beteiligten aufgerufen sind, eine Lösung ihrer gemeinsamen Probleme zu finden, oder zumindest an einer Lösung – wenn auch nur passiv – mitzuwirken, die

634 Vgl. zum Begriff *Hoppe*, Festschrift 25 Jahre Bundesverwaltungsgericht, 295 (300 f.).

635 Auch die Steuerung durch Bereitstellung rechtlicher Rahmenbedingungen ist eine „Steuerung durch das Recht“ (*Röhl*, Allgemeine Rechtslehre, 222; *Schmitt Glaser*, VVDStRL 31 [1973], 179 [196]).

636 *Dorndorf*, Festschrift f. Merz, 31 (42 f.).

637 *Smid*, Insolvenzrecht, § 24 Rn. 15; vgl. auch *Eidenmüller*, Unternehmenssanierung durch Markt und Gesetz, 49 ff.

ein unabhängiger Dritter (i.d.R. Insolvenzverwalter) im Interesse aller erarbeitet. Rechtstheoretisch erinnert dies an sog. reflexives Recht[638].

Das Mehrheitsergebnis ist frei, muss aber in einem obligatorischen und stark formalisierten Entscheidungsprozess gefunden werden. Ist die Entscheidung des Steuergläubigers in diesem Entscheidungsprozess – orientiert am Zweck der Ermächtigung – gewachsen, hatte der Steuergläubiger mithin die Möglichkeit, eine marktkonforme Entscheidung zu treffen, liegt hierin die gesetzgeberische Steuerung. Das Ergebnis entspricht in diesem Fall der gesetzgeberischen Grundentscheidung, dass der Steuergläubiger eine Entscheidung im Anschluss an einen marktrationalen Prozess dirigiert von dem Ziel der Haftungsverwirklichung getroffen hat. Die Entscheidung selbst muss nicht marktrational sein und kann durchaus von irrationalen Erwägungen getragen sein, sofern die Beteiligten grundsätzlich die Möglichkeit hatten, auch die rationalen Erwägungen in ihren Willensbildungsprozess mit einzubeziehen. Die parlamentarische Steuerung mittels des Insolvenzplanverfahrens ist im Wesentlichen eine Selbststeuerung. Die gesetzgeberische Grundentscheidung findet sich immer dann im Verhandlungsergebnis wieder, wenn der Markt funktioniert hat. Mit anderen Worten: Das Ergebnis ist nachrangig. Vielmehr kommt es darauf an, dass der Entscheidungsprozess funktioniert hat.

Dieser Verfahrensgedanke steuert unmittelbar den Entscheidungsprozess und mittelbar steuert der Gesetzgeber damit die Dispositionsentscheidung des Steuergläubigers. Wenngleich der Gesetzgeber mit § 217 InsO ein nicht unerhebliches Stück eigener, legislativer Steuerungskraft aus der Hand gibt, ist die Vorgabe einer Ermessensermächtigung in Verbindung mit der Bereitstellung eines formalisierten Entscheidungsprozesses unter dem Gesichtspunkt der Bestimmtheit und der demokratischen Steuerung verfassungsrechtlich ausreichend. Indem er das Verfahren als obligatorische Mindestvoraussetzung der Entscheidungsfindung definiert und mit der Effizienz eine der Knappheitssituation Rechnung tragende Präferenz für den Steuergläubiger formuliert, hat er abstrakt generell innerhalb einer unvermeidlichen Bandbreite gewollte Dispositionsentscheidungen vorgesteuert und insbesondere nicht gewollte Verhandlungsergebnisse ausgeschieden. Gerade vor dem Hintergrund der Folgerichtigkeit des Gesamtsystems ist die Ausgestaltung dieses Prozesses darum das „Wesentliche“, was der Gesetzgeber selbst regeln muss. Alles „Wesentlichere“ kann nur in Wertungswidersprüchen enden und die insolvenzrechtliche Haftungsverwirklichung beeinträchtigen. Gemessen an diesem Gesamtzusammenhang, in den § 217 InsO eingebettet ist, lässt sich die konkrete Dispositionsentscheidung des Steuergläubigers daher ausreichend auf den parlamentarischen Gesetzgeber zurückführen. Die erforderliche

638 Dazu *Röhl*, Allgemeine Rechtslehre, 224.

Leitentscheidung durfte darum von der Sachentscheidung auf den Entscheidungsfindungsprozess abgewälzt werden. Dem Vorbehalt des Gesetzes ist sowohl in Ansehung des Demokratieprinzips als auch des grundrechtlichen Bestimmtheitsgebotes in einem verfassungsrechtlich vertretbaren Maß genügt. Die §§ 217 ff. InsO lösen darum in verfassungsrechtlich nicht zu beanstandender Weise *jedenfalls in der Theorie* den Prinzipienkonflikt zwischen der Folgerichtigkeit der insolvenzrechtlichen Haftungsverwirklichung einerseits und den verfassungsrechtlichen Mindestanforderungen an die Dispensermächtigung andererseits.

cc) Die Abschirmung des Entscheidungsprozesses

Die gesetzliche Steuerung der Dispositionsentscheidung basiert auf einer stets gefährdeten Grundvoraussetzung. Sie vertraut auf Marktmechanismen und damit auf einen *funktionierenden* Markt. Dieser Mechanismus und die mit ihm angestrebte Selbststeuerung drohen allerdings zu versagen, wenn es zu Informationsasymmetrien kommt. Im Marktmodell bildet weitreichende Transparenz die allgemeine Grundvoraussetzung für rationale Entscheidungen. In der Ökonomie ist diese Erkenntnis Konsens. Sie gilt auch für das Insolvenzplanverfahren[639]. Auf der Grundlage unzutreffender oder unzureichender Informationen lässt sich keine optimale Investitonsentscheidung treffen. Es besteht bei Informationsdefiziten nur eine suboptimale *Chance*, dass die nicht wertschöpfende Lösung eliemiert wird und die wertschöpfende sich durchsetzt[640]. Trifft der Steuergläubiger seine Dispositionsentscheidung zwar im Anschluss an den obligatorischen Prozess, kann dieser aber nicht den Anforderungen genügen, die im gesetzgeberischen Modell die Dispositionsentscheidung demokratisch legitimieren, versagt also die dem Markt eigene Steuerungskraft, ist dies aus verfassungsrechtlicher Sicht ein Problem.

Das Versagen dieses Konzepts im Einzelfall führt gewiss nicht zur Verfassungswidrigkeit des § 217 InsO als Ermächtigungsgrundlage. Den verfassungsrechtlichen Anforderungen ist aber dann nicht mehr genügt, wenn das Versagen als natürliches Problem der Interessengegensätze der Beteiligten und ihrem individuellen Vorteilsstreben vom Insolvenzgesetzgeber in Kauf genommen wird. Mit der Grundentscheidung für ein Modell der marktkonformen Selbststeuerung ist es mithin nicht getan. Der Gesetzgeber muss dafür Sorge tragen, dass sich seine Grundentscheidung auch rechtstatsächlich in der Dispositionsentscheidung wieder findet. Der Gesetzgeber muss insoweit gewisse Schutzmechanismen in

639 *Förster*, Festschrift f. Kirchhof, 85 (97).
640 Vgl. *Eidenmüller*, Unternehmenssanierung zwischen Markt und Gesetz, 58.

sein System implementieren. Der obligatorische Entscheidungsprozess muss durch einen Rechtsrahmen zumindest insoweit abgeschirmt werden, dass das Ergebnis regelmäßig ein solches ist, dass unter marktrationalen Gesichtspunkten getroffen werden konnte. Die Frage der Information im Allgemeinen und der Prognosegrundlage im Besonderen ist deshalb die Schlüsselfrage zur verfassungsrechtlichen Zulässigkeit einer final orientierten Dispositionsermächtigung, wie sie § 217 InsO vorsieht.

An Sanierungsverfahren wird seit jeher die Anforderung gestellt, dass sie durchsichtig sind, für Mitwirkungschancen der Beteiligten sorgen und eine gewisse Kontrolle ermöglichen[641]. Die Insolvenzordnung wird diesen Anforderungen im Rahmen der §§ 217 ff. InsO gerecht. Es ist der vom Gesetzgeber für die Dispositionsentscheidungen vorgegebene Rechtsrahmen des Insolvenzplanverfahrens, der durch seine Formalisierung eine gesteuerte und ermessensfehlerfreie Entscheidung des Steuergläubigers zwar nicht garantieren kann, den zur Ermessensentscheidung führenden Entscheidungprozess aber zumindest entscheidend absichert. Dies geschieht durch den Abbau von Informationsdefiziten einerseits und die Kontrollier- und Vergleichbarkeit aller Dispositionsentscheidungen andererseits.

Auf die wesentlichen Informationselemente des Insolvenzplans wurde bereits hingewiesen: Kritische Analyse der Krisenursachen, Nennung der Schwachstellen im leistungs- und finanzwirtschaftlichen Bereich, Beschreibung der getroffenen und zu treffenden Maßnahmen, Angaben zu den Grundlagen und Auswirkungen des Plans, die für die Entscheidungsfindung der Gläubiger erheblich sind (§ 220 Abs. 2 InsO), Risikodarstellungen, Vergleichsrechnungen und schließlich als Plananlagen gegebenenfalls Plan-Vermögensübersicht, Plan-Gewinn- und Verlustrechnung sowie eine Plan-Liquiditätsrechnung (§ 229 S. 2 InsO) samt entsprechenden Erläuterungen. Ziel des Insolvenzplans ist mithin die „optimale Entscheidungsfindung“[642]. Die empfohlene Handlungsalternative muss nachprüfbar dargelegt werden. Angesichts dieser obligatorischen Plananforderungen kann der Steuergläubiger seine Dispositionsentscheidung zumindest theoretisch auf der Basis der für eine Investitionsentscheidung relevanten Informationen treffen. Wenngleich immer noch das prognostische Element verbleibt, wird das Investitionsrisiko zu einem kalkulierbaren Risiko.

Ferner sind die von den einzelnen Gläubigern zu leistenden Beiträge transparent. Der gestaltende Teil enthält den Ausspruch, wie die Rechtsstellung der Beteiligten durch den Plan geändert werden soll, § 221 InsO. Jeder Gläubiger kann

641 Siehe nur *Eidenmüller*, Unternehmenssanierung zwischen Markt und Gesetz, 58; *Flessner*, Sanierung und Reorganisation, 207, 267 ff.

642 *Hermanns/Buth*, DStR 1997, 1178.

die Beiträge der anderen Gläubiger einsehen. Geheimabreden sind nichtig, § 226 Abs. 3 InsO. Dies sichert eine markgerechte Dispositionsentscheidung, da mit der Verringerung der bestehenden Informationsdefizite – und einem entsprechenden Vertrauen in die vorhandenen Informationen – ineffektiven Entscheidungen entgegengewirkt wird. Zudem versetzt diese Transparenz den Steuergläubiger in die Lage, die Erforderlichkeit seines eigenen Beitrages im Entscheidungszeitpunkt anhand der übrigen Beiträge zu hinterfragen. Für diese Angaben genießt der Insolvenzverwalter als Dritter, der im Interesse der Gläubiger tätig ist, grundsätzlich einen Vertrauensvorschuss. Gerechtfertigt wird dieser gerade durch die entsprechende haftungsrechtliche Absicherung. Denn der Insolvenzverwalter haftet bei einem von ihm erstellten Plan für die Richtigkeit der Informationen[643].

Der Insolvenzplan bindet zudem alle Verfahrensbeteiligten und verschafft somit dem Steuergläubiger Gewissheit, dass sämtliche Beteiligten entsprechend den Vorgaben des gestaltenden Teils verpflichtet werden. Er ist ein rechtsgeschäftlicher Gesamtakt[644] und entfaltet seine Rechtswirkungen – soweit er nichts anderes vorsieht – einheitlich nach Eintritt der Rechtskraft der Bestätigung. Kein Beteiligter kann seinen Beitrag aus Rechtsgründen verzögern. Gleichsam einheitlich sind die Rechtsfolgen, wenn der Schuldner seinen Verpflichtungen aus dem Insolvenzplan nicht nachkommt. Gerät der Schuldner nach Rechtskraft des Insolvenzplans mit der Erfüllung des Plans erheblich in Rückstand, sieht § 255 InsO eine Wiederauflebensklausel vor. Wurden Forderungen gestundet oder teilweise erlassen, so werden hiernach Stundung und Erlass für den Gläubiger, gegenüber dem der Schuldner mit der Erfüllung des Plans erheblich in Rückstand gerät, hinfällig.

Zudem trägt die Insolvenzordnung den nachinsolvenzverfahrensrechtlichen (Überwachungs-) Bedürfnissen der Gläubiger Rechnung. Sieht der Insolvenzplan vor, dass der Schuldner seine unternehmerische Tätigkeit fortsetzt und die Gläubiger aus den zukünftigen Erträgen befriedigt werden sollen, kann er ebenfalls bestimmen, dass seine Erfüllung nach Abschluss des Verfahrens durch den Insolvenzverwalter überwacht wird (§ 260 Abs. 1 InsO). Das Amt des Insolvenzverwalters besteht insoweit fort. Die Überwachung bezieht sich indes nicht nur auf das sanierte Unternehmen, sondern kann sich auch auf die Übernahmegesellschaft erstrecken (§ 260 Abs. 3 InsO). Zudem kann im gestaltenden Teil vorgesehen werden, dass bestimmte Rechtsgeschäfte des Schuldners oder der Übernahmegesellschaft während der Zeit der Überwachung nur wirksam sind, wenn der Insolvenzverwalter ihnen zustimmt.

643 Eingehend *Lüke*, Festschrift f. Uhlenbruck, 519 ff. (insbes. 528).
644 *Lucr*, in: Uhlenbruck, InsO, § 254 Rn. 1.

Schließlich gewährleistet § 250 InsO ein Mindestmaß an Vertrauensschutz in das ordnungsgemäße Zustandekommen des Insolvenzplans[645]. Die Bestätigung des Insolvenzplans ist zu versagen, wenn die Vorschriften über den Inhalt und die verfahrensmäßige Behandlung des Insolvenzplans sowie über die Annahme durch die Gläubiger und die Zustimmung des Schuldners in einem wesentlichen Punkt nicht beachtet worden sind (Nr. 1) oder wenn die Annahme des Plans unlauter, insbesondere durch Begünstigung eines Gläubigers, herbeigeführt worden ist (Nr. 2).

In der Summe ergibt sich damit für den der Dispositionsentscheidung vorgelagerten Entscheidungsprozess folgendes Gesamtbild: Das Gesetz schafft einen gesetzlichen Schutzrahmen, der ein Versagen der Selbstregulierung aufgrund externer Aspekte, d.h. aus Gründen, die ihre Ursache nicht in der Person des Steuergläubigers haben, ausschließen soll. Dieser Schutzrahmen kann zwar nicht für sich in Anspruch nehmen, das Ideal eines über alle entscheidungsrelevanten Informationen verfügenden homo oeconomicus zu garantieren. Dennoch hilft die Summe der genannten Regelungen, einen Mindeststandard an Verlässlichkeit der Dispositionsgrundlage und an Transparenz der Dispostionsentscheidungen zu gewährleisten. Dies sind die Grundlagen für eine rechtmäßige Ermessensentscheidung unter den bereits hervorgehobenen Risiko- und Prognoseaspekten. Damit lässt sich an dieser Stelle festhalten, dass das verfassungsrechtlich zu fordernde Minimum an Selbstentscheidung, Vorhersehbarkeit und Programierung nicht nur theoretisch erreicht, sondern im Wesentlichen auch gewährleistet wird. Den Prinzipienkonflikt zwischen der Folgerichtigkeit der insolvenzrechtlichen Haftungsverwirklichung einerseits und den verfassungsrechtlichen Mindestanforderungen an die Dispensermächtigung andererseits wird daher durch die §§ 217 ff. InsO konzeptionel konsequent und zugleich verfassungsrechtlich vertretbar gelöst. Eine andere Frage ist freilich, ob die zuständige Finanzbehörde die genannten Informationen rational verarbeiten kann. Insoweit trifft sie eine Obliegenheit, organisatorisch dafür Sorge zu tragen, dass ein Amtswalter die entsprechende Fachkompetenz aufweist. Gegegenfalls wird der Steuergläubiger auch nicht umherkommen, externen fachlichen Rat in Anspruch zu nehmen.

Die vorstehenden formellen Anforderungen mögen dem Insolvenzplanverfahren zum Teil den Makel der Schwerfälligkeit und Unflexibilität eingebracht haben[646]. Jedoch ist dies eine hinzunehmende Konsequenz, wenn in Gestalt einer finalen Dispositionsermächtigung die (verfassungsrechtlichen) Bindungen eines öffentlich-rechtlichen Gläubigers der Insolvenzsituation entsprechend formuliert werden müssen. Aus dieser Sicht ist die verfahrensmäßige Ausgestaltung des In-

645 *Sinz*, in: Münchener Kommentar, InsO, § 250 Rn. 1.

646 Vgl. nur *Kußmaul/Steffen*, DB 2000, 1849; *Wellensiek*, BB 2000, 6.

solvenzplanverfahrens – sei es auch unbewusst – für den Steuergläubiger konsequent ausgestaltet.

dd) Die Kontrolle des Verhandlungsergebnisses

Waren die letzten Ausführungen vornehmlich auf die Abschirmung des Steuerungskonzepts vor „externen“ Störfaktoren gerichtet, zeigt das Problemfeld der Eigendynamik von Verhandlungssituationen, dass das vom Gesetzgeber vorgesehene Steuerungskonzept überdies aus Gründen versagen kann, die in der Person des Steuergläubigers zu suchen sind. Legt der zuständige Amtswalter Entscheidungsprämissen zugrunde, die nicht von § 217 InsO gedeckt sind, oder verkennt bzw. überspannt er die hier formulierten Anforderungen, kommt es zu internen Störungen im Rahmen der Entscheidungsfindung. Diese Gefahr besteht freilich Handlungsform unabhängig[647]. Der konsentierte Verwaltungsakt enthält das gleiche Potential zur Vernachlässigung objektiv-rechtlicher Bindungen wie auch jeder Verwaltungsvertrag. Im Ergebnis wird die verfassungsrechtliche Zulässigkeit der Vertragsform trotz des bekannten Problems der Eigendynamik nicht mehr ernsthaft in Zweifel gezogen[648].

Dennoch verdient dieser Aspekt beim Insolvenzplan besondere Beachtung. Denn dem Verhandlungselement ist im Insolvenzplanverfahren deshalb im Besonderen die Eignung als Gefahrenquelle für die Gleichmäßigkeit der Besteuerung zuzusprechen, weil gerade bei Sanierungsplänen – anders als im Steuerrecht im Übrigen – ein do-ut-des Verhältnis nicht zu leugnen ist. Jeder Gläubiger trifft seine Disposition regelmäßig immer nur in Erwartung einer bestimmten Dispositionsbereitschaft der übrigen Verfahrensbeteiligten. Niemand will das Unternehmen alleine, ohne entsprechende Opfer der anderen, sanieren. Hinzu kommen die Geltung des Mehrheitsprinzips und die Mehrpoligkeit der Verhandlungsverhältnisse, wobei zum Teil sehr verschiedene Interessen in Ausgleich gebracht werden müssen. Für die Gleichmäßigkeit und Gesetzmäßigkeit der Besteuerung bedeutet dies eine gegenüber den übrigen Anlässen und Erscheinungsformen begünstigenden Verwaltungshandelns erhöhte Gefahrenlage. Zu denken ist beispielsweise an einen Insolvenzplan, in dem überobligatorische Steuererlasse vorgesehen sind, um arbeits- und sozialpolitische Zwecke mit einer Unternehmenssanierung zu verfolgen. Angesichts mangelnder Effizienz wird sich eine solche Disposition nicht auf § 217 InsO stützen lassen. Gleichsam indiziert die überobligatorische

647 Zur Handlungsformunabhängigkeit des Gefährdungspotentials für die Gesetz- und Gleichmäßigkeit der Besteuerung nur *Seer*, Verständigungen in Steuerverfahren, 128 ff., insbes. auch 166 f.

648 *Schmidt-Aßmann*, Festschrift f. Brohm, 547 (557); *Wolff/Bachof/Stober*, Allgemeines Verwaltungsrecht, Bd. II, § 54 Rn. 3.

Verlusttragung auch den Beihilfecharakter. In diesen Fällen realisiert sich die dem Verhandlungselement immante Gefahr mithin dadurch, dass der Steuergläubiger im Konsens am Zustandekommen eines gesetzeswidrigen Insolvenzplans mitgewirkt hat. Für so manche strukturpolitische Entscheidung bieten die formelle Insolvenz und vornehmlich das Insolvenzplanverfahren womöglich einen willkommenen Deckmantel.

Hieran schließt sich die Frage an, wem die Kontrolle des finanzbehördlichen Handelns obliegt. Das Insolvenzgericht ist jedenfalls gemäß § 250 InsO von Amts wegen aufgerufen, die Bestätigung eines gesetzswidrigen Insolvenzplans zu versagen. Dass das Steuerrecht und das europäische Beihilferecht zum Prüfungsprogramm gehören, haben wir bereits an anderer Stelle gesehen[649]. Mag diese letzte Kontrollinstanz von der Konzeption her für die Einhaltung objektivrechtlicher Grenzen auf den ersten Blick zu begrüßen sein und geht sie letztlich sogar über das hinaus, was wir aus dem Regelsteuervollzug kennen, wo niemand von Amts wegen als Dritter die Rechtmäßigkeit von abgesprochenen Verwaltungsakten und Verwaltungsverträgen kontrolliert, bestehen aber Bedenken an der tatsächlichen Funktionsfähigkeit:

Erstens, während Verpflichtungsgeschäfte in Bezug auf die steuerliche Rechtsanwendung regelmäßig einer Beurteilung anhand der anerkannten Kriterien der juristischen Methodik zugänglich sind, gilt dies für insolvenzspezifische Dispositionsentscheidungen nur eingeschränkt. Sie sind allenfalls anhand wirtschaftswissenschaftlicher Standards nachprüfbar. Zudem kann in einer Insolvenzsituation nicht erwartet werden, dass immer die objektiv optimale Handlungsalternative in dem zur Abstimmung gestellten Insolvenzplan formuliert wird. In einem gewissen Grad ist die Effizienz, gerade in Rückkopplung mit den dem Beurteilungsspielraum der Finanzbehörde überwiesenen Entscheidungsfaktoren Risiko- und Prognose, nicht kontrollierbar. Dies liegt in der Natur eines anzustrebenden Optimums, das in einem komplexen Zusammenhang anhand (gesamt-) wirtschaftlicher Kriterien zu ermitteln ist. Soweit eine gerichtliche Kontrolle in Ansehung des Beurteilungsspielraums der Finanzbehörde überhaupt zulässig, wird das Gericht ohne sachverständige Hilfe kaum in der Lage sein, einen zur Rechtswidrigkeit führenden Ermessensfehler zu identifizieren.

Zweitens, besteht ein rechtstatsächliches Problem. Beim Insolvenzgericht, vornehmlich beim regelmäßig funktional zuständigen Rechtspfleger[650], muss neben dem „klassischen" Prüfungsprogramm der von Amts wegen zu beachtenden §§ 231, 250 InsO das Bewusstsein für steuer- oder beihilferechtswidrige Insol-

---

649 Kap. 2 A. IV. 2.

650 Vgl. §§ 18 Abs. 1, 3 Nr. 2 lit. e RPflG, allerdings kann sich der Richter die Zuständigkeit vorbehalten, § 18 Abs. 2 RPflG.

venzpläne bestehen. Hierzu ist ein entsprechendes Fachwissen unabdingbar. In Anbetracht der anderslautenden Wirklichkeit ist das Insolvenzgericht als Hüter der Gesetz- und Gleichmäßigkeit der Besteuerung bzw. des Gemeinschaftsrechts allerdings kaum vorstellbar.

Gleichwohl schaden diese beiden vorgenannten Problemfelder der verfassungsrechtlichen Zulässigkeit nicht. Denn trotz der gesteigerten Gefahrenlage darf der Gesetzgeber hier in erster Linie auf die Ordnungsmäßigkeit der Amtspflichtwahrnehmung durch seine Amtswalter vertrauen, wie er es auch im Übrigen bei begünstigen Verwaltungsentscheidungen tun darf. Die für den Steuergläubiger bei der körperschafts- und behördeninternen Willensbildung tätig werdenen Amtswalter genießen insoweit keinen minderen Vertrauensvorschuss als in anderen Angelegenheiten der Steuerverwaltung. Auch im Insolvenzverfahren ruht dieses Vertrauen auf der beamtenrechtlichen Verpflichtung zum rechtmäßigen Verwaltungshandeln sowie der Kontrolle durch vorgesetzte Behörden und Behördenleiter. Die durch die Eigendynamik bedingte Gefahrenlage erreicht selbst in der Insolvenz von regional bedeutsamen Unternehmen und in Ansehung der damit einhergehenden politischen Begehrlichkeiten wohl nicht solche Ausmaße, dass diese beiden Aspekte das Vertrauen in die Ordnungsmäßigkeit der Amtsführung nicht mehr zu begründen vermögen. Der Gesetzgeber ist daher nicht gehalten wirksamere Kontrollemechanismen zu schaffen.

2) Die verfassungsrechtliche Würdigung der insolvenzspezifischen Disposition über Ansprüche aus dem Steuerschuldverhältnis

Die verfassungsrechtlichen Aspekte einer insolvenzspefizischen Disposition konzentrierten sich bisher weitestgehend auf mögliche formelle Defizite der Dispositionsbefugnis in § 217 InsO. Verfassungsrechtlich nicht minder diskussionswürdig ist freilich die Ermächtigung zur Disposition über Abgabenansprüche als solches. Dies betrifft zum einen (wiederum) die Gleichmäßigkeit der Besteuerung, Art. 3 Abs. 1 GG (dazu a]) und zum anderen die freiheitsrechtliche Ausprägung einer sog. Wettbewerbsfreiheit in Bezug auf die Konkurrenten des (begünstigten) Insolvenzschuldners (dazu b]).

a) Die insolvenzspezifische Disposition und die Gleichmäßigkeit der Besteuerung

Wenngleich die Dispositionsentscheidung zu einer Verschonung führt, offenbart die Folgenbetrachtung, dass sie der Realisierung einer höheren, aber zumindest nicht geringeren Insolvenzdividende dient. Gelingt das mit der Disposition verfolgte Ziel, kann also beispielsweise ein Teil des Unternehmens als lebender Organismus verkauft und damit teilweise der Fortführungswert realisiert werden oder kann sogar die Ertragskraft des Unternehmensträgers langfristig wiederhergestellt werden, verleitet dies auf den ersten Blick zu der Schlussfolgerung, dass die streng am Effizienzgedanken orientierte Disposition infolge des Mehrergebnisses gegenüber der Liquidation kein Konfliktpotential mit der Gleichmäßigkeit der Besteuerung aufweist. Richtig ist jedenfalls, dass die Dispositionsentscheidung deshalb immer im Dienste der Gleichmäßigkeit der Besteuerung steht. Dies folgt zwingend aus dem auf ein Befriedigungsoptimum ausgerichteten Steuervollzug als dem Antrieb der Dispositionsentscheidung. Dennoch kommt es bei formaler Betrachtung regelmäßig zu einer Verschonung des Insolvenzschuldners, wenn der gestaltende Teil des Insolvenzplans den Erlass oder die Stundung von Ansprüchen aus dem Steuerschuldverhältnis vorsieht. Die hiermit verwirklichte Ungleichmäßigkeit der Besteuerung ist zwar ein natürliches Durchgangsstadium nahezu jeder angestrebten Haftungsverwirklichung, die eine Disposition des Steuergläubigers bedingt. Eine Ermächtigung, die den Steuergläubiger befähigt, eine solche Ungleichmäßigkeit zu bewirken, muss sich gleichwohl an den verfassungsrechtlichen Anforderungen einer jeden Ungleichmäßigkeit der Besteuerung messen lassen.

Wir haben eingangs dieses Kapitels herausgestellt, dass ein auf kollektive und konsensuale Haftungsverwirklichung angelegtes Gesamtvollstreckungsrecht an einem teleologischen Widerspruch leiden würde, wenn in der Person eines gewichtigen Gläubigers eine seiner Grundbedingungen fehlt, nämlich die rechtliche Dispositionsfähigkeit. Soll die optimale Lösung im Konsens durch Verhandlungen, durch ein Geben und Nehmen gefunden werden, muss der Anspruch aus dem Steuerschuldverhältnis (zumindest) ein Stück weit verhandelbar sein. Anderenfalls könnte der Steuergläubiger im Wettbewerb um die beste Verwertungsart nicht agieren, sondern nur blockieren. Die vorangehende Untersuchung hat gezeigt, dass die steuerlichen Dispositionsermächtigungen mit der Billigkeit als Tatbestandsmerkmal untauglich waren, die von der Insolvenzordnung erwartete Entscheidungspräferenz zu tragen. Die Widerspruchsfreiheit des gesetzgeberischen Konzepts gewährleistet daher erst die insolvenzspezifische Dispositionsermächtigung des § 217 InsO. Aus diesem Kontext heraus muss zuvorderst auch die verfassungsrechtliche Rechtfertigung gesucht werden. Denn mit der Vermeidung dieses teleologischen Widerspruchs hat der Gesetzgeber letztlich einen Prinzipienwiderspruch aufgelöst.

Soweit der Gesetzgeber Marktprozesse nutzbar macht, um die Effektivität der Haftungsverwirklichung zu steigern, trägt er dem mit Art. 14 Abs. 1 GG grundrechtlich verbürgten Interesse der Insolvenzgläubiger Rechnung. Das Befriedigungsinteresse und damit auch der Grad der Befriedigung in der Insolvenzsituation sind untrennbar mit dem geschützten Forderungseigentum als solchem verbunden und werden daher von dessen Gewährleistungsgehalt erfasst. Entsprechendes gilt kumulativ für den Justizgewährleistungsanspruch. Der Schutzgehalt der Eigentumsfreiheit äußert sich insbesondere darin, dass die grundrechtsberechtigten Gläubiger im Sinne einer „Dispositionsfreiheit“ über die Verwendung und Nutzung ihrer Eigentumsrechte frei disponieren dürfen. Diese individuelle Freiheit wird dem einzelnen Insolvenzgläubiger nach Eröffnung des Insolvenzverfahrens zwar nicht genommen. Die Insolvenzgläubiger können auch nicht verlangen, dass sich andere Gläubiger einschließlich des Steuergläubigers einer marktrationalen Entscheidungspräferenz unterwerfen. Vielmehr liegt es in der Natur der Interessenkonflikte, dass Mehrheiten gegebenfalls nicht zustande kommen. Ausfluss ihrer grundrechtlich verbürgten Eigentumsfreiheit ist aber das Interesse, zumindest eine Chance auf eine mehrheitsgetragene Realisierung des Kooperationsgewinnes zu erhalten. Die Insolvenzgläubiger können daher die Eigentumsgarantie des Art. 14 Abs. 1 GG für sich in Anspruch nehmen, wenn die Möglichkeit in Rede steht, über die Verwertung des schuldnerischen Vermögens und damit letztlich über die Befriedigung ihrer Eigentumsrechte innerhalb der natürlichen Grenzen eines Mehrheitssystems selbst zu bestimmen. Eine Akkordstörung infolge öffentlich-rechtlicher Bindungen in den eigenen Reihen beschränkt diese Gewährleistung und verleiht dem Interesse an einer „ungestörten“ Verhandlung auch unter diesem Aspekt Verfassungsrang.

Für das verfassungsrechtlich nicht minder abgesicherte Interesse des Schuldners an einer möglichst effektiven Verwertung seiner Vermögenswerte gilt dies entsprechend. Die Realisierung eines Kooperationsgewinnes kommt ihm jedenfalls dadurch zugute, dass sich die ihn belastenden Passiva in einem höheren Maße reduzieren. Sieht der Insolvenzplan sogar die Fortführung des schuldnerischen Unternehmens vor, stellt auch dieser Aspekt aus Sicht des Schuldners einen darüber hinausgehenden schutzwürdigen Belang dar. Dieser ist ebenfalls im Widerstreit mit der bereichsspezifischen Anwendung des Art. 3 Abs. 1 GG zu berücksichtigen.

Die Würdigung der verfassungsrechtlichen Vertretbarkeit des Ausgleichs zwischen diesen Verfassungsprinzipien steht im Zeichen einer abgestuften Gewichtung der abzuwägenden Belange. Besteht die Ungleichbehandlung in der (temporären oder endgültigen) Nichterhebung einer Steuerschuld nach Eintritt der formellen Insolvenz, liegt es in der Natur der materiellen Insolvenz, dass sich die Steuerforderung als Dispositionsgegenstand aus einem im Zeitpunkt der Disposition (voraussichtlich) wertlosen und einem werthaltigen Teil zusammensetzt. Ist eine Insolvenzmasse vorhanden, deren Verwertung jedenfalls eine teilweise Befriedigung des Steuergläubigers erwarten lässt, ist die Steuerforderung in Höhe dieser Quote werthaltig. Die Forderung im Übrigen scheint im Falle des Regelverfahrens wertlos. Kapitalgesellschaften werden liquidiert und sind sodann als

Träger von Pflichten nicht mehr existent. Die Forderungen erlöschen[651]. Ist der Insolvenzschuldner eine natürliche Person, ordnet § 201 InsO zwar eine Nachhaftung im Anschluss an das Insolvenzverfahren an, bietet aber gleichsam die Möglichkeit einer Entschuldung im Restschuldbefreiungsverfahren (vgl. §§ 286 ff. InsO). Und selbst wenn der Schuldner keine Restschuldbefreiung erlangt, werden sich diese Forderungen ungeachtet ihres lebenslangen Fortbestandes selten realisieren lassen. Dieser Aspekt nimmt der Disposition zwar nicht ihre gleichheitsrechtliche Relevanz, bleibt jedoch auf die Rechtfertigung der Ungleichbehandlung nicht ohne Einfluss.

Soweit der werthaltige Forderungsteil Gegenstand einer die Ungleichheit im Sinne des Art. 3 Abs. 1 GG begründenden Disposition ist, bleibt es ohne weiteres bei der strengen bereichsspezifischen Auslegung des Gleichheitsgebotes. Die Disposition erfolgt über einen im Insolvenzverfahren realisierbaren Geldbetrag, nämlich über den anteilig dem Steuergläubiger zustehenden Liquidationswert. Der Verzicht auf diesen Forderungsteil stellt einen tiefgreifenden Eingriff in die Steuergerechtigkeit dar. Soll die Forderung nicht erlassen, sondern nur gestundet werden, beeinträchtigt dies ebenfalls die Steuergerechtigkeit nicht unwesentlich. Allerdings ist der Eingriff grundsätzlich von geringerer Intensität. Freilich sind aber auch Fälle denkbar, in denen der vorübergehende Verzicht in der Intensität des Eingriffs gleichheitsrechtlich einem endgültigen Verzicht gleichzustellen ist. Wie bei jeder Investitionsentscheidung geht mit einer Stundung der Steuerforderung und der Aufrechterhaltung der Geschäftstätigkeit nämlich das Risiko einher, dass das eingesetzte Kapital aufgezerrt wird und der vormals werthaltige Forderungsanteil keine Befriedigung (mehr) erfährt. Je nach Einzelfall kann dieser Fall unter dem Gesichtspunkt einer bewussten Inkaufnahme eines weiteren Wertverlustes nicht minder gleichheitsrechtlich relevant sein als der aktive Verzicht auf diesen Forderungsteil.

Soweit hingegen der wertlose – d.h. nicht mehr der vom Zerschlagungswert der vorgefundenen Vermögensgegenstände gedeckte – Teil der Steuerforderung in Rede steht, kann die Gleichmäßigkeit der Besteuerung wertungsmäßig nicht mehr mit dem Stellenwert in die Abwägung mit den Insolvenzwecken eingestellt werden, die ihr im Falle der sicheren Werthaltigkeit zukommt. Mit einer insolvenzspefizischen Disposition holt die Behörde bei wirtschaftlicher Betrachtung rechtlich nur das nach, was faktisch bereits eingetreten ist. Wir können daher bisher festhalten: Umso werthaltiger der Dispositionsgegenstand und umso höher das Verlustrisiko dieses Forderungsteils ist, umso höher sind die Anforderungen an die verfassungsrechtliche Rechtfertigung der Dispositionsentscheidung.

651 BGH v. 28.01.2003, XI ZR 243/02, BGHZ 153, 337.

Der vom Gesetzgeber einfach-rechtlich mit den §§ 217 ff. InsO formulierte Ausgleich der genannten Verfassungsprinzipien ist gemessen an diesen Vorgaben nicht zu beanstanden. Insbesondere mit der als Ermessensdirektive herausgearbeiteten lokalen Effizienz korrespondiert die vorstehend formulierte Gewichtung, dass die Werthaltigkeit der Steuerforderung den Abwägungsspielraum maßgeblich prägt. Umso wertloser der Dispositionsgegenstand bei vorausschauender Betrachtung ist, umso eher darf er einer auf Verzicht gerichteten Disposition unterliegen, wenn dies zur Verwirklichung des voraussichtlich werthaltigen Forderungsteils notwendig ist. Steht dagegen die Disposition über den Teil der Steuerforderung in Rede, der voraussichtlich in einem Regelverfahren Befriedigung erfahren würde, kann der Effizienzvoraussetzung nur genügt werden, wenn nach Abwägung mit dem Risiko- und Prognosefaktor die am Verfahren teilnehmende Steuerinsolvenzforderung eine Steigerung der Werthaltigkeit erfahren kann. In Anbetracht der konsequenten Begrenzung der Dispositionsermächtigung auf die „Verwaltung der Steuer" und durch die lokale Formulierung des Effizienzgedankens sind insbesondere Dispositionen, die den Dispositionsgegenstand im Interesse der Erlangung von künftigen Vermögenssurrogaten opfern, nicht von der Ermächtigungsgrundlage gedeckt. Sie sind rechtswidrig. Dispositionen über den werthaltigen Anteil der Steuerforderung sind mithin regelmäßig nur dann zulässig, wenn sie nicht in einem Verzicht, sondern (nur) im Aufschub der Anspruchsdurchsetzung bzw. in einer Umgestaltung des Forderungsrechts bestehen. Die hier formulierte Auslegung wird damit der Vorgabe gerecht, dass die Gleichmäßigkeit der Besteuerung insoweit mit der ihr auch außerhalb der formellen Insolvenz zuteil werdende Gewichtigkeit in die Abwägung einzustellen ist. Hinsichtlich der befristeten Verschonung des Schuldners von der Durchsetzung des werthaltigen Forderungsteils kommt der Ungleichbehandlung sodann aber wiederum nur eine geringere Intensität zu. Stehen sich insoweit Zinsvorteil und die Aussicht auf einen Kooperationsgewinn gegenüber, muss letzterer bei wertender Betrachtung nicht zurückstehen. Nur soweit mit der Überführung einer Steuerforderung hin zu einer Kapitalmaßnahme womöglich eine längere Verschonungswirkung einhergeht, erlangt die Durchbrechung der Gleichmäßigkeit der Besteuerung eine stärkere Intensität. Im Einzelfall kann eine langfristige Verschonung sogar materiell wie ein Erlass wirken. In diesen Konstellationen markiert die Effizienz im hier vertretenen Sinnne allerdings auch eine strenge Grenze. Derartige Beispiele werden darum die Ausnahme bleiben. Dort wo sie sich als effizient rechtfertigen lassen, werden sie freilich auch im Widerstreit der hier genannten Verfassungsprinzipien einen vertretbaren Ausgleich darstellen.

Die Abwägung ist schließlich auch in Ansehung des Risiko- und Prognosefaktors nicht zu beanstanden. Der Gesetzgeber hat die Disposition als pflichtgemäße Ermessensentscheidung ausgestaltet. Diese ist im Rahmen eines rechtsförmigen Verfahrens zu treffen, dessen wesentliche Aufgabe die Vermittlung der notwendigen Entscheidungsgrundlagen ist. Die obligatorische Informationsvermittlung durch den Insolvenzplan und die Haftung des Insolvenzverwalters für unzutreffende Angaben reduzieren das vorgenannte Gefahrenpotential auf ein hinnehmbares Maß. Überdies darf nicht unberücksichtigt bleiben, dass die Mehrheitsfähigkeit einer Investitionsentscheidung unter annähernd funktionierenden Marktbedingungen durchaus die Gewähr für die Vertretbarkeit des Risikos in sich trägt. Insgesamt ist damit der Gefahr ausreichend vorgebeugt, dass der werthaltige Teil der Steuerforderung im Rahmen einer Stundung infolge einer Fortsetzung der Unternehmenstätigkeit deshalb einer Gefährdung ausgesetzt wird, weil der Amtswalter nicht in der Lage war, das Risiko situationsgerecht abzuschätzen. Damit verbleibt zwar die Möglichkeit, dass das Risiko von der handelnden Person gleichwohl unzutreffend beurteilt wird. Dies ist aber kein gleichheitsrechtlich relevanter Vorwurf gegenüber den §§ 217 ff. InsO, sondern ein Problem der Anwendung der Norm im Einzelfall.

Wir können darum festhalten, dass § 217 InsO den verfassungsrechtlichen Vorgaben der bereichsspezifischen Anwendung des Art. 3 Abs. 1 GG insgesamt gerecht wird.

b) Die insolvenzspezifischen Disposition und die Beeinflussung des Wettbewerbs

Die Disposition über Ansprüche aus dem Steuerschuldverhältnis muss sich allein von dem öffentlichen Gläubigerinteresse im Zeichen der Effizienz leiten lassen. Gleichwohl kann sie als Reflex auch eine Begünstigung des Insolvenzschuldners beinhalten. Besonders deutlich wird dies, wenn Teile des Unternehmens erhalten werden, die bei einem ungehinderten Fortgang der Insolvenz den Markt hätten verlassen müssen. Mit Forderungsverzichten kann die Passivseite erheblich entlastet und damit ein Neuanfang ermöglicht werden. Schließlich können bereits die auf eine Stundung von Insolvenzforderungen gerichteten Planwirkungen einen nennenswerten Liquiditätsvorteil herbeiführen. Die Dispositionsentscheidung erlangt damit neben der gleichheitsrechtlichen Dimension eine freiheitsrechtliche Implikation hinsichtlich derjenigen Wirtschaftssubjekte, die in Konkurrenz zu dem (sanierten) Insolvenzschuldner stehen.

Während frühe Entscheidungen des BUNDESVERFASSUNGSGERICHTS die Freiheit der unternehmerischen Betätigung aus dem Recht auf eine freie Entfaltung der Persönlichkeit ableiteten[652], steht heute Art. 12 GG als normative Herleitung

652 BVerfG v. 16.05.1961, 2 BvF 1/60, BVerfGE 12, 341 (347 f.); v. 07.08.1962, 1 BvL 16/60, BVerfGE 14, 263 (281 ff.).

einer „Unternehmerfreiheit" im Vordergrund[653]. Bestandteil dieser Gewährleistung ist das „Recht auf den Versuch, sich durch freie Leistungskonkurrenz als Anbieter und Nachfrager auf dem Markt gegenüber anderen durchzusetzen"[654]. Daneben wird ferner eine Wechselbeziehung zu Art. 14 Abs. 1 GG nicht zu leugnen sein[655], weshalb den Grundrechten aus Art. 12 GG und Art. 14 Abs. 1 GG gelegentlich auch ein einheitlicher freiheitsrechtlicher Anspruch auf einen ungestörten Wettbewerb entnommen wird[656]. Kann bei einer Freiheit auf einen ungestörten Wettbewerb ferner die Chancengleichheit in Bezug auf die Ausgangssituation im Mittelpunkt stehen, liegt schließlich auch eine gleichheitsrechtliche Relevanz nicht fern[657].

Der klassische Eingriffsbegriff mit der ihn charaktersierenden Unmittelbarkeit und Finalität sowie der Verwendung von Befehl und Zwang ist bei Dispositionsentscheidungen mit begünstigender Wirkung für Mitbewerber überfordert. Es bedarf vielmehr der Heranziehung der sog. berufsregelnden Tendenz als Ausfluss des „neuen" Eingriffsbegriffs[658]. Die Begünstigung des insolventen Steuerpflichtigen gegenüber seinen Mitbewerbern führt zwangsläufig zu einer Verringerung der unternehmerischen Chancen der Mitbewerber. Entweder wäre der Insolvenzschuldner gänzlich vom Markt verschwunden und hätte Marktanteile freigegeben oder die Dispositionsentscheidung befreit zumindest von einer (steuerlichen) Last, die sich in der Preiskalkulation niederschlägt und damit einen Vorteil im Verhältnis zu den Mitbewerbern begründet. Es ist jedoch nicht der grundrechtsverpflichtete Steuergläubiger, der dem Mitbewerber mit diesem Nachteil belastet, sondern der Marktmechanismus, der dessen Marktstellung verschlechtert. Angesichts einer solchen Vermittlung staatlichen Handelns über einen von unzähligen Faktoren geprägten Markt, verwundert es nicht, dass sich die Rechtsprechung gerade in Bezug auf die Wettbewerbsfreiheit sehr zurückhaltend geriert. Allgemeiner Marktbeeinflussung durch Eingriffe in das freie Spiel der Kräfte fehle jede

653 BVerfG v. 01.03.1979, 1 BvR 532/77 u.a., BVerfGE 50, 290 (363).

654 *Sodan*, DÖV 2000, 361 (364); in diesem Sinne auch *Erichsen*, in: Isensee/Kirchhof, Handbuch des Staatsrechts, Bd. VI, § 152 Rn. 62; *P.Kirchhof*, Festschrift f. Schmitt Glaeser, 13 (16); *Scholz*, in: Maunz/Dürig, GG, Art. 12 Rn. 79 ff. (Juni 2006); *Leisner*, DVBl 1989, 1025.

655 Vgl. *Klenke*, Wirtschaftssubvention und Eigentumsgarantie des Art. 14 GG, 105 ff.; *H.Weber*, Steuererlass und Steuerstundung als Subvention, 101 f.

656 *P.Kirchhof*, Festschrift f. Schmitt Glaeser, 13 (15 ff.); *Papier*, VVDStRL 35 (1977), 55 (57).

657 Vgl. BVerfG v. 15.06.1983, 1 BvR 1025/79, BVerfGE 64, 229 (239 f.); *Bleckmann*, Grundrechte, § 24 Rn. 95.

658 Vgl. auch noch *C.Becker*, Der Steuererlass nach § 227 AO, 115; *R.Braun*, DStZ 1986, 46 (47 f.); *Stolterfoth*, DStJG 21 (1998), 233 (245 f.) zur Eingriffsqualität von Billigkeitserlassen.

objektiv berufsregelnde Tendenz[659]. Die Verneinung einer berufsregelnden Tendenz überzeugt unter diesem Gesichtspunkt auch für insolvenzspezifische Dispositionen des Steuergläubigers. Die Finalität ließe sich im Lichte des neuen Eingriffsbegriffs durchaus noch überbrücken. Denn die Schlechterstellung des Mitbewerbers ist die regelmäßige Kehrseite einer Disposition und daher für den Steuergläubiger grundsätzlich vorhersehbar. Dieser Umstand kann grundsätzlichen einen ausreichenden Zurechnungszusammenhang begründen. An der Eingriffsqualität von insolvenzspezifischen Dispositionen des Steuergläubigers wird es aber spätestens deshalb fehlen, weil die Vermittlung der Benachteiligung über den gemeinsamen Markt von Insolvenzschuldner und Mitbewerbern von unzähligen weiteren Faktoren abhängig ist. Angesichts einer solchen Mittelbarkeit erscheint die Verantwortungszuweisung des Wettbewerbsnachteils an den Steuergläubiger nicht mehr wesentlich und in seinen Wirkungen wertungsmäßig auf dessen Handeln rückführbar. Hinzu kommt, dass es im Rahmen der insolvenzspezifischen Dispositionsbeiträge regelmäßig keinen isolierten Dispositionsbeitrag des Steuergläubigers geben kann, sondern für diesen letztlich immer das Gläubigerkollektiv Verantwortung zeichnet. Ein Verantwortungszusammenhang zwischen einer Benachteiligung im Wettbewerb und dem einzelnen Dispositionsbeitrag des Steuergläubigers wird selten nachweisbar sein. Ein solcher Zusammenhang wird nur ausnahmsweise positiv festgestellt werden können.

Die Eingriffsschwelle dürfte – im Anlehung an das Meinungsbild zur Subventionierung – erst im Falle einer „spürbaren Verschlechterung der Wettbewerbsbedingungen[660]" überschritten sein. Dies wird der Fall sein, wenn die Ausgangsituation für die Marktteilnahme derart zu Gunsten des insolventen Unternehmens verschoben wird, dass sich die Mitbewerber unter allgemeinen Marktbedingungen nicht mehr in einem sinnvollen Wettbewerb zu diesem bewegen können. In diesen Fällen ist eine Grundrechtsverletzung möglich und zudem regelmäßig auch schwer zu rechtfertigen.

3) Kein subjektives Recht auf eine Dispositionsentscheidung des Steuergläubigers

Der Steuergläubiger ist befugt, eine Dispositionsentscheidung innerhalb der genannten Ermessensgrenzen zu treffen. Im nächsten Schritt stellt sich damit die

---

659 BVerfG v. 05.09.1974, 1 BvL 27/72, BVerfGE 37, 1 (18); vgl. auch BVerwG v. 30.08.1968, VII C 122/6, BVerwGE 30, 191 (197); *C.Becker*, Der Steuererlass nach § 227 AO, 130; *Jarass*, in: Jarass/Pieroth, GG, Art. 12 Rn. 15 m. w. Nachw.

660 *Manssen*, in: v.Mangoldt/Klein/Stark, GG, Art. 12 Rn. 95; ähnlich *Breuer*, Handbuch des Staatsrechts, Bd. IV, § 148 Rn. 70 ff.; *Jarass*, in: Jarass/Pieroth, GG, Art. 12 Rn. 14; *Wieland*, in: Dreier, GG, Art. 12 Rn. 82.

Frage, ob diesem Recht auch eine Pflicht gleichsteht, die vom Insolvenzschuldner eingefordert werden kann. Schon im Ausgangspunkt reduziert die Natur einer auf Mehrheitsprinzipien aufbauenden Kollektivveranstaltung die Antwort. Die einforderbare Disposition könnte allenfalls in einem bestimmten Abstimmungsverhalten bestehen. Unter Umständen ließe sich diese Rechtsmacht noch auf einen Einwirkungsanspruch erweitern, der die Einflussnahmemöglichkeiten des Steuergläubigers bei der Formulierung des Antrages im Vorfeld der Abstimmung bereits erfasst.

Nach der Lehre vom subjektiven öffentlichen Recht ist dem Bürger eine solche Rechtsmacht verliehen, wenn die gesetztliche Ermächtigung nicht nur im öffentlichen Interesse besteht, sondern zumindest auch seinem Interesse dient[661]. Den Billigkeitsvorschriften wird ein solches subjektives Recht entnommen, wenngleich es regelmäßig nur auf eine ermessensfehlerfreie Entscheidung gerichtet ist. Denn gerade der Begriff der Billigkeit legt es ohne weiteres nahe, dass die Gerechtigkeit im Einzelfall auch immer dem Interesse der Person dient, welcher der gerechte Zustand widerfahren soll. Bei § 217 InsO ist der gesetzlich bezweckte Interessenschutz aber ein anderer. Die Gegensätzlichkeit zwischen den Billigkeitsvorschriften und den insolvenzspezifischen Dispositionsermächtigungen wurde bereits herausgearbeitet. Eine Investitionsentscheidung hat nicht die Interessen des Zielobjekts zum Gegenstand sondern allein die des Investors. Bezogen auf den Steueranspruch ist dies die Allgemeinheit, sie wird jedoch auf den Steuergläubiger als Treuhänder projeziert. Die Zielrichtung ist insoweit eindeutig. Die Gläubigerdisposition dient nicht den Interessen des Schuldners. Sie können zwar zum Gegenstand der Entscheidungsfindung gemacht werden, eine Rechtspflicht hierzu besteht aber nicht. Allein die Tatsache, dass am Ziel der Haftungsverwirklichung ausgerichtete Dispositionen auch dem Insolvenzschuldner Vorteile bringen, vermittelt dem Insolvenzschuldner nur einen günstigen Rechtsreflex[662] und kein subjektives Recht im Sinne einer Rechtsmacht, überhaupt oder gar eine bestimmte Disposition von dem Steuergläubiger erzwingen zu können[663].

---

661 Grundlegend *Bühler*, Die subjektiven öffentlichen Rechte und ihr Schutz in der deutschen Verwaltungsrechtsprechung, passim, insbes. 21 ff. sowie *Bachof*, Gedenkschrift f. W.Jellinek, 287 (292 ff.). Siehe zudem *Pietzcker*, JuS 1982, 106 (108 ff.); *Ossenbühl*, in: Erichsen, Allgemeines Verwaltungsrecht, § 11 Rn. 31 ff.; *Ramsauer*, AöR 111 (1986), 501 (509 ff.).

662 Vgl. zum bloßen Rechtsreflex nur *Bachof*, Gedenkschrift f. W.Jellinek, 287 (288 ff.); *Maurer*, Allgemeines Verwaltungsrecht, § 8 Rn. 8.

663 A.A. wohl *Frotscher*, Besteuerung bei Insolvenz, 280, der allein unter Berufung auf die Ermessensermächtigung bereits ein klagbares – wenn auch nur formelles – subjektives Recht auf eine fehlerfreie Ermessensausübung behauptet.

Ferner vermögen auch die Grundrechte des Insolvenzschuldners ein solches subjektives Recht regelmäßig nicht zu vermitteln. Wenngleich anerkannt ist, dass die Grundrechte unmittelbar selbst subjektive Rechte (auch) auf Leistung gewähren können[664], scheidet die unmittelbare Berufung auf Grundrechte schon deshalb aus, weil das (verfassungskonforme) einfache Recht in Gestalt von § 217 InsO die einschlägigen Grundrechte hinsichtlich insolvenzspezifischer Dispositionen konkretisiert und damit auch einschränkt. Die verfassungskonforme Vorenthaltung eines subjektiven Rechts auf Ebene des einfachen Rechts schließt mithin die unmittelbare Heranziehung der Grundrechte regelmäßig aus[665]. Im Einzelfall bleibt es theoretisch zwar denkbar, dass § 217 InsO (ausnahmsweise) grundrechtskonform ausgelegt werden muss. Denn das Grundrecht kann auf das einfache Recht im Einzelfall dergestalt einwirken, dass eine Ermessensnorm, die an sich nur dem Interesse der Allgemeinheit dient, im Lichte eines Grundrechts als Schutznorm zugunsten eines Einzelnen auszulegen ist[666]. Eine solche Ausnahme wird sich im Zusammenhang mit § 217 InsO aber nicht ergeben können. Eine Schutzlücke, die zu einer verfassungskonformen Auslegung zwingen würde, ist nicht denkbar. Denn die Billigkeitsermächtigungen mit ihrer subjektiv-rechtlichen Komponete bleiben neben § 217 InsO anwendbar und dürften alle Fälle der grundrechtsrelevanten Gerechtigkeit, die ein konkretes Handeln der Finanzbehörde im Insolvenzplanverfahren erfordern könnten, im Einzelfall abdecken. Insoweit handelt es sich sodann aber nicht um eine insolvenzspezifische Dispositions-, sondern um eine reine Billigkeitsentscheidung.

4) Die insolvenzspezifische Dispositionsbefugnis im Bundesstaat

a) Die Steuergläubigerschaft im Zeichen bundesstaatlicher Ordnung und kommunaler Selbstverwaltung

Die Begriffe „*Staat*" und „*Gläubiger*" vermögen auf den ersten Blick einfach in Beziehung zu bringen sein. Verbergen sich hinter Ersterem aus juristischer Sicht nach der grundgesetzlichen Verfassungsordnung sowohl der Bund als auch die

---

664 *Wolff/Bachof/Stober*, Allgemeines Verwaltungsrecht, § 43 Rn. 9 ff. zur Entwicklung und m. w. Nachw.

665 Vgl. *Breuer*, DVBl. 1986, 849 (854); *Maurer*, Allgemeines Verwaltungsrecht, § 8 Rn. 11; *Ramsauer*, AöR 111 (1986), 501 (515); *Schmidt-Aßmann*, in: Maunz/Dürig, GG, Art. 19 Abs. 4 Rn. 123 (Febr. 2003).

666 BVerwG v. 24.06.1954, V C 78/54, BVerwGE 1, 159; *Pietzcker*, JuS 1982, 106 (109); *Schmidt-Aßmann*, in: Maunz/Dürig, GG, Art. 19 Abs. 4 Rn. 122 ff. (Febr. 2003).

einzelnen Bundesländer[667], ist die Brücke insoweit geschlagen, das diese als juristische Personen[668] (Gebietskörperschaften) Zuordnungssubjekt von Rechten und Pflichten[669] und damit auch „*Gläubiger*“ von Ansprüchen sein können. Existieren damit aber auf staatlicher Seite mehrere Rechtssubjekte, schließt sich die Folgefrage an, welche Körperschaft im konkreten Fall die Gläubigerstellung innehat. Auf den Untersuchungsgegenstand bezogen lautet die Frage folglich dahingehend, welche Körperschaft Zuordnungssubjekt der Rechte und Pflichten aus dem Steuerschuldverhältnis ist, d.h. welche Körperschaft *Steuergläubiger* ist. Dies ist in einem vom Föderalismus geprägten Bundesstaat naturgemäß mit Problemen verbunden. Diesem ist es eigen, dass Staatsfunktionen nicht von einer Zentralgewalt sondern entsprechend der grundgesetzlichen Kompetenzordnung durch den Bund oder die Bundesländer wahrgenommen werden. So differiert als Ausdruck der Dezentralisierung die Gesetzgebungshoheit vielfach von der Verwaltungshoheit. Gleichsam unterscheidet auch die grundgesetzlich Finanzverfassung zwischen Steuergesetzgebungshoheit (Art. 105 GG) und Steuerverwaltungshoheit (Art. 108 GG). Die Zuweisung des Steueraufkommens an die einzelnen Staatshaushalte regelt schließlich die sog. Steuerertragshoheit (Art. 106 GG). Einen grundsätzlichen Einklang zwischen Ertrags- und Verwaltungshoheit kennt das Grundgesetz indes nicht. Bedingt durch die mit der Ablehnung einer starken Bundesfinanzverwaltung[670] einhergehende quantitative und qualitative Konzentration der Steuerverwaltung auf Länderebene, trennt das Grundgesetz diese Staatsfunktionen[671].

Fallen Ertrags- und Verwaltungshoheit zusammen, ist Steuergläubiger unzweifelhaft die ertrags- und verwaltungsberechtigte Körperschaft. Differieren

---

667 BVerfG v. 26.03.1957, 2 BvG 1/55, BVerfGE 309 (364); v. 11.07.1961, 2 BvG 2/58, BvE 1/59, BVerfGE 54 (77); *Maurer*, Allgemeines Verwaltungsrecht, § 21 Rn. 7; *Zippelius*, Allgemeine Staatslehre, 70.

668 Zur vorherrschenden Auffasung *Burgi*, in: Erichsen, Allgemeines Verwaltungsrecht, § 52 Rn 6; *Haefelin*, Die Rechtspersönlichkeit des Staates, Bd. I, 105 ff.; *Herzog*, Allgemeine Staatslehre, 100 f.; *Hill*, DVBl. 1989, 321 (322); *Wolff/Bachof/Stober*, Allgemeines Verwaltungsrecht, Bd. I, § 4 Rn. 2; *Zippelius*, Allgemeine Staatslehre, 70.

669 Zu den Konsequenzen der Rechtsfähigkeit von juristischen Personen im Allgemeinen, vgl. statt vieler nur *Flume*, Juristische Person, § 1; *K.Schmidt*, Gesellschaftsrecht, § 8.

670 Eingehend *Seer*, in: Bonner Kommentar, GG, Art. 108 Rn. 5 ff. 8 (Nov. 1999).

671 *Heintzen*, in: v.Münch/Kunig, GG, Art. 108 Rn. 3; *Hidden*, in: Bonner Kommentar, GG, Art. 106 Rn. 615 (Juni 2002); *Maunz*, in: Maunz/Dürig/Herzog/Scholz, GG, Art. 108 Rn. 3 (April 1983); *Wendt*, in: Isensee/Kirchhof, Handbuch des Staatsrechts, Bd. IV, § 104 Rn. 101.

Ertrags- und Verwaltungshoheit indessen, wird nach überzeugender[672] – wenn auch äußerst streitiger[673] – Auffassung derjenige als Steuergläubiger erachtet, dem die Verwaltungshoheit zusteht. Denn die Gläubigereigenschaft korrespondiert mit der zur eigenen Verantwortung zuerkannten Rechtsmacht, zur Verfolgung im eigenen Interesse von einem anderen ein Tun, Dulden oder Unterlassen zu fordern. Dieses sich aus dem konkreten Steuerschuldverhältnis ergebende subjektive Recht steht indes nur der verwaltenden Körperschaft zu. Allein die Verwaltungshoheit beinhaltet die Kompetenz, im Verhältnis zum Bürger mit Rechtsverbindlichkeit zu handeln (sog. Wahrnehmungskompetenz)[674]. Es besteht kein Selbsteintrittsrecht. Die Ertragshoheit vermag der ertragsberechtigten Körperschaft nicht die Kompetenz zu vermitteln, im Außenverhältnis gegenüber dem Bürger tätig zu werden. Die Verwaltungshoheit vermittelt diese Kompetenz exklusiv[675]. Danach erschöpft sich die Bedeutung der Ertragshoheit in einer das Binnenverhältnis (Bund, Land) betreffenden Verteilungsvorschrift. Die Steuergläubigerschaft folgt demnach im ersten Schritt der Steuerverwaltungshoheit nach Art. 108 GG. Sofern die §§ 226 Abs. 4, 252 AO sodann auf einfachgesetzlicher Ebene dieses Ergebnis formulieren, kommt Ihnen nur deklaratorische Bedeutung zu[676]. Sowohl das Grundgesetz als auch die vorgenannten einfachrechtlichen Bestimmungen erklären mithin allein die mit der Verwaltungshoheit einhergehende Empfangszuständigkeit als maßgebliches Kriterium für die Gläubigerstellung. Der jeweilige Inhaber der Verwaltungshoheit tritt im Außenverhältnis zum Steuerschuldner als Vollrechtsinhaber auf. Nur er übt Vollstreckungszwang aus, nur ihm gegenüber ist durch Rechtsbehelfe die Berechtigung der Steuerforderung nach Grund und Höhe zu klären und nur an ihn kann mit befreiender Wirkung auf die Steuerschuld geleistet werden.

---

672 In dem hier vertretenen Sinne *Leffern*, StuW 1954, 529 (537 ff.); *Hidden*, in: Bonner Kommentar, GG, Art. 106 Rn. 97 (Juni 2002); *Korioth*, Der Finanzausgleich zwischen Bund und Ländern, 276 f.

673 Für die Ertraghoheit als konstitutives Merkmal der Gläubigerschaft: BGH v. 21.10.1952, V ZB 15/52, BGHZ 7, 326 (328 f.); BFH v. 12.03.1963, VIII 98/61 U, BStBl. III 1963, 247 (248); v. 05.09.1989, VII R 33/87, BStBl. II 1989, 1004 (1005); *Birk*, Steuerrecht I, § 11 Rn. 3; *Hettlage*, VVDStRL 14 (1956), 2 (25 f.); *Lang*, in Tipke/Lang, Steuerrecht, § 7 Rn. 9; *Loose*, in: Tipke/Kruse, AO, § 226 Tz. 25 ff. (April 2006); *Mattern*, NJW 1952, 1002 (1003); *Rozek*, in: Hübschmann/Hepp/Spitaler, AO, § 226 Rn. 31 (April 1998).

674 Vgl. nur BVerfG v. 19.02.2002, 2 BvG 2/00, BVerfGE 104, 249 ff.

675 Wenig überzeugend sind auch Vergleiche mit der im Zivilrecht anerkannten Einziehungsermächtigung (so aber *Weyhausen*, Steuerverwaltung und bundesstaatliche Verfassungsordnung, 54 ff.).

676 Nach der Gegenauffassung beinhalten diese Normen folgerichtig eine Fiktion der Gläubigerschaft, vgl. nur *Loose*, in: Tipke/Kruse, AO, § 226 Tz. 27 ff. (April 2006).

Schließlich bedarf es in einem zweiten Schritt der Berücksichtigung der besonderen Stellung der kommunalen Gebietskörperschaften. Auch sie sind juristische Personen des öffentlichen Rechts[677] und können damit Zuordnungssubjekt von Abgabenforderungen sein. Eine die Gläubigerstellung begründende Verwaltungskompetenz zugunsten der Gemeinden kann sich ergeben, sofern die Länder ihnen diese für die den Gemeinden allein zufließenden Steuern (Realsteuern, örtliche Verbrauchs- und Aufwandsteuern) ganz oder zum Teil übertragen (Art. 108 Abs. 4 S. 2 GG). Für die beiden wichtigsten gemeindlichen Steuern, die Gewerbe- und die Grundsteuer steht der Gemeinde die entscheidende Verwaltungskompetenz zu, um im Außenverhältnis zum Steuerpflichtigen tätig werden zu dürfen. Sie setzt die Gewerbesteuer fest und fordert die Zahlung an sich. Der Steuerpflichtige kann nur an sie befreiend leisten. Sie ist damit und nur deshalb im hier verstandenen Sinne Gläubigerin der Gewerbesteuer. Als allgemeine Behörde repräsentiert der (Ober-) Bürgermeister die Gemeinde.

b) Die Grenzen der Dispositionsausübung infolge (teils) fremdnütziger Steuerverwaltung im Innenverhältnis

Von dem vorgenannten Außenverhältnis sind die Strukturen des Innenverhältnisses – sei es in Bezug auf denselben Rechtsträger oder sei es in Bezug auf das Verhältnis verschiedener Rechtsträger zueinander – strikt zu trennen. Ersteres erschließt sich ohne weiteres, da es in einer hierarchischen Verwaltung als Erfordernis demokratischer Legitimation selbstverständlich ist, dass die der im Außenverhältnis handelnden Finanzbehörde übergeordneten Behörden des gleichen Rechsträgers dieser gegenüber weisungsbefugt sind. Von weit aus mehr Brisanz sind allerdings die Konstellationen, in denen Dispositionsgegenstand Ansprüche aus dem Steuerschuldverhältnis sind, bei denen Ertrags- und Verwaltungshoheit nicht vollkommen deckungsgleich sind. Dies betrifft insbesondere die Gemeinschaftssteuern oder von den Ländern verwaltete Abgaben, die vollständig dem Bund zufließen. Das Grundgesetz sieht diesbezüglich eine Landesverwaltung „im Auftrag des Bundes“ vor (Art. 108 Abs. 3 S. 1 GG). Der Inhaber der Verwaltungshoheit wird mithin im Innenverhältnis fremdnützig tätig[678]. Folge ist ein sich auf Recht- und Zweckmäßigkeit erstreckendes Weisungsrecht des Bundesministers der Finanzen gegenüber der obersten Landesfinanzbehörde (Art. 108 Abs. 3 S. 2 GG i.V.m. Art. 85 Abs. 3 u. 4 GG), die ihrerseits den Vollzug durch die im Außernverhältnis handelnde Landesbehörde sicherstellen muss (Art. 85 Abs. 3 S. 3 GG).

---

677 *Burgi*, in: Erichsen, Allgemeines Verwaltungsrecht, § 52 Rn. 12; *Maurer*, Allgemeines Verwaltungsrecht, § 23 Rn. 3.

678 OLG Hamm v. 14.03.2006, 27 U 169/05, ZInsO 2006, 717 (718).

Gegenstand der Weisung kann insbesondere die nach außen hin zu treffende Entscheidung[679] und damit ein konkretes Abstimmungsverhalten in der Gläubigerversammlung oder eine insolvenzspezifische Dispositionsentscheidung in den übrigen Handlungsformen sein. Dieses Weisungsrecht ist nicht auf Ausnahmefälle beschränkt oder sonst rechtfertigungsbedürftig[680]. Die Weisung ist auch dann zu befolgen, wenn das Land sie für rechtswidrig erachtet[681]. Die entsprechende Anwendung des Art. 85 Abs. 4 GG sichert dem Bund zudem im Vorfeld die Einflussnahme. Der Bundesminster der Finanzen kann Berichte und die Vorlage von Akten verlangen. Ebenfalls kommt die Anordnung von Zustimmungserfordernissen in Betracht. Während der Bundesminister der Finanzen ein solches „allgemeines" Zustimmungserfordernis für Billigkeitsmaßnahmen bestimmter Größenordnungen angeordnet hat, soll hingegen die Zustimmung des Bundes bei „Billigkeitsmaßnahmen über Insolvenzforderungen im Verbraucherinsolvenzverfahren und im Regelinsolvenzverfahren" – aus Sicht dieser Untersuchung sind dies die insolvenzspezifischen Dispositionen – *nicht* einzuholen sein[682].

Mit dem vorgenannten Verhältnis zwischen Bundes- und Landesverwaltung geht das Potential für ein Spannungsverhältnis einher. Insolvenzspezifische Dispositionsentscheidungen können zum einen die Ertragshoheit des nicht verwaltenden Bundes beeinträchtigen und zum anderen können auf eine solche Disposition gerichtete Weisungen die dem Land zustehenden Abgabenansprüche aus den Gemeinschaftsteuern schmälern. Gleichsam ist denkbar, dass der Bund kraft eigener Verwaltungshoheit über Landessteuern disponiert. Dispositionen bzw. die Veranlassung zu bestimmten Dispositionen stehen damit regelmäßig in einer Wechselbeziehung zum anderen Rechtsträger. Diesbezüglich markiert die in der bundesverfassungsgerichtlichen Rechtsprechung anerkannte *Bundestreue*[683] die maßgebliche Grenze der eigenen Kompetenzwahrnehmung zum Nachteil des anderen Rechtsträgers[684]. Hiernach sind Bund und Land verpflichtet, sich zu verständigen und zusammenzuarbeiten. Im Mittelpunkt stehen gegenseitige Rück-

---

679 *Seer*, in: Bonner Kommentar, GG, Art. 108 Rn. 98 (Nov. 1999).

680 BVerfG v. 22.05.1990, 2 BvG 1/88, BVerfGE 81, 310 (332); *Seer*, in: Bonner Kommentar, GG, Art. 108 Rn. 97 (Nov. 1999).

681 BVerfG v. 22.05.1990, 2 BvG 1/88, BVerfGE 81, 310 (333); v. 10.04.1991, 2 BvG 1/91, BVerfGE 84, 25 (31). Allerdings unterliegt die Weisung einer Missbrauchskontrolle (*Seer*, in: Bonner Kommentar, GG, Art. 108 Rn. 100 [Nov. 1999]).

682 BMF v. 28.07.2003, IV D2 – S 0457 – 17/03, BStBl. I 2003, 401.

683 Statt vieler nur BVerfG v. 27.05.1992, 2 BvF 1/88 u.a., BVerfGE 86, 148 (211 f.); *Schnapp*, in: v.Münch/Kunig, GG, Art. 20 Rn. 11; *Bauer*, Die Bundestreue, passim.

684 Dies entspricht seiner vornehmlich begrenzenden Wirkung (hierzu nur BVerfG v. 11.02.1961, 2 BvG 2/58 u.a., BVerfGE 13, 54 [75 f.]).

sichtnahme, Kooperation und Koordination[685]. Insbesondere soll eine „missbräuchliche Interessenwahrnehmung ausgeschlossen sein“[686]. Die gilt auch für finanzrechtliche Bereiche[687] und erfasst auch insolvenzspezifische Dispositionen. Obgleich das Land an rechtswidrige Weisungen gebunden ist, vermittelt ihm die föderale Treuepflicht damit einen Mindestschutz gegenüber einer Verkennung der Grenzen der insolvenzspezifischen Ermächtigungsgrundlage durch den Bundesminister der Finanzen. Für den Bund bedeutet die Rücksichtnahmepflicht des Landes wiederum, dass er bei Dispositionsentscheidungen, die nach verständiger Würdigung eine Rücksprache erwarten lassen, zumindest nicht vor vollendete Tatsachen gestellt wird. Kein Rechtsträger muss folglich ein „rücksichtsloses“ Verhalten dulden. Verfassungsprozessual ist der Rechtsträger, dessen Interessen „treuwidrig“ übergangen wurden, auf einen Bund-Länder-Streit verwiesen.

B. Die Mehrheits-Fremddisposition über den Anspruch aus dem Steuerschuldverhältnis

Der Gläubigerselbstverwaltung ist die Bildung eines einheitlichen Willen immanent. Dieser ist Ausdruck ihrer Handlungsfähigkeit. Stand bisher der rechtliche Rahmen für die Aktionen des sanierungs- und kooperationswilligen Steuergläubigers im Mittelpunkt, wird die Untersuchung im Folgenden auf die mit einem Mehrheitsprinzip einhergehenden Probleme gelenkt. Trägt der Amtswalter der Finanzbehörde den von einer Mehrheit erzielten Konsens über eine Disposition, die (auch) Ansprüche aus dem Steuerschuldverhältnis zum Gegenstand hat, nicht mit, entfaltet er aber gleichwohl infolge des Mehrheitsprinzips Wirkungen für und gegen den Steuergläubiger, kommt es zu einer Fremddisposition über steuerliche Ansprüche (dazu I.). Diese steht verfassungsrechtlich sowohl im Konflikt mit dem Demokratieprinzip als auch der Gleichmäßigkeit der Besteuerung (dazu II.).

I. Die Mehrheitsmacht im Rahmen des Insolvenzplanverfahrens

Der Insolvenzrechtsgesetzgeber hat sich gegen ein Einstimmigkeitsprinzip und für die Mehrheitsmacht entschieden. Dies beginnt mit der Entscheidung über das

685 BVerfG v. 15.11.1971, 2 BvF 1/70, BVerfGE 32, 199 (218, 238); *Schnapp*, in: v.Münch/Kunig, GG, Art. 20 Rn. 11; *Stern*, Staatsrecht, Bd. I, 699 ff.

686 BVerfG v. 19.10.1982, 2 BvF 1/81, BVerfGE 61, 149 (205).

687 *Grzeszick*, in: Maunz/Dürig, GG, Art. 20 IV Rn. 62 (März 2006).

Verfahrensziel im ersten Termin zur Gläubigerversammlung (§ 157 InsO) und äußerst sich ferner in dem Zustimmungserfordernis in Ansehung von besonders bedeutsamen Handlungen im Sinne der §§ 160, 162 f. InsO. In beiden Fällen muss sich der Steuergläubiger einer Mehrheitsentscheidung beugen, sofern der Beschluss nicht dem gemeinsamen Interesse der Gläubiger widerspricht (vgl. § 78 Abs. 1 InsO). Besonders ausgeprägt ist die Mehrheitsmacht schließlich im Insolvenzplanverfahren. Die Annahme des Insolvenzplans erfolgt auf der Grundlage einer im Verhältnis zu den bisher genannten Normen *besonderen Mehrheitsentscheidung*. Über ihn wird nicht einzeln, sondern in Gruppen abgestimmt. Daran anknüpfend sieht § 244 Abs. 1 InsO ein doppeltes Mehrheitserfordernis vor. Die Annahme des Insolvenzplans erfordert hiernach, dass in jeder Gruppe die Mehrheit der abstimmenden Gläubiger zustimmt und die Summe der Ansprüche der zustimmenden Gläubiger mehr als die Hälfte der Summe der abstimmenden Gläubiger beträgt. Das Gesetz verlangt kumulativ eine Kopf- und Summenmehrheit. Auch in seinen Rechtswirkungen unterscheidet sich der Insolvenzplan von anderen Gläubigerversammlungsbeschlüssen. Auf die Rechtskraft der gerichtlichen Planbestätigung folgen unmittelbare rechtliche Wirkungen im Außenverhältnis (vgl. § 254 Abs. 1 S. 1 InsO) und damit auch im konkreten Steuerschuldverhältnis. Der Steuergläubiger muss nunmehr unter Umständen gegen seinen Willen eine konkrete Rechtseinbuße bzw. eine Veränderung seiner Rechtsstellung hinnehmen. Es kommt in den vorgenannten Fällen zu einer *Fremddisposition* über die betroffenen Ansprüche aus dem Steuerschuldverhältnis. Für diese Rechtsfolge ist charakteristisch, dass sich letztlich eine – wie auch immer definierte – Mehrheit mit ihrer Vorstellung durchsetzt und sich daran unmittelbare rechtlichen Wirkungen für und gegen den Steuergläubiger anknüpfen. Hierin liegt das „fremde“ Element, was diese Fälle von der gleichsam gegen den Willen des Steuergläubigers erfolgenden Entschuldung im Rahmen des Restschuldbefreiungsverfahrens unterscheidet. Bei letzterem hat der Gesetzgeber die Entscheidung zur Einwirkung auf den Bestand des Forderungsrechts getroffen, während bei der Fremddisposition die Dispositionsentscheidung letztlich auf dem Willen der anderen Gläubiger beruht.

Die Fremddisposition kann sogar unterhalb des Mehrheitserfordernisses des § 244 InsO zum Tragen kommen. Um zu verhindern, dass ein Plan durch das negative Votum einer Gruppe blockiert wird, obwohl er insgesamt mindestens gleichwertige oder bessere Ergebnisse ermöglicht als die Liquidation in der Regelabwicklung, sieht § 245 InsO ein sog. Obstruktionsverbot vor. Die Zustimmung eines nach der gesetzgeberischen Wertung unberechtigterweise opponierenden Gläubigers kann fingiert werden. Voraussetzung ist, dass ein Konsens besteht, den die Mehrheit der abstimmenden Gruppen trägt. Dazu müssen die Voraussetzungen des § 245 Abs. 1 InsO kumulativ erfüllt sein: Erstens, dürfen die

Gläubiger der dissentierenden Gruppe durch den Plan voraussichtlich nicht schlechter gestellt sein, als sie ohne Plan stünden. Zweitens, müssen die Gläubiger der dissentierenden Gruppe angemessen an dem wirtschaftlichen Wert beteiligt werden, der den Beteiligten auf der Grundlage des Plans zufließen soll. Dies ist gemäß § 245 Abs. 2 InsO nicht der Fall, wenn Gläubiger einer anderen Gruppe mehr erhalten als den vollen Betrag ihre Ansprüche, wenn Gläubiger einer Gruppe, die gegenüber der nicht zustimmenden Gruppe gleichrangig ist, mehr erhalten als die Gläubiger der nicht zustimmenden Gruppe oder wenn Beteiligte, die dieser Gruppe gegenüber nachrangig sind, einen wirtschaftlichen Wert erhalten. Drittens, muss die Mehrheit der abstimmenden Gruppen dem Plan mit den erforderlichen Mehrheiten zugestimmt haben. Letztlich stellt das Obstruktionsverbot eine Form der gesetzlichen Missbilligung eines *Rechtsmissbrauchs* dar[688]. Nach diesen Grundsätzen kann auch die Zustimmung des Steuergläubigers fingiert werden.

Die Mehrheitsmacht ist freilich nicht unbegrenzt. § 251 InsO sieht einen sog. Minderheitenschutz vor. Danach ist die Bestätigung des Plans zu versagen, wenn ein einzelner Gläubiger dem Plan bereits im Abstimmungstermin schriftlich widersprochen hat und er durch den Plan schlechter gestellt wird als er ohne den Plan stünde. Erforderlich ist ein Wertvergleich zwischen den angestrebten Planfolgen und den hypothetischen Folgen der Haftungsabwicklung nach dem Regelverfahren[689]. Damit wird dem in der Abstimmung unterlegenen Steuergläubiger eine Insolvenzdividende in Höhe des Liquidationswertes garantiert. Die Garantie ist zwar vor dem Hintergrund kritisch zu sehen, dass die Norm zum einen dem Schutz begehrenden Minderheitsgläubiger die Beweislast aufbürdet[690] und zum anderen einen erheblichen richterlichen Beurteilungsspielraum im Rahmen einer Prognoseentscheidung gewährt. Gleichwohl geht hiermit ein wirksamer Schutz für eine Mindestdividende einher. § 251 InsO führt grundsätzlich dazu, dass Fremddispositionen über den werthaltigen Teil des Steuerforderung – werthaltig, weil abstrakt vom anteiligen Liquidationserlös gedeckt – im Rahmen eines Insolvenzplans nicht gegen den Willen des Steuergläubigers getroffen werden können.

---

688 *Burger/Schellberg*, DB 1994, 1833 (1836); *Smid*, Insolvenzrecht^4, § 26 Rn. 17; *Schulz*, Treuepflichten unter Insolvenzgläubigern, Rn. 32.

689 *Otte*, in: Kübler/Prütting, InsO, § 251 Rn. 8 (Jan. 1999).

690 *Braun*, in: Gottwald, Insolvenzrechtshandbuch, § 68 Rn. 108; *Sinz*, in: Münchener Kommentar, InsO, § 251 Rn. 31.

II. Die Fremddisposition über Ansprüche aus dem Steuerschuldverhältnis als Verfassungsrechtsproblem

1) Die Fremddisposition im Lichte des Demokratieprinzips

Entfalten Mehrheitsentscheidungen gegen den Willen des handelnden Amtswalters Bindungswirkung für und gegen den Steuergläubiger, kann ihm mithin eine Mehrheitsentscheidung aufgedrängt werden, gerät dies in Konflikt mit dem grundgesetzlichen Demokratieprinzip. Denn „alle Staatsgewalt geht vom Volke aus“, Art. 20 Abs. 2 S. 1 GG. Als „entwicklungsoffenes Prinzip“ entnehmen BUNDESVERFASSUNGSGERICHT und staatsrechtliche Lehre diesem Satz das Erfordernis einer bestimmten Zurechnung zwischen dem Staatsvolk und der Staatsgewalt: Die vom Staat ausgeübte Herrschaft muss sich auf das Volk zurückführen lassen[691].

a) Das Erfordernis demokratischer Legitimation von Entscheidungen über Steuerforderungen

Die vorstehend formulierte Notwendigkeit demokratischer Legitimation bezieht sich auf den gesamten Umfang staatlichen Handelns mit Entscheidungscharakter[692]. Hierzu gehören sämtliche rechtserheblichen Wirkungsweisen, gleichgültig ob sie öffentlich-rechtlich oder privatrechtlich oder mit oder ohne Außenwirkung sind[693]. Es bedarf darum nicht viel Argumentation, dass eine wie auch immer geartete Dispositionen über Ansprüche aus dem Steuerschuldverhältnis im Rahmen eines Insolvenzplanes demokratisch legitimiert sein muss. Denn Verpflichtungen wie auch Verfügungen in Bezug auf den Anspruch aus dem Steuerschuldverhältnis sind die Ausübung von Staatsgewalt im Sinne von Art. 20 Abs. 2 GG.

Das BUNDESVERFASSUNGSGERICHT hat das Legitimationserfordernis weiter konkretisiert und die Legitimationsvermittlung auf zwei Elemente zurückgeführt. Zum einen kommt die Rückbeziehung auf das Volk in einer personellen Komponente zum Ausdruck (sog. *personelle Legitimation*). Die staatliche Entscheidung

---

691 BVerfGE v. 15.02.1978, 2 BvR 134/76 u.a., BVerfGE 47, 253 (272 f.); v. 31.10.1990, 2 BvF 3/89, BVerfGE 83, 60 (73); *Böckenförde*, in: Isensee/Kirchhof, Handbuch des Staatsrecht, Bd. II, § 24 Rn. 11; *Di Fabio*, VVStRL 56 (1997), 235 (263)

692 BVerfG v. 24.05.1995, 2 BvF 1/92, BVerfGE 93, 37 (66 f.); *Böckenförde*, in: Isensee/Kirchhof, Handbuch des Staatsrecht, Bd. II, § 24 Rn. 12; *Wolff/Bachof/Stober*, Allgemeines Verwaltungsrecht, Bd. I, § 18 Rn. 4c.

693 *Burgi*, in: Erichsen, Allgemeines Verwaltungsrecht, § 51 Rn. 27.

muss von Entscheidungsträgern getroffen werden, die mittels einer ununterbrochenen, auf das unmittelbar legitimierte Parlament rückführbaren Legitimationskette demokratisch legitimiert sind[694]. Jeder Amtsträger muss sein Amt im Wege einer Wahl durch das Staatsvolk, das Parlament oder dadurch erhalten haben, dass er durch einen seinerseits in diesem Sinne personell legitimierten, in Verantwortung gegenüber dem Parlament handelnden Amtswalter, oder zumindest mit dessen Zustimmung, bestellt worden ist[695]. Neben die persönliche tritt als weiteres Zurechnungselement die sog. *sachliche Legitimation.* Sie stellt den Zurechnungs- und Verantwortungszusammenhang zwischen der konkreten hoheitlichen Maßnahme und dem unmittelbar legitimierten Parlament inhaltlich her. Sie findet ihren Ausdruck in der Gesetzesbindung der Verwaltung und der Weisungsabhängigkeit des Amtswalters[696]. Sowohl die persönliche als auch die sachliche Zurechnungskompenente sind grundsätzlich nicht jeweils für sich entscheidend, sondern sie ergänzen und kompensieren sich[697]. Im Zusammenspiel müssen sie einen ausreichenden Zurechnungszusammenhang zum Staatsvolk gewährleisten[698]. Je stärker das personell-demokratische Element ausgeprägt ist, desto schwächer kann das sachlich-demokratische sein. Je schwächer hingegen die personelle Legitimation ist, desto ausgeprägter hat die sachlich-demokratische Legitimation auszufallen[699].

b) Keine persönliche Legitimation der Gläubigerversammlung als solches

Zuvorderst steht die Frage, ob die Gläubigerversammlung in bestimmten Konstellationen nicht selbst ebenso persönlich legitimiert sein kann, wie der Amtswalter, der dort das Stimmrecht des Steuergläubigers ausübt.

---

694 BVerfG v. 15.02.1978, 2 BvR 134/76 u.a., BVerfGE 47, 253 (275); v. 01.10.1987, 2 BvR 1178/86 u.a., BVerfGE 77, 1 (40); v. 24.05.1995, 2 BvF 1/92, BVerfGE 93, 37 (66 f.); *Böckenförde*, in: Isensee/Kirchhof, Handbuch des Staatsrecht, Bd. II, § 24 Rn. 16.; *Di Fabio*, Festschrift f. Badura, 77 (81); *Herzog*, Allgemeine Staatslehre, 210; *Sachs*, in: derselbe, GG, Art. 20 Rn. 39.

695 BVerfG v. 24.05.1995, 2 BvF 1/92, BVerfGE 93, 37 (67); BVerwG v. 17.12.1997, 6 C 2/97, BVerwGE 106, 64 (75); *Schmidt-Aßmann*, AöR 116 (1991), 329 (360 ff.).

696 BVerfG v. 24.05.1995, 2 BvF 1/92, BVerfGE 93, 37 (67); *Böckenförde*, in: Isensee/Kirchhof, Handbuch des Staatsrecht, Bd. II, § 24 Rn. 34; *Burgi*, in: Erichsen, Allgemeines Verwaltungsrecht, § 51 Rn. 27; *Di Fabio*, Festschrift f. Badura, 77 (82); *Jestaedt*, JuS 2004, 649 (650); *Schmidt-Aßmann*, AöR 116 (1991), 329 (357 f.).

697 *Di Fabio*, Festschrift f. Badura, 77 (85); *Jestaedt*, JuS 2004, 649 (650); *Sachs*, in: derselbe, GG, Art. 20 Rn. 35; *Schmidt-Aßmann*, AöR 116 (1991), 329 (367 f.).

698 BVerfG v. 31.10.1990, 2 BvF 3/89, BVerfGE 83, 60 (72); v. 24.05.1995, 2 BvF 1/92, BVerfGE 93, 37 (67).

699 BVerfG v. 24.05.1995, 2 BvF 1/92, BVerfGE 93, 37 (67); *Böckenförde*, in: Isensee/Kirchhof, Handbuch des Staatsrecht, Bd. II, § 24 Rn. 22.

Es ist umstritten, ob für die Herstellung der persönlichen Legitimation eines Kollektivorgans, das legitimierungsbedürftige Entscheidungen treffen kann, alle Mitglieder persönlich legitimiert sein müssen[700], oder ob es ausreicht, wenn die legitimierten Amtsträger sich gegen den Willen der übrigen Mitglieder durchsetzen können[701]. Allerdings verlangt auch letztere Auffassung, dass eine tatsächliche Durchsetzungsmacht verbleibt und der legitimierte Amtsträger eine Entscheidung in seinem Sinne herbeiführen kann. Ein bloßes Veto-Recht soll auch hiernach nicht genügen[702]. Damit ist der Grad bzw. der Mangel persönlicher Legitimation so verschieden, wie es auch die Zusammensetzungen der Gläubigergemeinschaften im Einzelfall sein können. Eine persönliche Legitimation der im Insolvenzplan vorgesehenen Entscheidungen lässt sich unstreitig mithin nur begründen, wenn der Steuergläubiger alleiniger Insolvenzgläubiger ist. Dieser Fall ist äußerst selten. Hat der Steuergläubiger vermittelt durch seine Forderungsrechte zumindest die Mehrheitsmacht inne und kann er folglich den Insolvenzplan nach seinem Willen – in den Grenzen des § 251 InsO – formulieren und beschließen, würde jedenfalls die vorzugswürdige Auffassung von der umfassenden Legitimation aller Mitglieder der Gläubigerversammlung die persönliche Legitimation versagen. Tritt der die Praxis beherrschende Fall ein, dass der Steuergläubiger von einer Kopf- und Summenmehrheit weit entfernt ist, ist nach beiden Auffassungen die personelle demokratische Legitimation der Gläubigerversammlung zu verneinen.

Ferner vermag auch der Gedanke der Selbstverwaltung als Ausdruck einer *Betroffenenpartizipation*[703] die Gläubigerversammlung nicht demokratisch zu legitimieren und zwar auch nicht lokal beschränkt auf das Insolvenzverfahren. In anderen Selbstverwaltungsstrukturen wird die Unterbrechung des persönlichen Zurechnungszusammenhangs zum *gesamten Staatsvolk* zwar in Kauf genommen, die Legitimationskraft aus der Betroffenenteilhabe heraus begründet und damit in Bezug auf den Partizipationsgegenstand ein Teilvolk geschaffen. Insbesondere für Selbstverwaltungskörperschaften des öffentlichen Rechts ist anerkannt, dass ihre Mitglieder ein örtlich oder sachlich radiziertes Teilvolk darstellen können[704]. Ob es darüber hinaus zur Förderung einer Betroffenenpartizipation noch weitere

---

700 VerfGH NRW v. 15.09.1986, VerfGH 17/85, OVGE 39, 292 (294); *Herzog*, in: Maunz/Dürig, GG, Art. 20 Abs. 2 Rn. 54 f. (Sept. 1980); *Sachs*, in: derselbe, GG, Art. 20 Rn. 40.

701 In diesem Sinne *Böckenförde*, in: Isensee/Kirchhof, Handbuch des Staatsrecht, Bd. II, § 24 Rn. 19; *Pieroth*, in: Jarass/Pieroth, GG, Art. 20 Rn. 8.

702 *Böckenförde*, in: Isensee/Kirchhof, Handbuch des Staatsrecht, Bd. II, § 24 Rn. 19.

703 *Maurer*, Allgemeines Verwaltungsrecht, § 23 Rn. 2.

704 Vgl. nur *Schmidt-Aßmann*, AöR 116 (1991), 329 (349 ff.); *Wolff/Bachof/Stober*, Allgemeines Verwaltungsrecht, Bd. I, § 18 Rn. 4b.

Verbandsvölker geben kann, die für ihren Wirkungskreis Staatsvolk im Sinne von Art. 20 Abs. 3 GG sind, wird sehr unterschiedlich beurteilt[705]. In seinem Beschluss in Sachen Lippeverband und Emschergenossenschaft hat das BUNDESVERFASSUNGSGERICHT zwar den Weg geebnet, um neben der territorialen Selbstverwaltung auch die sog. funktionale Selbstverwaltung in Einklang mit dem Demokratieprinzip zu bringen[706]. Trotz der dort gleichsam betonten „Entwicklungsoffenheit“[707] des Demokratieprinzips für die Anerkennung der Selbstverwaltung kann der Gedanke hier keine Legitimation der Gläubigerversammlung oder überhaupt der Gläubigerselbstverwaltung begründen. Denn ungeachtet der Frage, ob die Gläubigergesamtheit die Qualität eines *Teilvolk*s hat, ist mit der Entscheidung über Ansprüche aus dem Steuerschuldverhältnis eine Angelegenheit betroffen, die über die innere Verbindung der Beteiligten im Sinne einer „eigenen Angelegenheit“ hinausgeht. Die maßgebliche Verbindung der Gläubiger ist zwar die einvernehmliche Ausgestaltung der gemeinsamen Verlusttragung. Insoweit ist der Anspruch aus dem Steuerschuldverhältnis durchaus geeignet, ein Teilaspekt dieser inneren Verbindung zu sein. Aber es handelt sich zugleich um eine Frage, die die Gesamtheit der Steuerzahler betrifft. Die Insolvenzgläubiger repräsentieren eben nicht diese Gesamtheit der betroffenen Steuerzahler, sondern stellen in Bezug auf Ansprüche aus dem Steuerschuldverhältnis immer nur eine Sondergruppe dar. Wird das demokratische Prinzip aber gerade durch den Abstand gegenüber Sonderinteressen geprägt, wie sie sich aus jeder besonderen Betroffenheit entwickeln können (sog. demokratisches Distanzgebot[708]), zeigt dies deutlich, warum die Mitglieder des insolvenzrechtlichen Gläubigerkollektivs kein legitimationsfähiges Teilvolk in Bezug auf Ansprüche aus dem Steuerschuldverhältnis sind.

Wir müssen daher festhalten, dass – von der Ausnahmesituation einer „Alleingläubigerschaft“ abgesehen – die Gläubigerversammlung als solches ihren Entscheidungen keine personelle demokratische Legitimation vermitteln kann.

---

705 Ablehnend insbesondere *Schmidt-Aßmann*, AöR 116 (1991), 329 (371 ff.); *Schmitt Glaeser*, VVDStRL 31 (1973), 179 (215 ff.); großzügiger *Brohm*, VVDStRL 30 (1972), 245 (269 f.); siehe zum Diskussionsstand auch *Zacharias*, Jura 2001, 446 (449).

706 BVerfG v. 05.12.2002, 1 BvL 5/98 u.a., BVerfGE 107, 59 ff.

707 BVerfG v. 05.12.2002, 1 BvL 5/98 u.a., BVerfGE 107, 59 (91).

708 Gröpl, AöR 133 (2008), 1 (8); *Isensee*, in: Isensee/Kirchhof, Handbuch des Staatsrechts, Bd. III, § 57 Rn. 57; *Schmidt-Aßmann*, AöR 116 (1991), 329 (336).

c) Keine Letztentscheidungsmacht der Finanzbehörde bei pareto-optimalen Entscheidungen

Bereits mit der „Mitwirkung" Privater an der Dispositionsentscheidung geht ein demokratisches Legitimationsproblem einher. Aus dem Erfordernis einer ununterbrochenen persönlichen Legitimationskette wird gemeinhin gefolgert, dass umgekehrt die Mitentscheidung Privater, die regelmäßig nicht für sich in Anspruch nehmen können, demokratisch legitimiert zu sein, diese Legitimationskette beeinträchtigen und sogar mit der Folge eines Verstoßes gegen das Demokratieprinzip unterbrechen kann[709]. Die Mitwirkung vermittelt regelmäßig eine „Einflussnahmechance"[710], die gerade in Anbetracht des weiten Entscheidungsrahmens nicht unerheblich sein kann. Die Komplexität der Verhältnisse und die starke Ausprägung des Verfahrensgedankens im Rahmen der Entscheidungsfindung kann den Mitwirkenden faktisch zum Mitentscheidenden werden lassen[711]. Darum erlangt die Legitimationsfrage in jeder Phase der Entscheidunsfindung Relevanz. Die Verwaltungsvertragsrechtsdogmatik hat diesen Aspekt als verfassungsrechtliches Problem des Demokratieprinzips jedoch dergestalt überwunden, dass sie insbesondere auf die Letztentscheidungsmacht der Behörde verweist[712]. Sie kann zustimmen, muss es aber nicht. Mit anderen Worten: Es besteht kein Zwang, ein Verhandlungsergebnis zu erzielen. Vielmehr bleibt die einseitige Entscheidungsbefugnis in Reserve. Kann sich die Behörde dergestalt auf ihre einseitige Entscheidungsbefugnis zurückziehen, garantiert ihr dies eine wesentlich konsequentere Verhandlungsposition. Es geht also um die *Letztentscheidungsmacht* des persönlich legitimierten Entscheidungsträgers in Bezug auf die Einhaltung des vom Gesetzgeber vorbestimmten und damit gesetzmäßigen Verhandlungs-

709 *Böckenförde*, in: Isensee/Kirchhof, Handbuch des Staatsrecht, Bd. II, § 22 Rn. 27; *Kautz*, Absprachen im Verwaltungsrecht, 96 f; *Schlette*, Die Verwaltung als Vertragspartner, 105; *Schmitt Glaeser*, VVDStRL 31 (1973), 179 (215).

710 Schmidt-Aßmann, AöR 116 (1991), 329 (373).

711 Vgl. *Schmitt Glaeser*, VVDStRL 31 (1973), 179 (202).

712 BverwG v. 05.12.1986, 4 C 13/85, BVerwGE 75, 214 (231); Brohm, DVBl 1990, 321 (326 f.); *Bleckmann*, NVwZ 1990, 601 (606 f.); *Kautz*, Absprachen im Verwaltungsrecht; *Schlette*, Die Verwaltung als Vertragspartner, 103 ff.; *Schmidt-Aßmann*, Festschrift f. Brohm, 547 (557); *Schmitt Glaeser*, VVDStRL 31 (1973), 179; *Schulze-Fielitz*, DVBl 1994, 657 (659); *Sommermann*, in; v.Mangoldt/Klein/Starck, GG, Art. 20 Rn. 76. Der Konsens als solches kann das Verhandlungsergebnis jedenfalls nicht demokratisch legitimieren *Krause*, Rechtsformen des Verwaltungshandelns, 220; *Schlette*, Die Verwaltung als Vertragspartner, 107; a.A. wohl *Engelbert*, Konfliktmittelung und Demokratieprinzip, 154 f.; 162 ff.

rahmens[713]. Sie äußert sich zum einen in einer Verhinderungsmacht in Bezug auf den Konsens und zum anderen in einer Reserveentscheidungsmacht zur einseitigen Durchsetzung der öffentlichen Interessen. Diese Rechtsmacht beugt der Gefahr eines Nachgebens um des Konsens willen in entscheidender Weise vor und verhindert nach vorherrschender Auffassung, dass die Legitimationskette durch die Mitwirkung nicht legitimierter Personen unterbrochen wird.

Eine Letztentscheidungsmacht in diesem eindeutigen Sinne sucht man im Recht des Insolvenzplans vergeblich. Das Initiativrecht zum Insolvenzplan steht nur dem Schuldner und dem Insolvenzverwalter zu (§ 218 Abs. 1 S. 1 InsO). Diese formulieren den gestaltenden Teil des Insolvenzplans. Im Hinblick auf den Inhalt beschränken sich die Möglichkeiten der Einflussnahme auf die durch die Gläubigerversammlung vermittelte Weisungsbefugnis gegenüber dem Insolvenzverwalter (§ 157 S. 2 InsO). Der Steuergläubiger kann ferner in der Aufstellungsphase im Dialog mit dem Planverfasser und den übrigen Gläubigern seine Vorstellungen einbringen und einfordern. Seine eigentliche Rechtsmacht kommt allerdings nur in der Stimmrechtsabgabe zum Ausdruck. Er kann sich zu einem vorformulierten Antrag mit „Ja" oder „Nein" entscheiden oder sich enthalten. Die Bedeutung der Stimmabgabe ist jedoch wiederum im Zeichen der Maßgeblichkeit des Mehrheitswillens zu sehen. Der Vertreter des Steuergläubigers muss dem Insolvenzplan nicht zustimmen. Er kann sie verweigern. Bringt er dadurch bzw. in der Gesamtwertung mit den anderen abgegebenen Stimmen den Insolvenzplan zum Scheitern, wird das Regelverfahren als Reserve aktiviert. Diese Rechtsmacht ist freilich wenig wert, wenn die Mehrheiten nicht „stimmen". Eine Mehrheit der nicht demokratisch legitimierten Verfahrensbeteiligten kann ungeachtet der Ablehnung durch den Steuergläubiger die Dispositionsentscheidung über den Anspruch aus dem Steuerschuldverhältnis an sich ziehen. Dies liegt in der Natur einer Mehrheitsentscheidung. Vermag die Stimmrechtsabgabe mit „Nein" das Zustandekommen des Insolvenzplans infolge der Zustimmungsfiktion des § 245 InsO sogar dann nicht zu verhindern, wenn es an einer einfachen Mehrheit fehlt, scheint dem Steuergläubiger die Verantwortung für die Dispositionsentscheidung vollkommen aus der Hand genommen. Letztlich disponiert die Mehrheit – unter Umständen sogar eine Minderheit – der übrigen Insolvenzgläubiger über den Abgabenanspruch. Die Beteiligung Privater an der Steuerverwaltung kann im Insolvenzplanverfahren sogar in eine Beherrschung der Steuerverwaltung durch Private umschlagen.

713 *Brohm*, DVBl 1990, 321 (326 f.); *Kautz*, Absprachen im Verwaltungsrecht, 96 f.; *Schlette*, Die Verwaltung als Vertragspartner, 103 ff.; *Schmidt-Aßmann*, Festschrift f. Brohm, 547 (557); *Schulze-Fielitz*, DVBl 1994, 657 (659); *Sommermann*, in: v.Mangoldt/Klein/Starck, GG, Art. 20 Rn. 76

Das Mehrheitsprinzip stößt mit dem Minderheitenschutz des § 251 InsO – ebenso wie die Zustimmungsersetzung nach § 245 InsO – jedoch dort an eine Grenze, wo der Steuergläubiger „durch den Plan voraussichtlich schlechter gestellt wird, als er ohne einen Plan stünde". Das Einzelinteresse des Steuergläubigers – stellvertretend für die Gesamtheit der Steuerpflichtigen – am Bestand des Anspruchs ist im Falle einer solchen Schlechterstellung auf seinen Antrag hin unüberwindbar. Das Insolvenzgericht muss die Bestätigung des Insolvenzplans versagen, wenn die Voraussetzungen des § 251 InsO vorliegen. Wir haben bereits in anderem Zusammenhang gesehen, dass die Grenze des Minderheitenschutzes damit durch das Pareto-Prinzip markiert wird[714]. Ist das Verhandlungsergebnis aus Sicht des Steuergläubigers nicht pareto-optimal, verweigert der Gesetzgeber hier strikt eine Fremddisposition gegen seinen Willen. Ihm kommt dabei nicht nur eine Verhinderungsmacht zu. Vielmehr beinhaltet § 251 InsO als Kehrseite auch die in Reserve gehaltene Rechtsmacht, die Abwicklung nach dem Regelverfahren zu erzwingen bzw. alternativ die Mehrheit zur Vorlage eines pareto-optimalen Insolvenzplans zu motivieren. Diese Reservemacht ist zwar nicht auf die individuell-konkrete Entscheidung eines Einzelfalls gerichtet. Unter Legitimationsgesichtspunkten ist der Rückzug auf das vom Gesetzgeber als Regelentscheidung für den Normalfall vorformulierte Insolvenzverfahren aber ausreichend. Für die Fremddisposition als solches ist damit die Frage der demokratischen Legitimation außerhalb der Bandbreite pareto-optimaler Dispositionen eindeutig beantwortet: Sie stellt sich nicht, da sie unter Vernachlässigung von Beweislastfragen in Ansehung von § 251 InsO nach der Konzeption des Gesetzes nicht möglich ist.

Die Fremddisposition erlangt damit aus Sicht des Demokratieprinzips nur Relevanz für pareto-optimale Entscheidungen der Gläubigerversammlung gegen den Willen des Steuergläubigers. Innerhalb dieser Bandbreite nach Insolvenzrecht zulässiger Insolvenzplaninhalte fehlt dem Steuergläubiger *jegliche* Letztentscheidungskompetenz. Er hat keine (rechtlichen) Möglichkeiten, sich der Mehrheitsmacht der übrigen Gläubiger zu entziehen. Vielmehr kann eine Mehrheit im Sinne von § 244 InsO oder § 245 InsO dem Steuergläubiger durch eine Mehrheitsentscheidung die im gestaltenden Teil vorgesehenen (legitimationsbedürftigen) Entscheidungen diktieren. Es besteht insoweit keine persönliche Legitimationskette vermittelt über das Parlament hin zum Staatsvolk. Stattdessen besteht die Rückbeziehung nur zu einer Sondergruppe, die mit der Entscheidung freilich außerhalb ihrer eigenen Betroffenheit tätig wird. Es besteht mithin ein erhebliches Legitimationsdefizit in Bezug auf die persönliche Komponente demokratischer Legitimation.

714 Siehe bereits zu § 245 InsO Kap. A IV. 2) d) bb).

d) Die Kompensation des persönlichen Legitimationsdefizits durch sachlich ausreichend vorlegitimierte Dispositionsentscheidungen

Für die demnach verbleibende Bandbreite der pareto-optimalen Entscheidungen wird damit die Frage akut, ob das persönliche Legitimationsdefizit durch die sachliche Komponente demokratischer Legitimation dergestalt ausgeglichen werden kann, dass ein ausreichendes Legitimationsniveau erreicht wird. Zu dieser Kompensation heißt es beim BUNDESVERFASSUNGSGERICHT:

> „Personelle Defizite können ausgeglichen werden, wenn die Entscheidung inhaltlich vom Gesetz soweit vorstrukturiert ist, dass sie sich etwa auf die messbar richtige Gesetzesdurchführung beschränkt“[715].

Die sachliche Legitimation kann dabei mit Blick auf das Insolvenzplanverfahren nicht als die einem Gesetz innewohnende Bindung der Beteiligten verstanden werden. Die Privatrechtssubjekte treffen ihre Stimmabgabe nach selbstgesetzten Präferenzen und unterliegen keiner Gesetzesbindung in dem Sinne, dass ihr Handeln einem bestimmten Konditionalprogramm folgt. Das erforderliche Legitimationsband zwischen dem Gesetzgeber und der Fremddisposition kann daher nicht unmittelbar über eine Gesetzesbindung der Entscheidungsträger erfolgen. Grundlage für die gesetzgeberische Legitimation der konkreten Dispositionsentscheidung muss daher etwas anderes sein.

Erster Ansatzpunkt ist wiederum das Vertrauen auf eine marktrationale Entscheidung, die gegen den Willen des Amtswalters nicht hinter der Haftungsverwirklichung nach dem Regelverfahren zurückbleiben darf. Denn sofern der Gesetzgeber das Spektrum zulässiger Verhandlungsergebnisse insoweit bereits selbst vorgibt und damit den Privatrechtsgläubigern letztlich nur noch die Wahl bestimmter Optionen innerhalb einer Bandbreite lässt, denen allesamt gemein ist, dass sich in ihnen noch der gesetzgeberische Wille widerspiegelt, ist dies sein erster Baustein sachlicher Legitimation[716]. Hiermit korrespondiert als zweiter Baustein das Verfahrensrecht. Die demokratische Legitimation ist mithin in der Verantwortung für die rechtliche Struktur des Entscheidungsverfahrens zu finden. Es geht um die Schaffung von Rahmenbedingungen, die sicherstellen, dass sich die tatsächlich zustande gekommene Insolvenzplanregelung inhaltlich in dieser vom Gesetzgeber vorgegebenen Bandbreite gewollter Mehrheitsentscheidungen hält[717].

---

715 BVerfG v. 31.10.1990, 2 BvF 3/89, BVerfGE 83, 60 (74).

716 Vgl. *Schlette*, Die Verwaltung als Vertragspartner, 107.

717 Vgl. *Schmidt-Aßmann*, AöR 116 (1991), 329 (378).

Zur Ausfüllung dieser Vorgaben können wir auf bereits gewonnen Erkenntnisse zurückgreifen. Wir haben gesehen, dass der Gesetzgeber den Steuergläubiger mittels eines obligatorischen Entscheidungsprozesses und bestimmter Rahmenbedingungen mittelbar steuert. Dies war Grundlage für die Annahme der Verfassungsmäßigkeit des § 217 InsO als Ermächtigungsgrundlage für insolvenzspezifische Dispositionsentscheidungen des Steuergläubigers. Dieser Steuerungsmechanismus bleibt aber nicht ohne Einfluss auf die übrigen Insolvenzgläubiger. Es existiert zwar eine Mehrzahl von Handlungsalternativen, die angesichts der Komplexität der Sachverhalte vom Gesetzgeber gewiss nicht im Einzelnen vorausgedacht sein können. Sie sind aber zumindest hinsichtlich ihres konkreten Inhalts dergestalt durch den Gesetzgeber vorbestimmt, dass er pareto-inoptimale Entscheidungen nicht mehr der Mehrheitsmacht unterstellt. Innerhalb der optimalen Entscheidungen erfolgt ihre Vorsteuerung wiederum vornehmlich über das Vertrauen auf Marktmechanismen, die selbstregulierende Kraft einer infolge der Kollektivierung disziplinierter Egoismen getragenen Selbstverwaltung und die Absicherung des Entscheidungsprozesses. Die Bestimmung des vordefinierten Entscheidungsrahmens erfolgt dabei maßgeblich über die §§ 251, 245 InsO. Der Steuergläubiger kann folglich – Risikoerwägungen außer Acht gelassen – stets seine Liquidationsdividende durchsetzen. Der Gesetzgeber hat damit einen Mindestkonsens formuliert, der nach der Logik des gewählten Systems nur noch optimaler werden kann. Lässt sich die Insolvenzplanregelung als das konkrete Ergebnis eines marktrationalen Entscheidungsprozesses identifizieren, gehört sie zu den Verhandlungsergebnissen, die der Gesetzgeber bereits durch die Formulierung der Zielbandbreite und des Entscheidungsverfahrens sachlich vorformuliert hat.

Der Gesetzgeber hat demnach „nur" einen Rahmen zulässiger Verhandlungsergebnisse sachlich vorlegitimiert und dessen Beachtung – wenn auch zum Teil nur auf Antrag des Steuergläubigers hin – dem Insolvenzgericht zugewiesen. Wenngleich die sachliche Legitimation damit gewiss nicht der beim Ausfall der persönlichen Legitimation geforderten „strengen Gesetzesbindung"[718] entspricht, ist sie in einem ausreichenden Maße vorhanden, um die Verfassungsmäßigkeit der Fremddisposition zu tragen. Auch das demokratische Legitimationsniveau ist durchaus einer bereichspezifischen Anpassung fähig, wenn es mit anderen Verfassungsprinzipien zusammentrifft und zusammenwirken muss[719]. Diese kollidierenden Prinzipien wurden unter dem Topos der Insolvenzzwecke bereits um-

718 BVerfG v. 24.05.1995, 2 BvF 1/92, BVerfGE 93, 37 (67); *Böckenförde*, in: Isensee/Kirchhof, Handbuch des Staatsrecht, Bd. II, § 24 Rn. 22.

719 *Burgi*, in: Allgemeines Verwaltungsrecht, § 51 Rn. 20; *Bryde*, VVDStRL 46 (1988), 181 (186 ff.); *Di Fabio*, Festschrift f. Badura, 77 (81); *Schmidt-Aßmann*, AöR 116 (1991), 329 (366 f.).

schrieben, die auch hier ihre Beachtung einfordern. Die Gewichtigkeit dieser Belange erlaubt es, bei der Bestimmung des Legitimationsniveaus den Besonderheiten des Insolvenzverfahrens gegenüber den bekannten Formen staatlichen Handelns außerhalb der Insolvenz Rechnung zu tragen. Im Kontext der effektiven Verwirklichung dieser Belange führt dies zu der grundsätzlichen Frage nach der Notwendigkeit verbandsrechtlicher Mehrheitsherrschaft[720]. Die Willensbildung einer Vielzahl von Personen bedarf einer geeigneten Organisation. Hinter dem Mehrheitsprinzip als rechtstechnischem Mittel steht das unabweisliche Bedürfnis, Kollektivorgane wie die Gläubigerversammlung handlungsfähig zu halten[721].

In den Motiven zur Konkursordnung heißt es in Ansehung des Zwangsvergleichs anschaulich:

> „Und weil das gleiche Recht Aller bedenklich gefährdet ist, wenn ein einzelner Gläubiger eigensinnig oder eigensüchtig sein Interesse aufgrund formalen Rechts durchsetzen kann, so müssen die Beschlüsse der Mehrheit die Minderheit binden. Das vor Allem ist der Grund, das Ziel und die Grenze eines Zwangsvergleiches (Akkordes)“[722]

Dies offenbart die enge Verbindung zu den Insolvenzwecken. Das Bedürfnis nach Handlungsfähigkeit partizipiert daher an ihrem verfassungsrechtlichen Stellenwert. Denn die Effektivität von Entscheidungsprozessen ist stets auch eine Frage nach der Effektivität einer gläubigerselbstbestimmten Gesamtbereinigung als solches. Die Betroffenenpartizipation mag zwar nicht die Legitimationsbasis für ein „Gläubigervolk“ zu leisten, stellt jedoch aus ihrer grundrechtlichen Dimension heraus ein für die „Absenkung“ des Legitimationsniveaus relevanten Aspekt dar.

Für die Bestimmung des Mindestlegitimationsniveaus darf schließlich auch die Qualität des Dispositionsgegenstandes nicht außer Acht gelassen werden. Soweit die §§ 245, 251 InsO eine Grenze der Mehrheitsfähigkeit markieren, kommt hierin die vertretbare gesetzgeberische Wertung zum Ausdruck, dass die Werthaltigkeit der Ansprüche aus dem Steuerschuldverhältnis nicht nur das Maß der gleichheitsrechtlichen Betroffenheit markiert, sondern auch das Bedürfnis nach demokratischer Legitimation beeinflusst. Ist der werthaltige Teil der Steuerforderung von der Disposition betroffen, wird damit regelmäßig eine Schlechterstellung gegenüber dem Regelverfahren einhergehen. In diesen Fällen rechtfertigt

---

720 Eingehend zum Mehrheitsprinzip im Verbandsrecht und mit umfangreichen Nachweisen, Baltzer, Der Beschluss als rechtstechnisches Mittel organschaftlicher Funktionen im Privatrecht, 186 ff. *K.Schmidt*, Gesellschaftsrecht, 451.

721 *Goebel*, KTS 2002, 615 (627).

722 Motive zur Konkursordnung, 18.

sich ein höheres Legitimationsniveau und diesem Umstand Rechnung tragend behält der Steuergläubiger als Ausdruck einer starken sachlichen Legitimation in diesen Fällen die erforderliche Letztentscheidungsmacht. Das jeweils nach dem Grad der Werthaltigkeit der Forderung von Verfassungs wegen zu erreichende Legitimationsniveau verringert sich, sobald der wertlose Teil der Insolvenzforderung in Rede steht. Bei pareto-optimalen Entscheidungen, wo die Letztentscheidungsmacht nicht besteht, ist ausschließlich dieser Teil der Forderung betroffen. Die Schwäche der sachlichen Legitimation, wie sie vorstehend beschrieben wurde, ist insoweit mithin hinnehmbar.

Wir können darum festhalten, dass die Fremddisposition zwar unter dem Gesichtspunkt der persönlichen demokratischen Legitimation erhebliche Defizite aufweist. Sie ist aber angsichts einer ausreichenden Rückführung jeglicher Mehrheitsentscheidung auf eine entsprechende gesetzgeberische Vorentscheidung gleichwohl mit dem Demokratieprinzip vereinbar ist.

2) Zur Vereinbarkeit der Fremddisposition mit der Steuergerechtigkeit

Die Diskussion um die sachliche Legitimation war bereits durch den Gesichtspunkt der verbandsrechtlichen Willensbildung mitgeprägt. Insbesondere bei so heterogenen Zufallsgemeinschaften bedarf es einer funktionsfähigen Organisation, wenn nicht die Selbstverwaltung bereits an ihrem eigenen Anspruch scheitern soll. Das Mehrheitsprinzip stellt insoweit das rechtstechnische Mittel dar, das Kollektivorgane wie die Gläubigerversammlung handlungsfähig macht. Wir haben bereits festgestellt, dass dieses Bedürfnis auf das engste mit dem verfassungsrechtlichen Stellenwert der Insolvenzzwecke verbunden ist.

Aus Sicht der grundrechtsberechtigten Insolvenzgläubiger steht das Funktionsfähigkeit gewährleistende Mehrheitsprinzip in einem Spannungsfeld zur individuellen Entscheidungsfreiheit der Mitglieder des Kollektivorgans. Leitet sich dieses gegenläufige Interesse von Verfassungsrang freilich aus den Grundrechten ab, wird deutlich, dass der Steuergläubiger eine derart geschützte Rechtsposition nicht innehat. Allein das Scheitern der vom Steuergläubiger gewollten Entscheidung, also das Beugen- und Zurückstellen müssen des eigenen gegenüber einem anderen Willen, ist als solches für den Staat – außerhalb des Demokratieprinzips und des Gewaltmonopols – rechtlich nicht von Relevanz. Eine verfassungsrechtliche Bedeutung kommt unter diesem Gesichtspunkt erst dem bereichsspezifischen gleichheitsrechtlichen Bezug zu. An die Stelle einer grundrechtlich geschützten Entscheidungsfreiheit als Ausfluss des Forderungseigentums tritt das öffentliche Interesse an der Bewahrung und Verwirklichung der Steuerforderung als dem Steuergläubiger überwiesenes Treugut. Es ist allein die in der Fremddisposition über die Steuerforderung liegende Ungleichbehandlung, die das verfassungsrechtliche Rechtfertigungsregime aktiviert. Insoweit kann auf die Ausführungen zum Nachweis der Ungleichbehandlung bezüglich der von § 217 InsO legitimierten Dispositionsentscheidungen verwiesen werden[723].

Ist entsprechend den bereits zuvor getroffenen Feststellungen die Funktionsfähigkeit der Gläubigerorgane ein legitimer Zweck, konzentriert sich die verfassungsrechtliche Rechtfertigung im Wesentlichen auf die Verhältnismäßigkeit der damit einhergehenden Ungleichmäßigkeit der Besteuerung. Geeignetheit und Erforderlichkeit der Mehrheitsentscheidung zur Erreichung der Handlungsfähigkeit unterliegen insoweit keinen Bedenken. Jede Verschärfung des Mehrheitserfordernisses ist ein Schritt weg von der Handlungsfähigkeit. Zudem lässt die Mehrheitsentscheidung den Gläubigern überhaupt die Entscheidung. Denn alternativ müsste die Entscheidung einer dritten Instanz (z.B. dem Insolvenzgericht) übertragen werden. Im Mittelpunkt steht daher die Verhältnismäßigkeit im engeren Sinne. Insoweit bietet die Werthaltigkeit des Dispositionsgegenstandes wiederum die entscheidende Argumentationslinie für eine differenzierte verfassungsrechtliche Rechtfertigung. Auf der Rechtfertigungsebene unterliegt die Disposition über den aktuell wertlosen Forderungsanteil geringeren verfassungsrechtlichen Anforderungen. Die Fremddisposition über diesen Anteil unterliegt in weiterem Maße dem Beurteilungsspielraum des Gesetzgebers, da die Steuergerechtigkeit mit geringerem Gewicht in die Abwägung eingestellt wird. Vor dem Hintergrund, dass es nicht die richtige, sondern immer nur die verfassungsrechtlich vertretbare Maßnahme gibt, besteht kein Anlass an der verfassungsrechtlichen Zulässigkeit einer solchen Fremddisposition infolge einer Mehrheitsentscheidung zu zweifeln. Zum einen kann die Handlungsfähigkeit des Gläubigerhauptorgans in Anbetracht seiner Bedeutung für die gesamte gläubigerautonomone Haftungsverwirklichung als hochwertiges Interesse bezeichnet werden. Zum anderen tritt der wertlose Bestandteil des Anspruchs aus dem Steuerschuldverhältnis mit deutlich schwächerem Ausgangsstandpunkt in diese Abwägung ein.

Weitaus schwieriger *wäre* allerdings die Legitimation einer Mehrheitsentscheidung über den werthaltigen Forderungsteil zu beurteilen. Eine Fremddisposition in Bezug auf diesen Gegenstand unterliegt strengeren Anforderungen. Bestands- und Verwirklichungsgebot sind mit wesentlich mehr Gewicht in die Abwägung einzustellen. Der pragmatische Gesichtspunkt der Handlungsfähigkeit vermag daher insoweit nicht derart ungehindert das uneingeschränkte Mehrheitsprinzip zu legitimieren wie im Falle der Fremddisposition über den wertlosen Forderungsteil. Diese begrenzte Legitimation ist auch im Gesellschaftsrecht anerkannt. Es gibt Entscheidungen, die angesichts ihrer (grundlegenden) Bedeutung nicht durch eine einfache Mehrheitsentscheidung legitimiert werden können. Die

723 Siehe unter Kap. 2 A. V. 2) a).

risikofreie Verwirklichung der Insolvenzdividende als Verkörperung des noch werthaltigen Teils der eigenen Forderung auf Basis des Liquidationswertes gehört zu diesen grundlegenden Entscheidungen. Fremddispositionen über diesen Teil der Forderung dürfen daher keinem uneingeschränkten Mehrheitsprinzip überlassen werden. Der Gesetzgeber kann auf dieses Legitimationsproblem entweder durch eine Verbreiterung der Legitimationsbasis (Einstimmigkeitsprinzip, ggf. qualifizierte Mehrheiten) reagieren oder – wo dies möglich ist – durch korrigierenden Minderheitenschutz und/oder eine Pflichtenbindung der Mehrheitsherrschaft. Wir haben bereits mehrfach gesehen, dass der Insolvenzgesetzgeber mit den §§ 245, 251 InsO den letzteren Weg beschritten hat. Angesichts der Rechtsmacht, Mehrheitsentscheidungen zu verhindern, die nicht pareto-optimal sind, kommt es dort, wo die Steuergerechtigkeit wegen der Werthaltigkeit des Dispositionsgegenstandes mit erheblichem Gewicht eingestellt, jedenfalls nach der Konzeption des Insolvenzplanverfahrens zu keiner rechtfertigungsbedürftigen Ungleichbehandlung.

Als Problemfall verbleibt damit scheinbar nur noch die Konstellation, in welcher die Mehrheit sich und den Steuergläubiger aus einer optimalen Befriedigungschance herausdrängt und sich auf eine weniger effiziente Haftungsverwirklichung zurückzieht. Dies ist z.B. der Fall, wenn angesichts einer objektiv festgestellten Sanierungsfähigkeit und eines geringen Risikos ein erheblich höherer Fortführungsgewinn realisierbar scheint, aber eine – nicht von § 245 InsO erfasste – Mehrheit der Gläubiger nur an der (schnelleren) Realisierung des Liquidationswertes durch Veräußerung von Unternehmensteilen und der Stilllegung im Übrigen interessiert ist, und demnach einen Fortführungsinsolvenzplan ablehnt und einen Liquidationsplan beschließt. Die Mehrheit vereitelt damit das Befriedigungsoptimum. Sie greift zu Lasten von Effektivitäts- und gegebenenfalls Bestandsgebot in den Vollzugsauftrag ein. Für die erforderliche Abwägung zwischen den betroffenen Prinzipien ist dabei im Ausgangspunkt maßgeblich, dass dem Steuergläubiger stets die im Regelverfahren zu erzielende Dividende gebührt und ein weitergehender Kooperationsgewinn in der Knappheitssituation ausgehend vom Regel-/Ausnahmeverhältnis zwischen Regelinsolvenz- und Insolvenzplanverfahren vorerst nicht mehr als eine Chance darstellt. Die Realisierung dieser Chance überantwortet der Gesetzgeber der Selbststeuerung durch die Gläubiger und vertraut auf ein rationales Stimmverhalten. Können die übrigen Gläubiger nicht weniger gewichtige Verfassungspositionen für sich in Anspruch nehmen, um vor einer von Seiten des Steuergläubigers aufgedrängten Disposition verschont zu bleiben und vielmehr selbst über die Sinnhaftigkeit der Investitionsentscheidung zu befinden, stehen sich insoweit gleichwertige Belange gegenüber. Mit der Heranziehung des bereits beschriebenen Entscheidungsprozesses garantiert der Gesetzgeber zumindest, dass eine marktrationale Entscheidung möglich gewesen ist. Hiermit leistet er den entscheidenden Betrag für die Nachvollziehbarkeit des Interessensausgleichs. Darüber hinaus kann weder die Gesamtheit der betroffenen Steuerpflichtigen noch ein anderer Gläubiger von Verfassungs wegen verlangen, dass andere Insolvenzgläubiger keine irrationalen Entscheidungen treffen dürfen, sofern nicht die Dividende des Regelverfahrens unterschritten wird.

Abschließend kann daher der mehrheitsvermittelten Fremddisposition unter dem Gesichtspunkt der Gleichmäßigkeit der Besteuerung insgesamt die Verfassungsmäßigkeit attestiert werden.

C. Zusammenfassung des zweiten Teils

- Die Nutzung des Insolvenzplanverfahrens aktiviert die weit über die bisherigen Dispensermächtigungen – namentlich die Billigkeitsermächtigungen – hinausgehende Dispositionsbefugnis des § 217 InsO zugunsten des Steuergläubigers. Mit der formellen Insolvenz als *erste Stufe* wird der Verständigungsdruck erheblich erhöht. Bedingt durch die Disziplinierung ist ein Alleingang nicht mehr möglich. Wenngleich auch außergerichtliche Verständigungen durchaus nicht selten sein mögen, ist nunmehr ein gemeinsames Handeln zumindest in Gestalt der Entscheidung über den weiteren Gang des Insolvenzverfahrens erforderlich (vgl. § 158 InsO). Auf dieser Stufe wird dem Steuergläubiger eine Disposition über das Verfahrensziel zugestanden. In dieser Situation besteht kein Zwang zur Kooperation und Verständigung. Allerdings kann sich dies mangels Alternativen im Interesse des Vollzugsauftrages aufdrängen. Auf der ersten Stufe schafft der Gesetzgeber also durch die Disziplinierung und Kollektivierung die erste Grundvoraussetzung für ein gemeinsames Miteinander. Lediglich dann, wenn der weitere Gang des Insolvenzverfahrens nur auf eine Liquidation hinauslaufen kann, insbesondere weil überhaupt keine Aktiva vorhanden sind, erübrigt sich eine Verständigung auf eine „bessere" Haftungsverwirklichung. Ist jene aber nicht von vornherein aussichtslos, bietet der Gesetzgeber den Übergang zu einer *zweiten Stufe*. Besteht ein ausreichend breiter Konsens, dürfen die Beteiligten zur Haftungsverwirklichung durch einen Insolvenzplan vom Regelverfahren abweichende Vereinbarungen treffen (§ 217 InsO).
- Die Zustimmung zum Insolvenzplan ist eine Entscheidung nach pflichtgemäßem Ermessen. Seine Ausübung ist unter Beachtung des jeweiligen Prognose- und Risikofaktors allein an Effizienzgesichtspunkten auszurichten. § 217 InsO i.V.m. § 85 AO gewährt dem Steuergläubiger insoweit einen Beurteilungsspielraum. Ermessensgrenzen markieren insbesondere die sachge-

rechte Ermittlung und Würdigung der Prognosegrundlage, die Beachtung der lokalen Effizienz unter Ausschluss von künftigen Vermögenssurrogaten sowie das europarechtliche Beihilferegime.

- Will der Gesetzgeber dergestalt eine Marktsteuerung durch rationales Verhalten aktivieren, kann er zur Steuerung der auf entsprechende Kompetenzen angewiesenen öffentlich-rechtlichen Gläubiger nicht auf Konditionalprogramme zurückgreifen. Der besonderen Situation wird letztlich nur eine finale Programmierung gerecht. Soweit sich diese wegen der ihr eigenen Steuerungs- und Formulierungsschwäche verfassungsrechtlich am Demokratieprinzip und Bestimmtheitsgrundsatz messen lassen muss, gelingt dies. Die Nutzbarmachung von Marktmechanismen und deren Abschirmung prägen dabei die Entscheidung für die Verfassungsmäßigkeit. Entsprechendes gilt für die mit der Disposition regelmäßig einhergehende Durchbrechung der Steuergerechtigkeit. Im Widerstreit mit dem freiheitsrechtlich geschützten Interesse der Insolvenzgläubiger an einer freien Disposition über ihr Forderungseigentum sowie die Chance auf eine bestmögliche Haftungsverwirklichung und unter Beachtung einer differenzierten Gewichtung der gleichheitsrechtlichen Relevanz ist die Dispositionsermächtigung des § 217 InsO im Lichte der hier erarbeiteten Auslegung auch materiell verfassungsrechtlich nicht zu beanstanden.
- Gestaltet der Gesetzgeber das Insolvenzplanverfahren nach einem Mehrheitsprinzip, ermöglicht er damit zwangsläufig, dass die Mehrheit der Insolvenzgläubiger gegen das Stimmverhalten des finanzbehördlichen Vertreters einen Insolvenzplan beschließt, der im gestaltenden Teil eine Dispositon über Ansprüche aus dem Steuerschuldverhältnis vorsieht. Es kommt insoweit zu einer Fremddisposition als Ausdruck von Mehrheitsmacht. Allerdings formuliert der Gesetzgeber zugleich ihre Grenzen, indem Insolvenzpläne, die Gläubiger schlechter stellen als ohne diesen Plan, auf Antrag die Mehrheitsfähigkeit verlieren und keine gerichtliche Bestätigung erfahren dürfen. Im Ergebnis garantiert der Gesetzgeber damit die Insolvenzdividende im Anschluss an ein Regelverfahren.
- In verfassungsrechtlicher Hinsicht erfährt die Fremddisposition ihre Problematik zum einen aus dem Demokratieprinzip und zum anderen aus der Gleichmäßigkeit der Besteuerung. Gleichwohl genügt sie den verfassungsrechtlichen Vorgaben. Der Mangel an persönlicher demokratischer Legitimation wird durch eine sachliche Legitimation kompensiert. Diese erschöpft sich zwar in einer Vorsteuerung gerichtet auf ein mannigfaltiges Entscheidungsspektrum und gewinnt die Bindung an den gesetzgeberischen Willen vornehmlich aus dem Entscheidungsprozess. Die Insolvenzwecke erlauben jedoch grundsätzlich eine Absenkung des Legitimationsniveaus, welches durch

die konkrete Ausgestaltung ein erreicht wird. Soweit die Gleichmäßigkeit der Besteuerung durch eine Fremddisposition durchbrochen wird, lässt sich dies gleichsam verfassungsrechtlich vor dem Hintergrund rechtfertigen, dass der werthaltige Anteil des Dispositionsgegenstandes der Mehrheitsentscheidung entzogen ist. Die Fremddisposition über den bei Durchführung eines Regelverfahrens als voraussichtlich wertlos zu betrachtenden Anteil der Steuerforderung unterliegt einem abgeschwächten Rechtsfertigungsdruck und findet mit den grundrechtlichen Belangen der auf eine Konsenslösung und Realisierung eines Kooperationsgewinns drängenden Gläubiger einen vertretbaren Ausgleich.

Literaturverzeichnis

A

Ahnert, Sascha, Verbraucherinsolvenz und Restschuldbefreiung, 1998, Deutscher Sparkassen Verlag, Stuttgart
(*Ahnert*, Verbraucherinsolvenz und Restschuldbefreiung),

Alexy, Robert, Theorie der Grundrechte (Habil.), 1986, Nomos-Verlagsgesellschaft, Baden-Baden
(*Alexy*, Theorie der Grundrechte),

Arndt, Gottfried, Der Verwaltungsakt als Grundlage der Verwaltungsvollstreckung (Diss.), 1967, Verlag Carl Heymanns, Köln, Berlin, u.a.
(*Arndt*, Der Verwaltungsakt als Grundlage der Verwaltungsvollstreckung),

App, Michael, Zu den Gründen für die Beibehaltung des Konkursvorrechts, BB 1984, Seite 668 f.
(*App*, BB 1984, 668 f.),

–, Außenprüfung nach Eröffnung des Insolvenzverfahrens, StBp 1999, Seite 63 ff.
(*App*, StBp 1999, 63 ff.),

– /*Wettlaufer, Arno*, Verwaltungsvollstreckungsrecht, 4. Auflage, 2005, Verlag Carl Heymanns, Köln, Berlin, u.a.
(*App/Wettlaufer*, Verwaltungsvollstreckungsrecht),

B

Bachof, Otto, Reflexwirkungen und subjektive Rechte im öffentlichen Recht, Gedächtnisschrift für Walter Jellinek (herausgegeben von Otto Bachof, Martin Drath, Otto Gönnenwein und Ernst Walz), 1955, Isar Verlag, München
(*Bachof*, Gedächtnisschrift f. W.Jellinek, 287 ff.),

–, Neue Tendenzen in der Rechtsprechung zum Ermessen und zum Beurteilungsspielraum, JZ 1972, Seite 641 ff.
(*Bachof*, JZ 1972, 641 ff.),

–, Verfahrensrecht, Verfahrenspraxis, DÖV 1982, Seite 757 ff.
(*Bachof*, DÖV 1982, 757 ff.),

Badura, Peter, Das Verwaltungsmonopol (Diss.), 1963, Verlag Duncker & Humblot, Berlin
(*Badura*, Verwaltungsmonopol),
–, Gestaltungsfreiheit und Beurteilungsspielraum der Verwaltung, bestehend aufgrund und nach Maßgabe des Gesetzes, Festschrift für Otto Bachof zum 70. Geburtstag (herausgegeben von Günter Püttner), Seite 169 ff., 1984, Verlag C.H.Beck, München
(*Badura*, Festschrift f. Bachof, 169 ff.),
Baird, Douglas, Elements of Bankruptcy, 3. Auflage, 2001, New York Foundation Press, New York
(*Baird*, The Elements of Bankruptcy),
Baltzer, Johannes, Der Beschluss als rechtstechnisches Mittel organschaftlicher Funktion im Privatrecht (Diss.), 1965, Verlag Grote, Köln, Berlin
(*Baltzer*, Der Beschluss als rechtstechnisches Mittel organschaftlicher Funktion im Privatrecht),
Balz, Manfred, Aufgaben und Struktur eines künftigen einheitlichen Insolvenzverfahrens, ZIP 1988, Seite 273 ff.
(*Balz*, ZIP 1988, 273 ff.),
–, Logik und Grenzen des Insolvenzrechts, ZIP 1988, Seite 1438 ff.
(*Balz*, ZIP 1988, 1438 ff.),
Baring, Martin, Zur Problematik eines Verwaltungsverfahrensgesetzes, DVBl. 1965, Seite 180 ff.
(*Baring,* DVBl. 1965, 180 ff.),
Bartone, Roberto, Die Insolvenz des Abgabenschuldners, 2000, Verlag Boorberg, Stuttgart
(*Bartone*, Die Insolvenz des Abgabenschuldners),
Baumbach, Adolf/Lauterbach, Wolfgang/Albers, Jan/Hartmann, Peter, Kommentar zur Zivilprozessordnung, 66. Auflage, 2008, Verlag C.H. Beck, München
(*Bearbeiter*, in: Baumbuch/Lauterbach/Albers/Hartmann, ZPO),
Bauer, Hartmut, Die Bundestreue (Habil.), 1992, Verlag Mohr Siebeck, Tübingen
(*Bauer*, Die Bundestreue),
Baur, Fritz, Die Eigenhaftung des Konkursverwalters bei Fortführung des gemeinschuldnerischen Betriebes, Gedächtnisschrift f. Rudolf Bruns (herausgegeben von Johannes Baltzer, Gottfried Baumgärtel, Egbert Peters und Helmut Pieper), Seite 241 ff., 1980, Verlag Vahlen, München
(*Baur*, Gedächtnisschrift f. Bruns, 241 ff.),

– /*Stürner, Rolf*, Zwangsvollstreckungs-, Konkurs-, und Vergleichsrechts, Band II: Insolvenzrecht, 12. Auflage, 1990, Verlag C.F.Müller, Heidelberg (*Baur/Stürner*, Insolvenzrecht),

Becker, Christian, Der Steuererlass nach § 227 AO (Diss.), 2003, Verlag Peter Lang, Frankfurt a.M. (*C.Becker*, Der Steuererlass nach § 227 AO),

Becker, Enno, Die Beitreibungsordnung – mit Erörterungen zum Finanzzwang, StuW 1924, Seite 753 ff. (*E.Becker*, StuW 1924, 753 ff.),

–, Reichsabgabenordnung, 7. Auflage, 1930 Berlin (*E.Becker*, RAO),

–, Erläuterungen zur Rechtsprechung, StuW 1939, Seite 1052 ff. (*E.Becker*, StuW 1939, 1052 ff.),

Beermann, Albert, Steuerliches Verfahrensrecht (Kommentar zur Abgabenordnung, Finanzgerichtsordnung und Nebengesetzen), Loseblatt, Stollfuss Verlag, Bonn (*Bearbeiter*, in: Beermann, AO/FGO),

Benda, Ernst, Die Wahrung verfassungsrechtlicher Grundsätze im Steuerrecht, DStZ 1984, Seite 159 ff. (*Benda*, DStZ 1984, 159 ff.),

Benz, Arthur, Kooperative Verwaltung (Habil.), 1994, Nomos-Verlagsgesellschaft, Baden-Baden (*Benz*, Kooperative Verwaltung),

Berges, August Maria, Die rechtlichen Grundlagen der Gläubigergleichbehandlung im Konkurs, KTS 1957, Seite 57 ff. (*Berges*, KTS 1957, 57 ff.),

–, Konkurssteuerrecht, KTS 1961, Seite 162 ff. (*Berges*, KTS 1961, 162 ff.),

–, Sozialplan trotz Insolvenz, Festschrift f. Friedrich Weber zum 70. Geburtstag (herausgegeben von Erhard Bökelmann, Wolfram Henckel und Günther Jahr), Seite 57 ff., 1975, Verlag Walther de Gruyter, Berlin, New York (*Berges*, Festschrift f. Weber, 57 ff.),

–, Vergleich und Konkurs in der Evolution der Marktwirtschaft, Festschrift des Arbeitskreises für Insolvenz- und Schiedsgerichtswesen e.V. Köln zum einhundertjährigen Bestehen der Konkursordnung vom 10. Februar 1877 (herausgegeben von Wilhelm Uhlenbruck, Bernd Klasmeyer und Bruno M. Kübler), Seite 363 ff., 1977, Verlag Carl Heymanns, Köln, Berlin, u.a. (*Berges*, Festschrift 100 Jahre KO, 363 ff.),

Bethge, Herbert, Aktuelle Probleme der Grundrechtsdogmatik, Der Staat 24 (1985), Seite 351 ff.
(*Bethge*, Der Staat 24 [1985], 351 ff.),
Birk, Dieter, Gleichheit und Gesetzmäßigkeit der Besteuerung, StuW 1989, Seite 212 ff.
(*Birk,* StuW 1989, 212 ff.),
–, Steuerrecht I – Allgemeines Steuerrecht, 2. Auflage, 1994, Verlag C.H.Beck, München
(*Birk*, Steuerrecht I),
–, Das Gebot des gleichmäßigen Steuervollzugs und dessen Sanktionierung, StuW 2004, Seite 277 ff.
(*Birk*, StuW 2004, 277 ff.),
Bittmann, Folker/Rudolph, Carolin, Das Verwendungsverbot gemäß § 97 Abs. 1 S. 3 InsO, wistra 2001, Seite 81 ff.
(*Bittmann/Rudolph*, wistra 2001, 81 ff.),
Bleckmann, Albert/Eckhoff, Rolf, Der „mittelbare" Grundrechtseingriff, DVBl 1988, Seite 373 ff.
(*Bleckmann/Eckhoff,* DVBl 1988, 373 ff.),
Bleckmann, Albert, Verfassungsrechtliche Probleme des Verwaltungsvertrages, NVwZ 1990, Seite 601 ff.
(*Bleckmann,* NVwZ 1990, 601 ff.),
–, Staatsrecht II – Grundrechte, 4. Auflage, 1997, Verlag Carl Heymanns, Köln, Berlin, u.a
(*Bleckmann,* Grundrechte),
Bley, Erich, Die Bedeutung der Rechtsprechung des Reichsfinanzhofs für das Konkursrecht, StuW 1928, Seite 1095 ff.
(*Bley,* StuW 1928, 1095 ff.),
Bonner Kommentar zum Grundgesetz, herausgegeben von *Dolzer, Rudolf/Vogel, Klaus/Graßhof, Karin*, Loseblatt, C.F Müller Verlag, Heidelberg
(*Bearbeiter*, in: Bonner Kommentar, GG),
Bornheimer, Jörg/Krumm, Marcel, Zweckgebundene staatliche Zuwendungen in der Insolvenz des Zuwendungsempfängers, KTS 2008, Seite 143 ff.
(*Bornheimer/Krumm*, KTS 2008, 143 ff.),
Bork, Reinhard, Der Insolvenzplan, ZZP 109 (1996), Seite 473 ff.
(*Bork*, ZZP 109 (1996), 473 ff.),
–, Einführung in das Insolvenzrecht, 4. Auflage, 2005, Verlag Mohr Siebeck, Tübingen
(*Bork,* Insolvenzrecht),
Bötticher, Eduard, Die „Selbstexekution" im Wege der Aufrechnung und die Sicherungsfunktion des Aufrechnungsrechts, Festschrift für Hans Schima zum

75. Geburtstag (herausgegeben von Hans Walter Fasching und Winfried Kranik), Seite 95 ff., 1969, Verlag Manz, Wien
(*Bötticher*, Festschrift f. Schima, 95 ff.),

Braun, Eberhard/Uhlenbruck, Wilhelm, Unternehmensinsolvenz, 1997, IDW-Verlag, Düsseldorf
(*Braun/Uhlenbruck,* Unternehmensinsolvenz),

Braun, Eberhard, Kommentar zur Insolvenzordnung, 3. Auflage, 2007, Verlag C.H.Beck, München
(*Bearbeiter,* in: Braun, InsO),

Braun, Rainer, Die Konkurrentenklage im Steuerrecht – Ein Instrument zu mehr Gerechtigkeit?, DStZ 1986, Seite 46 ff.
(*R.Braun,* DStZ 1986, 46 ff.),

–, Steuerrechtliche Aspekte der Konkurseröffnung (Diss.), 1987, Verlag Josef Eul, Bergisch Gladbach
(*R.Braun,* Steuerrechtliche Aspekte der Konkurseröffnung),

Bredow/Christiansen, Zur Frage der Reformbedürftigkeit der Konkursvorrechte, KTS 1959, Seite 21 ff.
(*Bredow/Christiansen*, KTS 1959, 21 ff.),

Breuer, Rüdiger, Legislative und administrative Prognoseentscheidungen, Der Staat 16 (1977), Seite 21 ff.
(*Breuer*, Der Staat 16 [1977], 21 ff.),

–, Ausbau des Individualschutzes gegen Umweltbelastungen als Aufgabe des öffentlichen Rechts, DVBl 1986, Seite 849 ff.
(*Breuer*, DVBl 1986, 849 ff.),

Waza, Thomas/Uhländer, Christoph/Schmittmann, Jens, Insolvenzen und Steuern, 7. Auflage, 2007, Verlag Neue-Wirtschaftsbriefe, Herne
(*Waza/Uhländer/Schmittmann*, Insolvenzen und Steuern),

Brohm, Winfried, Die Dogmatik des Verwaltungsrechts vor den Gegenwartsaufgaben des Verwaltungsrechts, VVDStRL 30 (1972), Seite 245 ff.
(*Brohm*, VVDStRL 30 [1972], 245 ff.),

–, Alternative Steuerungsmöglichkeiten als „bessere" Gesetzgebung?", in: Zustand und Perspektiven der Gesetzgebung (herausgegeben von Hermann Hill), Seite 217 ff., 1989, Verlag Duncker & Humblot, Berlin
(*Brohm*, in: Hill, Zustand und Perspektiven der Gesetzgebung, 217 ff.),

–, Verwaltungsverhandlungen mit Hilfe von Konfliktmittlern?, DVBl 1990, Seite 321 ff.
(*Brohm*, DVBl 1990, 321 ff.),

–, Gesetzesvollzug als Handelsobjekt, in: Rechtstatsachen Forschung heute (herausgegeben von Wolfgang Heinz), Seite 103 ff., 2. Auflage, 1998, Universitätsverlag Konstanz, Konstanz
(*Brohm*, Gesetzesvollzug),

Brüning, Christoph, Vorläufige Verwaltungsführung (Habil.), 2003, Verlag Mohr Siebeck, Tübingen
(*Brüning*, Vorläufige Verwaltungsführung),

Bryde, Brun-Otto, Die Einheit der Verwaltung als Rechtsproblem, VVDStRL 46 (1988), Seite 181 ff.
(*Bryde*, VVDStRL 46 [1988], 181 ff.),

– */Kleindiek, Ralf*, Der allgemeine Gleichheitssatz, Jura 1999, Seite 36 ff.
(*Bryde/Kleindiek*, Jura 1999, 36 ff.),

Buciek, Klaus D., Bindende Erklärungen der Finanzverwaltung, DStZ 1999, Seite 389 ff.
(*Buciek*, DStZ 1999, 389 ff.),

Bühler, Ottmar, Die subjektiven öffentlichen Rechte und ihr Schutz in der deutschen Verwaltungsrechtsprechung, 1914, Verlag Kohlhammer, Berlin
(*Bühler,* Die subjektiven öffentlichen Rechte und ihr Schutz in der deutschen Verwaltungsrechtsprechung),

–, Steuerrecht Bd. I – Allgemeines Steuerrecht, 2. Auflage, 1953, Betriebswirtschaftlicher Verlag Dr. Th. Gabler, Wiesbaden
(*Bühler,* Steuerrecht I),

Bullinger, Martin, Das Ermessen der öffentlichen Verwaltung, JZ 1984, Seite 1001 ff.
(*Bullinger*, JZ 1984, 1001 ff.),

Bumke, Christian, Publikumsinformation, DV 37 (2004), Seite 3 ff.
(*Bumke*, DV 37 [2004], 3 ff.),

Bundesministerium der Finanzen, Reform der Reichsabgabenordnung – Bericht des Arbeitskreises für die Reform der Reichsabgabenordnung und ihrer Nebengesetze über seine Tätigkeit, herausgegeben vom Bundesministerium der Finanzen, Heft 13, 1970, Stollfuss Verlag, Bonn
(Bericht des Arbeitskreises für die Reform der Reichsabgabenordnung),

Bundesrechnungshof, Steuerausfälle bei der Umsatzsteuer durch Steuerbetrug und Steuervermeidung, Bericht nach § 99 BHO vom 3.9.2003
(Bundesrechnungshof, Steuerausfälle bei der Umsatzsteuer durch Steuerbetrug und Steuervermeidung),

Burger, Anton/Schellberg, Bernhard, Der Insolvenzplan im neuen Insolvenzrecht, DB 1994, Seite 1833 ff.
(*Burger/Schellberg*, DB 1994, 1833 ff.),

Burmeister, Joachim, Verträge und Absprachen zwischen der Verwaltung und Privaten, VVDStRL 52 (1993), Seite 190 ff.
(*Burmeister*, VVDStRL 52 [1993], 190 ff.),

Buth, Andrea/Hermanns, Wolfgang, Restrukturierung, Sanierung und Insolvenz, 2. Auflage, 2004, Verlag C.H. Beck, München
(*Buth/Hermanns*, Restrukturierung),

Bydlinski, Franz, Juristische Methodenlehre und Rechtsbegriff, 2. Auflage, 1991, Springer-Verlag, Wien, New York, u.a.
(*Bydlinski*, Juristische Methodenlehre und Rechtsbegriff),

–, System und Prinzipien des Privatrechts, 1996, Springer-Verlag, Wien, New York, u.a.
(*Bydlinski*, System und Prinzipien des Privatrechts),

C

Canaris, Claus-Wilhelm, Grundrechte und Privatrecht, AcP 184 (1984), Seite 201 ff.
(*Canaris*, AcP 184 [1984], 201 ff.),

Christmann, Günter, Zur Verfassungsmäßigkeit der Restschuldbefreiung nach der Insolvenzordnung, DGVZ 1992, Seite 177 ff.
(*Christmann*, DGVZ 1992, 177 ff.),

Czybulka, Detlef, Die Legitimation der öffentlichen Verwaltung (Habil.), 1989, C.F Müller Verlag, Heidelberg
(*Czybulka*, Legitimation der öffentlichen Verwaltung),

D

Dann, Wilfried, Das Konkursvorrecht der Öffentlichen Abgaben (Diss.), 1962, Verlag Duncker & Humblot, Berlin
(*Dann*, Das Konkursvorrecht der Öffentlichen Abgaben),

Degenhart, Christoph, Systemgerechtigkeit und Selbstbindung des Gesetzgebers als Verfassungspostulat (Diss.), 1976, Verlag C.H.Beck, München
(*Degenhart*, Systemgerechtigkeit und Selbstbindung des Gesetzgebers als Verfassungspostulat),

Detterbeck, Steffen, Streitgegenstand, Justizgewährungsanspruch und Rechtsschutzanspruch, AcP 192 (1992), Seite 325 ff.
(*Detterbeck*, AcP 192 [1992], 325 ff.),

Di Fabio, Udo, Verwaltung und Verwaltungsrecht zwischen gesellschaftlicher Selbstregulierung und staatlicher Steuerung, VVDStRL 56 (1997), Seite 235 ff.
(*Di Fabio*, VVDStRL 56 (1997), 235 ff.),

–, Demokratie im System des Grundgesetzes, Festschrift für Peter Badura zum 70. Geburtstag (herausgegeben von Michael Brenner, Peter M. Huber und Markus Möstl), Seite 77 ff., 2004, Verlag Mohr Siebeck, Tübingen
(*Di Fabio*, Festschrift f. Badura, 77 ff.),

Dietlein, Johannes, Die Lehre von den grundrechtlichen Schutzpflichten (Diss.), 1992, Verlag Duncker & Humblot, Berlin
(*Dietlein*, Die Lehre von den grundrechtlichen Schutzpflichten),

Dorndorf, Eberhard, Zur Dogmatik des Verfahrenszwecks in einem marktadäquaten Insolvenzrecht, Festschrift für Franz Merz zum 65. Geburtstag (herausgegeben von Walter Gerhardt, Wolfram Henckel, Joachim Kilger und Gerhardt Kreft), Seite 31 ff., 1992, Verlag RWS, Köln
(*Dorndorf,* Festschrift f. Merz, 31 ff.),

Dreier, Horst, Zur „Eigenständigkeit" der Verwaltung, DV 25 (1992), Seite 137 ff.
(*Dreier*, DV 25 [1992], 137 ff.),

–, Kommentar zum Grundgesetz
Band I (Art. 1 – 19 GG), 2005,
Band II (Art. 20 – 82 GG), 2. Auflage, 2006,
alle Verlag Mohr Siebeck, Tübingen
(*Bearbeiter*, in: Dreier, GG),

Drescher, Rolf-Dieter, Erfordernis einer gesetzlichen Grundlage für den Erlass feststellender Verwaltungsakte, DVBl. 1986, Seite 727 ff.
(*Drescher*, DVBl. 1986, 727 ff.),

Drüen, Klaus-Dieter, Haushaltsvorbehalt bei der Verwerfung verfassungswidriger Gesetze, FR 1999, Seite 289 ff.
(*Drüen*, FR 1999, 289 ff.),

–, Zur Rechtsnatur des Steuerrechts und ihrem Einfluss auf die Rechtsanwendung, Festschrift für Heinrich Wilhelm Kruse zum 70. Geburtstag (herausgegeben von Walter Drenseck und Roman Seer), Seite 191 ff., 2001, Verlag Dr. Otto Schmidt, Köln
(*Drüen*, Festschrift f. Kruse, 191 ff.),

– */Krumm, Marcel*, Pflicht und Kür: Über Buchführung, Bilanzierung und Gewinnermittlung bei gewerblichen Grundstückshandel, FR 2004, Seite 685 ff.
(*Drüen/Krumm*, FR 2004, 685 ff.),

Drukarczyk, Jochen, Unternehmen und Insolvenz, 1987, Betriebswirtschaftlicher Verlag Dr. Th. Gabler, Wiesbaden
(*Drukarczyk*, Unternehmen und Insolvenz),

E

Eckhoff, Rolf, Vom konfrontativen zum kooperativen Steuerstaat, StuW 1996, Seite 107 ff.
(*Eckhoff*, StuW 1996, 107 ff.),
–, Rechtsanwendungsgleichheit im Steuerrecht (Habil.), 1999, Verlag Dr. Otto Schmidt, Köln
(*Eckhoff*, Rechtsanwendungsgleichheit im Steuerrecht),
Ehlers, Dirk, Verwaltung in Privatrechtsform (Habil.), 1984, Verlag Duncker & Humblot, Berlin
(*Ehlers*, Verwaltung in Privatrechtsform),
–, Die Einwirkungen des Rechts der Europäischen Gemeinschaften auf das Verwaltungsrecht, DVBl 1991, Seite 605 ff.
(*Ehlers*, DVBl 1991, 605 ff.),
Eidenmüller, Horst, Effizienz als Rechtsprinzip, 2. Aufl. 1998, Verlag Mohr Siebeck, Tübingen
(*Eidenmüller*, Effizienz als Rechtsprinzip),
–, Unternehmenssanierung zwischen Markt und Gesetz (Habil.), 1999, Verlag Dr. Otto Schmidt, Köln
(*Eidenmüller*, Unternehmenssanierung zwischen Markt und Gesetz),
Endemann, Die Entwicklung des Konkursverfahrens in der gemeinrechtlichen Lehre bis zu der Deutschen Konkursordnung vom 10. Februar 1877, ZZP 12 (1888), Seite 24 ff.
(*Endemann*, ZZP 12 (1888), 24 ff.),
Engelbert, Anke., Konfliktmittlung und Demokratieprinzip: Zur demokratischen Legitimation von entscheidungsbefugten Aushandlungsgremien (Diss.), 1995, Berlin
(*Engelbert*, Konfliktmittlung und Demokratieprinzip),
Engelhardt, Hans A., Politische Akzente einer Insolvenzrechtsreform, ZIP 1986, Seite 1287 ff.
(*Engelhardt*, ZIP 1986, 1287 ff.),
Engisch, Karl, Die Einheit der Rechtsordnung, 1935, Verlag Carl Winters, Heidelberg
(*Engisch*, Einheit der Rechtsordnung),

– /*Würtenberger Thomas/Otto, Dirk*, Einführung in das juristische Denken, 9. Auflage, 1997, Verlag W. Kohlhammer, Stuttgart, Berlin, Köln.
(*Engisch*, Einführung in das juristische Denken),

Enneccerus, Ludwig/Nipperdey, Hans Carl, Allgemeiner Teil des Bürgerlichen Rechts, 1. Halbband, 15. Auflage, 1959, Verlag Mohr Siebeck, Tübingen
(*Enneccerus/Nipperdey*, Allgemeiner Teil des BGB),

Erichsen, Hans-Uwe, Allgemeines Verwaltungsrecht, 13. Auflage, 2006, Verlag Walther de Gruyter, Berlin, New York
(*Bearbeiter*, in: Erichsen, Allgemeines Verwaltungsrecht),

F

Farr, Carsten, Der Steuererlass als Beitrag zur Entschuldung privater Haushalte, BB 2002, Seite 1989 ff.
(*Farr*, BB 2002, 1989 ff.),

Felix, Günther, Steuerrecht und Verwaltungsrecht, Festschrift für Armin Spitaler zum 60. Geburtstag (herausgegeben von Gerhard Thoma), Seite 134 ff., 1958, Verlag Dr. Otto Schmidt, Köln
(*Felix*, Festschrift f. Spitaler, 134 ff.),

Fett, Gustav/Barton, Bettina, Verzicht auf Steuer- und Abgabenansprüche nach Inkrafttreten der Insolvenzordnung am 1.1.1999, DStZ 1998, Seite 885 ff.
(*Fett/Barton*, DStZ 1998, 885 ff.),

Flessner, Axel, Sanierung und Reorganisation (Habil.), 1982, Verlag Mohr Siebeck, Tübingen
(*Flessner*, Sanierung und Reorganisation),

Fluck, Jürgen, Die Erfüllung des öffentlich-rechtlichen Verpflichtungsvertrages durch Verwaltungsakt (Diss.), 1985, Verlag Duncker & Humblot, Berlin
(*Fluck*, Die Erfüllung des öffentlich-rechtlichen Verpflichtungsvertrages durch Verwaltungsakt),

Flume, Werner, Die Billigkeitsmaßnahmen des § 131 AO nach neuem Recht, StbJb, 1953/54, Seite 81 ff.
(*Flume*, StbJb 1953/54, 81 ff.),

–, Der gesetzliche Steuertatbestand und die Grenztatbestände in Steuerrecht und Steuerpraxis, StbJb, 1967/68, Seite 63 ff.
(*Flume*, StbJb 1967/68, 63 ff.),

–, Allgemeiner Teil des Bürgerlichen Rechts, Zweiter Band: Das Rechtsgeschäft, 3. Auflage, 1979, Verlag Springer, Berlin.
(*Flume*, Das Rechtsgeschäft),

–, Allgemeiner Teil des Bürgerlichen Rechts, Erster Band, Zweiter Teil: Die juristische Person, 1983, Springer-Verlag, Hamburg, Wien
(*Flume*, Juristische Person),

Forsblad, Kirsten, Restschuldbefreiung und Verbraucherinsolvenz im künftigen deutschen Insolvenzrecht (Diss.), 1997, Peter-Lang Verlag, Frankfurt am Main
(*Forsblad*, Restschuldbefreiung und Verbraucherinsolvenz),

Foerste, Ulrich, Insolvenzrecht, 4. Auflage, 2008, Verlag C.H. Beck, München
(*Foerste,* Insolvenzrecht),

Förster, Karsten, Effizienzthese, politischer Faktor, Gläubigerautonomie, Festschrift für Hans-Peter Kirchhof zum 65. Geburtstag (herausgegeben von Walter Gerhardt, Hans Haarmeyer und Gerhardt Kreft), Seite 85 ff., 2003, ZAP Verlag, Münster
(*Förster,* Festschrift f. Kirchhof, 85 ff.),

Forsthoff, Ernst, Begriff und Wesen des sozialen Rechtstaates, VVDStRL 12 (1954), Seite 8 ff.
(*Forsthoff*, VVDStRL 12 (1954), 8 ff.),

Frankfurter Kommentar zur Insolvenzordnung, herausgegeben von *Klaus Wimmer*, 4. Auflage, 2006, Luchterhand Verlag, Neuwied
(*Bearbeiter,* in: Frankfurter Kommentar, InsO),

Friauf, Karl Heinrich, Verfassungsrechtliche Anforderungen an die Gesetzgebung über die Steuern vom Einkommen und Ertrag, DStJG Bd. 12, Seite 3 ff., 1989, Verlag Dr. Otto Schmidt, Köln
(*Friauf,* DStJG 12 (1989), 3 ff.),

Frotscher, Gerrit, Besteuerung bei Insolvenz, 5. Auflage, 2000, Verlag Recht und Wirtschaft, Heidelberg
(*Frotscher*, Besteuerung bei Insolvenz),

Funke Rainer, Die bestmögliche Befriedigung der Gläubiger als Hauptziel des Insolvenzverfahrens, BFuP 1995, Seite 26 ff.
(Funke, BFuP 1995, 26 ff.),

G

Gaul, Hans-Friedhelm, Die Mitwirkung des Zivilgerichts an der Vollstreckung von Verwaltungsakten und verwaltungsgerichtlichen Entscheidungen, JZ 1979, Seite 496 ff.
(*Gaul*, JZ 1979, 496 ff.),

–, Rechtsverwirklichung durch Zwangsvollstreckung aus rechtsgrundsätzlicher und rechtsdogmatischer Sicht, ZZP 112 (1999), Seite 135 ff.
(*Gaul,* ZZP 112 (1999), 135 ff.),

Gawel, Erik, Das Steuerstaatsgebot des Grundgesetzes, Der Staat 38 (2000), Seite 209 ff.
(*Gawel,* Der Staat 39 [2000], 209 ff.),

Gerhardt, Walter, Bundesverfassungsgericht, Grundgesetz und Zivilprozess, speziell: Zwangsvollstreckung, ZZP 95 (1982), Seite 467 ff.
(*Gerhardt*, ZZP 95 [1982], 467 ff.),

–, Von der Insolvenzrechtsreform zur Insolvenzordnung – Entwicklung und Endprodukt aus der persönlichen Sicht eines Kommissionsmitgliedes, Festgabe für die Zivilrechtslehrer 1934/1935 (herausgegeben von Walther Hadding), Seite 121 ff., 1999, Verlag Walther de Gruyter, Berlin, New York
(*Gerhardt*, Festgabe Zivilrechtslehrer, 121 ff.),

Giacometti, Zaccaria, Allgemeine Lehren des rechtsstaatlichen Verwaltungsrechts, Band 1, 1960, Polygraphischer Verlag, Zürich
(*Giacometti,* Allgemeine Lehren),

Goebel, Joachim, Gläubigerobstruktion, Gläubigerstimmrecht und Beschlusskontrolle im Insolvenzverfahren über Unternehmen, KTS 2002, Seite 615 ff.
(*Goebel*, KTS 2002, 615 ff.),

Gottwald, Peter, Insolvenzrechtshandbuch, 3. Auflage, 2006, Verlag C.H. Beck, München
(*Bearbeiter*, in: Gottwald, Insolvenzrechtshandbuch),

Götz, Volkmar, Das Grundrecht auf Rechtsanwendungsgleichheit und der verwaltungsgerichtliche Rechtsschutz, DVBl. 1968, Seite 93 ff.
(*Götz*, DVBl. 1968, 93 ff.),

Grabitz, Eberhard/Hilf, Meinhard, Das Recht der Europäischen Union, Loseblatt, Verlag C.H. Beck, München
(*Bearbeiter*, in: Grabitz/Hilf, EGV),

Gröpl, Christoph, Staatseinnahmen und Staatsausgaben im demokratischen Verfassungsstaat, AöR 133 (2008), Seite 1 ff.
(*Gröpl*, AöR 133 [2008], 1 ff.),

Groß, Paul J., Die Umwandlung von Forderungen gegen eine notleidende GmbH in Gesellschaftskapital, GmbHR 1983, Seite 290 ff.
(*Groß*, GmbHR 1983, 290 ff.),

–, Sanierung durch Fortführungsgesellschaften (Habil.), 2. Auflage, 1988, Verlag Dr. Otto Schmidt, Köln
(*Groß*, Sanierung durch Fortführungsgesellschaften),

–, Grundsatzfragen der Unternehmenssanierung, DStR 1991, Seite 1572 ff. (*Groß*, DStR 1991, 1572 ff.),

Grote, Hugo, Fresh start für natürliche Personen – materiell-rechtliche oder insolvenzrechtliche Lösung?, Festschrift für Hans-Peter Kirchhof zum 65. Geburtstag (herausgegeben von Walter Gerhardt, Hans Haarmeyer und Gerhardt Kreft), Seite 149 ff., 2003, ZAP Verlag, Münster (*Grote*, Festschrift f. Kirchhof, 149 ff.),

Gundlach, Ulf/Frenzel Volkhard/Schmidt, Nikolaus, Die Bedeutung des § 93 InsO für die Finanzbehörde, DStR 2002, Seite 1095 ff. (*Gundlach/Frenzel/Schmidt*, DStR 2002, 1095 ff.),

Gurlit, Elke, Verwaltungsvertrag und Gesetz (Habil.), 2000, Verlag Mohr Siebeck, Tübingen (*Gurlit,* Verwaltungsvertrag und Gesetz),

Gusy, Christoph, Der Vorrang des Gesetzes, JuS 1983, Seite 191 ff. (*Gusy,* JuS 1983, 191 ff.),

H

Haack, Stefan, Der Eigenwert der Verwaltungsentscheidung, AöR 133 (2008), Seite 44 ff. (*Haack*, AöR 133 [2008], 44 ff.),

Häberle, Peter, Öffentliches Interesse als juristisches Problem (Habil.), 1970, Verlag, Bad Homburg v. d. H. (*Häberle*, Öffentliches Interesse als juristisches Problem),

Habscheidt, Edgar, Rechtsgestaltung im Insolvenzverfahren, KTS 1999, Seite 59 ff. (*Habscheidt*, KTS 1999, 59 ff.),

Haenecke, Hermann, Zur Stellung eines Gläubigerausschussmitgliedes im Konkursverfahren, KTS 1983, Seite 533 ff. (*Haenecke*, KTS 1983, 533 ff.),

Häfelin, Ulrich, Die Rechtspersönlichkeit des Staates (Diss.), 1959, Verlag Mohr Siebeck, Tübingen (*Häfelin*, Die Rechtspersönlichkeit des Staates),

Hamburger Kommentar zur Insolvenzordnung, herausgegeben von *Schmidt, Dieter*, 2. Auflage, 2007, ZAP Verlag, Münster (*Bearbeiter*, in: Hamburger Kommentar, InsO),

Hänel, Robert, Gläubigerautonomie und das Insolvenzplanverfahren (Diss.), 2000, Berlin Verlag Arno Spitz GmbH, Berlin (*Hänel*, Gläubigerautonomie und das Insolvenzplanverfahren),

Hanisch, Hans, Rechtszuständigkeit der Konkursmasse: die Wiederentdeckung selbständiger Rechtsbeziehungen der Konkursmasse in rechtsvergleichender Sicht (Habil.), 1973, Verlag Metzner, Frankfurt am Main
(*Hanisch*, Rechtszuständigkeit der Konkursmasse),

–, Zur Reformbedürftigkeit des Konkurs- und Vergleichsrechts, ZZP 90 (1977), Seite 1 ff.
(*Hanisch*, ZZP 90 (1977), 1 ff.),

Häsemeyer, Ludwig, Die Gleichbehandlung der Konkursgläubiger, KTS 1982, Seite 507 ff.
(*Häsemeyer*, KTS 1982, 507 ff.),

–, Schuldbefreiung und Vollstreckungsschutz, Festschrift für Wolfram Henckel zum 70. Geburtstag (herausgegeben von Walter Gerhardt), Seite 353 ff., 1995, Verlag Walther de Gruyter, Berlin, New York
(*Häsemeyer*, Festschrift f. Henckel, 353 ff.),

–, Die Altlasten – Ein Prüfstein für wechselseitige Abstimmungen zwischen dem Insolvenzrecht und dem Verwaltungsrecht, Festschrift für Wilhelm Uhlenbruck zum 70. Geburtstag (herausgegeben von Hanns Prütting und Heinz Vallender), Seite 97 ff., 2000, Verlag Dr. Otto Schmidt, Köln
(*Häsemeyer*, Festschrift f. Uhlenbruck, 97 ff.),

–, Insolvenzrecht, 4. Auflage, 2008, Verlag Carl Heymanns, Köln, Berlin, u.a.
(*Häsemeyer*, Insolvenzrecht),

Heckmann, Dirk, Der Sofortvollzug staatlicher Geldforderungen (Diss.), 1993, Verlag Duncker & Humblot, Berlin
(*Heckmann*, Der Sofortvollzug staatlicher Geldforderungen),

Hegmanns, Ekkehard, Der Gläubigerausschuss – Eine Untersuchung zum Selbstverwaltungsrecht der Gläubiger im Konkurs (Diss.), 1986, RWS-Verlag, Köln
(*Hegmanns*, Der Gläubigerausschuss),

Heidelberger Kommentar zur Insolvenzordnung, herausgegeben von *Eickmann, Dieter/Flessner, Axel/Irschlinger, Friedrich/Kirchhof, Hans-Peter/Kreft, Gerhardt/Landfermann, Hans Georg/Marotske, Wolfang/Stephan, Guido*, 4. Auflage, 2006, C.F. Müller Verlag, Heidelberg
(*Bearbeiter*, in: Heidelberger Kommentar, InsO),

Henckel, Wolfram, Der Gegenstand des Verfahrens zur Feststellung von Konkursforderungen, Festschrift für Karl Michaelis zum 70. Geburtstag (herausgegeben von Hans Martin Pawlowski und Franz Wieacker), Seite 151 ff., 1971, Vandenhoeck & Ruprecht, Göttingen
(*Henckel*, Festschrift f. Michaelis, 151 ff.),

–, Wert und Unwert juristischer Konstruktionen im Konkursrecht, Festschrift für Friedrich Weber zum 70. Geburtstag (herausgegeben von Erhard Bökelmann,

Wolfram Henckel und Günther Jahr), Seite 237 ff., 1975, Verlag Walther de Gruyter, Berlin, New York
(*Henckel*, Festschrift f. F.Weber, 237 ff.),

–, Deregulierung des Insolvenzverfahrens?, KTS 1989, Seite 477 ff.
(*Henckel*, KTS 1989, 477 ff.),

–, Insolvenzrechtsreform zwischen Vollstreckungsrecht und Unternehmesrecht, Festschrift für Franz Merz zum 65. Geburtstag (herausgegeben von Walter Gerhardt, Wolfram Henckel, Joachim Kilger und Gerhardt Kreft), Seite 197 ff., 1992, Verlag RWS, Köln
(*Henckel,* Festschrift f. Merz, 197 ff.),

Henneke, Hans-Günter, Öffentliches Finanzwesen, Finanzverfassung, 2. Auflage, 2000, C.F. Müller Verlag, Heidelberg
(*Henneke*, Finanzverfassung),

Hensel, Albert, Der Finanzausgleich im Bundesstaat in seiner staatsrechtlichen Bedeutung, 1922, Verlag Otto Liebermann, Berlin
(*Hensel,* Finanzausgleich im Bundesstaat),

–, Der Einfluss des Steuerrechts auf die Begriffsbildung im öffentlichen Recht, VVStRL 3 (1927), Seite 63 ff.
(*Hensel*, VVDStRL 3 [1927], 63 ff.),

Hermanns, Michael/Buth, Andrea, Der Insolvenzplan als Sanierungsplan, DStR 1997, Seite 1178 ff.
(*Hermanns/Buth*, DStR 1997, 1178 ff.),

Herzog, Roman, Gesetzgeber und Verwaltung, VVDStRL 24 (1966), Seite 183 ff.
(*Herzog*, VVDStRL 24 [1966], 183 ff.),

–, Allgemeine Staatslehre, 1971, Athenäum Verlag, Frankfurt a.M
(*Herzog*, Allgemeine Staatslehre),

Hess, Harald/Weis, Michaela, Der Insolvenzplan, WM 1998, Seite 2349 ff.
(*Hess/Weis*, WM 1998, 2349 ff.),

Hess, Harald/Obermüller, Manfred, Die Rechtsstellung der Verfahrensbeteiligten nach der Insolvenzordnung, 1996, C.F. Müller Verlag, Heidelberg
(*Hess/Obermüller*, Die Rechtsstellung der Verfahrensbeteiligten),

–, Insolvenzplan, Restschuldbefreiung und Verbraucherinsolvenz, 3. Auflage, 2003, C.F. Müller Verlag, Heidelberg
(*Hess/Obermüller*, Insolvenzplan, Restschuldbefreiung und Verbraucherinsolvenz)

Hess, Harald/Weis, Michaela/Wienberg, Rüdiger, Insolvenzordnung, 2. Auflage, 2001, C.F. Müller Verlag, Heidelberg
(*Bearbeiter*, in: Hess/Weis/Wienberg, InsO),

Hesse, Konrad, Der Gleichheitssatz in der neueren deutschen Verfassungsentwicklung, AöR 109 (1984), Seite 174 ff.
(*Hesse*, AöR 109 [1984], 174 ff.),

–, Grundzüge des Verfassungsrechts der Bundesrepublik Deutschland, 20. Auflage, 1995, Verlag C.F.Müller, Heidelberg
(*Hesse*, Verfassungsrecht),

Hettlage, Karl M., Die Finanzverfassung im Rahmen der Staatsverfassung, VVDStRL 14 (1956), Seite 2 ff.
(*Hettlage*, VVDStRL 14 [1956], 2 ff.),

Hill, Hermann, Rechtsstaatliche Bestimmtheit oder situationsgerechte Flexibilität des Verwaltungshandelns, DÖV 1987, Seite 885 ff.
(*Hill*, DOV 1987, 885 ff.),

–, Das hoheitliche Moment im Verwaltungsrecht der Gegenwart, DVBl 1989, Seite 321 ff.
(*Hill*, DVBl 1989, 321 ff.),

Hoffmann-Riem, Wolfgang, Reform des allgemeinen Verwaltungsrechts als Aufgabe, AöR 115 (1990), Seite 400 ff.
(*Hoffmann-Riem*, AöR 115 [1990], 400 ff.),

–, Effizienz als Herausforderung an das Verwaltungsrecht – Einleitende Problemskizze, Schriften zur Reform des Verwaltungsrechts, Bd. V: Effizienz als Herausforderung an das Verwaltungsrecht (herausgegeben von Wolfgang Hoffmann-Riem und Eberhard Schmidt-Aßmann), Seite 11 ff., 1998, Nomos Verlagsgesellschaft, Baden-Baden
(*Hoffmann-Riem*, Reform des Verwaltungsrechts, 11 ff.),

Höfling, Wolfram, Vertragsfreiheit – Eine grundrechtsdogmatische Studie (Habil.), 1991, Verlag C.F. Müller, Heidelberg
(*Höfling*, Vertragsfreiheit),

Hoppe, Werner, Gerichtliche Kontrolldichte bei komplexen Verwaltungsentscheidungen, Festgabe aus Anlass des 25jährigen Bestehens des Bundesverwaltungsgerichts (herausgegeben von Otto Bachof, Ludwig Heigl und Konrad Redeker), Seite 295 ff., 1978, Verlag C.H.Beck, München
(*Hoppe*, Festschrift 25 Jahre Bundesverwaltungsgericht, 295 ff.),

– */Bleicher, Herbert*, Rechtsprobleme bei der Verfahrensprivatisierung von Standortauswahlverfahren im Abfallsrecht, NVwZ 1996, Seite 421 ff.
(*Hoppe/Bleicher*, NVwZ 1996, 421 ff.),

Höppner, Horst-Dieter, Steuergeheimnis, Gesetzmäßigkeit der Besteuerung und Legalitätsprinzip, StuW 1969, Seite 193 ff.
(*Höppner*, StuW 1969, 193 ff.),

Hübschmann, Walter/Hepp, Ernst/Spitaler, Armin, Kommentar zur Abgabenordnung und Finanzgerichtsordnung, Loseblatt, Verlag Dr. Otto Schmidt, Köln
(*Bearbeiter*, in: Hübschmann/Hepp/Spitaler, AO/FGO),

Hufeld, Ulrich, Die Vertretung der Behörde (Habil.), 2003, Verlag Mohr Siebeck, Tübingen
(*Hufeld*, Die Vertretung der Behörde),

Hufen, Friedhelm, Fehler im Verwaltungsverfahren, 4. Auflage, 2002, Nomos Verlagsgesellschaft, Baden-Baden
(*Hufen*, Fehler im Verwaltungsverfahren),

I

Isensee, Josef, Steuerstaat als Staatsform, Festschrift für Hans Peter Ipsen zum 70. Geburtstag (herausgegeben von Rolf Stödter und Werner Thieme), Seite 40 ff., 1977, Verlag Mohr Siebeck, Tübingen
(*Isensee*, in: Festschrift f. Ipsen, 409 ff.),

–, Das Billigkeitskorretiv des Steuergesetzes, Festschrift für Werner Flume zum 70. Geburstag, Band II (herausgegeben von Horst Heinrich Jakobs, Brigitte Knobbe-Keuk, Eduard Picker und Jan Wilhelm), Seite 129 ff, 1978, Verlag Dr. Otto Schmidt, Köln
(*Isensee*, in: Festschrift f. Flume Bd. II, 129 ff.),

– */Kirchhof, Paul*, Handbuch des Staatsrechts der Bundesrepublik Deutschland,
Band II (Verfassungsstaat), 3. Auflage, 2004,
Band III (Demokratie - Bundesorgane), 3. Auflage, 2005,
Band IV (Finanzverfassung), 2. Auflage, 1999,
Band V (Allgemeine Grundrechtslehren), 2. Auflage, 2000,
Band VI (Freiheitsrechte), 2. Auflage, 2001,
alle C.F Müller Verlag, Heidelberg
(*Bearbeiter*, in: Isensee/Kirchhof, Handbuch des Staatsrechts),

J

Jackson, Thomas H., The Logic and Limits of Bankruptcy Law, 1986, Harvard University Press, Cambridge (reprint 2001, Beard Books, Washingten D.C.)
(*Jackson,* Logic and Limits of Bankruptcy Law),

Jaeger, Ernst, Lehrbuch des Deutschen Konkursrechts, 8. Auflage, 1932, Verlag Walther de Gruyter, Berlin
(*Jaeger*, Konkursrecht),

– /*Henckel, Wolfram/ Gerhardt, Walter*, Kommentar zur Insolvenzordnung,
Band 1 (§§ 1-55 InsO), 2004,
Band 2 (§§ 56-102 InsO), 2008,
alle Verlag Walther de Gruyter, Berlin, New York
(*Bearbeiter*, in: Jaeger/Henckel/Gerhardt, InsO),

Jarass, Hans D./Pieroth, Bodo, Kommentar zum Grundgesetz, 9. Auflage, 2007, Verlag C.H.Beck, München
(*Bearbeiter*, in: Jarass/Pieroth, GG),

Jauernig, Othmar/Berger, Christian, Zwangsvollstreckungs- und Insolvenzrecht, 22. Auflage, 2007, Verlag C.H.Beck, München
(*Jauernig/Berger*, Insolvenzrecht),

Jestaedt, Matthias, Demokratische Legitimation – quo vadis?, JuS 2004, Seite 649 ff.
(*Jestaedt*, JuS 2004, 649 ff.),

K

Kalmes, Herbert, Konkursantrag des Finanzamts und einstweilige Anordnung als vorläufiger Rechtsschutz, BB 1989, Seite 818 ff.
(*Kalmes*, BB 1989, 818 ff.),

Kautz, Steffen, Absprachen im Verwaltungsrecht (Diss.), 2002, Verlag Duncker & Humblot, Berlin
(*Kautz*, Absprachen im Verwaltungsrecht),

Keller, Ulrich, Insolvenzrecht, 2006, Verlag Vahlen, München
(*Keller*, Insolvenzrecht),

Kilger, Joachim, Der Konkurs des Konkurses, KTS 1975, Seite 142 ff.
(*Kilger*, KTS 1975, 142 ff.),

–, Rechtsanwendung im Konkurs, Festschrift für Franz Merz zum 65. Geburtstag (herausgegeben von Walter Gerhardt, Wolfram Henckel, Joachim Kilger und Gerhardt Kreft), Seite 253 ff., 1992, Verlag RWS, Köln
(*Kilger*, Festschrift f. Merz, 253 ff.),

– /*Schmidt, Karsten*, Insolvenzgesetze – KO/ VglO/ GesO, 17. Auflage, 1997, Verlag C.H.Beck, München
(*Kilger/K.Schmidt*, KO),

Kirchhof, Paul, Besteuerungsgewalt und Grundgesetz, 1973, Athenäum Verlag, Frankfurt a.M.
(*P.Kirchhof*, Besteuerungsgewalt und Grundgesetz),

–, Steuergerechtigkeit und sozialstaatliche Geldleistungen, JZ 1982, Seite 305 ff.
(*P.Kirchhof*, JZ 1982, 305 ff.),
–, Die Kunst der Gesetzgebung, NJW 1987, Seite 3221 ff.
(*P.Kirchhof*, NJW 1987, 3221 ff.),
–, Rechtsstaatliche Anforderungen an den Rechtsschutz in Steuersachen, DStJG Bd. 18, Seite 17 ff., 1995, Verlag Dr. Otto Schmidt, Köln
(*P.Kirchhof*, DStJG 18, (1995), 17 ff.),
–, Staatliche Verantwortlichkeit und privatwirtschaftliche Freiheit, Festschrift f. Walter Schmitt Glaeser zum 70. Geburtstag (herausgegeben von Hans-Detlef Horn), Seite 13 ff., 2003, Verlag Duncker & Humblot, Berlin
(*P.Kirchhof*, Festschrift f. Schmitt Glaeser, 13 ff.),
Klaproth, Martin, Forderungen aus Steuerhinterziehung als von der Restschuldbefreiung ausgenommeine Deliktsforderungen im Sinne des § 302 Nr. 1 InsO, ZInsO 2006, Seite 1078 ff.
(*Klaproth*, ZInsO 2006, 1078 ff.),
Klein, Franz, Kommentar zur Abgabenordnung, 9. Auflage, 2006, Verlag C.H.Beck, München
(*Bearbeiter*, in: Klein, AO),
Klement, Jan Henrik, Der Vorbehalt des Gesetzes für das Unvorhersehbare, DÖV 2005, Seite 507 ff.
(*Klement*, DÖV 2005, 507 ff.),
Klenke, Reinhard, Wirtschaftssubventionen und Eigentumsgarantie des Art. 14 GG (Diss.), 1975, Bochum
(*Klenke*, Wirtschaftssubvention und Eigentumsgarantie des Art. 14 GG),
Kloepfer, Michael, Zur aufschiebenden Wirkung von Rechtsbehelfen gegen Abwasserabgabenbescheide, JZ 1983, Seite 749 ff.
(*Kloepfer*, JZ 1983, 749 ff.),
Knack, Hans Joachim, Kommentar zum Verwaltungsverfahrensgesetz, 8. Auflage, 2003, Verlag Carl Heymanns, Köln, Berlin, u.a
(*Bearbeiter*, in: Knack, VwVfG),
Knobbe-Keuk, Brigitte, Konkurs und Umsatzsteuer, Festschrift des Arbeitskreises für Insolvenz- und Schiedsgerichtswesen e.V. Köln zum einhundertjährigen Bestehen der Konkursordnung vom 10. Februuar 1877 (herausgegeben von Wilhelm Uhlenbruck, Bernd Klasmeyer und Bruno M. Kübler), Seite 219 ff., 1977, Verlag Carl Heymanns, Köln, Berlin, u.a
(*Knobbe-Keuk*, Festschrift 100 Jahre KO, 219 ff.),
Koch, Hans-Joachim, Unbestimmte Rechtsbegriffe und Ermessensermächtigungen im Verwaltungsrecht (Habil.), 1979, Verlag Metzner, Frankfurt am Main
(*Koch*, Unbestimmte Rechtsbegriffe und Ermessensermächtigungen),

Kölner Schrift zur Insolvenzordnung, Herausgegeben vom *Arbeitskreis für Insolvenz- und Schiedsgerichtswesen e.V.*, 2. Auflage, 2001, Verlag für Rechts- und Anwaltspraxis, Herne, Berlin
(*Bearbeiter,* in: Kölner Schrift InsO),

Kopp, Ferdinand, Verfassungsrecht und Verwaltungsverfahrensrecht (Diss.), 1971, Verlag C.H.Beck, München
(*Kopp*, Verfassungsrecht und Verwaltungsverfahrensrecht),

–, Grundrechtliche Schutz- und Förderpflichten der öffentlichen Hand, NJW 1994, Seite 1753 ff.
(*Kopp*, NJW 1994, 1753 ff.)

– */Ramsauer, Ulrich*, Kommentar zum Verwaltungsverfahrensgesetz, 10. Auflage, 2008, Verlag C.H.Beck, München
(*Kopp/Raumsauer*, VwVfG),

Korioth, Stefan, Der Finanzausgleich zwischen Bund und Ländern (Habil.), 1997, Verlag Mohr Siebeck, Tübingen
(*Korioth*, Der Finanzausgleich zwischen Bund und Ländern),

Kracht, Harald, Feststellender Verwaltungsakt und konkretisierende Verfügung (Diss.), 2002, Verlag Duncker & Humblot, Berlin
(*Kracht*, Feststellender Verwaltungsakt und konkretisierende Verfügung),

Kraemer, Joachim, Konkursanträge der Finanzverwaltung, Stbg 1994, Seite 323 ff.
(*Kraemer*, Stbg 1994, 323 ff.),

Krause, Peter, Rechtsformen des Verwaltungshandelns (Habil.), 1974, Verlag Duncker & Humblot, Berlin
(*Krause*, Rechtsformen des Verwaltungshandelns),

Krebs, Walter, Vorbehalt des Gesetzes und Grundrechte – Vergleich des traditionellen Eingriffsvorbehalts mit den Grundrechtsbestimmungen (Diss.), 1975, Verlag Duncker & Humblot, Berlin
(*Krebs*, Vorbehalt des Gesetzes und Grundrechte)

–, Verträge und Absprachen zwischen der Verwaltung und Privaten, VVDStRL 52 (1993), Seite 248 ff.
(*Krebs*, VVDStRL 52 (1993), 248 ff.

Kroth, Harald, Steuerrecht versus Insolvenzrecht oder: (Wider) die Auferstehung des Fiskalprivilegs, NZI 2004, Seite 345 f.
(*Kroth*, NZI 2004, 345 ff.),

Kruse, Heinrich Wilhelm, Lehrbuch des Steuerrechts, Band 1: Allgemeiner Teil, 1991, Verlag C.H.Beck, München
(*Kruse*, Steuerrecht),

–, Gesetzmäßigkeit der Verwaltung und Verfahrensordnungen, Festschrift für Klaus Vogel zum 70. Geburtstag (herausgegeben von Paul Kirchhof, Moris

Lehner, Arndt Raupach und Michael Rodi), Seite 517 ff., 2000, Verlag C.F.Müller, Heidelberg
(*Kruse,* Festschrift f. Vogel, 517 ff.),

Krumm, Marcel, Zur materiellen Bestandskraft im Verhältnis von Steuerfestsetzungs- und Feststellungsverfahren, DStR 2005, Seite 631 ff.
(*Krumm*, DStR 2005, 631 ff.),

Kübler, Bruno/Prütting, Hanns, Kommentar zur Insolvenzordnung, Loseblatt, Verlag RWS, Köln
(*Bearbeiter*, in: Kübler/Prütting, InsO),

Kunig, Philip/Rublack, Susanne, Aushandeln statt Entscheiden?, Jura 1990, Seite 1 ff.
(*Kunig/Rublack*, Jura 1990, 1 ff.),

Kunig, Philip, Verträge und Absprachen zwischen Verwaltung und Privaten, DVBl 1992, Seite 1193 ff.
(*Kunig*, DVBl 1992, 1193 ff.),

Kußmaul, Rolf/Steffen, Bernhard, Insolvenzplanverfahren: Der prepackaged Plan als Sanierungsalternative, DB 2000, Seite 1849 ff.
(*Kußmaul/Steffen*, DB 2000, 1849 ff.)

L

Lang, Joachim, Die gleichheitsrechtliche Verwirklichung der Steuerrechtsordnung, StuW 2006, Seite 22 ff.
(*Lang*, StuW 2006, 22 ff.),

Larenz, Karl, Methodenlehre der Rechtswissenschaft, 6. Auflage, 1992, Springer-Verlag, Berlin, New York, u.a.
(*Larenz,* Methodenlehre),

– */Wolf, Manfred,* Allgemeiner Teil des Bürgerlichen Rechts, 9. Auflage 2004, Verlag C.H.Beck, München
(*Larenz/Wolf*, Allgemeiner Teil des BGB),

Leffern, Waldemar von, Legitimiert die Verwaltungs- oder die Ertragshoheit den Steuergläubiger, StuW 1954, Seite 529 ff.
(*V.Leffern*, StuW 1954, 529 ff.),

Leibner, Wolfgang, Die Haftung nach § 60 InsO: Stand und Entwicklungsperspektiven, KTS 2005, Seite 75 ff.
(*Leibner*, KTS 2005, 75 ff.),

Leipold, Dieter, Die Rechtsnatur des Insolvenzplans, KTS 2006, Seite 109 ff.
(*Leipold*, KTS 2006, 109 ff.),

Leisner, Walter, Effizienz als Rechtsprinzip, 1971, Verlag Mohr-Siebeck, Tübingen
(*Leisner*, Effizienz als Rechtsprinzip),
Lemke, Hanno-Dirk, Verwaltungsvollstreckungsrecht des Bundes und der Länder (Diss.), 1997, Nomos Verlagsgesellschaft, Baden-Baden
(*Lemke*, Verwaltungsvollstreckungsrecht),
Lepa, Brita, Insolvenzordnung und Verfassungsrecht (Diss.), 2000, Verlag Duncker & Humblot, Berlin
(*Lepa*, Insolvenzordnung und Verfassungsrecht),
Liebisch, Arnold, Materielles Steuerrecht und Konkurs, VJSchrStuFR 929, Seite 212 ff.
(*Liebisch*, VJSchrStuFR 1929, 212 ff.),
Loose, Matthias, Die Rolle der Finanzverwaltung im Insolvenzverfahren nach der Insolvenzordnung, StuW 1999, Seite 20 ff.
(*Loose*, StuW 1999, 20 ff.),
Lüke, Gerhard, Zur Haftung des Insolvenzverwalters im Planverfahren, Festschrift für Wilhelm Uhlenbruck zum 70. Geburtstag (herausgegeben von Hanns Prütting und Heinz Vallender), Seite 519 ff., 2000, Verlag Dr. Otto Schmidt, Köln
(*Lüke*, Festschrift f. Uhlenbruck, 519 ff.),

M

Mangoldt, Hermann von/Klein, Friedrich/Starck, Christian, Kommentar zum Grundgesetz,
Band 1 (Präambel bis Art. 19 GG), 5. Auflage, 2005,
Band 2 (Art. 20 bis Art. 78 GG), 5. Auflage, 2005,
alle Verlag C.H.Beck, München
(*Bearbeiter*, in: v.Mandoldt/Klein/Starck, GG),
Marotzke, Wolfgang, Gläubigerautonomie – ein modernes Missverständnis, Festschrift für Hans-Peter Kirchhof zum 65. Geburtstag (herausgegeben von Walter Gerhardt, Hans Haarmeyer und Gerhardt Kreft), Seite 321 ff., 2003, ZAP Verlag, Münster
(*Marotzke*, Festschrift f. Kirchhof, 321 ff.),
Marsch-Barner, Reinhard, Nochmals: Umgehung der Sacheinlagevorschriften durch Wandelschuldverschreibungen und Wandelgenussrechte, DB 1995, Seite 1497
(*Marsch-Barner*, DB 1995, 1497),

Martens, Joachim, Die Praxis des Verwaltungsverfahrens, 1985, Verlag C.H.Beck, München
(*Martens*, Verwaltungsverfahren),
–, Die Funktion von Besteuerungsgrundlagen, StuW 1993, Seite 335 ff.
(*Martens*, StuW 1993, 335 ff.),
Martinez Soria, José, Das Recht auf Sicherung des Existenzminimums, JZ 2005, Seite 644 ff.
(*Martinez Soria*, JZ 2005, 644 ff.),
Mattern, Die Rechtsstellung des Finanzamtes als Steuerbeitreibungsbehörde, DStZ 1959, Seite 353 ff.
(*Mattern*, DStZ 1959, 353 ff.),
Maunz, Theodor/Dürig, Günter, Kommentar zum Grundgesetz, Loseblatt, Verlag C.H.Beck, München
(*Bearbeiter,* in: Maunz/Dürig, GG),
Maurer, Hartmut, Der Verwaltungsvertrag – Probleme und Möglichkeiten, DVBl 1989, Seite 789 ff.
(*Maurer*, DVBl 1989, 798 ff.),
–, Allgemeines Verwaltungsrecht, 16. Auflage, 2007, Verlag C.H.Beck, München
(*Maurer*, Allgemeines Verwaltungsrecht),
Maus, Karl Heinz, Steuern im Insolvenzverfahren, 2004, ZAP Verlag, Münster
(*Maus*, Steuern im Insolvenzverfahren),
Mayer, Otto, Deutsches Verwaltungsrecht, 2 Bde., 3. Auflage, 1924, Verlag Duncker & Humblot, Berlin
(*O.Mayer*, Verwaltungsrecht),
Medicus, Dieter, „Geld muss man haben", AcP 188 (1998), Seite 489 ff.
(*Medicus*, AcP 188 (1998), 489 ff.),
Meilicke, Wienand, Umgehung der Sacheinlagevorschriften durch Wandelschuldverschreibungen und Wandelgenußrechte, DB 1995, Seite 1061 f.
(*Meilicke*, DB 1995, 1061 f.),
Mellinghoff, Rudolf, Steuergesetzgebung im Verfassungsstaat, Stbg 2005, Seite 1 ff.
(*Mellinghoff*, Stbg 2005, 1 ff.),
Merkl, Adolfs, Allgemeines Verwaltungsrecht, 1927, Springer-Verlag, Wien
(*Merkl*, Allgemeines Verwaltungsrecht),
Meyer-Goßner, Lutz, Strafprozessordnung, 51. Auflage, 2008, Verlag C.H. Beck, München
(*Meyer-Goßner*, StPO),

Mösbauer, Heinz, Die Vertretungs- und Verfügungsmacht nach den §§ 34 und 35 AO als Tatbestandsmerkmal der Haftung nach § 69 AO, DB 1995, Seite 1679 ff.
(*Mösbauer*, DB 1995, 1679 ff.),

Müller-Franken, Sebastian, Maßvolles Verwalten (Habil.), 2004, Mohr-Siebeck Verlag, Tübingen
(*Müller-Franken*, Maßvolles Verwalten),

Münch, Ingo von/Kunig, Philip, Kommentar zum Grundgesetz,
Band 1 (Präambel bis Art. 19 GG), 5. Auflage, 2000,
Band 2 (Art. 20 bis Art. 69 GG), 5. Auflage, 2001,
Band 3 (Art. 70 bis Art. 146 GG), 5. Auflage, 2003,
alle Verlag C.H.Beck, München
(*Bearbeiter*, in: v.Münch/Kunig, GG),

Münchener Kommentar zum Bürgerlichen Gesetzbuch, herausgegeben von *Säcker, Franz Jürgen/Rixecker, Roland*
Band 1 (§ 1 bis § 240), 5. Auflage, 2007
Verlag C.H.Beck, München
(*Bearbeiter,* in: Münchener Kommentar, BGB),

Münchener Kommentar zur Insolvenzordnung, herausgegeben von *Kirchhof, Hans-Peter/Lwowksi, Hans-Jürgen/Stürner, Rolf,*
Band 1 (§§ 1-102 InsO), 2. Auflage, 2007,
Band 2 (§§ 103-269 InsO), 2. Auflage, 2008,
Band 3 (§§ 270-335 InsO, Internationales Insolvenzrecht, Insolvenzsteuerrecht), 2. Auflage, 2008,
alle Verlag C.H.Beck, München
(*Bearbeiter,* in: Münchener Kommentar, InsO),

Münchener Kommentar zur Zivilprozessordnung, herausgegeben von *Lüke, Gerhard/Wax, Peter*
Band 1 (§§ 1-354 ZPO), 3. Auflage, 2008,
Verlag C.H.Beck, München
(*Bearbeiter,* in: Münchener Kommentar, ZPO),

Mussgnug, Reinhard, Der Dispens von gesetzlichen Vorschriften (Diss.), 1964, Carl Winter Universitätsverlag, Heidelberg
(*Mussgnug*, Der Dispens von gesetzlichen Vorschriften),

Merkl, Adolf, Allgemeines Verwaltungsrecht, 1927, Springer Verlag, Wien
(*Merkl*, Allgemeines Verwaltungsrecht),

N

Nerlich, Jörg/Römermann, Volker, Kommentar zur Insolvenzordnung, Loseblatt, Verlag C.H.Beck, München
(*Bearbeiter,* in: Nerlich/Römermann, InsO),

Nierhaus, Michael, Bestimmtheitsgebot und Delegationsverbot des Art. 80 Abs. 1 Satz 2 GG und der Gesetzesvorbehalt der Wesentlichkeitslehre, Festschrift zum 65. Geburtstag von Klaus Stern (herausgegeben von Joachim Burmeister), Seite 717 ff., 1997, Verlag C.H.Beck, München
(*Nierhaus*, Festschrift f. Stern, 717 ff.),

Noack, Ulrich/Bunke Caspar, Gläubigerbeteiligung an Sanierungserträgen und Vertragsüberleitung bei übertragender Sanierung in der Gesellschaftsinsolvenz, KTS 2005, Seite 129 ff.
(*Noack/Bunke*, KTS 2005, 129 ff.),

O

Obermair, Stefan, Insolvenz als Erlassgrund, StB 2005, Seite 212 ff.
(*Obermair*, StB 2005, 212 ff.),

Obermayer, Klaus, Kommentar zum Verwaltungsverfahrensgesetz, 3. Auflage 1999, Verlag Luchterhand, Neuwied
(*Bearbeiter*, in: Obermayer, VwVfG),

Obermüller, Manfred/ Hess, Harald, Insolvenzordnung, 4. Auflage, 2003, Verlag C.F.Müller, Heidelberg
(*Obermüller/Hess,* InsO),

Oelrichs, Carsten P., Gläubigermitwirkung und Stimmverbote im neuen Insolvenzverfahren (Diss.), 1999, Verlag Carl Heymanns, Köln, Berlin, u.a.
(*Oelrichs*, Gläubigermitwirkung),

Ohr, Wolfgang, Der Beamte im Gläubigerausschuss – Nebentätigkeit oder Haupttätigkeit?, KTS 1993, Seite 343 ff.
(*Ohr*, KTS 1993, 343 ff.),

Oppermann, Thomas., Europarecht, 3. Auflage, 2005, Verlag C.H.Beck, München
(*Oppermann*, Europarecht),

Orlopp, Gerd L., Das Fiskusvorrecht im Konkurs und seine Berechtigung, DStZ 1979, Seite 219 ff.
(*Orlopp*, DStZ 1979, 219 ff.),

Ossenbühl, Fritz, Die Zustimmung des Bundesrates beim Erlass von Bundesrecht, AöR 99 (1974), Seite 369 ff.
(*Ossenbühl*, AöR 99 [1974], 369 ff.),
–, Vom unbestimmten Gesetzesbegriff zur letztverbindlichen Verwaltungsentscheidung, DVBl 1974, Seite 309 ff.
(*Ossenbühl*, DVBl 1974, 309 ff.),
–, Die Kontrolle von Tatsachenfeststellungen und Prognoseentscheidungen durch das Bundesverfassungsgericht, Festgabe aus Anlass des 25-jährigen Bestehens des Bundesverfassungsgerichts (herausgegeben von Christian Starck), Band I, Seite 458 ff., 1976, Mohr-Siebeck Verlag, Tübingen
(*Ossenbühl*, Festgabe 25 Jahre Bundesverfassungsgericht, 458 ff.),
–, Die Freiheit des Unternehmers nach dem Grundgesetz, AöR 115 (1990), Seite 1 ff.
(*Ossenbühl*, AöR 115 [1990], 1 ff.),

P

Pahlke, Armin/Koenig, Ulrich, Kommentar zur Abgabenordnung, 2004, Verlag C.H.Beck, München
(*Bearbeiter*, in: Pahlke/Koenig, AO),
Pape, Gerhardt, Zur Stellung und Bedeutung der Gläubigerversammlung im Konkurs, ZIP 1990, Seite 1252 ff.
(*Pape*, ZIP 1990, 1252 ff.),
Pape, Gerhard/Uhlenbruck, Wilhelm, 30 Jahre Insolvenzrechtsreform für die Katz, ZIP 2005, Seite 417 ff.
(*Pape/Uhlenbruck*, ZIP 2005, 417 ff.),
–, Insolvenzrecht, 2. Auflage, 2006, Verlag C.H.Beck, München
(*Pape/Uhlenbruck,* Insolvenzrecht),
Papier, Hans-Jürgen, Die finanzrechtlichen Gesetzesvorbehalte und das grundgesetzliche Demokratieprinzip (Diss.), 1973, Verlag Duncker & Humblot, Berlin
(*Papier,* Die finanzrechtlichen Gesetzesvorbehalte und das grundgesetzliche Demokratieprinzip),
–, Unternehmen und Unternehmer in der verfassungsrechtlichen Ordnung der Wirtschaft, VVDStRL 35 (1977), Seite 55 ff.
(*Papier,* VVDStRL 35 [1977], 55 ff.),
–, Besteuerung und Eigentum, DVBl. 1980, Seite 787 ff.
(*Papier,* DVBl. 1980, 787 ff.),

–, Der Bestimmtheitsgrundsatz, DStJG 12 (1989), Seite 61 ff.
(*Papier,* DStJG 12 (1989), 787 ff.),

– /*Möller, Johannes,* Das Bestimmtheitsgebot und seine Durchsetzung, AöR 122 (1997), Seite 177 ff.
(*Papier/Möller,* AöR 122 [1997], 177 ff.),

Pasquay, Hans, Die Rechtsstellung der Gläubigerversammlung im Konkurs, ZHR 65 (1909), Seite 409 ff.
(*Pasquay,* ZHR 65 [1909], 409 ff.),

Paulus, Christoph G., Die Rolle der Gläubiger im neuen Insolvenzrecht, DZWir 1999, Seite 53 ff.
(*Paulus*, DZWir 1999, 53 ff.),

–, Grundlagen des neuen Insolvenzrechts, Teil I: DStR 2002, Seite 1865 ff.
(*Paulus,* DStR 2002, 1865 ff.),

–, Die Insolvenz als Sanierungschance – ein Plädoyer, ZGR 2005, Seite 309 ff.
(*Paulus*, ZGR 2005, 309 ff.),

Pechstein, Matthias, Nichtigkeit beihilfegewährender Verträge nach Art. 93 Abs. 3 S. 3 EGV, EuZW 1998, Seite 495 ff.
(*Pechstein*, EuZW 1998, 495 ff.)

Pieroth, Bodo/Schlink, Bernhard, Grundrechte – Staatsrecht II, 24. Auflage, 2008, Verlag C.F.Müller, Heidelberg
(*Pieroth/Schlink*, Grundrechte),

Pietzner, Rainer, Rechtsschutz in der Verwaltungsvollstreckung, VerwArch 84 (1993), Seite 261 ff.
(*Pietzner*, VerwArch 84 (1993), 261 ff.),

Pietzcker, Jost, Der Anspruch auf ermessensfehlerfreie Entscheidung, JuS 1982, Seite 106 ff.
(*Pietzcker*, JuS 1982, 106 ff.),

Pohle, Rudolf, Vollstreckungsschutz in Verwaltungszwangsverfahren, JZ 1954, Seite 383 ff.
(*Pohle*, JZ 1954, 383 ff.),

Pohlmann, Ulrich, Befugnisse und Funktionen des vorläufigen Insolvenzverwalters (Diss.), 1998, Verlag RWS, Köln
(*Pohlmann*, Befugnisse und Funktionen des vorläufigen Insolvenzverwalters),

Preuss, Nicola, Verbraucherinsolvenzverfahren und Restschuldbefreiung, 2. Auflage, 2003, Verlag Erich Schmidt, Berlin
(*Preuss*, Verbraucherinsolvenzverfahren und Restschuldbefreiung),

–, Zivilrechtspflege durch externe Funktionsträger (Habil.), 2005, Mohr-Siebeck Verlag, Tübingen
(*Preuss*, Zivilrechtspflege durch externe Funktionsträger),

Pump, Hermann, Die Niederschlagung gemäß § 261 AO, DStZ 1985, Seite 274 ff.
(*Pump*, DStZ 1985, 274 ff.),
Punke, Jürgen, Verwaltungshandeln durch Vertrag (Diss.), 1989, Lorenz-von-Stein-Institut, Kiel,
(*Punke*, Verwaltungshandeln durch Vertrag),

R

Ramsauer, Ulrich, Die Rolle der Grundrechte im System der subjektiven öffentlichen Rechte, AöR 111 (1986), Seite 501 ff.
(*Ramsauer*, AöR 111 [1986], 501 ff.),
Renck, Ludwig, Die Rechtsmittel gegen Verwaltungsvollstreckungsmaßnahmen, NJW 1964, Seite 848 ff.
(*Renck*, NJW 1964, 848 ff.),
Rodi, Michael, Verfassungskonforme Besteuerung von Kapitalerträgen, NJW 1991, Seite 2865 ff.
(*Rodi*, NJW 1991, 2865 ff.),
–, Die Rechtfertigung von Steuern als Verfassungsproblem (Diss.), 1994, Verlag C.H.Beck, München
(*Rodi*, Rechtfertigung von Steuern),
Röhl, Klaus F., Allgemeine Rechtslehre, 2. Auflage, 2001, Verlag Carl Heymanns, Köln, Berlin, u.a.
(*Röhl*, Allgemeine Rechtslehre),
Rosenberg, Leo/Gaul, Hans Friedhelm/Schilken, Eberhard, Zwangsvollstreckungsrecht, 11. Auflage, 1997, Verlag C.H.Beck, München
(*Rosenberg/Gaul/Schilken*, Zwangsvollstreckungsrecht),
Rosenberg, Leo/Schwab, Karl Heinz/Gottwald, Peter, Zivilprozessrecht, 16. Auflage, 2004, Verlag C.H.Beck, München
(*Rosenberg/Schwab/Gottwald,* Zivilprozessrecht),

S

Sachs, Michael, Kommentar zum Grundgesetz, 4. Auflage, 2007, Verlag C.H.Beck, München
(*Bearbeiter*, in: Sachs, GG),

Sauer, Rudolf, Vollstreckung im Steuerrecht, 1985, Verlag Oldenbourg, München, Wien
(*Sauer*, Vollstreckung im Steuerrecht),
Schenke, Wolf-Rüdiger, Delegation und Mandat im Öffentlichen Recht, VerwArchiv 68 (1977), Seite 118 ff.
(*Schenke*, VerwArchiv 68 [1977], 118 ff.),
Scherzberg, Arno, „Objektiver" Grundrechtsschutz und subjektives Grundrecht, DVBl 1989, Seite 1128 ff.
(*Scherzberg*, DVBl 1989, 1128 ff.),
Schick, Walter, Die Verfahren des Steuerrechts, StuW 1992, Seite 197 ff.
(*Schick*, StuW 1992, 197 ff.),
Schiessler, Wolfram, Der Insolvenzplan (Diss.), 1997, Verlag Gieseking, Bielefeld
(*Schiessler*, Der Insolvenzplan),
Schimpf, Christian, Der verwaltungsrechtliche Vertrag unter besonderer Berücksichtigung seiner Rechtswidrigkeit (Diss.), 1982, Berlin
(*Schimpf*, Der verwaltungsrechtliche Vertrag unter besonderer Berücksichtigung seiner Rechtswidrigkeit),
Schlette, Volker, Die Verwaltung als Vertragspartner (Habil.), 2000, Mohr-Siebeck Verlag, Tübingen
(*Schlette*, Die Verwaltung als Vertragspartner),
Schmidt, Karsten, Möglichkeiten der Sanierung von Unternehmen durch Maßnahmen im Unternehmens-, Arbeits-, Sozial- und Insolvenzrecht, Verhandlungen des 54. Deutschen Juristentages (herausgegeben von der ständigen Deputation des Deutschen Juristentages), Band I, Teil D, 1982, Verlag C.H.Beck, München
(*K.Schmidt*, Gutachten f. d. 54. DJT),
–, Das Insolvenzrecht und seine Reform zwischen Prozessrecht und Unternehmensrecht, KTS 1988, Seite 1 ff.
(*K.Schmidt*, KTS 1988, 1 ff.),
–, Wege zum Insolvenzrecht der Unternehmen, 1990, RWS-Verlag, Köln
(*K.Schmidt*, Wege zum Insolvenzrecht der Unternehmen),
–, Gesellschaftsrecht, 4. Auflage, 2002, Verlag Carl Heymanns, Köln, Berlin, u.a.
(*K.Schmidt*, Gesellschaftsrecht),
Schmidt, Reinhard H., Die ökonomische Grundstruktur des Insolvenzrechts, AG 1981, Seite 35 ff.
(*R.H.Schmidt*, AG 1981, 35 ff.),

Schmidt, Walter, Die Programmierung von Verwaltungsentscheidungen, AöR 96 (1971), Seite 321 ff.
(*W.Schmidt*, AöR 96 [1971], 321 ff.),

Schmidt-Aßmann, Eberhard, Das allgemeine Verwaltungsrecht als Ordnungsidee, 1982, Springer Verlag, Berlin, Heidelberg, New York
(*Schmidt-Aßmann,* Verwaltungsrecht als Ordnungsidee),

–, Die Lehre von den Rechtsformen des Verwaltungshandelns, DVBl. 1989, Seite 533 ff.
(*Schmidt-Aßmann*, DVBl 1989, 533 ff.),

–, Verwaltungslegitimation als Rechtsbegriff, AöR 116 (1991), Seite 329 ff.
(*Schmidt-Aßmann*, AöR 116 [1991], 329 ff.),

–, Gefährdungen der Rechts- und Gesetzesbindung der Exekutive, Festschrift zum 65. Geburtstag von Klaus Stern (herausgegeben von Joachim Burmeister), Seite 745 ff., 1997, Verlag C.H.Beck, München
(*Schmidt-Aßmann*, Festschrift f. Stern, 745 ff.),

–, Effizienz als Herausforderung an das Verwaltungsrecht – Perspektiven der verwaltungsrechtlichen Systembildung, Schriften zur Reform des Verwaltungsrechts, Bd. V: Effizienz als Herausforderung an das Verwaltungsrecht (herausgegeben von Wolfgang Hoffmann-Riem und Eberhard Schmidt-Aßmann), Seite 245 ff., 1997, Nomos Verlagsgesellschaft, Baden-Baden
(*Schmidt-Aßmann*, Reform des Verwaltungsrechts, 245 ff.),

–, Zur Gesetzesbindung der verhandelnden Verwaltung, Festschrift für Winfried Brohm zum 70. Geburtstag (herausgegeben von Carl-Eugen Eberle, Martin Ibler und Dieter Lorenz), Seite 547 ff., 2002, Verlag C.H.Beck, München
(*Schmidt-Aßmann*, Festschrift f. Brohm, 547 ff.),

Schmidt-Räntsch, Ruth, Das neue Verbraucherinsolvenzverfahren, MDR 1994, Seite 312 ff.
(*Schmidt-Räntsch*, MDR 1994, 312 ff.),

Schmitt Glaeser, Walter, Partizipation an Verwaltungsentscheidungen, VVDStRL 31 (1973), Seite 179 ff.
(*Schmitt Glaeser*, VVDStRL 31 [1973], 179 ff.),

Schoch, Friedrich, Der Gleichheitssatz, DVBl. 1988, Seite 863 ff.
(*Schoch*, DVBl 1988, 863 ff.),

–, in: Innovation und Flexibilität des Verwaltungshandelns (herausgegeben von Wolfgang Hoffmann-Riem und Eberhard Schmidt-Aßmann), 1994, Nomos-Verlagsgesellschaft, Baden-Baden
(*Schoch*, Innovation und Flexibilität des Verwaltungshandelns),

Scholz, Rupert, Verwaltungsverantwortung und Verwaltungsgerichtsbarkeit, VVStRL 34 (1976), Seite 145 ff.
(*Scholz*, VVStRL 34 (1976), 145 ff.),

Schulz, Dirk, Treuepflichten unter Insolvenzgläubigern (Diss.), 2003, Verlag RWS, Köln
(*Schulz,* Treuepflichten unter Insolvenzgläubigern),
Schulze-Fielitz, Helmuth, Kooperatives Recht im Spannungsfeld von Rechtsstaatsprinzip und Verfahrensökonomie, DVBl 1994, Seite 657 ff.
(*Schulze-Fielitz,* DVBl 1994, 657 ff.),
Schuppert, Gunnar Folke, Verwaltungsrecht und Verwaltungswissenschaft im Wandel – Von Planung über Steuerung zu Governance, AöR 133 (2008), Seite 79 ff.
(*Schuppert*, AöR 133 [2008], 79 ff.),
Schwarz, Bernhard, Kommentar zur Abgabenordnung, Loseblatt, 11. Auflage, Haufe Verlag, Freiburg
(*Bearbeiter*, in: Schwarz, AO),
Seer, Roman, Verständigungen in Steuerverfahren (Habil.), 1996, Verlag Dr. Otto Schmidt, Köln
(*Seer,* Verständigungen in Steuerverfahren),
–, Besteuerungsverfahren: Rechtsvergleich USA-Deutschland, 2002, Verlag Rechts und Wirtschaft, Heidelberg
(*Seer*, Besteuerungsverfahren: Rechtsvergleich USA-Deutschland),
–, Reform des Veranlagungsverfahrens, StuW 2003, Seite 40 ff.
(*Seer*, StuW 2003, 40 ff.),
Sesemann, Richard, Restschuldbefreiung – verfassungswidrig oder nicht?, NZI 2002, Seite 655 ff.
(*Sesemann*, NZI 2002, 655 ff.),
Seuffert, Walter, Verfassungsrechtliche Fragen zu den Reformvorschlägen der Kommission für Insolvenzrecht, ZIP 1986, Seite 1157 ff.
(*Seuffert*, ZIP 1986, 1157 ff.),
Skrotzki, A., Einzelfragen aus der Praxis des Konkurs- und Vergleichsrichters, KTS 1958, Seite 105 f.
(*Skrotzki*, KTS 1958, 105 f.),
Smid, Stefan, Kommentar zur Insolvenzordnung, 2. Auflage, 2001, Verlag W. Kohlhammer, Stuttgart, Berlin, Köln
(*Bearbeiter*, in: Smid, InsO),
–, Grundzüge des Insolvenzrechts, 4. Auflage, 2003, Verlag C.H. Beck, München
(*Smid*, Insolvenzrecht),
– */Rattunde, Rolf,* Der Insolvenzplan – Handbuch für das Sanierungsverfahren gemäß §§ 217 bis 269 InsO, 2. Auflage, 2005, Verlag Kohlhammer, Stuttgart
(*Smid/Rattunde*, Der Insolvenzplan),

Smith, Adam, Wohlstand der Nationen, Nachdruck des Werkes von 1776, 2004, Voltmedia, Paderborn
(*Smith*, Wohlstand der Nationen),
Sodan, Helge, Vorrang der Privatheit als Prinzip der Wirtschaftsverfassung, DÖV 2000, Seite 361 ff.
(*Sodan*, DÖV 2000, 361 ff.),
Sontheimer, Jürgen, Der verwaltungsrechtliche Vertrag im Steuerrecht (Diss.), 1987, Dr. Peter Deubner Verlag, Köln
(*Sontheimer*, Der verwaltungsrechtliche Vertrag im Steuerrecht),
Sönksen, Hansgeorg, Dingliche Vollstreckungstitel im steuerlichen Verwaltungsverfahren, MDR 1960, Seite 890 ff.
(*Sönksen*, MDR 1960, 890 ff.),
Spannowski, Willy, Grenzen des Verwaltungshandelns durch Verträge und Absprachen (Diss.), 1994, Verlag Duncker & Humblot, Berlin
(*Spannowsky*, Grenzen des Verwaltungshandelns durch Verträge und Absprachen),
Spellenberg, Ulrich, Zum Gegenstand des Konkursfeststellungsverfahrens (§§ 138 ff. KO) (Diss.), 1973, Verlag Otto Schwartz u. Co, Göttingen
(*Spellenberg,* Zum Gegenstand des Konkursfeststellungsverfahrens),
Staudinger, Julis von, Kommentar zum Bürgerlichen Gesetzbuch mit Einführungsgesetz und Nebengesetzen
Band 4 zum Allgemeinen Teil des BGB, 2003
Verlag Walther de Gruyter, Berlin, New York
(*Bearbeiter*, in: Staudinger, BGB),
Staupe, Jürgen, Parlamentsvorbehalt und Delegationsbefugnis (Diss.), 1986, Verlag Duncker & Humblot, Berlin
(*Staupe*, Parlamentsvorbehalt und Delegationsbefugnis),
Steder, Brigitte, Einzelzwangsvollstreckung im Konkurs, ZIP 1996, Seite 1072 ff.
(*Steder*, ZIP 1996, 1072 ff.),
Stein, Friedrich/Jonas, Martin, Kommentar zur Zivilprozessordnung
Band 3 (§§ 128 – 252), 22. Auflage, 2005
Mohr-Siebeck Verlag, Tübingen
(*Bearbeiter*, in: Stein/Jonas, ZPO),
Stein, Lorenz von, Lehrbuch der Finanzwissenschaft, 5. Auflage, 1885, Verlag F.A. Brockhaus, Leipzig
(*V.Stein*, Lehrbuch der Finanzwissenschaft),
Steinberg, Rudolf, Komplexe Verwaltungsverfahren zwischen Verwaltungseffizienz und Rechtsschutzauftrag, DÖV 1982, Seite 619 ff.
(*Steinberg*, DÖV 1982, 619 ff.),

Steindorff, Ernst, Rückabwicklung unzulässiger Beihilfen nach Gemeinschaftsrecht, ZHR 152 (1988), Seite 474 ff.
(*Steindorff*, ZHR 152 (1988), 474 ff.),

Stelkens, Paul/Bonk Heinz Joachim/Sachs, Michael, Kommentar zum Verwaltungsverfahrensgesetz, 7. Auflage, 2008, Verlag C.H. Beck, München
(*Bearbeiter*, in: Stelkens/Bonk/Sachs, VwVfG),

Stern, Klaus, Das Staatsrecht der Bundesrepublik Deutschland,
Band I (Grundbegriffe und Grundlagen des Staatsrechts), 2. Auflage, 1984,
Band II (Staatsorgane, Staatsfunktionen, Finanz- und Haushaltsverfassung), 1980
alle Verlag C.H. Beck, München
(*Stern*, Staatsrecht),

Strickrodt, Georg, Das Steuerrechtsverhältnis in der Sicht des Bundesfinanzhofs, DStR 1968, Seite 652 ff.
(*Strickrodt*, DStR 1968, 652 ff.),

Streinz, Rudolf, Kommentar zum Vertrag über die Europäische Union und den Vertrag zur Gründung der Europäischen Gemeinschaft, 2003, Verlag C.H.Beck, München
(*Bearbeiter*, in: Streinz, EUV/EGV),

Strunk, Roy, Wer ist Vollstreckungsgericht im steuerlichen Vollstreckungsverfahren?, StB 1993, Seite 247 ff.
(*Strunk*, StB 1993, 247 ff.),

T

Tettinger, Peter, Verfassungsrecht und Wirtschaftsordnung, DVBl 1999, Seite 679 ff.
(*Tettinger*, DVBl 1999, 679 ff.),

Tetzlaff, Thilo, Vollstreckung öffentlich-rechtlicher Ansprüche und Insolvenz, VR 2001, Seite 217 ff.
(*Tetzlaff*, VR 2001, 217 ff.),

Thiel, Jochen, Steuerliche Betriebsprüfung im Rechtsstaat – Tipkes Engagement für die Außenprüfung, StuW 1986, Seite 1 ff.
(*Thiel*, StuW 1986, 1 ff.),

Tipke, Klaus, Steuerliche Betriebsprüfung und Rechtsstaat, 1968, Verlag C.H. Beck, München
(*Tipke*, Steuerliche Betriebsprüfung und Rechtsstaat),

–, Steuergerechtigkeit in Theorie und Praxis, 1981, Verlag Dr. Otto Schmidt, Köln
(*Tipke*, Steuergerechtigkeit in Theorie und Praxis)
–, Gleichmäßigkeit der Steuerrechtsanwendung, Festschrift zum 40 jährigen Bestehen der Bundesfinanzakademie (herausgegeben von Horst Vogelgesang), Seite 95 ff., 1992, Verlag Dr. Otto Schmidt, Köln
(*Tipke*, Festschrift Bundesfinanzakademie, 95 ff.),
–, Zwischen materiellem Steuerrecht und Steuerverfahrensrecht, StuW 2004, Seite 3 ff.
(*Tipke*, StuW 2004, 3 ff.),
–, Die Steuerrechtsordnung,
Band I, 2. Auflage, 2000,
Band II, 2. Auflage, 2004
alle Verlag Dr. Otto Schmidt, Köln
(*Tipke*, Steuerrechtsordnung),
– /*Kruse, Heinrich Wilhelm*, Kommentar zur Abgabenordnung und Finanzgerichtsordnung, Loseblatt, Verlag Dr. Otto Schmidt, Köln
(*Bearbeiter*, in: Tipke/Kruse, AO/FGO),
– /*Lang, Joachim*, Steuerrecht, 19. Auflage, 2008, Verlag Dr. Otto Schmidt, Köln
(*Bearbeiter*, in: Tipke/Lang, Steuerrecht),
Traulsen, Hans-Dietrich, Die Rechtsbehelfe im Verwaltungsvollstreckungsverfahren (Diss.), 1971, Verlag Duncker & Humblot, Berlin
(*Traulsen*, Die Rechtsbehelfe im Verwaltungsvollstreckungsverfahren),
Trossen, Nils, Vorläufiger Rechtsschutz gegen Insolvenzanträge der Finanzbehörden, DStZ 2001, Seite 877 ff.
(*Trossen*, DStZ 2001, 877 ff.),

U

Uhlenbruck, Wilhelm, Der Konkursantrag der Finanzbehörden, BB 1972, Seite 1266 ff.
(*Uhlenbruck*, BB 1972, 1266 ff.),
–, Einhundert Jahre Konkursordnung, Festschrift des Arbeitskreises für Insolvenz- und Schiedsgerichtswesen e.V. Köln zum einhundertjährigen Bestehen der Konkursordnung vom 10. Februar 1877 (herausgegeben von Wilhelm Uhlenbruck, Bernd Klasmeyer und Bruno M. Kübler), Seite 3 ff., 1977, Verlag Carl Heymanns, Köln, Berlin, u.a.
(*Uhlenbruck*, Festschrift 100 Jahre KO, 3 ff.),

–, Die Prüfung der Rechnungslegung des Insolvenzverwalters, ZIP 1982, Seite 125 ff.
(*Uhlenbruck*, ZIP 1982, 125 ff.),
–, Das Bild des Insolvenzverwalters, KTS 1998, Seite 1 ff.
(*Uhlenbruck*, KTS 1998, 1 ff.),
–, Das neue Insolvenzrecht als Herausforderung für die Beratungspraxis, BB 1998, Seite 2009 ff.
(*Uhlenbruck*, BB 1998, 2009 ff.),
–, Kompetenzverteilung und Entscheidungsbefugnisse im neuen Insolvenzverfahren, WM 1999, Seite 1197 ff.
(*Uhlenbruck*, WM 1999, 1197 ff.),
–, Kommentar zur Insolvenzordnung, 12. Auflage, 2003, Verlag Vahlen, München
(*Bearbeiter,* in: Uhlenbruck, InsO),
–, Zur Kollision von Gesellschafts- und Insolvenzrecht in der Unternehmensinsolvenz, Festschrift für Hans-Peter Kirchhof zum 65. Geburtstag (herausgegeben von Walter Gerhardt, Hans Haarmeyer und Gerhardt Kreft), Seite 479 ff., 2003, ZAP Verlag, Münster
(*Uhlenbruck,* Festschrift f. Kirchhof, 479 ff.),
–, Vom „Makel des Konkurses" zur gesteuerten Insolvenz, Festschrift für Walter Gerhardt zum 70. Geburtstag (herausgegeben von Eberhard Schilken, Gerhardt Kreft, Gerhard Wagner und Diederich Eckardt), Seite 979 ff., 2004, Verlag RWS, Köln
(*Uhlenbruck*, Festschrift f. Gerhardt, 979 ff.),
Ule Carl Hermann/Laubinger, Hans-Werner, Verwaltungsverfahrensrecht, 4. Auflage, 1995, Verlag Carl Heymanns, Köln, Berlin, u.a.
(*Ule/Laubinger*, Verwaltungsverfahrensrecht),
Unruh, Georg Christoph von, Befehls- und Kommandogewalt, Festschrift für Hans J. Wolff zum 75. Geburtstag (herausgegeben von Christian Friedrich Menger), Seite 109 ff., 1973, Verlag C.H.Beck, München
(*V.Unruh*, Festschrift f. Wolff, 109 ff.),

V

Vallender, Heinz, Unternehmenskauf in der Insolvenz – Teil II, GmbHR 2004, Seite 642 ff.
(*Vallender*, GmbHR 2004, 642 ff.),
–, Das Rechtsinstitut der Restschuldbefreiung – eine Zwischenbilanz, Festschrift für Walter Gerhardt zum 70. Geburtstag (herausgegeben von Eberhard Schil-

ken, Gerhardt Kreft, Gerhard Wagner und Diederich Eckardt), Seite 999 ff., 2004, Verlag RWS, Köln
(*Vallender*, Festschrift f. Gerhardt, 999 ff.),

Vehslage, Thorsten, Die Behandlung von Beitragsforderungen im Insolvenzverfahren, NVwZ 2003, Seite 776 ff.
(*Vehslage*, NVwZ 2003, 776 ff.),

Vogel, Klaus, Gesetzgeber und Verwaltung, VVDStRL 24 (1966), Seite 123 ff.
(*Vogel*, VVDStRL 24 [1966], 123 ff.),

–, Vergleich und Gesetzmäßigkeit der Verwaltung im Steuerrecht, Festschrift für Georg Döllerer (herausgegeben von Brigitte Knobbe-Keuk, Franz Klein und Adolf Moxter), Seite 677 ff., 1988, IDW-Verlag, Düsseldorf
(*Vogel*, Festschrift f. Döllerer, 677 ff.),

W

Wacke, Andreas, Prior tempore potior iure, JA 1980, Seite 94 ff.
(*Wacke*, JA 1980, 94 ff.),

Wahl, Rainer, Verwaltungsverfahren zwischen Verwaltungseffizienz und Rechtsschutzauftrag, VVDStRL 41 (1982), Seite 151 ff.
(*Wahl*, VVDStRL 41 [1982], 151 ff.),

Waldhoff, Christian, Vertrauensschutz im Steuerrechtsverhältnis, DStJG Bd. 27, Seite 129 ff., 2004, Verlag Dr. Otto Schmidt, Köln
(*Waldhoff*, DStJG 27 [2004], 129 ff.),

Walz, W. Rainer, Steuergerechtigkeit und Rechtsanwendung, 1980, R. v. Deckers´s Verlag, Heidelberg u.a.
(*Walz*, Steuergerechtigkeit und Rechtsanwendung),

Warrikoff, Alexander, Gestaltungsmöglichkeiten im Insolvenzplan, KTS 1997, Seite 527 ff.
(*Warrikoff*, KTS 1997, 527 ff.),

Weber, Friedrich, Zur persönlichen Verantwortlichkeit des Konkursverwalters, Festschrift für Friedrich Lent zum 75. Geburtstag (herausgegeben von Leo Rosenberg und Karl Heinz Schwab), Seite 301 ff., 1957, Verlag C.H.Beck, München
(*F. Weber*, Festschrift f. Lent, 301 ff.),

–, Ziele und Wege der Insolvenzrechtsreform, Festschrift des Arbeitskreises für Insolvenz- und Schiedsgerichtswesen e.V. Köln zum einhundertjährigen Bestehen der Konkursordnung vom 10. Februuar 1877 (herausgegeben von Wil-

helm Uhlenbruck, Bernd Klasmeyer und Bruno M. Kübler), Seite 351 ff., 1977, Verlag Carl Heymanns, Köln, Berlin, u.a.
(*F. Weber*, Festschrift 100 Jahre KO, 351 ff.),

Weber, Hermann, Steuererlass und Steuerstundung als Subvention (Diss.), 1980, Verlag Duncker & Humblot, Berlin
(*H. Weber*, Steuererlass und Steuerstundung als Subvention),

Weber-Grellet, Heinrich, Steuern im modernen Verfassungsstaat (Habil.), 2001, Verlag Dr. Otto Schmidt, Köln
(*Weber-Grellet*, Steuern im modernen Verfassungsstaat),

Weinreuter, Uwe, Stundung, Erlaß und Vollstreckungsaufschub nach der Abgabenordnung, DStZ 1999, Seite 853 ff.
(*Weinreuter*, DStZ 1999, 853 ff.),

Wellensiek, Jobst, Sanieren oder liquidieren?, WM 1999, Seite 405 ff.
(*Wellensiek*, WM 1999, 405 ff.),

–, Ein Jahr Insolvenzordnung – Erste Praxiserfahrungen mit dem neuem Recht, BB 2000, Seite 6 ff.
(*Wellensiek*, BB 2000, 6 ff.),

Welzel, Peter, Steuerverfahrensrechtliche Besonderheiten während der Insolvenz des Steuerpflichtigen, DStZ 1999, Seite 559 ff.
(*Welzel*, DStZ 1999, 559 ff.),

Weyhausen, Heiko, Steuerverwaltung und bundesstaatliche Verfassungsordnung (Diss.), 1982, Dr. Peter Deubner Verlag, Köln
(*Weyhausen*, Steuerverwaltung und bundesstaatliche Verfassungsordnung),

Wienberg, Rüdiger/Voigt, Claudia, Aufwendungen für Steuerberatungskosten bei masseunzulänglichen Insolvenzverfahren als Auslagen des Verwalters gemäß § 54 Nr. 2 InsO, ZIP 1999, Seite 1662 ff.
(*Wienberg/Voigt*, ZIP 1999, 1662 ff.),

Windel, Peter, Die Insolvenzordnung: Reform im Banner von Masseanreicherung, Unternehmenssanierung und Schuldbefreiung, Jura 1999, Seite 1 ff.
(*Windel*, Jura 1999, 1 ff.),

Winterhoff, Christian, Steuerverfahrensrecht und tatsächliche Belastungsgleichheit (Diss.), 2004, Nomos Verlagsgesellschaft, Baden-Baden
(*Winterhoff*, Steuerverfahrensrecht und tatsächliche Belastungsgleichheit),

Wittig, Arne, Übernahme der Gesellschafterstellung an Krisenunternehmen als Sanierungsbeitrag der finanzierenden Kreditinstitute, Festschrift für Wilhelm Uhlenbruck zum 70. Geburtstag (herausgegeben von Hanns Prütting und Heinz Vallender), Seite 685 ff., 2000, Verlag Dr. Otto Schmidt, Köln
(*Wittig*, Festschrift f. Uhlenbruck, 685 ff.),

Wolff, Hans J./Bachof, Otto/Stober, Rolf, Allgemeines Verwaltungsrecht,
Band 1, 12. Auflage, 2007
Band 2, 6. Auflage, 2000
Band 3, 5. Auflage, 2004
alle Verlag C.H.Beck, München
(*Wolff/Bachof/Stober*, Allgemeines Verwaltungsrecht Bd. I/II/III),

Z

Zacharias, Diana, Das Prinzip der demokratischen Legitimation, Jura 2001, Seite 446
(*Zacharias*, Jura 2001, 446),
Zippelius, Reinhold, Allgemeine Staatslehre, 14. Auflage, 2003, Verlag. C.H.Beck, München
(*Zippelius*, Allgemeine Staatslehre),
–, Juristische Methodenlehre, 10. Auflage, 2006, Verlag C.H.Beck, München
(*Zippelius*, Juristische Methodenlehre),
Zöller, Richard, Kommentar zur Zivilprozessordnung, 26. Auflage, 2007, Verlag Dr. Otto Schmidt, Köln
(*Bearbeiter,* in: Zöller, ZPO).

Bochumer Schriften zum Steuerrecht

Herausgegeben von Roman Seer

Band 1 Roman Seer / Burkhard Kämper (Hrsg.): Bochumer Kirchensteuertag. Grundlagen, Gestaltung und Zukunft der Kirchensteuer. 2004.

Band 2 Roman Seer (Hrsg.): Bochumer Lohnsteuertag. Die Lohnsteuer im Spannungsfeld zwischen Unternehmerfreiheit und Fiskalinteresse. 2005.

Band 3 Frank-André Mönkemöller: Die Zurechnung der Überschusseinkünfte bei Personengesellschaften. 2005.

Band 4 Kai Thulfaut: Die Besteuerung international tätiger Anwaltssozietäten. 2005.

Band 5 Jens Hoffmann: Die Besteuerung von Kapitalgesellschaften und ihren Anteilseignern in Irland im Vergleich zu Deutschland. Zugleich ein Beitrag zu den Grenzen des Steuerwettbewerbs in der Europäischen Union. 2005.

Band 6 Theresa Franz: Körperschaftsteuerliche Behandlung der grenzüberschreitenden Betätigung von Kapitalgesellschaften innerhalb der EG. Eine Betrachtung unter Berücksichtigung der Rechtsprechung des EuGH, der geplanten 14. gesellschaftsrechtlichen Richtlinie und der Societas Europaea. 2006.

Band 7 Jan Michaelis: Die territoriale Zuordnung von Beteiligungsaufwand im Europäischen Unternehmenssteuerrecht. Zugleich zur Verfassungsmäßigkeit des § 8b Abs. 5 KStG in der Fassung des ProtErklG. 2006.

Band 8 Hans Anders: Die Überschussrechnung nach § 4 Abs. 3 EStG im System der steuerlichen Einkünfteermittlung. 2007.

Band 9 Björn Kahler: Die Freistellungsmethode in deutschen Doppelbesteuerungsabkommen und ihre Vereinbarkeit mit dem EG-Vertrag. Betrachtung der Freistellungsmethode in deutschen Doppelbesteuerungsabkommen, Untersuchung ihrer Folgen im Ertragsteuerrecht und Prüfung ihrer Vereinbarkeit mit dem EG-Vertrag. 2007.

Band 10 Lars Rehfeld: Die Vereinbarkeit des Außensteuergesetzes mit den Grundfreiheiten des EG-Vertrags. 2008.

Band 11 Heike Rüping: Die Umsatzsteuer-Nachschau nach § 27b UStG. 2008.

Band 12 Marius Frederik Schumann: Das Dispensverfahren im europäischen Mehrwertsteuerrecht. Grenzen nationaler Alleingänge nach Art. 395 der Mehrwertsteuersystemrichtlinie in der Betrugsbekämpfung. 2008.

Band 13 Daniela Zuschlag: Die pauschalierte Gewerbesteueranrechnung nach § 35 EStG. 2009.

Band 14 Napoleão Dagnese: Verrechnungspreise und die Aufzeichnungspflicht im brasilianischen und deutschen Steuerrecht. 2009.

Band 15 Marcel Krumm: Steuervollzug und formelle Insolvenz. 2009.

www.peterlang.de

Thomas Rothammer

Die insolvenzrechtliche Restschuldbefreiung – Probleme und Lösungen

Frankfurt am Main, Berlin, Bern, Bruxelles, New York, Oxford, Wien, 2008.
XVI, 158 S.
Schriften zum Verfahrensrecht.
Herausgegeben von Peter Gottwald und Ulrich Haas. Bd. 27
ISBN 978-3-631-58087-5 · br. € 39.–*

Die Restschuldbefreiung nach der Insolvenzordnung ermöglicht verschuldeten Personen nach einer Wohlverhaltensperiode von 6 Jahren schuldenfrei zu werden. Die Existenzberechtigung dieses gesetzlichen Entschuldungsverfahrens ist nahezu unbestritten. Aber die tatsächliche Ausgestaltung dieses Verfahrens steht bereits seit der Einführung zum 1. Januar 1999 in der Kritik. Auch nachdem der Gesetzgeber bereits zum 1. November 2001 einige Verfahrensmängel nachbesserte, besteht weiter Reformbedarf. Der Autor gibt in seiner Arbeit einen Überblick über das bestehende System und beleuchtet die verfahrensrechtlichen und tatsächlichen Probleme. Dabei werden bestehende Reformansätze diskutiert und Lösungsmöglichkeiten aufgezeigt.

Aus dem Inhalt: Die Restschuldbefreiung nach der Insolvenzordnung · Probleme des Verfahrens · Kritik und Lösungsmöglichkeiten

Printed by
CPI books GmbH, Leck

FSC
www.fsc.org
MIX
Papier | Fördert gute Waldnutzung
FSC® C083411

Kolibri 360 GmbH
Ferdinand-Jühlke-Straße 7
99095 Erfurt, Deutschland
produktsicherheit@kolibri360.de